独創的・科学的な社会福祉学の構築

──福祉観察・福祉労働・福祉運動の経験的手続きによって実証して
いく法則的・体系的知識（科学）の独創的な社会福祉学の構築──

本の泉社

まえがき

　本書の核心は、従来の社会福祉研究（社会福祉論）において達成されなかった土台の資本主義社会の生産様式（生産様式は、生産力と生産関係の統一である）における社会福祉（福祉は、日常の生活過程において福祉利用者の多様な個人及び共同の潜在能力［抽象的人間生活力・生活力＝人間が生活の際に支出する頭脳、神経、筋肉等を意味する］に適合した福祉手段［社会福祉の法制度・福祉政策等］が保障されて、健康で文化的な福祉利用者の多様な個人及び共同の潜在能力の維持・再生産・発達・発揮［機能］の状態を意味する）の運動法則を明らかにする事である。そしてそれは、社会福祉基礎構造改革後の現在の社会福祉システム（上部構造）の科学的（科学的とは、マルクス経済学・弁証法的唯物論及び史的唯物論・変革運動論・潜在能力アプローチ、福祉観察や福祉実践・福祉労働の経験的手続きによって実証していく法則的・体系［一定の概念—使用価値と価値・剰余価値の矛盾対の概念—の下に系統的に社会福祉学を展開していくことを意味する］的知識）方法論による根本的批判の社会福祉学の構築でもある。つまり本書においては、福祉利用者の社会問題としての生活問題（福祉利用者の生活手段［所得・教育など］の不足・欠如と生活手段の不足・欠如から関係派生的に生成してきた福祉利用者の多様な個人及び共同の潜在能力の維持・再生産・発達・発揮の阻害の状態）の法則的生成を分析し、そして福祉利用者の社会問題としての生活問題と社会福祉労働の普遍的・必然的連関（法則）を論証し、本源的規定（原始共産制社会の相互扶助活動・奴隷制社会の都市国家の救済制度・封建制社会の農村の荘園の相互扶助活動等・資本主義社会の社会福祉・社会主義社会の社会福祉に共通してみられる福祉的支援活動［労働］の使用価値）における社会福祉労働の使用価値の要因と歴史的規定（資本主義社会の生産様式）における社会福祉労働の価値・剰余価値の要因との基本的矛盾（基本的矛盾は社会福祉の発展の原動力である）対を中核概念として、この基本的矛盾との連関で系統的に社会福祉学を展開しており（体系化）、かつ根源的な批判的検討と論理必然的（法則的）に福祉利用者の多様な個人及び共同の潜在能力に適合した社会的及び公的責任・具体的権利・社会福祉の必要充足（何故ならば、福祉利用者の多様な個人及び共同の潜在能力の維持・再生産・発達・発揮の阻害状態によって社会福祉［福祉手

段］の必要性の内容・種類・必要度が異なっているので、福祉利用者の多様な個人及び共同の潜在能力の維持・再生産・発達・発揮の阻害状態に適合した社会福祉［福祉手段］の必要性の内容・種類・必要度が決定され充足される事が重要である）の原理による弁証法的発展（弁証法的発展とは、資本主義社会の生産様式における古い社会福祉に対する社会福祉の低いレベルから高いレベルへ、単純なものから複雑なものへと言う前進過程であり、その前進過程で以前にはなかった新しい社会福祉が法則的に生成してくるような変化である）の観点からのアソシエーション（共産共生）社会における新しい質の社会福祉システムへの発展・変革である（それ故、筆者は現在の社会福祉の様々な解釈［読み解く］だけではなく、肝腎なことは社会福祉基礎構造改革後の現在の多くの矛盾が内在している社会福祉を発展・変革させることが重要であると考える）。そして筆者の社会福祉研究の姿勢は、既定の上部構造に位置する既存の福祉意識（既定の福祉思想・福祉理念・福祉概念等）から出発して、そこから社会福祉の本質（価値［価値の実体は、抽象的人間労働である］・剰余価値）認識に到達しようとするのではない。つまり現実に存在している土台の資本主義社会の生産様式に絶対的に規定され、法則的に生成し客観的に存在している福祉利用者の社会問題としての生活問題と社会福祉労働（社会福祉労働は福祉手段であるが、福祉利用者が福祉を成就する潜在能力［抽象的人間生活力＝生活力・抽象的人間労働力＝労働力］を引き出してくれる特殊な福祉手段である）の事実の分析（研究対象の端緒の分析）から出発して、従来の社会福祉研究及び社会福祉論においても解明されていなかった社会福祉の本質—価値・剰余価値（存在）—を明らかにしようとするものである（唯物論においては存在が意識を規定するので）。即ち既定の上部構造に位置する既存の福祉意識（福祉思想・福祉理念・福祉概念）から社会福祉の本質—価値・剰余価値（存在）—を導出するのではなく、現実に存在している土台の資本主義社会の生産様式に絶対的に規定され、法則的に生成し客観的に存在している福祉利用者の社会問題としての生活問題（存在）と福祉利用者の多様な個人及び共同の潜在能力に適合した社会福祉労働の享受の事実（存在）の分析・総合によって社会福祉の本質—価値・剰余価値（存在）—を導出しているのである。そして、史的唯物論の歴史（原始共産制社会、奴隷制社会、封建制社会、資本主義社会、社会主義社会）における究極的な規定的な要因は、人間の現実生活の生産と再生産であるので、社会福祉の歴史においても究極的な規定的な要因は人間（福祉利用

者）の現実生活の生産と再生産（人間の多様な個人及び共同の潜在能力［抽象的人間生活力＝生活力］の維持・再生産・発達・発揮の成就）である。それ故に筆者は社会福祉を研究していく場合、常にこの視点を保持しなければならないと考える。

　ところで、社会福祉基礎構造改革後の社会福祉の法制度・福祉政策（福祉手段）の空洞化かつ変質化（結果）は、上部構造の「新自由主義」だけの原因ではなく、土台の資本主義社会の生産様式そのものが原因であり（従来の社会福祉論は、この土台の資本主義社会の生産様式そのものの原因を看過していた）、また学問としての科学的方法論（マルクス経済学・弁証法的唯物論・史的唯物論・変革運動論・潜在能力アプローチ、福祉観察や福祉労働などの経験的手続きによって実証していく法則的・体系的知識）による社会福祉学の研究は停滞及び欠落している。その前者（社会福祉の法制度・福祉政策［福祉手段］は空洞化かつ変質化［結果］）は、小川政亮氏が指摘されているように、社会福祉を「①措置制度に代えて契約制度への変革、②応能負担原則に代えて受益者負担原則への転換、③供給主体多様化の名の下に民間企業、すなわち営利資本の参入を図れ（利潤の源である剰余価値の奨励－挿入、筆者）、というものです。まさに戦後、日本国憲法下で、まだまだ問題は多いものの、ともかく築かれ、維持されてきた社会福祉の憲法的基礎構造を根本からひっくり返そうとしているので」（真田是・その他著『「社会福死」への道』かもがわ出版、1999年、19頁）あった。そして、後者（学問としての科学的方法論による社会福祉学の研究の停滞及び欠落）は、「本来、大学教育は、担当教員の研究成果をその方法論も含め、学生に教授すること」（関家新助著『社会福祉の哲学』新中央法規出版、2011年、168頁）に大学教育の価値があるにも拘わらず、大学での資格（社会福祉士・精神保健福祉士・介護福祉士）取得の為に厚生労働省の教科シラバスに沿った講義を優先させ、かつ大学教員の科学的方法論による研究能力の不足・欠如の為に、学問としての科学以前の現象の羅列及び観念・思弁（思弁とは、福祉観察・福祉実践・福祉労働・福祉運動の経験による弁証法的考察［分析・総合］によってではなく、ただ純粋な思考によって経験を越えた真理の認識に到達しようとする事である）の論文及び著書・実用書が氾濫し、大学教育が専門学校教育化している。そして、これまでの殆どの著書及び論文（本書の序章「従来の社会福祉論の到達点と社会福祉学の課題」）等が、土台の資本主義社会の生産様式の下に実在している社会福祉にも拘わらず、「生産

関係とは無関係な……問題であると」（聴濤弘著『マルクス主義と福祉国家』大月書店、2012年、148頁）され、生産様式と無関連で社会福祉の法制度・福祉政策（福祉手段）等自身の批判的検討が行われ、無法則的（資本主義社会の生産様式の下での福祉利用者の社会問題としての生活問題の法則的生成及び福祉利用者の社会問題としての生活問題問題と社会福祉労働の普遍的・必然的連関の看過）に論じられていた。しかし、社会福祉の法制度・福祉政策（福祉手段）等は、「法的（社会福祉の法制度・福祉政策等－挿入、筆者）諸関係……、それ自身（社会福祉の法制度・福祉政策自身等－挿入、筆者）で理解されるものでもなければ、またいわゆる人間精神（哀れみや同情の精神、相互扶助の精神、ボランティアの精神、自己責任の精神、愛の福祉精神、自立の精神、共生の精神、平等の福祉思想の精神等－挿入、筆者）の一般的発展から理解されるものでもなく、むしろ物質的な生活諸関係（資本主義社会の生産様式－挿入、筆者）、そういう諸関係（資本主義社会の生産様式－挿入、筆者）に根ざしている」（カール・マルクス［武田隆夫・その他訳］『経済学批判』岩波書店、1956年、12-13頁、挿入及び傍点、筆者）ものであり、土台の資本主義社会の生産様式との連関で科学的（法則的・体系的）に探究していくことが重要であると考える（従来の社会福祉研究及び社会福祉論には、この点が欠けている）。しかも従来の「社会福祉の政策論、社会福祉の生存権的保障論、社会福祉の運動論、社会福祉の三元構造論、社会福祉の技術論・固有論、社会福祉の経営論、社会福祉のインフラ論」（本書の序章「従来の社会福祉論の到達点と社会福祉学の課題」）のように、福祉手段である「財貨（財貨［貨幣及び非貨幣］、社会福祉政策、社会福祉の法制度、社会福祉運動、社会福祉援助技術、社会福祉経営、生活共同手段－挿入、筆者）の側に視点を置いて平等な福祉観を論じてきた……、視点を180度転換して、人間（福祉利用者－挿入、筆者）の側に移」（二宮厚美著『発達保障と教育・福祉労働』全国障害者問題研究会出版部、2005年、87頁、傍点、筆者）す事が重要であると考える。なぜならば、アマルティア・セン（ノーベル経済学賞の受賞者）が指摘されているように、「財貨（福祉手段－挿入、筆者）の支配は福祉という目的のための『手段』であって、それ自体（福祉手段自体－挿入、筆者）として目的（福祉目的［福祉利用者の多様な個人及び共同の潜在能力の維持・再生産・発達・発揮の成就］－挿入、筆者）にはなり難い」（アマルティア・セン［鈴木興太郎訳］『福祉の経済学』岩波書店、1997年、44頁、傍点、筆者）。また福祉手段を使用して、それぞれの

福祉利用者の多様な個人及び共同の潜在能力によって「『福祉』(well-being)は
ひと(福祉利用者－挿入、筆者)が実際に成就するもの―彼／彼女の『状態』(being)
はいかに『よい』(well)ものであるか―に関わっている。」(セン、前掲書、15頁、
傍点、筆者)ものであるので、福祉利用者の多様な個人及び共同の潜在能力の維
持・再生産・発達・発揮の成就と無関連の福祉手段のみの社会福祉論は、人間(福
祉利用者)が実際に成就する状態の社会福祉(福祉目的)を論じたことにはなら
ないと考える。つまり「生存に必要なさまざまなモノ(社会福祉労働〔福祉施設
の建物モノや福祉施設内で提供される食事等の社会福祉労働手段も含む〕による
サービスそのモノあるいは社会福祉の法制度そのモノの福祉手段－挿入、筆者)
は、人間(福祉利用者－挿入、筆者)にあって不可欠なものであるが、そのモノ(社
会福祉労働によるサービスそのモノあるいは社会福祉の法制度そのモノの福祉手
段－挿入、筆者)の価値(使用価値－挿入、筆者)はそれを活用する人間(福祉
利用者－挿入、筆者)の(多様な個人及び共同の－挿入、筆者)潜在能力によっ
て可変的である。したがって、人間(福祉利用者－挿入、筆者)生活の福祉を考
える場合にはモノ(社会福祉労働によるサービスそのモノあるいは社会福祉の法
制度そのモノの福祉手段－挿入、筆者)それ自体(福祉手段自体－挿入、筆者)
ではなく、それを活用して生きる人間(福祉利用者－挿入、筆者)の潜在能力に
視点を移して、その発展を考えなければならない、」(二宮、前掲書87頁、傍点、
筆者)と明言することができるが、しかし筆者は人間(福祉利用者)が生きて福
祉を成就していく為には物質的福祉手段(衣食住〔モノ〕等)が絶対的に必要と
考えているので(史的唯物論)、モノ(福祉手段)の保障と福祉目的(社会福祉
労働〔福祉手段〕の使用価値によって人間らしい健康で文化的な生活を享受し、
人間らしい健康で文化的な生活活動〔機能〕の基盤である多様な個人及び共同の
潜在能力の維持・再生産・発達・発揮〔機能〕の成就の保障)を統一的に捉えて
いくことが重要であると考える。そして従来の社会福祉研究及び社会福祉論で看
過されていた資本主義社会の生産様式との連関の下で、前述した社会福祉(社会
福祉労働)における本質(価値・剰余価値〔支配及び搾取関係〕)を解明してい
く。しかも社会福祉(社会福祉労働)に内在している社会福祉の発展の原動力で
ある使用価値の要因と価値・剰余価値の要因の矛盾対の統一体を解明していく。
さらにその矛盾を緩和・打開していく為には福祉手段と福祉目的の区別と統一的
認識の下で、「社会福祉研究が現在のところ、必ずしも社会福祉学として学問的

に確立していない段階にあり」（京極高宣著『社会福祉学とは何か』全国社会福祉協議会、1998年、139頁、傍点、筆者）、「学として独立した体系化を完成させること……。その場合、社会福祉の法則性が存在することを検証することが不可欠な課題で」（京極、前掲書、144頁、傍点、筆者）あるので、法則的に生成してきた福祉利用者の社会問題としての生活問題と社会福祉労働の普遍的・必然的連関（法則）の論証の上に福祉利用者の多様な個人及び共同の潜在能力に適合した社会的及び公的責任・具体的権利（社会権としての生存権平等）による社会福祉の必要充足の原理に基づいて、人間らしい健康で文化的な福祉手段の保障と福祉利用者の多様な個人及び共同の潜在能力の維持・再生産・発達・発揮（機能）の成就の保障（福祉目的）の統一的保障を合法則的に究明していく。

　さらに述べておきたい事は、研究者・実践者（社会福祉労働者等）の両者に理論的認識と実践的認識の統一的視点を常に念頭に置くという事（本書の第2章「社会福祉学の理論的認識と実践的認識の統一」において、両認識の統一の重要性及びその内容について考察している）と、理論的認識と実践的認識の発展の為にも理論的認識と実践的認識の統一と学問的論争が重要であると言う事である。前者（研究者・実践者［社会福祉労働者等］の両者に理論と実践の統一的視点）は、研究者の真田是氏が指摘されているように、「第一に、学問（理論－挿入、筆者）の対象としての社会福祉も、研究者の観念の中で勝手にこねあげたような物では決してなく、社会的・現実的に存在する社会福祉にほかならないこと、第二に、現実の対象が解決を求めている課題（実践課題－挿入、筆者）を明らかにし、解決方針を提示するのは学問の範囲外のことなどでは決してない。」（真田是編『戦後日本社会福祉論争』法律文化社、1979年、4頁）また実践者の中島康晴氏が指摘されているように、「理論は研究者だけのものではないし、実践は実践家だけのものではない。いや、そもそも、そのように分断すべきでもない。この理論と実践の相互作用・学習を促進していくことが、社会福祉の増進に繋がるであろうし、……。そのためには、少なくとも私たち実践家が、理論構築力を高めることで、研究者との議論への参加を果たす必要がある。」（中島康晴著『地域包括ケアから社会変革への道程〔理論編〕』批評社、2017年、196－197頁）と言う事である。後者（理論と実践の発展の為の学問的論争の重要性）は、理論的研究及び福祉利用者・社会福祉労働者・社会福祉運動家の為の福祉労働（実践）・福祉専門職論・社会福祉運動論を発展させていく為にも学問的論争を促進していく事が重要であ

る。ところが今、社会福祉学の世界で、社会福祉の本質の理論的研究の停滞・欠落及び学問的論争が全くなくなってしまった。聽濤弘氏も指摘されているように「世を動かすほどの論争がまったくなくなってしまった。それぞれが自分の持ち場で紳士的にものをいい『他流試合』をしなくなってしまった。これは一種の『知的退廃』現象である。論争がなければ世の中は変わらない。……いま誰か一人が『正解』をもっているほど単純な世界ではない。意見はいろいろある（それ故、憲法で保障されている学問の自由及び言論の自由が重要である－挿入、筆者）。……意見を交換し論争も行い進歩（社会福祉の法制度・福祉政策等の進歩及び福祉利用者の多様な個人及び共同の潜在能力の維持・再生産・発達・発揮［機能］の進歩、社会福祉学・福祉実践・福祉労働・福祉運動・福祉専門職論の進歩－挿入、筆者）に向けて大きな輪をつくっていくことが求められている。」（聽濤弘著『マルクス主義と福祉国家』大月書店、2012年、194-195頁、傍点、筆者）そして社会福祉の本質の理論的研究・福祉政策・福祉実践・福祉労働・福祉運動・福祉専門職論を発展させていく為の学問的論争の促進は、学会・福祉研究所等の責務だと思われるが、その責務を怠っているように思われる。

　以上の事を踏まえて本書の特徴を要約すると、まず合法則的（土台の資本主義社会の生産様式の下で法則的に生成してくる福祉利用者の社会問題としての生活問題と社会福祉労働の普遍的・必然的関係）・体系的に研究対象の端緒である福祉利用者の社会問題としての生活問題と社会福祉労働（社会福祉労働手段も含む）を科学的・弁証法的考察によって分析（従来、社会福祉の領域において分析されていなかった価値・剰余価値の形成を分析し論証した上で、社会福祉労働に内在する使用価値［現象］の要因と価値・剰余価値［本質］の要因の矛盾対の認識）し（構造的認識）、その矛盾対の中核的概念との連関で機能的認識（福祉利用者が社会福祉労働［社会福祉労働手段も含む］の使用価値を享受し、人間らしい健康で文化的な生活活動［機能］の基盤である多様な個人及び共同の潜在能力の維持・再生産・発達・発揮［機能］の成就の認識）を行うと言うその統一的認識を行っている（分析と総合の結合）。つまり福祉利用者の社会問題としての生活問題が土台の資本主義社会の生産様式との連関でどのように法則的かつ経済的必然性をもって生成してくるかを分析し、しかも社会福祉労働に内在する使用価値の要因と価値・剰余価値の要因との基本的矛盾対の分析を行っている。そして社会福祉労働に内在する使用価値の要因と価値・剰余価値の基本的矛盾対との連関で

今日支配している社会福祉基礎構造改革後の社会福祉の法制度・福祉政策等の根本的な批判的検討を行っている。そして福祉利用者の多様な個人及び共同の潜在能力に適合した社会的及び公的責任・具体的権利による社会福祉の必要充足原理に基づいて、人間らしい健康で文化的な福祉手段（社会福祉の法制度・福祉政策等）の保障と社会福祉実践・労働による福祉利用者の多様な個人及び共同の潜在能力の維持・再生産・発達・発揮（機能）の成就の保障の統一的保障を考察している。また従来の社会福祉及び社会福祉論（社会福祉の政策論・社会福祉の生存権的保障論・社会福祉の運動論・社会福祉の「三元構造」論・社会福祉の技術論及び固有論・社会福祉の経営論・社会福祉のインフラ論［本書の序章］）を弁証法的に否定（弁証法的な否定とは、現存する社会福祉の否定的な側面［矛盾］を克服しながら、その内容の肯定的な側面を保持し全体的に新しい質の社会福祉へ発展［止揚］させていくこと）し、さらに論理必然的（合法則的）に、弁証法的発展の観点から「労働者が自らの手でつくりだした富である社会的総労働生産物（社会的総生活手段−挿入、筆者）を、福祉と国民生活のために控除（充当−挿入、筆者）することができる」（聽濤、前掲書、149頁）ようにしていく為には、前提条件として現在の資本主義社会における経済（土台）の民主的変革の提示が行われている。その民主的変革の主要な内容は聽濤弘氏が指摘されているように、まず第1点は、大企業の規制と市場の統制である。つまり、「①多国籍企業化による国民経済の破壊、②狂乱的な金融投機」（聽濤、前掲書、161頁）等の「企業活動を規制・統制することが必要であり、場合によっては国民のための国有化が必要である。」（聽濤、前掲書、162頁）そしてもう一つは、「人間らしい生活を送る根本条件である社会保障であり、また土地の民主的利用、国際化の波にさらしてはならない農業、国の根幹にかかわるエネルギー、環境保全、教育」（聽濤、前掲書、167頁）等の「『市場にまかせておけない』分野を設定し、計画的に経済構造を改革していくことである。」（聽濤、前掲書、162頁）第2点は、国会に「大企業監視委員会」を設置することである。この「大企業監視委員会」は、「大企業を監視し、その社会的責任を果たさせ、計画的な方向性にそって大企業を誘導していくことができるようにする。そのための各種の立法措置を提案していく」（聽濤、前掲書、169頁）ことが必要である。第3点は、「軍事力を背景にして新規市場の開拓を目指すというのは、まさに帝国主義の論理そのものであり、この立場をアメリカはいささかも放棄していない。このアメリカの軍事戦略を支える

のが日米軍事同盟」（聴濤、前掲書、172頁）である日米安保条約なので、「日米安保条約廃棄は『民主的変革の段階』を実現するのが不可欠の課題である。」（聴濤、前掲書、173頁）

　以上の提示の資本主義社会における経済（土台）の民主的変革後の国民の合意によるアソシエーション（共産共生）社会（アソシエーション［共産共生］社会においては、共同の生産手段及び労働者の民主的［民主主義の主たる属性は、基本的人権・自由権・平等権・多数決原理・法治主義等である］自治による生産手段の管理・運営の下で、各自の生産者の多様な潜在能力［抽象的人間労働力＝労働力に応じて労働する自由で平等な協同団体［協同団体以外に、国家・地方自治体・労働組合・会社員自主管理・労働者協同組合等を基礎とする生産手段の多様な所有形態が考えられる－挿入、筆者］を基礎にして生産を行い、生産された生産物［生活手段］は各自の必要に応じて分配を受け各自の所有物となる社会）における完全かつ構造的に福祉利用者の多様な個人及び共同の潜在能力に適合した社会的及び公的責任・具体的責任・社会福祉の必要充足の原理に基づいた新しい質の社会福祉（アソシエーション［共産共生］社会おける新しい質の社会福祉は、社会福祉労働者の労働力の商品化を廃止し、協同組合・国家・地方自治体・労働組合・労働者協同組合・社会福祉法人等の社会福祉労働手段〔福祉施設や福祉事業所等〕の共同占有の下で、個々の労働組合・協同組合・労働者協同組合・社会福祉法人等、さらには、官僚的行政・官僚的福祉施設等の管理・運営を排除した個々の社会福祉労働者の徹底した民主的自治による管理・運営＝当事者主権［福祉利用者や社会福祉労働者］による社会福祉労働者の個人的所有［所得］を再建する協同組合・国家・地方自治体・労働組合・労働者協同組合・社会福祉法人等の連合社会福祉の事である）へ変革していく事を展望する事ができる。

　そして民主的変革の社会福祉運動においては、国民の合意による民主的な統一戦線を結成することが重要である。民主的な統一戦線を結成する為には、福祉利用者及び社会福祉労働者を中心とする「労働者階級が中心的な社会的勢力として主導的な役割を果たし」（富沢賢治「社会構造論」『労働と生活』世界書院、1987年、89頁）、「労働者階級の階級的民主統一戦線が不可欠の条件となる。」（富沢、前掲書、89頁）が、「第一に、要求にもとづく統一行動の発展が必要である。統一行動発展の基本原則は、①一致点での統一、②自主性の統一、③対等・平等と民主的運営、④統一を妨げる傾向にたいする適切な批判、⑤分裂・挑発分子を参

加させないことである。第二に、統一行動の繰り返しだけではなく、政策協定と組織協定にもとづいた全国的規模の統一戦線を結成することが必要である。」（富沢、前掲書、83頁）と提示している日本で初めての独創的かつ科学（法則的・体系的な知識）的な社会福祉学の必読の学術書である。

　最後にマルクスが『資本論』のフランス語版への序文に書いてある「学問に平坦な大道はありません。そして、学問の険しい坂道をよじ登る労苦をいとわない者だけに、その明るい頂上に辿りつく見込みがあるのです」と言う言葉を常に念頭において社会福祉学の発展のために努力していきたいと思いますので、本書の忌憚のない学問的批判を頂ければ望外の喜びである。

Preface

The core in this book is a critical examination of social welfare system in the capitalistic production mode (the production mode is an unification of the productive capacity and the relations of production) and (therefore, present social welfare is not only the interpretation variously, and an essential thing be to revolutionize it) a revolution to a new social welfare system in association that meets the various individuals and the cooperation of capability of welfare user by the principle of a necessary sufficiency of social welfare and a public responsibility, a concrete right. And, the posture of the social welfare research of the author starts being left the welfare consideration (predetermined welfare thought, welfare idea, and welfare concept, etc.) located in a predetermined superstructure, and not reaching the essence (value in use and surplus value) cognition of the social welfare there. It leaves it is possible to certain the regulation, the life problem (obstruction of maintenance, reproduction, development, and demonstrating capability that has been generated from shortfall, lack of means [income and education, etc.] of living, and shortfall and lack of means of living to contingent relation) of the law generation and existing objectively as the social problem, and the analysis on the social welfare labor (a special welfare means to draw out the capability that the welfare user enjoys the social welfare though the social welfare labor is a welfare means) for the mode (foundation) of production of the capitalistic society that actually exists absolute and it tries to clarify the essence of the social welfare. And, because a regulation ultimate factor in the history of the historical materialism is production and a reproduction of real life of man, a regulation ultimate factor is production and reproduction (accomplishment of maintenance, reproduction, developing, and demonstrating of welfare user's capability) of real life of the welfare user in the history of the social welfare. Therefore, it is thought that it is necessary to always maintain this aspect when the social welfare is researched.

The legal system and the welfare policy (welfare means) of the social welfare become hollow and are made a weakness since a social welfare basic structural reform. Moreover, the social welfare research by the methodology of science (dialectical materialism and historical materialism) has stagnated. As for the former, Seiryo Ogawa is pointed out as follows. "First, it revolutionizes it to the contractual system in place of the placement system. Second, the conversion is to work to the beneficiary pays principle in place of the ability burden principle. In the third, the entry of the private business, that is, the lucrative capital under the diversification of the supply subject is aimed at. It is built at any rate, and a maintenance constitutional, basic structure of the social welfare that can be certain is about to be upset from the root under Constitution of Japan after the war though there are still a lot of problems." (Naoshi Sanada/written by another that, Road to social welfare death, Kamogawa Publication, 1999) And, the latter has been discussed without any relation of the production of the capitalistic society though is a social welfare that almost every book and the thesis have existed up to now under the mode of production of the capitalistic society. In a word, neither a legal system of the social welfare nor a critical examination of the welfare policy was done by the relation to the mode of production Moreover, it was discussed with a lawless rule (overlooking of universal, inevitable relation of law generation of life problem and life problem and social welfare labor under form of production of capitalism).

And, a past social welfare theory (policy theory of social welfare, right to live security theory of social welfare, kinetics of social welfare, ternary structure theory of social welfare, technology theory and endemic theory of social welfare, Management theory of social welfare, infrastructure theory of social welfare) put the aspect on the side of the welfare means. (written by Kenji Takehara, view on welfare and social welfare study of science , Fountain Company of Book,2019) Therefore,"It is necessary to think However,"The rule of money and property (welfare means; insertion, author) is'a means'for the purpose of welfare, and it is not easy to become a purpose as that in itself." (translation by Kotaro Suzuki, economics of welfare ,Iwanami Bookshop,1997) about the development by moving the aspect to the capability (abstract man life power and abstract man labor force) of man (welfare user; insertion, author) who lives by using not the mono-that in itself (welfare means of legal system of social welfare and welfare policy) but it when thinking about the welfare of the life of man (welfare user; insertion, author."However, the author thinks that material welfare (food, clothing, and housing etc.) is absolutely necessary for man to live and to accomplish welfare. Therefore, it is thought that unified cognition of the security of the welfare means and the security of maintenance, the reproduction, developing, and demonstrating of welfare user's capability is important. And, the essence (value and surplus value) of the social welfare is clarified under the relation with the mode of production of the capitalistic society overlooked by a past social welfare theory. Moreover, it is clarified that the mainspring of the development that exists inside the social welfare is an entity of the contradiction opposition of the factor of the use value and the factor of value and the surplus value.

In addition,"the social welfare research is at a present point and the stage that has not been necessarily academically established as study of social welfare." (written by Takanobu Kyogoku, what is the social welfare study , National Council of Social Welfare,1998) When establishing it as learning,"It is an indispensable issue to inspect the existence of the law of the social welfare." (Kyogoku, Ibid) Therefore, the author thinks that it is important to consider the law of the legal system, the welfare policy, and the social welfare labor of social welfare that secures the principle of a necessary sufficiency of the social welfare by a public responsibility and a concrete right to meet maintenance, the reproduction, development, and demonstrating of welfare user's various capability.

In addition, the thing to be described is a thing said to both of the researcher and the practitioner that an academic controversy is important because of the development of the thing, the theory, and a practice of always putting the unified viewpoint of the theory and a practice on the mind. As the former is that Naoshi Sanada of researcher is pointed out,"First, the social welfare as the object of study is just a social welfare that exists not the one having created up it without permission in researcher's idea but socially and realistically. Second, the issue from which the actual object requests the solution is clarified, and the presentation of the solution policy is not beyond the limits of study, etc." (edit by Naoshi Sanada, Japanese social welfare controversy in postwar days , Culture Company of Law,1979) And, as practitioner's Yasuharu Nakashima is pointed out, "the theory doesn't belong to a researcher alone, and a practice doesn't belong to a practical person alone. To begin with, it should not divide into parts like that. It is connected with the promotion of social welfare to promote the interaction and the study of this theory and a practice, … Therefore, our practical person at least improve the theoretical construction power and it is necessary to accomplish the participation to the argument with the researcher." (written by Yasuharu Nakashima, Distance from region inclusive caring to social revolution , Criticism Company, 2017)

And, it is important to promote an academic controversy to develop the theory and a practice. However, an academic controversy is completely lost now in the world of the social welfare study. As Hiroshi Kikunami is pointed out,"the controversy as the world is moved is completely lost. Of each counts in the gentleman in my post, and 'the try one's skill with a follower of a diffcrent school' has not been done. This is a phenomenon of a kind of 'intellectual decadence.'The world doesn't change if there is no controversy.... No world simple for one person to have the correct answer. There is variously opinion. A big circle is requested to exchange opinions, to controvert, and to be made aiming at advancement (advancement of maintenance, reproduction, development, and demonstrating welfare user's capability, Advancement of social welfare study and legal system of social welfare, welfare policy of social welfare, a welfare practice, welfare labor, welfare movement, welfare profession; insertion, author) " (written by Hiroshi Kikunami, Marxism and welfare state , Outski Bookstore,2012)

The above-mentioned point is put on the mind, and the social welfare study is progressed in this book as follows. First of all, the structural recognition (the formation of value and the surplus value not proven in the area of the social welfare is analyzed and proven so far. Moreover, the contradiction opposition of the value in use, value and the surplus value that exists inside the social welfare labor is clarified) That a relation with the mode of production that is the foundation of the contemporary capitalism and is a law principle of the social welfare is done. And, the unified cognition said that functional recognition (the welfare user enjoys the social welfare labor, and the cognition of the accomplishment of maintenance, the reproduction, developing, and demonstrating of the capability) Will be done by the relation with the structural recognition is done.

And, it is proven that the life problem (obstruction of maintenance, reproduction, development, and demonstrating capability that has been generated from shortfall, lack of means of living, and shortfall and lack of means of living to contingent dealings) as welfare user's social problem generates it the law, economically, and inevitably. The welfare policy after a basic structural reform of the social welfare that rules is critically examined in the relation with basic contradiction between the value in use and value and the surplus value that exists inside the social welfare labor today. Moreover, based on the principle of a necessary sufficiency of the social welfare by a public responsibility and a concrete right to meet welfare user's various capability is important. And, unified security of the security of healthy and cultural welfare means like decent human being and the security of maintenance, the reproduction, developing, and demonstrating of welfare user's capability is important. In addition, the new social welfare in the Association (association is a union society of an individual cooperative association and the cooperative association that reconstructs social welfare worker's personal income by autonomy management and management thorough of an individual social welfare worker under a joint possession of the social welfare labor means) society is viewed logical and inevitably (lawful rule) .

【目次】

第Ⅱ部　社会福祉の各論的基本問題（基本的矛盾）の検討

第Ⅲ部　福祉利用者の使用価値を高めていく社会福祉の検討

第 I 部

序章・科学的福祉世界観・社会福祉学の視点・生活問題・社会科学的方法論・社会福祉の定義

序章　従来の社会福祉論の到達点と社会福祉学研究の課題

　従来の社会福祉論の先行研究を行ってみると、福祉目的（福祉利用者が自らの人間らしい健康で文化的な多様な個人及び共同の潜在能力〔抽象的人間生活力・生活力＝人間が生活の際に支出する脳髄、神経、筋肉等を意味する・抽象的人間労働力・労働力＝人間が労働の際に支出する脳髄、神経、筋肉等を意味する〕の維持・再生産・発達・発揮の成就）に視点を置いたものではなく、財貨（貨幣及非貨幣）・社会福祉の法制度・福祉政策・社会福祉援助技術・社会福祉運動・福祉経営・生活共同手段等の福祉手段に視点を置いたものであった（竹原健二著『科学の福祉観と社会福祉学』本の泉社、2019年、44-55頁）。そして従来の社会福祉論は古川孝順氏（古川孝順著『新・社会福祉学習双書』全国社会福祉協議会1997年、12-19頁）も指摘されているように、(1) 社会福祉の政策論、(2) 社会福祉の生存権的保障論、(3) 社会福祉の運動論、(4) 社会福祉の「三元構造」論、(5) 社会福祉の技術論・固有論、(6) 社会福祉の経営論、(7) 社会福祉のインフラ論に分類できるが、以下ではこれらの社会福祉論を弁証法的否定（弁証法的否定とは、従来の社会福祉論の否定的な側面を克服しながら、これらの社会福祉論の肯定的な側面を保持し全体的に従来の社会福祉論を発展［止揚］させていくこと）によって考察してみよう。

1. 社会福祉の政策論

　この類型に属する研究としては、孝橋正一氏の研究が挙げられる。孝橋正一氏は、「社会事業とは、資本主義制度の構造的必然性の所産である社会問題に向けられた合目的・補充的な公・私の社会的方策施設の総称であって、その本質の現象的表現は、労働者＝国民大衆における社会的必要の欠乏（社会的障害）状態に対応する精神的・物質的な救済、保護及び福祉の増進を、一定の社会的手段を通じて、組織的に行うところに存する」（孝橋正一著『全訂社会事業の基本問題』ミネルヴァ書房、1962年、24-25頁）と定義している。つまり、孝橋正一氏は、社会福祉の対象を資本主義経済法則から導き出し、対象は労働者階級であるとする。そして、資本主義社会の社会問題（労働問題）から社会福祉運動の影響と無関連で機会的に連関づけた社会的問題に対して、国家を通じて展開される資本主

義体制の維持存続等を目標とする一定の施策の体系として社会福祉を捉えた。こうした社会福の祉の研究は、社会福祉の対象である生活問題を資本主義社会における社会問題と連関させて把握したと言う点において評価できるが、反面、社会福祉運動による社会福祉への影響の重要性及び社会福祉の機能的側面（使用価値：社会福祉の使用によって人間らしい健康で文化的な生活を享受し、人間らしい健康で文化的な生活活動［機能］の基盤である多様な個人及び共同の潜在能力の維持・再生産・発達・発揮の成就）を看過したものであった。そして、社会福祉（社会福祉労働）における本質（価値・剰余価値＝支配・搾取関係）を解明し、しかも社会福祉（社会福祉労働）に内在している社会福祉の発展の原動力である使用価値の要因と価値・剰余価値の要因の矛盾対の統一体を解明し、さらにその矛盾を緩和・打開して福祉利用者の人間らしい健康で文化的な多様な個人及び共同の潜在能力に適合した社会的及び公的責任及び具体的権利による社会福祉の必要充足の原理を保障していく社会福祉方策及び社会福祉労働・社会福祉実践・社会福祉運動のあり方を考察していく事が課題である。

2. 社会福祉の生存権的保障論

　この類型に属する研究としては、小川政亮氏の研究が挙げられる。小川政亮氏は、「憲法第 25 条は、単なる国の政治的責務を定めたプログラム規定にすぎないとする見解もあるが、生存権思想が国家法に定着するようになってきた歴史的背景から考えても、これはやはり、人間としての最低生活、人たるに値する生活と言うようにふさわしい生活を保障されると言う実体的な権利を国民が有することを明らかにしたもの」（小川政亮著『社会事業法制』ミネルヴァ書房、1973 年、184-185 頁）であると論じ、さらに「どの社会事業立法でも、権利保障にふさわしい構成・内容をもつものでなければならない。」（小川、前掲書、185 頁）としている。こうした研究は、社会福祉の量的及び質的な水準の向上に重要な影響を与えたと伴に、生存権等の人権意識を向上させる契機となった。しかし、人間らしい健康で文化的な生活を保障していく具体的権利としての法的提示はなされていない。そして、社会福祉の機能的側面（使用価値：社会福祉の使用によって人間らしい健康で文化的な生活を享受し、人間らしい健康で文化的な生活活動［機能］の基盤である多様な個人及び共同の潜在能力の維持・再生産・発達・発揮の成就）を看過したものであった。さらに、社会福祉（社会福祉労働）における本

質（価値・剰余価値＝支配・搾取関係）を解明し、しかも社会福祉（社会福祉労働）に内在している社会福祉の発展の原動力である使用価値の要因と価値・剰余価値の要因の矛盾対の統一体を解明し、さらにその矛盾を緩和・打開して福祉利用者の人間らしい健康で文化的な多様な個人及び共同の潜在能力に適合した社会的及び公的責任及び具体的権利による社会福祉の必要充足の原理を保障していく社会福祉方策及び社会福祉労働・社会福祉実践・社会福祉運動のあり方を考察していく事が課題である。

3．社会福祉の運動論

この類型に属する研究としては、一番ケ瀬康子氏、高島進氏の研究が挙げられる。一番ケ瀬康子氏は、孝橋正一氏が分析した社会的問題を生活問題として捉え直し、資本主義社会における方策施設の一つとしての社会福祉の相対的独自性を論じた。そして、生活問題から出発して政策形成・運用過程における社会福祉運動の意義を幅広く承認するとともに、社会権的生存権保障の視点を導入した（一番ケ瀬康子著『現代社会福祉論』時潮社、1972 年、77 頁）。また、高島進氏の研究の場合、運動の位置づけはさらに強化された（高島進著『社会福祉の理論と政策―現代社会福祉政策批判―』ミネルブァ書房、1986 年）。高島進氏によれば、畢竟するところ階級闘争にほかならず、それは対象としての貧困・生活活問題とならんで、社会福祉を規定する二大要因であるとする（高島、前掲書、2-36 頁）。両者の研究は、新しい福祉施策を生み出し、あるいは福祉の給付水準の引き上げや内容の改善に影響を与えた。その意味で、社会福祉政策の形成・運用過程における社会福祉運動の意義を重視し、かつ支援過程の意義を強調すると言う運動論の存在価値があった。しかし社会福祉の機能的側面（使用価値：社会福祉の使用によって人間らしい健康で文化的な生活を享受し、人間らしい健康で文化的な生活活動［機能］の基盤である多様な個人及び共同の潜在能力の維持・再生産・発達・発揮の成就）を看過したものであった。そして、社会福祉（社会福祉労働）における本質（価値・剰余価値＝支配・搾取関係）を解明し、しかも社会福祉（社会福祉労働）に内在している社会福祉の発展の原動力である使用価値の要因と価値・剰余価値の要因の矛盾対の統一体を解明し、さらにその矛盾を緩和・打開して福祉利用者の人間らしい健康で文化的な多様な個人及び共同の潜在能力に適合した社会的及び公的責任及び具体的権利による社会福祉の必要充足の原理を保障

していく社会福祉方策及び社会福祉労働・社会福祉実践・社会福祉運動のあり方を考察していく事が課題である。

4. 社会福祉の「三元構造」論

　この類型に属する研究としては、真田是氏の研究が挙げられる。真田是氏は、社会福祉を規定する基本的要因として、①社会問題、②政策主体、③社会運動の三つを挙げている。つまり、「社会福祉のあり方を現実に規定しているのは、政策主体としての資本の意図のみではなく、国民の生活諸要求が社会運動を通じて社会福祉に反映し、国民の生活を守り、豊かにすると言う『効果』をあげていることを明らかにしようとしている。その意味で社会福祉は、政策主体の意図にそってそれを実現すると言う『政策効果』と、国民の要求にそって国民の生活を守り、豊かにすると言う『福祉効果』との両面を捉えることによって、はじめて社会福祉の国民的発展の課題や展望を導き出すことも可能になるとしたのである」（真田是編『戦後日本社会福祉論争』法律文化社、1979年、248頁）。この「三元構造」論のように、社会福祉の政策主体の意図と国民の生活要求との二つの面を捉えるのは評価できる。しかし、社会福祉の政策主体の意図が論証されていない。そして、社会福祉の機能的側面（使用価値：社会福祉の使用によって人間らしい健康で文化的な生活を享受し、人間らしい健康で文化的な生活活動［機能］の基盤である多様な個人及び共同の潜在能力の維持・再生産・発達・発揮の成就）を看過したものであった。また、社会福祉（社会福祉労働）における本質（価値・剰余価値＝支配・搾取関係）を解明し、しかも社会福祉（社会福祉労働）に内在している社会福祉の発展の原動力である使用価値の要因と価値・剰余価値の要因の矛盾対の統一体を解明し、さらにその矛盾を緩和・打開して福祉利用者の人間らしい健康で文化的な多様な個人及び共同の潜在能力に適合した社会的及び公的責任及び具体的権利による社会福祉の必要充足の原理を保障していく社会福祉方策及び社会福祉労働・社会福祉実践・社会福祉運動のあり方を考察していく事が課題である。

5　社会福祉の技術論・固有論

　この類型に属する研究としては、岡村重夫氏の研究が挙げられる。岡村重夫氏は、「社会福祉は人間の社会生活上の基本的要求が全体として調和的に充足され

ることを前提条件として、個人が社会的役割を果たす上での援助、すなわち個人のもつすべての社会関係の主体的側面の欠陥の調整を行う個別的援助の方策を直接的に個人になすとともに、個人の集団や地域社会に対しても、彼等が集団作用を通じて個人の発達を図ったり、個人の社会的役割を容易にするような機関・施設・サービスをつくりだす活動を効果的に援助する技術である」（岡村重夫著『社会福祉原論』全国社会福祉協議会、1983年、68頁）と論じている。この定義からすれば、岡村重夫氏が社会福祉研究の中心においているのは、個人が社会制度との間に取り結ぶ社会関係の主体的側面の欠陥を調整する機能にほかならず、社会福祉とはそのような欠陥の調整をめざす社会的援助の体系であると捉える。その問題点の一つは、個人の社会関係を抽象的なものに解消してしまい、歴史性を帯びた社会性を見失われている。二つは、社会関係の主体的側面と客体的側面の区別をする事によって、寧ろ社会福祉の分離に行き着く結果となっている。つまり、真田是氏も指摘されているように、社会関係の主体的側面と客体的側面の区別は、「個人と社会制度の関連づけでの社会制度からの関連づけと、個人からの関連づけを区別するものであり、この上に立って『社会制度や社会体制それ自体の法則や問題を研究し、取り扱うのは少なくとも社会生活上の困難にかかわる社会福祉の本領ではないであろう』として『社会制度』の社会福祉からの排除を完成させている」（真田、前掲書、7頁）のである。そして、社会福祉の機能的側面（使用価値：社会福祉の使用によって人間らしい健康で文化的な生活を享受し、人間らしい健康で文化的な生活活動［機能］の基盤である多様な個人及び共同の潜在能力の維持・再生産・発達・発揮の成就）を看過したものであった。そして、社会福祉（社会福祉労働）における本質（価値・剰余価値＝支配・搾取関係）を解明し、しかも社会福祉（社会福祉労働）に内在している社会福祉の発展の原動力である使用価値の要因と価値・剰余価値の要因の矛盾対の統一体を解明し、さらにその矛盾を緩和・打開して福祉利用者の人間らしい健康で文化的な多様な個人及び共同の潜在能力に適合した社会的及び公的責任及び具体的権利による社会福祉の必要充足の原理を保障していく社会福祉方策及び社会福祉労働・社会福祉実践・社会福祉運動のあり方を考察していく事が課題である。

6. 社会福祉の経営論

　この類型に属する研究としては、三浦文夫氏の研究が挙げられる。三浦文夫氏

は、社会福祉における技術論的見解と政策論的見解の「論争は余り生産的なものとは思えない」（三浦文夫著『社会福祉政策研究』全国社会福祉協議会、1995年、11頁）と捉え、両者の中間の政策の運営あるいは運用の過程に焦点を絞り、「社会福祉に関する政策形成とその運営・管理を同時に取り扱うことを意図」（三浦、前掲書、43頁）としている。また、「ニードという言葉用いると、（社会福祉は日常生活と密接な連関があるにもかかわらず－挿入、筆者）社会福祉や社会政策に関する議論を私たちの日常生活から切り離してしまうことになりかねない。……ニードという言葉は必要と違って、私たちが日常生活のなかでは用いない言葉であるからだ。私たちは『休息が必要だ』という言い方はするが、『休息に対するニードがある』という言い方はしない」（武川正吾著『福祉社会』有斐閣、2001年、33頁）にもかかわらず、三浦文夫氏は、「『非貨幣的ニード』は『貨幣的ニード』に比して、より個別的で多様であるということや、『非貨幣的ニード』の充足に必要な財やサービスの調達・配分の方式に多様なものが必要となるということなどから、公私機能分担の再検討が必要となってきている」（三浦、前掲書、97頁）とし、シルバーサービスやチャイルドビジネスを含む福祉サービス供給組織の多様化や多元化の振興や規制にかかわる論を展開している。この研究における意義は「社会福祉の政策として、たんに政策主体の性格づけということでの現代資本制国家とか福祉国家などの検討ということだけでなく、いくつかのレベルに分けられる実践主体を政策のなかでどのように位置づけ、その実践を効果的に遂行する為の施策の検討を行ったり、実践主体としての社会福祉従事者の養成・確保とか、そのなかでボランティアの活用をどのように行うかなどの論議が当然おこなわなければならない」（三浦、前掲書、14頁）と言う目的で研究が行われた点にある。しかし、問題は、三浦文夫氏が社会福祉を現代資本主義社会の構造と連関して論じる事を避け、しかも福祉ニーズを「貨幣的ニーズ」と「非貨幣的ニーズ」に分類する事によって前者を軽視した事である。しかも社会福祉の機能的側面（使用価値：社会福祉の使用によって人間らしい健康で文化的な生活を享受し、人間らしい健康で文化的な生活活動［機能］の基盤である多様な個人及び共同の潜在能力の維持・再生産・発達・発揮の成就）を看過したものであった。そして、社会福祉（社会福祉労働）における本質（価値・剰余価値＝支配・搾取関係）を解明し、しかも社会福祉（社会福祉労働）に内在している社会福祉の発展の原動力である使用価値の要因と価値・剰余価値の要因の矛盾対の統一体を解

明し、さらにその矛盾を緩和・打開して福祉利用者の人間らしい健康で文化的な多様な個人及び共同の潜在能力に適合した社会的及び公的責任及び具体的権利による社会福祉の必要充足の原理を保障していく社会福祉方策及び社会福祉労働・社会福祉実践・社会福祉運動のあり方を考察していく事が課題である。

7. 社会福祉のインフラ論

　この類型に属する研究としては、古川孝順氏の研究が挙げられる。古川孝順氏は、「社会福祉はもっぱら貧困者や低所得者階層のための施策として成立したが、今日本での社会福祉は、『貧困者のためばかりではない』一般的・普遍的な社会的施策の体系として存在しており、社会保険、社会手当、保健サービスなどと伴に現代社会における生活保障システムのひとつ、すなわち生活インフラ（共同手段－挿入、筆者）として位置づけられ」（古川孝順著『社会福祉学序説』有斐閣、1994年、26頁）ると論じられている。国民が人間らしい健康で文化的な生活を行っていくには、生活インフラは基礎的条件であり、社会福祉の使用価値を高めていく為にも生活インフラの視点は重要であるが、社会福祉は社会的原因（相対的過剰人口・恐慌・労働力の価値の劣悪化など）による社会問題としての生活問題に対する生存権としての社会福祉の法制度・福祉政策であるので、社会問題としての生活問題と無関連（看過）の生活インフラ論は生存権としての社会福祉の法制度・福祉政策の範疇に包摂されないのではないか。と言うのは、現代の社会福祉は、資本主義社会の生産様式の下における社会福祉であるので、社会福祉の対象である社会問題としての生活問題が現代資本主義社会の生産様式との連関で法則的に生成している事を論証し、その上で社会問題としての生活問題と社会福祉労働との必然的関係を論証する事によって生存権としての社会福祉の一般的な生活インフラと違った特殊性を探究していく必要があるのではないか。そして社会福祉の機能的側面（使用価値：社会福祉の使用によって人間らしい健康で文化的な生活を享受し、人間らしい健康で文化的な生活活動［機能］の基盤である多様な個人及び共同の潜在能力の維持・再生産・発達・発揮の成就）を看過したものであった。そして、社会福祉（社会福祉労働）における本質（価値・剰余価値＝支配・搾取関係）を解明し、しかも社会福祉（社会福祉労働）に内在している社会福祉の発展の原動力である使用価値の要因と価値・剰余価値の要因の矛盾対の統一体を解明し、さらにその矛盾を緩和・打開して福祉利用者の人間らしい健康で

文化的な多様な個人及び共同の潜在能力に適合した社会的及び公的責任及び具体的権利による社会福祉の必要充足の原理を保障していく社会福祉方策及び社会福祉労働・社会福祉実践・社会福祉運動のあり方を考察していく事が課題である。

　これらの社会福祉論に共通している点は、資本主義社会の生産様式（生産様式は、生産力と生産関係の統一である）の下にに実在している社会福祉にも拘わらず、殆どが資本主義社会の生産様式との無連関の下に、社会福祉を無法則的に論じられていた。そして前述したように、福祉手段（財貨〔貨幣及非貨幣〕・社会福祉の法制度・福祉政策・社会福祉援助技術・社会福祉運動・福祉経営・生活共同手段）に視点を置いたものであった（竹原、前掲書、44-55頁）。しかし社会福祉は「法的（社会福祉の法制度・福祉政策等−挿入、筆者）諸関係……、それ自身（社会福祉の法制度・福祉政策等自身−挿入、筆者）で理解されるものでもなければ、またいわゆる人間精神（哀れみの精神、同情の精神、思いやりの精神、福祉の心、相互扶助の精神、ボランティアの精神、自己責任の精神、自立の精神、連帯の精神、共生の精神、平等の福祉精神等−挿入、筆者）の一般的発展から理解されるものでもなく、むしろ物質的な生活諸関係（資本主義社会の生産様式−挿入、筆者）、そういう諸関係（資本主義社会の生産様式−挿入、筆者）に根ざしている」（カール・マルクス［武田隆夫・その他訳］『経済学批判』岩波書店、1956年、12-13頁、傍点挿入、筆者）ので、その本質解明及び社会福祉の法制度・福祉政策等の批判的考察は資本主義社会の生産様式との連関の下で行われなければならない。それゆえ「福祉（社会福祉−挿入、筆者）国家は、生産関係とは無関係な」（聽濤弘箸『マルクス主義と福祉国家』大月書店、2012年、148頁）ものとして捉えず、かつ科学的（マルクス経済学・弁証法的唯物論・史的唯物論・変革運動論・潜在能力アプローチ、福祉観察や福祉実践〔福祉労働〕等の経験的手続きによって実証していく法則的・体系的な知識）に捉えていく事が重要である。

　そして社会福祉学を構築していく為には、従来の社会福祉論を弁証法的に否定（弁証法的な否定とは、現存する社会福祉の否定的な側面［矛盾］を克服しながら、その内容の肯定的な側面を保持し全体的に新しい質の社会福祉へ発展［止揚］させていくこと）する事が重要である。と言うのは、アマルティア・セン（ノーベル経済学賞の受賞者）が指摘されているように、「財貨（福祉手段−挿入、筆者）の支配は福祉という目的のための『手段』であって、それ自体（福祉手段自体−挿入、筆者）として目的（福祉目的［福祉利用者の多様な個人及び共同の潜在能

力の維持・再生産・発達・発揮の成就］－挿入、筆者）にはなり難い」（アマルティ
ア・セン［鈴木興太郎訳］『福祉の経済学』岩波書店、1997 年、44 頁、傍点、筆者）。
また福祉手段を使用して、それぞれの福祉利用者の多様な個人及び共同の潜在能
力によって「『福祉』（well-being）はひと（福祉利用者－挿入、筆者）が実際に
成就するもの─彼／彼女の『状態』（being）はいかに『よい』（well）ものであ
るか─に関わっている。」（セン、前掲書、15 頁、傍点、筆者）ものであるので、
福祉利用者の多様な個人及び共同の潜在能力の維持・再生産・発達・発揮の成就
との無関連の福祉手段のみの社会福祉論は、人間（福祉利用者）が実際に成就す
る状態の社会福祉（福祉目的）を論じたことにはならないと考える。つまり「従
来の福祉観がどちらかというと財貨（福祉手段－挿入）の側に視点を置いて平等
な福祉観を論じてきた……、視点を 180 度転換して、人間（福祉利用者－挿入、
筆者）の側に移」（二宮厚美著『発達保障と教育・福祉労働』全国障害者問題研
究会出版部、2005 年、87 頁）す必要がある。何故ならば、「生存に必要なさまざ
まなモノ（社会福祉労働〔福祉施設の建物モノや福祉施設内で提供される食事等
の社会福祉労働手段も含む〕によるサービスそのモノあるいは社会福祉の法制度・
福祉政策そのモノの福祉手段－挿入、筆者）は、人間（福祉利用者－挿入、筆者）
にあって不可欠なものであるが、そのモノ（社会福祉労働によるサービスそのモ
ノあるいは社会福祉の法制度・福祉政策そのモノの福祉手段－挿入、筆者）の価
値（使用価値－挿入、筆者）はそれを活用する人間（福祉利用者－挿入、筆者）
の潜在能力によって可変的である。したがって、人間（福祉利用者－挿入、筆者）
生活の福祉を考える場合にはモノ（社会福祉労働によるサービスそのモノあるい
は社会福祉の法制度・福祉政策そのモノの福祉手段－挿入、筆者）それ自体では
なく、それを使用して生きる人間（福祉利用者－挿入、筆者）の潜在能力（多様
な個人及び共同の潜在能力－挿入、筆者）に視点を移して、その発展を考えなけ
ればならない、」（二宮、前掲書 87 頁）と明言することができるが、しかし筆者
は人間（福祉利用者）が生きて福祉を成就していく為には物質的福祉手段（衣食
住〔モノ〕）が絶対的に必要なので（史的唯物論の視点）、モノ（福祉手段）の保
障と社会福祉の機能的側面（使用価値：社会福祉の使用によって人間らしい健康
で文化的な生活を享受し、人間らしい健康で文化的な生活活動〔機能〕の基盤で
ある多様な潜在能力の維持・再生産・発達・発揮〔機能〕の保障〔福祉目的〕）
を統一的に捉えていくことが重要であると考える。

筆者は、従来の社会福祉論で看過されていた資本主義社会の生産様式との連関の下で、社会福祉（社会福祉労働）における本質（価値・剰余価値＝支配及び搾取関係）を解明し、しかも社会福祉（社会福祉労働）に内在している社会福祉の発展の原動力である使用価値の要因と価値・剰余価値の要因の矛盾対の統一体を解明していく。さらにその矛盾を緩和・打開していく為には福祉手段と福祉目的の区別と統一的認識の下で、「社会福祉研究が現在のところ、必ずしも社会福祉学として学問的に確立していない段階にあり」（京極高宣著『社会福祉学とは何か』全国社会福祉協議会、1998年、139頁）、「学として独立した体系化を完成させること……。その場合、社会福祉の法則性が存在することを検証することが不可欠な課題で」（京極、前掲書、144頁、傍点、筆者）あるので、福祉利用者の人間らしい健康で文化的な多様な個人及び共同の潜在能力の維持・再生産・発達・発揮（機能）に適合した公的責任及び具体的権利による社会福祉の必要充足（何故ならば、福祉利用者の多様な個人及び共同の潜在能力の維持・再生産・発達・発揮の阻害状態によって社会福祉[福祉手段]の必要性の内容・種類・必要度が異なっているので、福祉利用者の多様な個人及び共同の潜在能力の維持・再生産・発達・発揮の阻害状態に適合した社会福祉［福祉手段］の必要性の内容・種類・必要度が決定され充足される事が重要である）の原理を保障していく社会福祉の法制度・福祉政策及び社会福祉実践・社会福祉労働の運動法則を考察していく事が筆者の社会福祉学の課題であり、さらに弁証法的発展（弁証法的発展とは、資本主義社会の生産様式における古い社会福祉に対する社会福祉の低いレベルから高いレベルへ、単純なものから複雑なものへと言う前進過程であり、その前進過程で以前にはなかった新しい社会福祉が法則的に生成してくるような変化である）の観点から完全な社会福祉の実現の為にも論理必然的に福祉利用者にとって使用価値の高い及び構造的に社会福祉を第一義的に実現する高い段階のアソシエーション（共産共生）社会（アソシエーション［共産共生］社会においては、共同の生産手段及び労働者の民主的（民主主義の主たる属性は、基本的人権・自由権・平等権・多数決原理・法治主義である）自治による生産手段の管理・運営の下で、各自の生産者の多様な潜在能力［抽象的人間労働力＝労働力］に応じて労働する自由で平等な協同団体［協同団体以外に、国家・地方自治体・労働組合・株式会社・会社員自主管理・労働者協同組合等を基礎とする生産手段の多様な所有形態が考えられる－挿入、筆者]）を基礎にして生産を行い、生産された生産物［生活手段］

は各自の必要に応じて分配を受け各自の所有物となる社会）における完全に福祉利用者の多様な個人及び共同の潜在能力に適合した社会的及び公的責任・具体的権利・社会福祉の必要充足の原理の新しい質の社会福祉（アソシエーション［共産共生］社会における新しい質の社会福祉は、社会福祉労働者の労働力の商品化を廃止し、協同組合・国家・地方自治体・労働組合・労働者協同組合・社会福祉法人等の社会福祉労働手段〔福祉施設や福祉事業所等〕の共同占有の下で、社会福祉労働者の徹底した民主的［民主主義の主たる属性は、基本的人権・自由・平等・多数決原理・法治主義である］自治による管理・運営＝当事者主権［福祉利用者や社会福祉労働者］による社会福祉労働者の個人的所有［所得］を再建する協同組合・国家・地方自治体・労働組合・労働者協同組合・社会福祉法人等の連合社会福祉の事である）も展望していく事が課題である。

第1章　社会福祉学の科学的福祉世界観

1．福祉世界観と福祉変革の立場

　福祉世界観とは、一言で言えば、社会福祉の世界全体についての一般的な見方のことである。福祉世界においては、「自立とは何か」、「自己責任あるいは公的責任とは何か」「人権による生存権とは何か」等について、いろいろな立場から、それぞれに一定の答えを出してきた。

　人々は、それぞれの福祉世界観の違いによって、福祉世界の全ての事物（障害のある人の福祉、高齢者福祉、児童福祉、母子福祉等）に対する違った見方や考え方を持ち、したがって福祉問題に対する対処の仕方、福祉実践の態度も違ってくる。おそらく誰もが法則（法則とは、いつでも、またどこでも、資本主義社会の生産様式の条件のもとに成立するところの普遍的・必然的関係）的及び体系（体系とは、研究テーマの研究端緒の分析と総合によって概念規定を行い、この概念に基づいて系統的に論理を展開していく知識と方法）的に仕上げられた福祉世界観及び社会福祉論を持っているとは言えない。しかし、譬え明確に意識していなくとも、誰でも日常生活の色々な経験を通じて、自分を取り巻いている福祉世界について、多少とも一般的な見方が作られていると思われる。これを自然成長的な福祉世界観と言う。

　例えば相対的過剰人口[1] による貧困者の生成の事を分からないままに「怠惰だから貧困者になった」と思い込んでいる人がいるとすれば、それはその人の一種の自然成長的な福祉世界観である。こうした見方によって、「貧困になるのは自己責任であるので、近親の相互扶助で生活を支えるのが当然である」と言う理由付けがなされる。

　しかしこうした自然成長的な福祉世界観に対して、科学（福祉観察・福祉労働・福祉運動の経験的手続きによって実証していく法則的・体系的知識）は従来の福祉世界観を変革する福祉世界観である。第一に科学は、従来の自然成長的な福祉世界観を変革する任務を担う。それは貧困者の根本的な利益、貧困問題からの解放の利益が社会福祉の発展法則と一致しており、したがって現実の福祉世界を正しく認識する科学的な立場と連関しているからである。第二に科学は、社会科学

の全ての成果を総括する事によって生成し、また、その総括によって堪えず発展する最も科学的な福祉世界観である。科学は福祉世界観についての科学であり、科学と離れてその上に立って思弁的な福祉世界観のように、ただ福祉世界を解釈する一切の哲学の克服であり、福祉世界を改革し変革するには、どんな先入観も付け足さずに、福祉世界の客観的な法則をありのままに認識しなければならない。この徹底した科学性こそ変革の立場に立つものである。

2. 福祉の唯物論と福祉の観念論

　福祉論には、福祉の唯物論と福祉の観念論がある。前者は、客観的に実在する社会問題としての生活問題・社会福祉の法制度・福祉政策・福祉労働等を本源と認め福祉精神・福祉意識・福祉思考を第二次的なものとする福祉世界観である。この福祉の唯物論の特徴は、①客観的に実在する社会問題としての生活問題・社会福祉の法制度・福祉政策・福祉労働等は、福祉精神・福祉意識・福祉思考から独立して存在している事、②福祉精神・福祉意識・福祉思考は、客観的に実在する社会問題としての生活問題・社会福祉の法制度・福祉政策・福祉労働等から生成する事、③客観的に実在する社会問題としての生活問題・社会福祉の法制度・福祉政策・社会福祉労働等は、人間の精神がそれらを映し出す事によって人間に認識されると言う反映論を採る事にある。後者は、福祉の唯物論とは反対に、福祉精神・福祉意識・福祉思考が福祉世界の本源をなし、客観的に実在する社会問題としての生活問題・社会福祉の法制度・福祉政策・福祉労働等はこれらの本源から生成してきたものであると主張する。この本源をどこに見いだすかによって、福祉の観念論は主観的な福祉観念論と客観的な福祉観念論に分かれる。前者は人間の福祉精神・福祉意識を本源とみなすものであり、後者は人間から離れてそのそとに超人間的（神など）な福祉精神が、それ自身で実在するとみなすのである。

3. 弁証法の福祉世界観と形而上学の福祉世界観

　福祉世界観には、弁証法の福祉世界観と形而上学の福祉世界観がある。前者の弁証法の福祉世界観においては、福祉世界の全ての福祉事物・福祉現象は互いに密接に結びついて全面的に連関しあい、相互に作用しあっているものであり、また発生し消滅し、他のものに転化して歴史的に発展していると見る見方である。それ故、弁証法の福祉世界観は、社会福祉のどんな福祉事物・福祉現象・福祉問

題でも、それだけ切り離して孤立させ、また永久に与えられたものとして固定させて捉えるのではなく、全面的な観点と歴史的な観点で分析する事が重要である。弁証法の福祉世界観とは、このような福祉世界の連関及び発展の基本的な法則の事を言うのである。後者の形而上学の福祉世界観においては、福祉世界の全ての福祉事物・福祉現象・福祉問題は根本的にそれぞれがばらばらで相互に孤立したものであり、また、できあがっていて変化しない固定した静止の状態にあるものだと見る見方である。特に形而上学の福祉世界観との対立点を認識する為にも、弁証法の福祉世界観で言う連関と発展をもう少し述べておきたい。

　連関と言うのは、ある社会福祉における福祉事物・福祉現象・福祉問題の性質が資本主義社会の生産様式（生産様式は生産力と生産関係との統一である）との関係できまるような切っても切れない関係である。例えば、前述した相対的過剰人口と生活問題・福祉問題との連関、生活問題・福祉問題と社会福祉労働（社会福祉労働手段も含む）連関である。このように社会福祉の性質を明らかにする際、その福祉事物と切っても切れない連関にある資本主義社会の生産様式を条件と言う。それ故、弁証法の福祉世界観においては、どんな福祉問題でも、どんな条件の下で、と問いその福祉問題と連関している具体的な諸条件を分析する事が重要である。そして、弁証法で言う社会福祉の発展とは、原始共同体社会における相互扶助活動 [2)]、奴隷社会における都市国家の救済制度 [3)]、封建社会における農村の荘園の相互扶助活動及び都市ギルドの相互扶助活動・慈善活動と絶対王政下の救貧制度 [4)]、資本主義社会における社会福祉 [5)]、社会主義社会における社会福祉 [6)] のように、低いものから高いものへ、単純なものから複雑なものへの前進過程であり、その前進過程で以前にはなかった新しいものが法則的に生成してくるような変化の事である。

4.　福祉物質の哲学的概念

　福祉物質とは、福祉精神・福祉意識・福祉思考に対する福祉物質の根源性を示す哲学上の立場である。では福祉物質とは何か、福祉の唯物論が福祉の観念論の側からどのような攻撃にも動揺しない確固とした立場を貫き、その福祉世界観の科学性、優位性を主張する為には、福祉物質についての考え方が確りしたものでなければならないのは当然である。そして福祉物質を考える際に最も参考になるのは次のような指摘である。「物質とは、人間にその感覚において与えられており、

我々の感覚からは独立して存在しながら、我々の感覚によって模写され、撮影され、反映される客観的実在を表示する為の哲学的カテゴリーである[7]。」こうした定義は、確固とした福祉の唯物論による福祉物質観を提供してくれる。つまり福祉物質とは、人間の意識の外に、意識から独立して存在していて、人間の感覚を通じて正しく認識できる一切の客観的実在の社会福祉（社会問題としての生活問題・社会福祉の法制度・福祉政策・社会福祉労働等と福祉利用者の生活活動の基盤である人間らしい健康で文化的な多様な個人及び共同の潜在能力〔抽象的人間生活力・生活力＝人間が生活の際に支出する脳髄・神経・筋肉等を意味する・抽象的人間労働力・労働力＝人間が労働の際に支出する脳髄・神経・筋肉等を意味する〕の維持・再生産・発達・発揮の成就過程）であると言う意味である。

5. 福祉物質と運動

　客観的実在の社会福祉は、運動と切り離す事ができない。つまり運動は福祉物質の存在の仕方であり、福祉事物のあらゆる変化一般を言い表している。例えば、生存権保障運動によって社会福祉をよりよいものに変革していく事である。そして、福祉世界の全ての福祉事物のありのままのあり方を正しく認識するには、その福祉事物の固有な具体的な運動形態とその法則を認識していく事が重要である。

6. 福祉意識とその役割

　ここでは、福祉意識とは何か、福祉の唯物論は福祉物質と福祉意識の連関をどのように捉えるのか、かつ福祉意識はどのようにして生成し、どんな役割を果たすのかを考えてみよう。

（1）福祉意識は福祉物質の発展の最高の産物である

　福祉意識は福祉物質の長い発展によって生成してきた最高の産物であり、福祉意識は福祉物質から離れて存在しない。福祉意識とは、人間が頭で福祉事物を意識している事である。福祉意識の器官は、人間の脳髄と言う高度に組織された物質の固有の特性である。ではその特性は何か。脳髄の固有な特性は人間を取り巻く客観的福祉世界を特別な仕方で反映する事である。つまり福祉意識をするのは人間であり、福祉意識の器官が脳髄であり、反映されるのは客観的福祉世界であって、それは人間と客観的福祉世界との相互作用の中で反映されるのである。そし

て、人間が単に客観的福祉世界に適応するだけではなく、客観的福祉世界を変革する活動、福祉実践・福祉労働や福祉運動を行う事によって福祉意識は生成してきたのである。

(2) 福祉意識は社会的福祉意識である

　福祉意識は、歴史的及び社会的な発展の産物である。この特性は、福祉実践・福祉労働及び福祉運動とそれに基づく言語によって形成された。福祉実践・福祉労働及び福祉運動の過程は、福祉問題解決の見通しを持つ福祉実践者・福祉労働者及び福祉運動家の福祉意識の特性を発達させたと同時に、この福祉実践・福祉労働及び福祉運動は他の人々との集団的福祉実践・集団的福祉労働及び集団的な福祉運動であった。集団の中でのみ他者との言語を通しての共同による福祉実践・福祉労働及び福祉運動が発展したのである。つまり、「意識（福祉意識－挿入、筆者）は最初から既に社会的な産物であり、凡そ人間が存在するかぎりそうでありつづける [8]。」この福祉実践・福祉労働及び福祉運動による言語は、福祉知識を人々が相互に伝達できるようにしただけではなく、福祉の歴史の歩みを通じて受け継ぐ手段も作りだした。こうして福祉の論理的思考の能力は、歴史的に発展するようになった。

7．福祉意識は客観的福祉世界の反映

　福祉意識は、前述したように脳髄と言う器官で、福祉意識のそとの客観的福祉世界を意識しており、この福祉意識と意識される客観的福祉世界との連関が反映である。反映と言うのは、福祉意識が意識の外の客観的福祉世界の主観的像であると言う事である。ここには、福祉意識と客観的福祉世界との区別と統一がある。

　第一に、主観的な像は客観的福祉世界と別にそれと無関係に存在しているのではなく、その模写である。客観的福祉世界から引き離されるなら、主観的な像そのものは生成しない。したがって、福祉意識と客観的福祉世界とがそれぞれ並列しているかのように主張する二元論は誤りである。第二に、福祉意識の主観的な像、意識された福祉内容は、客観的福祉世界と直接に同じではない。源泉は客観的なものであるが、それは主観的なものである。模写は源泉なしには存在しないが、源泉そのものではない。したがって福祉意識もまた源泉であると言う俗流の唯物論の主張は誤りである。つまり、「物質（客観的福祉世界－挿入、筆者）は

精神（福祉意識－挿入、筆者）の産物ではなくて、かえって精神そのものが物質の最高の産物にほかならないのである[9)]。」

8. 福祉意識の能動性

　このように福祉意識は客観的福祉世界の発展の産物であり、客観的福祉世界を反映する。それ故、客観的福祉世界が第一義的であり、福祉意識は客観的福祉世界を受動的に反映するだけではなく、能動的に福祉実践・福祉労働・福祉運動に基づいて反映し、客観的福祉世界の発展に能動的に反作用する。福祉意識は観念的なものであるから、それだけで直接に客観的福祉世界を変える事はできない。しかし福祉実践・福祉労働・福祉運動は、予め立てた福祉目的・福祉計画・福祉方針・福祉理論等を導きとして行われる。福祉意識は、福祉実践・福祉労働・福祉運動の導きとなる事によって能動的な役割を果たす。福祉実践・福祉労働・福祉運動は予め立てられた福祉目的・福祉計画・福祉方針・福祉理論等にしたがって遂行され、客観的福祉世界の内にその福祉目的・福祉計画・福祉方針・福祉理論等を実現すると言う目的意識性にある。それ故、福祉意識は客観的福祉世界の法則を正しく反映するならば、それを導きとする福祉目的・福祉計画・福祉方針・福祉理論等によって創造的変化を呼び起こす。つまり、福祉実践者・福祉労働者・福祉運動家の目的意識や行動計画等が客観的福祉世界に反作用できる基礎は、それが客観的福祉世界の発展法則を正しく反映している度合いにあり、福祉意識の能動性もまた、第一義的に客観的福祉世界によって規定されている訳である。

9. 福祉の観念論と主観主義

　「障害のある人は労働能力がない」とか「貧困者になったのは自立心がないからである」といった考え方は、逆立ちした福祉の観念論である。そして福祉の観念論には、二つの型がある。一つは客観的福祉観念論であり、もう一つは主観的福祉観念論である。

　前者の客観的福祉観念論は、宗教的な事と密接に結びついている。人間の福祉意識から独立に存在している超越的精神と言う神秘的なものがあって、客観的福祉世界はその働きによって作られていると見なす。例えば「民間の慈善・救済をリードしたものも仏教であった。相次ぐ戦乱や災害・飢饉、疫病の流行が民衆の暮らしを不安に陥れるなか、新仏教が往生・成仏の条件として『作善』（仏教信

仰に基づく善行）を否定したのに対し、伝統仏教は戒律の復興と民衆の生活にかかわる慈善・救済事業をもって応えたといえよう[10]。」一方、後者の主観的福祉観念論は、「人は心の持ち方で福祉を実感できる」ものとする。この客観的福祉世界の否定の仕方や「わたくし」の福祉意識・福祉感覚はいろいろ違いがあるが、共通している点は、現実の福祉を「人間を超越した神」及び自分の「願望」や「実感」だけを拠り所にしている点である。

10. 福祉認識とその基礎としての福祉実践・福祉労働・福祉運動

(1) 福祉認識の目的、推進力としての福祉実践・福祉労働・福祉運動

　福祉認識にとって福祉実践・福祉労働・福祉運動がどのような意義を持っているか考えてみよう。社会福祉を正しく認識し、さらにこれまで獲得した福祉認識をよりいっそう発展させようとするのは、何よりも客観的福祉世界をよりよいものに変革する為である。つまり社会問題としての生活問題・社会福祉の法制度・福祉政策（福祉手段）を改善して、福祉利用者の生活活動（機能）の基盤である人間らしい健康で文化的な多様な個人及び共同の潜在能力（抽象的人間生活力＝生活力・抽象的人間労働力＝労働力）の維持・再生産・発達・発揮に役立つものにしていくと言う福祉実践・福祉労働・福祉運動の目的の為である。福祉実践者・福祉労働者・福祉運動家が福祉利用者の多様な個人及び共同の潜在能力の状態を注意深く観察及び分析しているのは福祉実践・福祉労働・福祉運動上の必要、或いは福祉実践・福祉労働・福祉運動の目的こそが福祉認識の出発点であり、原点であると言える。

　また、こうした福祉実践・福祉労働・福祉運動上の必要に基づいて福祉認識を推し進め発展させる推進力となるのも福祉実践・福祉労働・福祉運動である。つまり福祉認識は社会的（集団的）な福祉実践・福祉労働・福祉運動を通じて前進させる事ができる。と言うのは、福祉実践者・福祉労働者・福祉運動家が社会福祉の法制度や福祉政策等の福祉手段と福祉利用者の多様な個人及び共同の潜在能力の状態の知識を手に入れるのは、実際の福祉実践・福祉労働・福祉運動によってである。このように福祉実践者・福祉労働者・福祉運動家はなによりも社会的な福祉実践・福祉労働・福祉運動を通じて、福祉利用者の多様な個人及び共同の潜在能力の状態の知識を蓄積し、社会福祉援助技術の領域において技術と技能の意味を曖昧にしたまま社会福祉援助技術と言う言葉が使用されている状況下であ

るが、ともあれ福祉技能[11]・福祉技術[12]、福祉利用者が享受する福祉労働等を発展させてきた。つまり社会問題としての生活問題・社会福祉の法制度・福祉政策等及び福祉利用者の多様な個人及び共同の潜在能力の状態の認識も、福祉実践・福祉労働・福祉運動を通じて深まってきたと言える。

　以上、述べてきた事を要約すると、福祉実践者・福祉労働者・福祉運動家の社会的な福祉実践・福祉労働・福祉運動こそ、福祉認識の目的、出発点であり、福祉認識の発展の原動力、推進力であると言う事になる。この事は、社会的な福祉実践・福祉労働・福祉運動を担い推し進める福祉実践者・福祉労働者・福祉運動家が、福祉認識を前進させる上で果たしている決定的な役割をも示すものと言っても良い。従って一部の人々が考えるように、専ら精神労働に携わる大学教員や研究者のみで福祉認識が発展してきたものではなく、無数の社会的な福祉実践者・福祉労働者・福祉運動家の弛まない社会的な福祉実践・福祉労働・福祉運動、つまり、福祉実践・福祉労働・福祉運動の要求により、また福祉実践・福祉労働・福祉運動の過程で、次々に獲得される福祉知識が基礎となって、福祉技能・福祉技術・社会福祉の法制度・福祉政策等の進歩と福祉利用者の生活活動（機能）の基盤である人間らしい健康で文化的な多様な個人及び共同の潜在能力（抽象的人間生活力・抽象的人間労働力）の維持・再生産・発達・発揮は達成されてきたと言う事である。

(2)　福祉真理の基準としての福祉実践・福祉労働・福祉運動

　福祉実践・福祉労働・福祉運動こそが、福祉認識が客観的福祉世界を正しく反映しているかどうかを判定する基準、つまり福祉真理の基準である事を意味している。それ故、「生活・実践の観点が、認識論の第一の基本的な観点でなければならない[13]。」また、「認識論の基礎に実践の基準を含めるならば、我々は必ず唯物論を得る[14]」とも言っている。我々が得た福祉認識・福祉法則・福祉理論が、客観的福祉世界を正しく反映している福祉実践・福祉労働・福祉運動かどうかの判定は、最終的に福祉実践・福祉労働・福祉運動に委ねられる。つまり我々の福祉認識は、福祉実践・福祉労働・福祉運動による検証を経る事によって、その福祉真理が確証され、漸次的に高い段階へと前進していく事ができるのである。その意味で福祉真理の基準を福祉実践・福祉労働・福祉運動に置く事によってのみ、真に唯物論の土台に立って福祉認識を発展させる立場に立つ事ができる。

(3) 生き生きとした直感から抽象的思考へ

　福祉認識はまず、福祉実践・福祉労働・福祉運動の過程で我々の感覚器官が福祉の様々な印象を受ける事から始まる。これが福祉認識の第一歩である。どのような抽象的な福祉理論ももとをただせば、こうした感覚的な福祉認識を基礎にし、そこから出発したものにほかならない。

　この段階での福祉認識の特徴は、客観的福祉世界の姿を生き生きと捉えると言う事である。障害のある人の福祉施設での食事介助及び身辺介助の過程での障害のある人の姿をこの目で見、手で触れたものはなににもまして、生き生きとした印象を我々に与えてくれる。感覚的なものが我々を引きつける魅力は、この生き生きとした具体性にある。しかし半面、感覚的福祉認識は、福祉事物・福祉現象の個々の側面、表面的な姿、断片的なバラバラな福祉知識、それらの間のごく外面的な連関を捉えるのにすぎないと言う限界を持っている。それ故、これは福祉認識の低い段階であり、福祉認識はこのような感覚的福祉認識に留まっている訳にはいかない。色々な福祉事物・福祉現象に共通する一般的性質、福祉事物・福祉現象に潜む本質的なもの、それらの間の内的連関と言ったものは感覚では捉えられない。そこでどうしても抽象的な思考が必要になる。それは福祉概念を作り、福祉概念を用いて判断したり推理したりする意識の働きである。ここで福祉概念と言うのは、豊富に与えられた感覚の中から偶然的なもの、非本質的なものを区別した本質的なものを抽象したものである。例えば、筆者は次のように社会福祉の概念規定を行っている。社会福祉とは、現代資本主義社会の生産様式に絶対的に規定されて生成してきた社会問題としての生活問題（生活手段の不足・欠如と生活手段の不足・欠如から関係派生的に生成してきた生活主体者の生活活動［機能］の基盤である多様な個人及び共同の潜在能力の維持・再生産・発達・発揮の阻害［福祉利用者の個人及び共同の潜在能力の不足・欠如］の生活問題）の担い手である労働者階級や中間階級等の相対的過剰人口の一員を中心とした人々の生存権的平等保障活動・運動に影響されて、社会問題としての生活問題の担い手に向けられた総資本の為の価値の形成・支配と剰余価値の取得・支配の国・地方自治体の社会福祉の総称であって（本質＝構造的認識）、その本質の現象的表現は、部分的あるいは全体的に福祉利用者の社会問題としての生活問題に対応する精神的・物質的な支援及び保護等の使用価値を、公私の社会福祉労働及び活動・コミュニケーションの生活手段を媒介として、個別的・集団的・組織的及び総合的に保

障し、それらの生活手段を福祉利用者（生活主体者）が享受し、人間らしい健康で文化的な生活活動（機能）の基盤である多様な個人及び共同の潜在能力・抽象的人間生活力・抽象的人間労働力の維持・再生産・発達・発揮を日常の生活過程で成就するところにあると言える（機能的認識）。

こうした客観的福祉世界の中の一般的なもの、本質的なものを表現する福祉概念を用いる事によって、思考は客観的福祉世界の一般的な性質・側面・本質・内的連関を捉える事が可能になる。これが理論的認識あるいは論理的思考の段階である。我々が知っている科学的福祉理論及び福祉法則と言うのは、全てこのような抽象的思考によって到達されたものである。こうした理論的認識は、客観的福祉世界の中の一般的なもの、本質的なもの、内的連関を、福祉の法則性を捉える事によって、客観的福祉世界をより深く全面的に反映する。だからそれは感覚的福祉認識よりもより高い福祉認識であり、感覚的福祉認識から理論的福祉認識への発展は、福祉認識過程における質的な飛躍を意味する。それ故、「思惟は、具体的なものから抽象的なものへ上昇しながら……もしその思惟が正しいものであれば……真理から遠ざかるのでなく、真理へ近づくのである[15]。」そして、この理論的福祉認識にしたがって現実の社会福祉の発展方向を見定め、福祉実践・福祉労働への科学的指針を把握できる。

しかし常に念頭に置かなければならない事は、理論的福祉認識は抽象的であり、現実の豊富な福祉の具体的な諸条件や偶然的な要素は無視されているので、福祉理論を現実の福祉に適用する場合には、福祉理論が捨象してきた現実の福祉の具体的諸条件を十分に考慮しなければならない。現実の福祉が福祉理論通りにいかないと言うのは、現実の福祉は福祉理論よりも豊富であり、福祉理論は現実の福祉の全てを言い尽くしている訳ではなく、その基本的な福祉の法則性を表現している事を意味している。この点を十分に理解しない教条主義あるいは公式主義のように、譬え正しい福祉理論をもってしても、現実の福祉実践・福祉労働・福祉運動に失敗する事がある。

11．弁証法の諸概念

（1）福祉の対立物の統一と闘争

弁証法で言う社会福祉労働に内在している矛盾（矛盾は、社会福祉の発展の原動力である）とは、福祉利用者にとっての使用価値[16]と国家・総資本にとって

の価値 [17]・剰余価値 [18] が対立物の統一として存在していると言う事である。

①福祉の矛盾は社会福祉発展の原動力

　では、弁証法で言う客観的な現実の福祉の矛盾とはどう言う事であろうか。社会福祉労働に内在している矛盾と言うのは、一般に一つのものの中に相互に退け合い否定し合う対立される二つの側面（使用価値と価値・剰余価値）があって、しかもその対立する側面が互い即してに連関し、互いに他方を前提し合いながら、その一つの統一体を形作っている関係を言う。対立物とは、この相互に退け合う側面及び傾向を言い、この対立した側面が一定の条件（資本主義社会の生産様式の条件）の下で相互に結び合い、一方と他方が互いの存在の条件をなしている関係を対立物の統一と言う。また、この対立物が相互に他を退け否定し合う関係を対立物の闘争と言う。これが対立物統一と闘争の一般的な関係である。

　社会福祉労働に内在しているこの対立する側面の否定し合う関係こそ、そのものの発展の原動力である。それ故、社会福祉労働に内在している発展の原動力を見いだすには、その社会福祉労働を成り立たせている対立した側面を前述のようによく分析して、その側面がどんな条件で統一しているのか、その社会福祉労働に即して探り出す事が必要である。形而上学的な考え方の欠陥は、社会福祉労働の内部の矛盾を否定するか、もしくは矛盾を異常な例外的な事だと考える事によって、初めから発展の源の発見を妨げてしまう事である。

②福祉の対立物の統一とはどう言う事か

　福祉の対立物の統一については、次のような指摘が参考になる。「弁証法とは、対立したものがどうして同一である事ができ、またどうして同一であるのか（どうして同一となるのか）－それらは、どんな条件のもとで、互いに転化し合いながら、同一であるのか－なぜ人間の頭脳はこれらの対立物を死んだ、硬直したものと見ないで、生きた条件的な、動的な、互いに転化し合うものと見なければならないのか、と言う事に関する学説である [19]。」

　これは二つの事を述べている。第一は、対立物の統一は無条件で絶対的なものではなくて、この条件的で相対的なものである。それ故、対立物がどうして同一であるのか（統一し、一体であるのか）と言う問題は、「どんな条件のもとで」と言う事が重要になってくる。したがって資本主義社会の生産様式の下での社会福祉労働に内在している使用価値と価値・剰余価値が対立物として統一されているが、その条件（アソシエーション社会における生産手段の共同占有の下での生

産物の個人的所有の条件）が変われば、この統一はなくなる。第二は、一定の条件（資本主義社会の生産様式の下での条件）の下では対立物（使用価値と価値・剰余価値の対立物）は互いに切り離せないように連関し、一方と他方が互いの存在の条件となって統一体を形作っている。この相互に条件となり合う不可分な関係を対立物の相互浸透とも言う（しかし浸透と言っても、対立物の区別が滲んでなくなる訳ではない）。

③福祉の対立物の闘争とはどう言う事か

　対立物が相互に退け合い、否定し合う闘争は統一を貫いている。つまり、「お互いに排除し合う対立物の闘争は、発展、運動が、絶対的であるように、絶対的である[20]。」この絶対的と言う意味は、社会福祉の発展の全過程を通じて一貫して存在していると言う意味である。そしてその例を見ると、剰余価値を高めていく為に、介護福祉労働者等に低賃金かつ劣悪な労働条件を強いている一方において、介護福祉サービスの質の低下（使用価値の低下）を招いており、介護福祉労働者等は人間としての生存権を求めて国家・総資本に対して介護福祉運動を展開せざるをえない。つまり介護福祉労働者の低賃金かつ劣悪な労働条件の「状態は、現在のあらゆる社会運動の実際の土台であり、出発点である[21]。」

(2) 福祉の量の変化と福祉の質の変化

　これまで弁証法で言う矛盾の法則を述べてきた。それは、なぜ発展が生まれるかを理解する要点であった。ここでは、社会福祉の発展には量の変化と質の変化がある事、この二つの変化には区別と連関がある事、このような変化が前述した社会福祉の矛盾の深まりの段階を表している事を理解する事が重要である。

①社会福祉にも質及び量の限度がある

　ところで、生活保護法には、「国家責任の原理」（第1条）、「無差別平等の原理」（第2条）、「最低生活保障の原理」（第3条）、「補足性の原理」（第4条）があり、「申請保護の原則」（第7条）、「基準及び程度の原則」（第8条）、「必要即応の原則」（第9条）、「世帯単位の原則」（第10条）の原則がある。これらの原理・原則は、生活保護法の性質・特徴を表して、生活保護法の質と言う。このように質と言うのは、その生活保護法を他の社会福祉の法制度から区別している特性の総合であって、それをなくせば、生活保護法ではなくなってしまうような諸性質の結びつきを言うのである。それ故、質は生活保護法につきものの諸性質の全体を通じて現

れる訳である。例えば、生活困窮者その人が申請をしないと言う理由で、「申請保護の原則」の特性だけで判断して、その人を放置するのは他の重要な特性との結びつきを無視しているのである。

　このように生活保護法の質と言うのは、その生活保護法と他の社会福祉の法制度と区別する特性の総合ですから、当然、生活保護法がその生活保護法であって他の社会福祉の法制度ではないと言う限界だと言える。つまり生活保護法と他の社会福祉の法制度の質の違いを意味する。したがって質の変化とは、他の社会福祉の法制度がある限度を超えた変化によって、他の社会福祉の法制度が生活保護法のようなものになってしまう事である。これを根本的な質的変化と言う。次に、生活保護法には質の面と併せて量の面がある。「基準及び程度の原則」のように、生活保護法の性質を程度の面から示している。つまりある質を持った生活保護法は、その質に見合った一定の量の限度を持っている。さらに他の例を見ると、「多くの障害者にとっての大問題の一つが、65歳になると無償の障害福祉サービスから自己負担のある介護保険への移行をせまられ……。岡山市は、その命綱であるすべてのサービスを打ち切り……。月250時間（量－挿入、筆者）がゼロ」（2019年1月13日号、新聞「赤旗」）これでは、障害のある人の総合支援法の質及び量を失う。このように社会福祉には質と量があり、質だけとか量だけとかの社会福祉と言うものはない。社会福祉は、一定の質と一定の限度を持った量との統一物である。

②福祉の量的変化と福祉の質的変化の関係

　社会福祉には、一定の福祉の量的変化と福祉の質的変化の関係の限度があるので、社会福祉の発展を理解しようとする場合、福祉の量的変化と福祉の質的変化の関係を認識しなければならない。福祉の量的変化は、まず一定の質を基礎として行われる。しかし一定の限度まで福祉の量的変化が進むと、その福祉の質と両立しなくなる。こうして福祉の質的変化が呼び起こされ、なし崩しの変化は中断され、古い福祉の質に変わって新しい福祉の質が現れる。これが発展である（また福祉の量から福祉の質への移行と言う）。こうして新しい福祉の質が生まれると、それを基礎にして再び福祉の量的変化の過程が始まる。これが福祉の質から福祉の量への移行である。このように「福祉の量から福祉の質へ、福祉の質から福祉の量へ」と言うように発展するので、これを福祉の量的変化と福祉の質的変化の相互移行の法則と言う。

この福祉の量的変化と福祉の質的変化と言う社会福祉の発展過程の内容をなしているのは、社会福祉労働に内在している対立物の統一と闘争の法則である。福祉の量的変化の段階ではまだ基本的矛盾（使用価値と価値・剰余価値の矛盾）は激化しておらず、基本的矛盾の変動はまだわりに目立たない。しかしこの段階でも、福祉利用者や社会福祉労働者等による剰余価値を高めていく社会福祉に対して、使用価値を高めていく社会福祉への変革運動（対立物の闘争）が高揚し、例えば、障害のある人の自立支援法から障害のある人の総合支援法のように、不十分ながら福祉の質的変化が生成する。そして、こうした福祉の質的変化は、資本主義社会の生産様式の下であるが、前述したアソシエーション社会における新しい福祉の質的変化も展望されてゆく。

(3) 福祉の否定の否定

　これまで弁証法で言う福祉の対立物の統一と闘争の法則及び福祉の量的変化と福祉の質的変化の法則について述べてきた。この二つの法則と福祉の否定の否定の法則とを併せて弁証法の基本法則と言う。

①福祉の否定は発展の契機である

　弁証法で言う否定は、「介護労働は看護労働の安価な代替であるから看護労働に包摂すべき」であると、介護労働を全面的に否定しまうのは科学的な否定ではなく、しかも弁証法で言う「否定の否定」ではない。弁証法で言う否定は、発展の契機として介護労働を否定する事である。つまり前述した「基本的矛盾による発展」と言うのは、「否定の否定」を内容の面から述べたものであり、また、「発展の螺旋的な形式」というのは、形式の面から述べたものである。

　社会福祉の発展は、ある一つの存在形態から他の存在形態への移りゆきは、ずるずるべったりの連続ではなくて、必ず否定を通して行われる。前述したように、社会福祉労働に内在している基本的矛盾によって発展して、単純な社会福祉から複雑な社会福祉へ、低い段階の社会福祉から高い段階の社会福祉へ、古い社会福祉から新しい社会福祉へ存在形態に転化させる事を否定と言う。それ故、発展の契機である否定は、前述した全面的な否定でも構わないと言う訳ではなく、このような転化をもたらす特定の内容を持った否定であり、社会福祉労働に内在している基本的矛盾の解決として生じる否定である。それ故、この否定がまた否定されても、逆戻りして肯定に帰るのではない。

良く例に出されるが、卵のカラは、中の卵と蛋白を保護しており、その内容が成熟すると、カラを否定し打ち破って、雛鳥が生まれる。これは弁証法的な否定の一例である。しかし、外から機械的に卵を踏み潰す（介護労働は看護労働の安価な代替であるから看護労働に包摂すべきであると言う介護労働の全面否定）ような否定は、非科学的で介護労働の発展に何の役にも立たない主張であって、介護労働の発展の契機ではない。それ故、社会福祉の発展は、必ず否定を通す事、この否定は社会福祉労働に内在している基本的矛盾の解決だと言う事を理解して置くことは福祉実践・福祉労働・福祉運動にも重要である。

　このように弁証法的な否定は、以前の形態の中で成長した新しい内容が、新しい形態を要求して古い形態を否定し、以前の形態の枠では解決できない基本的矛盾を解決する事である。だからこの否定は、同時に一定の内容の肯定を含んでいる。つまり、新しいものは無から生まれるのではなく、古いものから生まれ、以前からあるものを全面的に絶滅させるのではなくて、そこに含まれる積極的なものは保持される。言い換えれば、古い形態は克服され、否定されるが、その内容に含まれる新しいものの諸要素は保存され、作り替えられ、より高い段階に高められる。このように一定の継承を示すと言う意味では、否定は古いものと新しいものの内的な連関の楔だと言える。

(4) 福祉の個別・特殊・普遍

　これまで福祉の弁証法の基本法則について述べてきたが、これからは福祉の弁証法を使い熟すのに必要な幾つかの根本的な概念の結びつきと移行について述べていきたい。

　まず個別的なものと言うのは、現実に存在している養護老人ホームに勤務しているＡさんと言う介護福祉士を意味している。しかし個別的なものは、単にそれだけで孤立してばらばらに存在しているのではない。全ての個別的ななものは、他のＢさんの栄養士、Ｃさんの看護師、Ｄさんの調理師の多くの者を通して、何らかの仕方で普遍的なものと連関している。例えば、「私は介護福祉士」と言う時には、色々な特質を持っているその特定の個人と言う個別的なものが、現実の社会関係の中で労働者階級（普遍）の一員だと言う客観的な関係を言うのである。このように普遍的なものは、多くの多様な個別的なものの中の本質的な連関・諸側面を示している。福祉法則と言うのは、諸福祉現象の中の普遍的な、必然的な

連関を反映している。

　そして特殊的（特別老人ホームの従事者）なものとは、個別的なものと普遍的なものを結びつけている連結の環である。つまり、ある関係では普遍的であり、他の関係では個別的である。こうして特殊的なものは、個別的なものに示される普遍的なものを具体的に表している。それ故、我々は個別的なものを認識する時でも、そこに特殊なものと普遍的なものと言う二つの側面を見いだし、その結びつきを明らかにする必要がある。例えば、個々の介護福祉士、栄養士、看護師、調理師の従事者は、特殊な従事者でありながら、労働者階級の一員である訳である。

　このように、個別的なものと普遍的なもの、あるいは個別的なものの中の特殊的なものと普遍的なものは、互いに区別されると同時に密接に結びついている。この点を考える際に次のような指摘が参考になる。「個別的なものは、普遍的なものへ通じる連関のうち以外には存在しない。普遍的なものは、個別的なものの中だけに、個別的なものを通じてだけ存在する。あらゆる個別的なものは（いずれにしても）、普遍的なものである。あらゆる普遍的なものは、個別的なもの（の一部分、あるいは一側面、あるいは本質）である。あらゆる普遍的なものは、すべての個別的なものを、ただ近似的に包括するだけである。あらゆる個別的なものは、完全には普遍的なもののなかにはいらない、等々、等々。あらゆる個別的なものは、幾千もの移行によって、他の種類の個別的なもの（事物、現象、過程）に連関している、等々[22]。」この指摘から言える事は、まえ半分で福祉の個別と普遍の連関の面について、あと半分で福祉の区別の面について纏めている。このどちらの面を見落としても、一面的な誤った認識に陥る。それ故、現実の具体的な社会福祉の現象・過程を正しく認識する為には、必ずその個別性を形作っている特殊性と、そこに貫かれている普遍性と言う二つの側面を分析し、その結合を明らかにする事が重要である。

(5) 福祉の必然性と偶然性

　前述した福祉の個別性・特殊性・普遍性と密接に連関しているのは、福祉の必然性と偶然性である。福祉の必然性と偶然性を正しく明らかにするには、どちらも客観的実在の福祉事物間の連関と福祉事物の発展の過程に、同時に備わっている二つの面として分析しなければならない。つまり、どちらも客観的に存在している事態を示している。

ではまず、福祉の必然性と偶然性にはどんな区別があるのか。福祉事物の現象が必ず生じると言う為には、単にそれには原因があると言うだけではない。必然と言うのは一定の諸条件が存在すれば、必ずそうなると言う事である。それ故、必然性は福祉事物の発展過程の内部の本質に深く根を持っていて、その全過程を通じて一定の不変の傾向として貫かれている。この意味で、それは発展過程の法則性を形作る。例えば、資本主義社会である日本で働く機会を失えば、生産手段・生活手段から疎外されている労働者は必然的に生活問題の担い手になり、社会福祉や社会保障を政府に対して要求していく。ところが資本主義社会における社会福祉は剰余価値を本質としているので社会福止が必ず生じる。これらの必然性は、生活問題及び社会福祉の本質、つまり社会福祉労働に内在する基本的矛盾と、それと連関している重要な諸条件とによって決定される。社会福祉の発展過程そのものが、重要な決定的な諸条件の完備をもたらすなら、一定のことがらは必然的に生じ、それ以外ではあり得ない。それ故、ある事態の必然性を突き止める為には、対立物の統一と闘争の法則に基づいて社会福祉の内部の矛盾を分析し、その発展の決定的な諸条件の連関を明らかにする事が重要である。

　しかし、社会福祉の発展過程には、必然性が貫かれるだけでなく、あのようでもあれば、このようでもありうると言う、大小さまざまな諸条件が影響する偶然性の面がある。偶然性は、このように一定の過程そのものの内部の本質にではなく、他の外部の副次的な諸条件に基づくものである。例えば、資本主義社会において生産手段・生活手段から疎外されている労働者は働く機会を失えば、必ず生活問題の担い手になるが、労働者の中の誰が生活問題の担い手になるのかは偶然的である。

(6) 福祉の可能性と現実性

　福祉実践・福祉労働においてそれを適切なものにする為には、それは「客観的に必要かどうか」、またそれは「やればできるか」どうかと言う二つの面から検討していく事が重要である。これまで弁証法は社会福祉を具体的に分析する認識方法であると述べてきた。そして社会福祉の現実とは、目先のばらばらな福祉現象ではない。社会福祉の現実とは、全ての福祉事物の全面的な相互連関であり、法則的な発展過程である。つまり、現在の社会福祉の現実は、過去の社会福祉の現実から生成し、その中に未来の社会福祉の現実が現れる前提を含んでいる生き

た過程である。思弁及び仮定・可能性から社会福祉を検討するのではなく、社会福祉の現実の具体的諸条件から出発して可能性を検討する事は、弁証法による変革性と科学性との結合点である。そして可能性と言うのは、社会福祉の現実の発展の法則から生み出される一定の傾向を言う。それはまだ実現されていないが、その前提は現在の社会福祉の現実の内に含まれていて、一定の条件の下で、未来の社会福祉の現実に転化しようとしている傾向である。つまり可能性とは、今日の現実の社会福祉の内部に暴きだされる明日の現実の社会福祉の芽生えである。それ故、現実性の社会福祉の発展過程は、その深部の基本的矛盾に基づく必然的な法則性によって、可能性が現実性に転化する諸条件が作り出される過程である。

(7) 福祉手段と福祉目的の区別と統一

　福祉手段と福祉目的の区別と統一が重要である。と言うのは、福祉は福祉利用者が日常の生活過程において福祉利用者の多様な個人及び共同の潜在能力（抽象的人間生活力・生活力＝人間が生活の際に支出する脳髄、神経、筋肉等を意味する・抽象的人間労働力・労働力＝人間が労働の際に支出する脳髄、神経、筋肉等を意味する）によって福祉手段（社会福祉の法制度や福祉政策等の福祉手段）を使用して成就していくものである。しかし「従来の福祉観がどちらかというと財貨（社会福祉の法制度や福祉政策等の福祉手段－挿入、筆者）の側に視点を置いて平等な福祉観を論じてきた[23]」。そして「財貨（福祉手段－挿入、筆者）の支配は福祉と言う目的の為の『手段（福祉手段－挿入、筆者）』であって、それ自体として目的（福祉目的－挿入、筆者）にはなり難い[24]。」また福祉手段を使用して、「『福祉』（well-being）はひと（福祉利用者－挿入、筆者）が実際に成就するもの─彼／彼女の『状態』（being）はいかに『よい』（well）ものであるか─に関わっている。」（アマルティア・セン、前掲書、15頁）ものであるので、福祉手段のみの社会福祉論は、人間（福祉利用者）が実際に成就する状態の社会福祉（福祉目的）を論じたことにはならないと考える。つまり「人間（福祉利用者－挿入、筆者）生活の福祉を考える場合にはモノ（社会福祉の法制度や福祉政策等の福祉手段－挿入、筆者）それ自体ではなく、それを使用して生きる人間（福祉利用者－挿入、筆者）の潜在能力に視点を移して、その発展を考えなければならない[25]、」と明言する事ができるが、しかし筆者は人間（福祉利用者－挿入、筆者）が生きて福祉を成就していく為には物質的生活手段（衣食住など）が絶対

的に必要であると考える（史的唯物論の視点）。それ故、福祉手段と福祉目的（福祉利用者の人間らしい健康で文化的な生活活動〔機能〕の基盤である多様な個人及び共同の潜在能力〔抽象的人間生活力・抽象的人間労働力〕の維持・再生産・発達・発揮の成就）の区別の上で、両者の統一的保障の認識が重要である。

【注】

1) 労働者（78.3％の労働者階級）にとって、賃金は人間らしい健康で文化的な最低限度の生活（憲法第25条）を維持する為の生活手段を購買する為の手段であるが、その生活手段の不足・欠如の状況（例えば、失業等によって賃金及び所得の不足・欠如）が主に現代資本主義社会の生産様式から次のように主に必然的につくり出される。宮川実氏が述べられているように、資本の有機的構成（資本の技術的構成〔生産手段と労働者との比率〕と資本の価値構成〔不変資本と可変資本との比率〕との二つを含み、資本の構成と呼ぶ。生産力の発展とともに生産手段の分量が増加して技術構成が高くなった場合、一般的には、不変資本の額も増加して、可変資本に対する不変資本の割合である価値構成も高度化する。この相互関係を表すものが、資本の有機的構成である。）を高度化し生産手段の部分の比率を増大させる傾向をもち、その結果、相対的過剰人口（失業者〔貧困者〕）を必然的に生成させる[1]。つまり、カール・マルクスが指摘されているように、総資本の「増大する蓄積と集中とは、それ自身また資本の構成の新たな変化の、すなわち資本の不変成分（生産手段－挿入、引用者）に比べての可変成分（労働者－挿入、引用者）のいっそう速くなる減少の、1つの原泉になるのである。このような、総資本の増大につれて速くなり、そして総資本そのものの増大よりももっと速くなるその可変成分の相対的な減少は、他面では、反対に、可変資本すなわち労働者人口の雇用手段の増大よりもますます速くなる労働者人口の絶対的な増大のように見える。そうではなく、むしろ資本主義的蓄積は、しかもその生産力と規模とに比例して、絶えず、相対的な、すなわち資本の平均的な増殖欲求にとってよけいな、したがって過剰な、または追加的な労働者人口を生みだす。」（Karl、Marx（大内兵衛・細川嘉六監訳）『資本論』第1巻第2分冊、大月書店、1968年、820-821頁）こうした「相対的過剰人口（相対的過剰人口は、産業予備軍として活用され、賃金や労働条件を資本の価値増殖欲の範囲内に留める機能をはたしているが、ワーキングプアや非正規労働者等の労働問題が最も良い例である－挿入、引用者）には、考えられるかぎりのあらゆる色合いで存在するどの労働者も、彼が半分しか就業していないか、またはまったく就業していない期間は、相対的過剰人口に属する。相対的過剰人口がときには恐慌期に急性的に現れ、ときには不況期に慢性的に現れるというように、産業循環の局面変換によってそれに押印される大きな周期的に繰り返し現れる諸形態を別とすれば、それにはつねに三つの形態がある。流動的（流動的形態の過剰人口は、資本蓄積の過程で生産の縮小や新しい機械の導入等のため、一時的に失業した労働者を意味する－挿入、筆者）、潜在的（潜在的形態の過剰人口は、はっきりと失業というかたちをとらず潜在化している、没落する小生産者とくに貧農や雇農等を意味している－挿入、筆者）、停滞的（停滞的形態の過剰人口は、労働条件が不安定で劣悪なワーキングプアや非正規労働者等を意味する－挿入、筆者）形態である。」（Marx、前掲書、815頁）「相対的過剰人口のいちばん底の沈殿物が住んでいるのは、受給貧民（生活保護基準以下の所得の貧困者－挿入、筆者）の領域である。……受給貧民は、現役労働者軍の廃兵院、産業予備の死重をなしている。受給貧民の生産は相対的過剰人口の生産のうちに含まれており、その必然性は相対的過剰人口の必然のうちに含まれているのであって、受給貧民は相対的過剰人口とともに富の資本主義的な生産および発展の一つの存在条件になっている。……この産業予備軍が現役労働者軍に比べて大きくなればなるほど、固定した過剰人口はますます大量になり、その貧困はその労働苦に正比例する。最後に、労働者階級の極貧層と産業予備軍とが大きくなればなるほど、公認の受給貧民（生活保護を受給している貧困者－挿入、筆者）もますます大きくなる。これが資本主義的蓄積の絶対的な一般的な法則である。」（Marx、前掲書、838-839頁）

このように、現代資本主義社会の生産様式においては、階級的かつ構造的に生活手段（賃金及び所得）の不足・欠如の側面の福祉問題が発生する。そして二宮厚美氏も指摘されているように、階級的福祉問題と階層的福祉問題の二重構造の把握が重要であるとすれば（従来の多くの福祉問題論においては、階級的福祉問題は看過されている）、例えば子どもの福祉問題を考えていく場合においても、子どもの福祉問題の土台である親（労働者－挿入、引用者）の福祉問題（所得の不足・欠如）と子どもの階層的福祉問題の二重構造の把握が重要になってくる。つまり、「資本主義社会では、第一に資本原理にもとづく労使間の階級的格差[2]（貧困－

挿入、引用者）関係が発展し、それと背中あわせになって第二に、市場原理にもとづく労働者内部の階層（子ども階層－挿入、引用者）的格差[3]（貧困－挿入、引用者）関係が拡大する、という一般的傾向が生まれることになる。」（二宮、前掲書、29頁）と言う事である。前者の階級的貧困は、前述（相対的過剰人口）したように現代資本主義社会の生産様式によって生成させているものであり、次のような資本の現役労働者に対する低賃金分配率も意味する。福田泰雄氏が指摘されるように、「アメリカ、日本、フランス、ドイツ、スウェーデン、イギリスの6カ国の中で、日本の賃金率（時給）は、1970年から1999年の比較期間の全期間にわたって最低位にあることがわかる。比較対象期間中、世界第2位の経済大国日本の賃金率が、……比較対象先進国の水準を上回ったことは一度もないのである。……日本の時給賃金は、ドイツの約60％の水準でしかない。」（福田泰雄（2002）『現代日本の分配構造』青木書店、20頁）また、「企業業績は、2006年度に売上高で前年度比3.9％増の1,566兆円4,329億円、経常利益も同5.2％増の54兆3、786億円といずれも過去最高を記録しているにもかかわらず（財務省「法人企業統計調査」）、日本の労働分配率（経常利益等に占める人件費の割合）は、1998年をピークに2001年以降減り続けている。」（福田、前掲書、20頁）後者の階級的貧困は、前者の階級的貧困から関係派生的に生成してくるものであり、法制度の助長によって労働者階級等の内部において貧困層がつくりだされている事を意味する（非正規雇用者層）。つまり、「一部の主力正社員以外は派遣や請負による非正規でまかない、それによって人件費を軽減して企業業績を好転させようとする経済団体連合会の提言どおりの労働法制の規制緩和や労働者派遣制度によって、2003年から2006年までの間に、劣悪な労働条件（低賃金や社会保険の無加入）のパートや派遣社員などの非正規雇用者が300万人増え、今や1,726万人、全体の33.7％にもなっている。」（福島みずほ〔2007〕『格差社会を変える』明石書店、28頁）「また、ワーキングプア状態にある人々の多くは年金に加入していないため、彼らがこの状態のまま高齢期に移行した場合、大きな困難に直面することは目に見えてい」（伍賀一道「非正規雇用の増大とワーキングプア」〔基礎経済科学研究所編『時代はまるで資本論』昭和堂、2008年、200頁〕）。そして総務省の「就業構造基本調査」（2007年）によれば、「男性の年間250日以上の就業者は2,0007万人、うち4人に1人は週60時間以上働いている。30代から40代では週60時間以上の割合は3割近くを占めている。うち半数は週65以上働いている。こうした長時間労働及び過重労働によって過労死、過労自殺を頻発させている。」（総務省「就業構造基本調査」、2007年）

    （1）宮川実著『マルクス経済学辞典』青木書店、1977年、128-129頁。最近の例としては、例えば、「みずほFGは、ロボットや人口知能で代用し、デジタル化を進めて収益力の強化を図る。そして、今後10年程度で国内外1万9,000人の人員削減を検討している」例を挙げる事が出来る（読売新聞、2017年10月29日〔日曜日〕）。

    （2）資本家階級と労働者階級の間の格差は、彼らそれぞれが帰属する集団間の階級的格差である。二宮厚美（2003）『格差社会の克服』（山吹書店、29頁）。

    （3）例えば、労働者内部の階層的格差は、同じ階級に帰属する者の位置関係の違いである。

2）高島進著『社会福祉の歴史』（ミネルヴァ書房、1994年、10頁）。

3）高島、前掲書、11-12頁。

4）高島、前掲書、16-17頁。

5）高島、前掲書、26-31頁。

6）バースニ・Q・マジソン（光信隆夫・その他訳）『ソ連の社会福祉』（光生館、1974年）。

7）レーニン（森宏一訳）『唯物論と経験批判論』（新日本出版社、1999年、170頁）。

8）マルクス／エンゲルス（服部文男訳）『ドイツ・イデオロギ』（新日本出版社、1996年、38頁）。

9）レーニン（森宏一訳）、前掲書、108頁。

10）仲村優一・その他監修『エンサイクロペディア社会福祉学』（中央法規出版社、2007年、159頁）。

11）社会福祉における技術に関する文献を見ると、些か混乱した状態に陥る（二宮厚美「福祉マンパワー政策と福祉労働の専門性」（総合社会福祉研究所編『総合社会福祉研究』第5号、1992年、10-11頁）。つまり、例えば次のような社会福祉における技術についての説明が一例である。「『技術』（skill）は『方法（論）』（method）の一要素として、明確に位置づけられ、その援助過程（process）に用いられる技術とされ、さらに個人的な工夫の加わったテクニック（technique）や、価値観の加わった技能（art）に発展する基本的な地位におかれている。」（秋山智久「社会福祉技術の社会的基盤」（仲村優一・その他編『講座社会福祉⑤社会福祉実践の方法と技術』有斐閣、1984年、61頁）。ここで技術とされているものは方法の一部であるか、もしくは殆ど方法と同義であり、また技能とどこが違うのかも明確ではない。さらに別の論者は次のように技術を説明して

いる。「社会福祉実践における技術とは、英語で一般にskillと表現されている。知識、訓練、才能などから生じる手腕、力量、腕前などを意味していると言える。」（太田義弘「社会福祉実践の過程展開と方法・技術」（仲村、前掲書、146頁））「技術とは、クライエントを認識し、洞察することであるといえるし、クライエントの特質を把握することであり、理解することだといえる。」（太田、前掲書、146頁）ここでskillと言う言葉が使用されているが、英文でskillと言う言葉の意味内容は労働者の内部に蓄積された特殊な労働能力、つまり熟練や技巧の意味で使用されている（ここでは、N & R. Times, Dictionary of Social Welfare, 1982,を参照した）。また、「クライエントを認識し、洞察すること」は技術に属するものではなく、文字どおり認識（認識とは、人間の意識内に客観的対象が反映される事を意味する）に関連する事であり、認識・洞察の課題は福祉労働能力の形成や福祉労働＝福祉実践の一部に関連する事である。

　このように、社会福祉における技術の概念規定においては、社会福祉労働の方法や技能、社会福祉労働者の認識から洞察までそっくり技術の概念に包摂され、社会福祉労働主体、社会福祉労働手段の厳密な区別の上にたった技術の概念規定がなされていない。社会福祉労働が人間を対象とするものであり、また社会福祉労働主体の労働能力に規定されやすいものであり、さらに現在のところ社会福祉労働手段の持つ意味が相対的に低いと言う点において、技術とは社会福祉労働手段の客観的体系であると言う認識が看過されているのは理解できる。

12) 筆者は、社会福祉における技術を次のように捉える。つまり筆者は、社会福祉労働手段の客観的体系であると言う点を受容しつつ、これを社会福祉労働主体と社会福祉労働手段の連関構造において理解するのが妥当であると思われる。なぜならば、福祉労働過程の三契機は福祉労働そのものと福祉労働、福祉労働手段、福祉労働対象であり、三契機を結合させ、社会福祉労働を現実化させる主体はあくまでも社会福祉労働者であり、そして社会福祉労働は社会福祉労働者の福祉労働能力を使用する事である以上、社会福祉労働の実践力の発展は総体としての社会福祉労働者の社会福祉労働能力の向上・発達の結果である。そしてこうした社会的福祉労働過程において、社会的に編成された社会福祉労働者集団は、社会福祉労働手段を駆使して福祉利用者に立ち向かうのであるが、その場合の社会福祉労働手段の体系が本来の意味での技術である。そして、社会福祉労働手段と言う概念は、福祉施設と言う建物、福祉施設内の設備、送迎用の車、ギャッジベッド、ストレッチャー、特殊浴槽、車イス等の物的体系を福祉労働過程と言う場におき、主体である社会福祉労働者の社会福祉労働＝福祉実践の為の手段として把握したものである。つまり、社会福祉労働手段と言う概念にはすでに社会福祉労働者による駆使・運用と言う福祉労働＝福祉実践が前提とされているのであり、それが含まれているのである（勿論それ自体としての福祉労働手段は客観的存在であり、それ故技術と言う概念は、社会福祉労働手段と言う客体を、それを駆使する社会福祉労働者と言う主体の側から捉えた概念でもあると言える）。

13) レーニン（森宏一訳）、前掲書、188頁。

14) レーニン（森宏一訳）、前掲書、184頁。

15) レーニン（レーニン全集刊行委員会訳）『哲学ノート（1）』（大月書店、1973年、161頁）。

16) 現代資本主義社会における社会福祉の現象は、社会福祉労働以外のボランティア活動や非営利活動が拡大しているとはいえ、支配的には多様な社会福祉労働の分野に分かれ、多様な社会福祉労働を媒介として行われている。つまり、社会福祉労働は、「①金銭給付及び貸付、②福祉施設提供、③生活補助設備、器具の提供、④機能回復・発達のための設備、器具の提供、⑤生活の介助・介護、⑥予防・治療のための医療給付、⑦生活指導を含む機能回復・発達のためのリハビリテーション給付、⑧職業訓練給付、⑨診断・あっせん処置を含む相談などの人的手段を通じた直接的な現物給付、⑩問題発見や解決のための調査活動、⑪問題解決のための社会資源の媒介・調整や社会的認識向上のための広報活動、⑫問題解決のための地域住民や関係団体、関係施設などの組織活動、⑬社会資源の有効活用のための連絡調整活動などの間接手段の提供」（真田是編『社会福祉労働』法律文化社、1975年、42頁）として見られ、しかも多くの場合、これらの社会福祉労働は複合的に行われ、また、歴史の発展過程においてその社会福祉労働の量と質は相違する。とは言え、これらの事実の現象の認識にとどまるのではなく、これらの事実の現象の内的関連と相互依存性とにおいて、社会福祉労働の二つの要因を分析していく必要がある。

　とするならば、社会福祉労働は第一に、外的対象であり、その社会福祉労働が福祉労働手段とともに福祉利用者に対象化（社会福祉労働の対象化とは、福祉利用者に社会福祉労働手段と伴に社会福祉労働者の抽象的な人間労働の凝固の社会関係を意味する）・共同化（社会福祉労働の共同化とは、二宮厚美氏が指摘されるように、社会福祉労働を一つの労働過程として捉えた場合、社会福祉労働者がその労働主体となるが、社会福祉労働者と福祉利用者とのコミュニケーション過程の面から見ると、社会福祉の必要性・要求の発信主体は福祉利用者であり、

社会福祉労働者は福祉利用者の了解・合意を前提にして、ひとつの共受関係に入る事を意味する。そして、社会福祉労働者は福祉利用者の生活活動［機能］の基盤である享受の潜在能力［抽象的人間生活力］に非言語的及び言語的コミュニケーションを媒介にして働きかけ、享受の潜在能力を顕在化させる事によって、福祉利用者の人間らしい健康で文化的な潜在能力の維持・再生産・発達・発揮の成就を行っている（1）されることによって、福祉利用者の何らかの種類の欲望を満足させるものである（つまり、福祉利用者が人間らしい健康で文化的な潜在能力＝抽象的人間生活力［抽象的人間生活力とは、人間が生活の際に支出する脳髄、神経、筋肉、感官等を意味する］の維持・再生産・発達・発揮を行うことができる欲望を満たすこと）。この欲望の性質は、それが例えば物質的生産物（福祉施設、福祉機器、生活保護制度の金銭給付等）で生じようと、人的サービス（ホームヘルプサービス等）あるいは物質的生産物と人的サービスとの併用で生じようと、少しも社会福祉労働（福祉労働手段も含む）の使用価値の事柄を変えるものではない。重要なのは、社会福祉労働が福祉労働手段とともに福祉利用者に対象化・共同化されることによって、福祉利用者の最も貴い潜在能力（抽象的人間生活力）の維持・再生産・発達・発揮に部分的あるいは全体的に関係しているという事実である。そして、福祉利用者の最も貴い潜在能力（抽象的人間生活力）の維持・再生産・発達・発揮に部分的あるいは全体的に関係しているということは、二重の観点から、すなわち質と量の面から分析されていく必要があるが、その有用性は使用価値にする。しかし、この使用価値は空中に浮いているのではない。この使用価値は、社会福祉労働（福祉労働手段も含む）の実体の属性に制約されているので、その実体なしには存在しない。それゆえ、社会福祉労働における人的サービスの提供そのもの、生活手段提供そのもの、金銭給付そのもの等が使用価値なのである。そして、使用価値は、どれぐらいの人的サービス、どれぐらいの生活手段、どれぐらいの金銭といったような、その量的な規定性が前提とされ、また、実際の使用によってのみ実現される。さらに使用価値は、前述したどんな社会体制の福祉活動・労働（原始共同体の相互扶助活動、奴隷社会における都市国家の救済制度、封建社会における農村の荘園の相互扶助活動及び年のギルドの相互扶助活動・慈善活動と絶対王制下の救貧制度、現代資本主義社会の社会福祉にも存在しており、社会福祉労働の素材的な内容をなしている。（1）　二宮厚美著『公共性と民間委託―保育・給食労働力の公共性と公務労働―』（自治体研究社、2000年、122頁）。

17）使用価値は、なによりもまず、多様に異なった質でありその有用性であるが、その使用価値を捨象するならば、社会福祉労働に残っているものは、無差別に人間労働力の、その支出の形態（人的サービス提供形態の社会福祉労働、生活手段提供形態の社会福祉労働、金銭給付形態の社会福祉労働等）には関わりのない抽象的人間労働力（人間が労働の際に支出する脳髄、神経、筋肉等を意味する）の支出の、ただの凝出物のほかにはなにもない。これらのことが意味しているのは、ただ、その社会福祉労働の福祉利用者に社会福祉労働者の抽象的人間労働が社会福祉労働手段と共に支出されており、抽象的人間労働が積み上げられているということだけである。このようなそれらに共通な抽象的人間労働の結晶体として、これらのものを価値と言う。つまり、抽象的人間労働が価値になるのは、人間の生存の根本的要素である自然素材と抽象的人間労働とが結合し、凝固状態にあるからである。とするならば、社会福祉労働の利用者（人間）と言えども自然素材と同次元（人間も自然的な存在であり自然の一部であるという意味）にあり、しかも人間（社会福祉労働の福祉利用者）に対して抽象的人間労働（社会福祉労働者の抽象的人間労働力）がコミュニケーションを媒介として対象化（社会福祉労働の対象化とは、福祉利用者に社会福祉労働手段と伴に社会福祉労働者の抽象的人間労働の凝固の社会関係を意味する）・共同化（社会福祉労働の共同化とは、二宮厚美氏が指摘されるように、社会福祉労働を一つの労働過程として捉えた場合、社会福祉労働者がその労働主体となるが、社会福祉労働者と福祉利用者とのコミュニケーション過程の面から見ると、社会福祉の必要性・要求の発信主体は福祉利用者であり、社会福祉労働者は福祉利用者の了解・合意を前提にして、ひとつの共受関係に入る事を意味する。そして、社会福祉労働者は福祉利用者の生活活動［機能］の基盤である享受の潜在能力［抽象的生活力］に非言語的及び言語的コミュニケーションを媒介にして働きかけ、享受の潜在能力を顕在化させる事によって、福祉利用者の人間らしい健康で文化的な潜在能力［抽象的人間労働力］の維持・再生産・発達・発揮の成就を行っている(1)）され、結合し凝固されているのである。それゆえ、ある使用価値が価値を持つのは、ただ社会福祉労働者の抽象的人間労働が福祉利用者に対象化・共同化されているからでしかない。また、社会福祉労働者は、物質的生産物である福祉労働手段（生活手段）を用いる。これは価値を形成する流動的な力がそこに固定すべき素材を提供するだけにすぎないが、価値形成に全く無関係ではない。こうして社会福祉労働には、福祉利用者にとっては使用価値であり、資本及び国家にとっては価値であるという二つの要因が統一体として存在している。しかし、資本は、ややもすると福祉利用者（特に障害のある人達等）を抽象的人間労働力の欠損あるいは無能力者として認識しがちであり、価値形成には無関係と見なしが

ちである。この認識は事実に反する。というのは、例えば、身体障害者福祉や知的障害者福祉の利用者が授産施設で物質的生産と自らの潜在能力（抽象的人間労働力）の維持・再生産・発達・発揮を行っているのは最もよい例である。

　では、価値の大きさはどのようにして計られるのであろうか。それに含まれている価値を形成する実体の量、すなわち社会福祉労働の量によってである。社会福祉労働の量そのものは、その社会福祉労働の継続時間で計られ、労働時間はまた一時間とか一日というような一定の時間部分をその度量標準としている。そして、価値は、その社会福祉労働中に支出される労働量によって規定されると考えられる。しかし、ある社会福祉労働者が怠惰または不熟練であればあるほど、多くの労働時間を必要とするので、価値が大きいというように思われるかもしれない。しかし、価値の実体をなしている抽象的人間労働は、同じ人間の抽象的人間労働である。社会福祉労働界の価値となって現れる総労働は、無数の個別的労働から成り立っているのであるが、ここでは一つの同じ人間の抽象的人間労働とみなされるのである。これらの個別的労働のおのおのは、それが社会的平均労働という性格を持ち、このような社会的平均労働として作用し、したがって社会福祉労働においてもただ平均的に必要な、または社会的に必要な労働時間とは、現在の社会的に正常な社会福祉労働の条件と、労働の熟練及び強度の社会的平均度をもって、使用価値・価値を形成するために必要な労働時間である。

　それゆえ、ある使用価値の価値を規定するものは、ただ、社会的に必要な社会福祉労働の量、すなわち、その使用価値を享受している 福祉利用者の潜在能力（抽象的人間労働力）の維持・再生産・発達に社会的に必要な労働時間だけである。個々の福祉利用者は、ここでは、一般的に、平均としてみられる。また、価値は、一定の大きさの凝固した労働時間でしかない。そして、物質的生産におけるどんな労働も、使用価値対象であることなしには、価値でありえないように、どんな社会福祉労働（人的サービス提供の社会福祉労働であれ）も、使用価値対象であることなしには、価値ではありえない。社会福祉労働が無用であれば、それに含まれている労働も無用であり、労働の中にいず、したがって価値おも形成しないのである。
　　（1）二宮厚美著『公共性と民間委託─保育・給食労働力の公共性と公務労働─』（自治体研究社、2000年、122頁）。
18）そして、単に価値を形成するだけでなく、剰余価値も形成する。というのは、土台（資本主義的経済構造）に規定された国家は、社会福祉のような「『人間投資』は、経済発展の基底（経済発展の基底は利潤であり、利潤の源泉は剰余価値である－挿入、筆者）をなすもの、経済発展がそこから絶えず養分を吸収しなければならないものであり、経済の発展に背くものではなく、その発展とともにあるものである」（1959年度版『厚生白書』、13頁）と考えており、購入した価値（社会福祉労働者の抽象的人間労働力）が、福祉労働のために必要な労働力商品の価値総額よりも高い事を欲するからである。国家は、社会福祉労働者に労働力の価値（賃金）を支払うが、社会福祉労働者が一労働日（一日の労働時間）中に福祉利用者に対象化・共同化した価値は、社会福祉労働者自身の労働力の価値とこれを超過する部分とを含む。すなわち一労働日は、必要労働＝支払い労働と剰余労働＝不払い労働との二つの部分からなるのである。このように、価値増殖の福祉労働の過程での剰余労働によってつくりだされた部分の価値を剰余価値と言う。
19）レーニン（高橋啓吉訳）『人民の友とはなにか／弁証法の問題によせて』（新日本出版社、2002年、146-147頁）。
20）レーニン（高橋啓吉訳）、前掲書、147頁。
21）フリードリヒ・エンゲルス（全集刊行委員会訳）『イギリスにおける労働者階級の状態』（大月書店、1981年、9頁）。
22）レーニン（高橋啓吉訳）、前掲書、149頁。
23）二宮厚美著『発達保障と教育・福祉労働』（全国障害者問題研究会出版部、2005年、87頁）。
24）アマルティア・セン（鈴村興太郎訳）『福祉の経済学』（岩波書店、1997年、44頁）。
25）二宮、前掲書、87頁。

第2章　社会福祉学の理論的認識と実践的認識の統一

1．はじめに

　ところで福祉実践を一面的に強調した例として一番ケ瀬康子氏の社会福祉学の見解が挙げられる。一番ケ瀬康子氏は、「『社会福祉学』は、体系化を思考するよりは『問題発見』、『問題解決思考型』の『学』だと捉えています。その『スタディ型』の性格が、『独自性を生み出した』とも思っています。『社会福祉学の独自性につきましては、私は、まだまだ『私論の段階』で、あまり確定的に申しあげるのは僭越だと思いますが、ともあれ、『実践学』だ、という性格は明確に踏まえておくことが必要だと思っています[1]。」と言う一面的な主張に疑問を感じる。筆者がこのように感じるのは、医学・教育学・経済学・法学等も実践（一定の目的を持って自然・社会・人間に働き掛ける人間の活動を言う）を基礎として歴史的に学問（学問とは、一定の理論に基づいて体系化された法則的知識と方法であると言う意味である）として発展してきた点を明確に踏まえて置く必要があるし、そしてまた、これらの学問がなぜ学問として確立されているのかと言う点をどのように考えるかである。

　そして、社会福祉学が歴史的に実用的な福祉実践（福祉労働）の必要性から発展してきた点（前述した医学・教育学・経済学・法学等も歴史的に実用的な実践［労働］の必要性から発展してきた事）、特に社会福祉はアマルティア・センが指摘されているように、「『福祉』（well-being）はひと（福祉利用者－挿入、筆者）が実際に成就するもの—彼／彼女の『状態』（being）はいかに『よい』（well）ものであるか—に関わっている[2]。」（傍点、筆者）もので、そして、福祉利用者は日々の生活過程の中で多様な個人及び共同の潜在能力（抽象的人間生活力・生活力＝人間が生活の際に支出する脳髄、神経、筋肉等を意味する・抽象的人間労働力・労働力＝人間が労働の際に支出する脳髄、神経、筋肉等を意味する）の発揮（機能）によって社会福祉労働（社会福祉労働手段も含む）を享受し人間らしい健康で文化的な生活（人間らしい健康で文化的な生活活動［機能］の基盤である多様な個人及び共同の潜在能力［抽象的人間生活力＝生活力・抽象的人間労働力＝労働力］の維持・再生産・発達・発揮の成就）を享受している事は事実であ

り、さらに社会福祉の福祉実践（福祉労働）は社会福祉学の真理（客観的実在の社会福祉をそのあるがままに反映した観念・判断を真理と言う）の基準であると言う点において、福祉実践（福祉労働）の優位は否定しがたい。しかし、現実の福祉実践（福祉労働）は社会科学的 [3] な社会福祉学の理論的認識（社会科学的な社会福祉学の理論的認識とは、社会福祉労働・社会福祉調査・社会福祉文献等によって得た社会福祉問題等の事実［科学は理念・思弁や仮定等から出発するのではなく、事実から出発するのである］の現象に関する知識等を整理・分析・総合して、社会福祉問題等の事実の現象の本質的関連・法則［法則とは、資本主義社会の生産様式の条件の下に生成する社会問題としての福祉利用者の生活問題と福祉利用者が享受する社会福祉労働手段も含めた社会福祉労働の現象の間の普遍的・必然的関係、つまり、社会問題としての福祉利用者の生活問題に対応する資本主義社会の土台である生産様式における社会福祉の生成の必然性及び福祉利用者に対する社会福祉労働に内在する使用価値と価値・剰余価値の普遍的・必然的な関係と矛盾［矛盾は、社会福祉の発展の原動力である］対、そして資本主義社会の生産手段の社会化［つまり社会福祉労働手段・社会福祉労働力の商品化の廃止による使用価値としての社会福祉の発展と剰余価値としての社会福祉の没落を意味する］を明らかにしていく事を意味する）・構造的認識の上に立ってのみ有効に行われる。だとすれば、社会福祉学においては、社会科学的な社会福祉学の理論的認識（構造的認識）と社会科学的な社会福祉学の福祉実践（福祉労働）的認識（どのようにすれば、福祉利用者の社会問題としての生活問題を解決し、人間らしい健康で文化的な生活活動［機能］の基盤である潜在能力［抽象的人間生活力＝生活力・抽象的人間労働力＝労働力］の維持・再生産・発達・発揮を成就できるか）・機能的認識との統一的認識がますます重要になってくると同時に、社会科学的な社会福祉学の理論的認識（構造的認識）は社会科学的な社会福祉学の福祉実践（福祉労働）的認識（機能的認識）の基礎となる点に本来の価値を持っていると言う仮説を設定する事ができると同時に、このような認識を持つ事が重要であると思われる。

　本章では、以上の点を念頭において、社会福祉学の認識の発展法則を明らかにし社会福祉学の完全な深い知識を考察していく。それには最初に社会福祉学の認識とは何かについて考察する。次に社会福祉学の福祉実践（福祉労働）的認識（機能的認識）の優位を前提として、社会福祉学の理論的認識（構造的認識）と社会

福祉学の実践（労働）的認識（機能的認識）の連関を考察していきたい。最後に社会福祉学の理論と実践の統一の結論を考察する。

2. 社会福祉学の認識とは何か

　社会福祉学は筆者の認識によれば、社会福祉実践（社会福祉労働）・社会福祉調査・社会福祉の文献研究等によって得た福祉実践・福祉労働（福祉労働手段も含む）等に関する知識等を、整理・分析・総合して、概念や仮説を作り、それを福祉実践（福祉労働）によって検証し、福祉実践（福祉労働）等の現象の客観的法則（使用価値と本質＝価値・剰余価値の矛盾の統一と闘争）を明らかにし、一群の基本的法則を基に社会福祉学の理論体系を構築する。だとするならば、社会福祉学の認識においては、社会科学的な社会福祉学の理論的認識（構造的認識）の側面と社会科学的な社会福祉学の福祉実践（福祉労働）的認識（機能的認識）の側面の統一的認識が重要になってくる。

(1) 社会科学的な社会福祉学の理論的認識（構造的認識）

　社会科学的な社会福祉学の理論的認識（構造的認識）とは、福祉利用者の社会福祉の対象の社会問題としての生活問題と社会福祉労働（社会福祉労働手段も含む）の事実の現象を社会福祉実践（社会福祉労働）・社会福祉調査・社会福祉等の文献研究等によって得た知識等を整理・分析・総合して、その対象の現象の本質的関連・法則性と体系的知識を明らかにしていく理論的活動であると言える。つまり、社会福祉学が創造する理論は、社会福祉学の理論的認識（構造的認識）の発現形態であり、その理論的認識の一環である。そして、社会福祉学の理論的認識（構造的認識）は、社会福祉学の対象（福祉利用者の社会問題としての生活問題や社会福祉労働）の現象の事実を認識する（知る・認める・見極める・判断する等）過程と社会福祉の対象の現象の事実を認識した結果を意味する範疇（本質的範疇）であるから、社会福祉学の理論認識（構造的認識）は社会福祉学の研究者等の意識内容と客観的に実在する社会福祉学の研究対象との一致によって成立する。

　それ故、戸坂潤氏が指摘された事から考えると、社会福祉学の研究者等が自己の意識内容と客観的に実在する社会福祉学の研究対象とを一致させると言う事は、社会福祉学の研究対象を自己の意識裏に再現する事＝模写する事＝反映させ

る事である。つまり、社会福祉学の理論的認識（構造的認識）とは、社会福祉学の研究者等の意識の外にある客観的な社会福祉学の研究対象を知覚する作用である。社会福祉学の研究対象が社会福祉学の研究者等の意識の外に存在しているからこそ、社会福祉学の研究者等に知覚作用が必要となる。かくして、社会福祉学の福祉研究的認識（構造的認識）においては、客観的に実在する社会福祉学の研究対象を社会福祉学の研究者等の意識裏に再現する＝模写する＝反映すると言う事になる[3]。

このように、社会福祉学の理論的認識（構造的認識）の生産は、個々の研究者等によって行われる。しかし、この事は、社会福祉学の理論的認識（構造的認識）が全く純粋に個々の研究者等の生産であると言う事を意味するものではない。と言うのは、社会福祉学の理論的認識（構造的認識）は、ある研究者等の獲得したある社会福祉学の理論が、他の研究者等の理論と対照され、その理論が社会福祉の現実を証明できる事（真理である事）によって成立するのである。従って、社会福祉学の理論的認識（構造的認識）は、当該社会福祉研究集団等の構成員の協働を媒介にして獲得される社会的な生産となる。ある社会福祉学の研究者等が獲得したある社会福祉学の理論が、その研究者等の意識の内に留まっていて、他の研究者等がそれを確認・検証できないならば、それは、その研究者等の経験や観念であって、社会福祉学の理論的認識（構造的認識）とはなりえない。また、当該社会福祉研究集団等の保有する社会福祉学の理論的認識（構造的認識）は、そこにおける個々の社会福祉研究者等の保有する社会福祉学の理論的認識（構造的認識）よりも多い。従って、個々の社会福祉研究者等は、社会福祉研究集団等の保有する社会福祉学の理論的認識（構造的認識）を利用してさらに認識を拡大獲得し、社会福祉研究集団等の保有する社会福祉学の理論的認識（構造的認識）の拡大に寄与する事になる。

そして、戸坂潤氏の指摘された事から考えると、拡大獲得された社会福祉学の理論的認識（構造的認識）は、その認識を拡大獲得する為の手段やその拡大獲得の目的やその使用目的等に応じて、多様な形態を持って発現される。その発現形態の一つに、社会福祉学の理論がある。社会福祉学の理論的認識（構造的認識）の問題にとって重要な事は、それがどのような形態で発現されているかと言う事ではなく、社会福祉の認識（認識過程・認識成果）を理論的（理論とは、科学において社会問題としての生活問題や社会福祉労働等の事実や認識を統一的に説明

し、予測する事の出来る普遍性をもつ法則的かつ体系的知識を意味する）に体系化したものか否かである。つまり、社会福祉学の理論は、分散している個々の社会福祉等の事象を統一的に把握・伝達＝説明しようとする為であり、また、社会福祉学の理論的認識（構造的認識）を、量的・質的に発展させようとする為であり、社会科学の一形態としての社会福祉学の構築を主要な目的としている[4]。そしてその社会福祉学の理論は、人間らしい健康で文化的な生活活動（機能）の基盤である多様な個人及び共同の潜在能力の維持・再生産・発達・発揮の困難から福祉の必要のある人々を解放しようとする諸問題（例えば、市場福祉と言う問題等）に対処する為に、仮説（社会福祉とは、現代資本主義社会の生産様式に絶対的に規定されて生成してきた社会問題としての生活問題［生活主体者の所得や教育制度等の生活手段の不足・欠如と生活手段の不足・欠如から関係派生的に生成してきた生活活動「機能」の基盤である潜在能力の維持・再生産・発達・発揮の阻害＝福祉利用者の潜在能力の不足・欠如の生活問題］の担い手である労働者階級や中間階級等の相対的過剰人口の一員を中心とした人々の生存権的平等保障活動・運動に影響されて、社会問題としての生活問題の担い手に向けられた総資本の為の価値の形成・支配と剰余価値の取得・支配の国・地方自治体の社会福祉の総称であって［本質＝構造的認識］、その本質の現象的表現は、部分的あるいは全体的に福祉利用者の社会問題としての生活問題に対応する精神的・物質的な支援及び保護等の使用価値を、公私の社会福祉労働及び活動・社会福祉労働手段及び活動手段・コミュニケーションを福祉手段として、個別的・集団的・組織的及び総合的に保障し、それらの福祉手段を福祉利用者が享受し、人間らしい健康で文化的な生活［人間らしい健康で文化的な生活活動「機能」の基盤である多様な個人及び共同の潜在能力の維持・再生産・発達・発揮］を日常の生活過程で成就するところにあると言えると言う仮説）と言う形態で創造されるのである（機能的認識）。

(2) 社会科学的な社会福祉学の福祉実践（労働）的認識（機能的認識）

　社会科学的な社会福祉学の理論的認識（構造的認識）の真理を検証していく基準となる社会科学的な社会福祉学の福祉実践（福祉労働）的認識（機能的認識）は、次のような意味である。

　社会科学的な社会福祉学の福祉実践（福祉労働）的認識（機能的認識）は、(1)

意識的・計画的な人間の運動であり、また、(2) 社会問題としての生活問題を担った人々の人間らしい健康で文化的な生活活動（機能）の基盤である多様な個人及び共同の潜在能力の維持・再生産・発達・発揮等を成就する事を目的とする人間の運動である[5]。そして、福祉実践（福祉労働）過程で、社会福祉労働者等は、社会福祉研究者等によって獲得された社会福祉学の知識・法則を用いて、社会問題としての生活問題を担った人々の人間らしい健康で文化的な生活（人間らしい健康で文化的な生活活動［機能］の基盤である多様な個人及び共同の潜在能力の維持・再生産・発達・発揮の困難等の性質や運動法則を把握し、かつ社会福祉の資源＝福祉手段（社会福祉法、老人福祉法、身体障害者福祉法、知的障害者福祉法、児童福祉法、母子及び寡婦福祉法、生活保護法、福祉政策、社会福祉援助技術等）を確認し、それらについての福祉実践（福祉労働）的認識（機能的認識）を獲得する[6]。

　このようにして社会福祉学の福祉実践（福祉労働）的認識（機能的認識）が獲得されると、社会福祉労働者等（個人及び集団）は、その社会福祉学の福祉実践（福祉労働）的認識（機能的認識）を用いて、福祉実践（福祉労働）対象への再福祉実践・再福祉労働を試みる。その場合、福祉実践（福祉労働）において用いる認識（知識・法則等）が真理であれば、社会問題としての生活問題を担った人々は生活困難から解放され、福祉実践（福祉労働）は量的にも質的にも発展し、社会福祉労働者等はより多くの、より高質の福祉実践（福祉労働）的認識（機能的認識）を獲得する事ができる。しかし、その用いる認識の全部または一部が虚偽であれば、福祉実践（福祉労働）は失敗や停滞をし、社会福祉労働者等は社会福祉学の福祉実践（福祉労働）的認識（機能的認識）を全く獲得できないか、また、僅かの社会福祉学の福祉実践（福祉労働）的認識（機能的認識）しか獲得できないから、その社会福祉学の福祉実践（福祉労働）的認識（機能的認識）はその実践過程で拒否されたりあるいは修正されたりする。

　それ故、福祉実践（福祉労働）は、獲得された社会福祉学の理論的認識（構造的認識）が真理か否かを判定する検証基準となる。また、社会福祉学の理論的認識（構造的認識）が真理であっても、社会福祉における福祉実践（福祉労働）の方法に誤りがあれば福祉実践（福祉労働）は失敗するから、社会福祉学の福祉実践（福祉労働）的認識（機能的認識）もまた福祉実践（福祉労働）が正しいか否かを判定する検証基準となる。社会福祉労働者等は、社会福祉の福祉実践（福祉

労働）→社会福祉の認識→社会福祉の再福祉実践（再福祉労働）→社会福祉の再認識→社会福祉の再々福祉実践（再々福祉労働）…と言う連関過程の下で、社会福祉についての認識を獲得し、検証し、発展させ、また、社会福祉の福祉実践（福祉労働）を検証し、発展させ、社会福祉学を社会科学的に発展させていく。この連関過程の下で、社会福祉における福祉実践（福祉労働）は、社会福祉学の認識の一環（契機）となり、社会福祉学の福祉実践（福祉労働）的認識（機能的認識）は、社会福祉の福祉実践（福祉労働）の一構成部分となる。

3. 社会福祉学の福祉実践（労働）的認識（機能的認識）の優位性を前提条件とした両側面の統一論の展開

　筆者は、社会福祉学の研究対象に対して、少なくても二つの態度を採る。松村一人氏が指摘された事から考えると、一つは社会科学的な社会福祉学の福祉実践（福祉労働）的認識（機能的認識）の態度であり、他の一つは社会科学的な社会福祉学の理論的認識（構造的認識）の態度である。社会科学的な社会福祉学の福祉実践（福祉労働）的認識（機能的認識）において決定的に重要な事は、あるがままの社会福祉の現状及び不備な社会福祉の現状に満足せず、これを福祉利用者にとっての使用価値を高めていく目的（生存権的平等保障）に従って、社会福祉をより良いものに変革していく事である。一方、社会科学的な社会福祉学の理論的認識（構造的認識）の態度は、これと全く反対である。と言うのは、社会科学的な社会福祉学の理論的認識（構造的認識）の目的は、実在の社会福祉をあるがままに捉えるところにある。つまり、実在の社会福祉の正確な映像を社会福祉研究者等の頭脳の内に作りだす事である。このかぎりにおいて社会科学的な社会福祉学の福祉実践（福祉労働）的認識（機能的認識）は能動的であり、社会科学的な社会福祉学の理論的認識（構造的認識）は受動的である。つまり、松村一人氏が指摘されているように、知性は実在の社会福祉をあるがままに受けとろうとするのにすぎないが、福祉実践的認識はこれに反して実在の社会福祉をその在るべき姿に変革しようとするのである[7]。

　勿論、社会科学的な社会福祉学の理論的認識（構造的認識）は、単に受動的な態度によってのみ作りだされものではない。真理の社会科学的な社会福祉学の理論的認識（構造的認識）が成立する為には、社会科学的な社会福祉学の理論的認識（構造的認識）はその観念的な態度そのものの内で能動的でなければならない。

観念的な内部でも社会福祉学の研究対象（社会福祉労働等の事実の現象[8]）を動かしてみなければならない。また、仮説を作って社会福祉労働等の事実の現象に問いかけなければならないと同時に、それだけではない。社会科学的な社会福祉学の理論的認識（構造的認識）の過程そのものが不断に社会科学的な社会福祉学の福祉実践（福祉労働）的認識（機能的認識）によって支えられているのである。

　これまで述べてきた事は、社会科学的な社会福祉学の福祉実践（福祉労働）的認識（機能的認識）と社会科学的な社会福祉学の理論的認識（構造的認識）との区別の面及び対立の面である。この限りにおいてそれは考察の第一歩にすぎない。しかし、社会科学的な社会福祉学の理論的認識（構造的認識）に対する社会科学的な社会福祉学の福祉実践（福祉労働）的認識（機能的認識）の優位はこの区別に基づいてのみ正確に理解される。と言うのは、社会科学的な社会福祉学の理論的認識（構造的認識）が仮にそれがどんなに正しいものであろうと、実在の社会福祉そのものを変革するものではない。実在の社会福祉そのものを変革する為には、実在の社会福祉そのものに福祉実践・福祉労働・福祉運動的に働きかけなければならない。つまり、例えば、貧困問題に対する保護策を考える事と、貧困問題に対する正しい調査及び分析（貧困問題の原因の社会科学的な理論的認識）がなされようと、これだけで貧困問題が解決できるものではない。貧困問題を解決するには、解決策を実行すると言う社会科学的な福祉実践（福祉労働）が必要である。従って、次のような指摘は、社会科学的な社会福祉学の理論的認識（構造的認識）と社会科学的な社会福祉学の福祉実践（福祉労働）的認識（機能的認識）の統一論の根拠となる。

　古川孝順氏が指摘されているように、社会福祉の「自分自身の領域に生起している事象を科学的、客観的に観察し、その普遍化をはかるという手続きを経験することがなければ、問題解決のためにどのような科学領域の、いかなる知識と技能・技術が必要とされるのか、そのことを的確に判断することができないからである[9]」。」そして三塚武男氏も指摘されているように、「調査（実践・労働－筆者挿入、以下同一）によって得られた事実が、どこまで理論的な検証を経て現実に基づく実証的な分析と論理構成のない研究では、社会科学的な理論体系を構築する事は不可能である。また、明確な視点と理論的な枠組みのない調査は、その時の、その場限りの部分的・断片的な現象の羅列や単純集計のレベルに留まり、それを規定している諸条件や要因と関連づけて、全体像とその中に含まれている

法則性を明らかにする事はできないのである。行政の施策の立案とその具体化、運営、結果についての総括・評価は勿論の事、運動や理論研究など、明確な目的を持った実践的な取り組みにおいては、常に、取り組む課題を社会科学的に把握する事が前提ないし基礎である[10]。」　しかし、こう言うと既に多くの疑問が生じるであろう。まず社会科学的な社会福祉学の理論的認識（構造的認識）に対する社会科学的な社会福祉学の福祉実践（福祉労働）的認識（機能的認識）の優位は単に以上に述べた事につきるものではない。前述したように社会科学的な社会福祉学の理論的認識（構造的認識）の過程そのものが不断に社会科学的な社会福祉学の福祉実践（福祉労働）的認識（機能的認識）によって支えられており、また、社会科学的な社会福祉学の理論的認識（構造的認識）を検証するものが社会科学的な社会福祉学の福祉実践（福祉労働）的認識（機能的認識）であると言う意味においても、我々は社会科学的な社会福祉学の理論的認識（構造的認識）に対する社会科学的な社会福祉学の福祉実践（福祉労働）的認識（機能的認識）の優位について語る事ができるのではない。要するに我々は眺める事あるいは主観的に解釈する事によってのみ社会福祉を認識するのではなく、社会福祉をより良いものに変革していく福祉実践（福祉労働）によって社会福祉を本当に認識するのである。

　だが、この事がどんなに重要な事であろうと、この事から直ちに社会科学的な社会福祉学の理論的認識（構造的認識）は社会科学的な社会福祉学の福祉実践（福祉労働）的認識（機能的認識）に従属しなければならと言う意味での、社会科学的な社会福祉学の福祉実践（福祉労働）的認識の優位について語る事はできない。社会科学的な社会福祉学の理論的認識（構造的認識）を検証する最も有力な決定的な手段が社会科学的な社会福祉学の福祉実践（福祉労働）的認識（機能的認識）であると言う事を認めても、社会科学的な社会福祉学の理論的認識（構造的認識）を最高のものと考え、社会科学的な社会福祉学の福祉実践（福祉労働）的認識（機能的認識）をこれに従属させる事もできる。例えば、外国で理論形成され発展したノーマライゼーション[11]やインクルージョン[12]の理論的認識（構造的認識）を最高のものと考え、日本の社会福祉に取りいれ福祉実践（福祉労働）的認識（機能的認識）を深めているのは最も良い例ではなかろうか。

　このように社会科学的な社会福祉学の理論的認識（構造的認識）が最高のものであるとすれば、譬え社会科学的な社会福祉学の真理が社会科学的な社会福祉学

の福祉実践（福祉労働）的認識（機能的認識）によって確証されると言う事実があっても、社会科学的な社会福祉学の福祉実践（福祉労働）的認識（機能的認識）は社会科学的な社会福祉学の理論的認識（構造的認識）に従属する事になる。そして、このように社会科学的な社会福祉学の福祉研究的認識（構造的認識）に従属している社会科学的な社会福祉学の福祉実践（福祉労働）的認識（機能的認識）も福祉現場の福祉実践（福祉労働）上の要求から行われるのである。

　要するに社会科学的な社会福祉学の理論的認識（構造的認識）は、社会科学的な社会福祉学の福祉実践（福祉労働）的認識（機能的認識）によって要求され、社会科学的な社会福祉学の福祉実践（福祉労働）的認識（機能的認識）によってテーマを与えられ、社会科学的な社会福祉学の福祉実践（福祉労働）的認識（機能的認識）によって支えられ、社会科学的な社会福祉学の福祉実践（福祉労働）的認識（機能的認識）によって検証されるものである。この意味で社会科学的な社会福祉学の理論的認識（構造的認識）は広く社会科学的な社会福祉学の福祉実践（福祉労働）的認識（機能的認識）に依存している。しかし、筆者が社会科学的な社会福祉学の福祉実践（福祉労働）的認識（機能的認識）を社会科学的な社会福祉学の福祉研究的認識（構造的認識）の上に置く決定的な理由は、社会福祉の福祉実践（福祉労働）によってのみ現実的な福祉利用者の社会問題としての生活問題の解決が与えられると言うところにある。社会科学的な社会福祉学の理論的認識（構造的認識）が社会科学的な社会福祉学の福祉実践（福祉労働）的認識（機能的認識）によって要求されるように、社会科学的な社会福祉学の理論的認識（構造的認識）もまた社会科学的な社会福祉学の福祉実践（福祉労働）的認識（機能的認識）を要求している。だが社会科学的な社会福祉学の理論的認識（構造的認識）はその成立の為に、その検証の為に、一口に言えば社会福祉学の研究対象（社会福祉労働等の現象）に関する正しい観念を得る為に、社会科学的な社会福祉学の福祉実践（福祉労働）的認識（機能的認識）を要しているが、社会科学的な社会福祉学の福祉実践（福祉労働）的認識（機能的認識）は社会福祉のより良い発展への変革の福祉実践（福祉労働）の為に、社会科学的な社会福祉学の理論的認識（構造的認識）を要求している。そして、社会福祉のより良い発展への変革の福祉実践（福祉労働）が最も重要な事であると言う事からこそ社会科学的な社会福祉学の理論的認識（構造的認識）に対する社会科学的な社会福祉学の福祉実践（福祉労働）的認識（機能的認識）の優位が考えられるのである。少なくともこの事こ

そ決定的な点であり、社会科学的な社会福祉学の理論的認識（構造的認識）と社会科学的な社会福祉学の福祉実践（福祉労働）的認識（機能的認識）との関係性を考える場合の要の石である。

　しかし、言うまでもなく社会科学的な社会福祉学の理論的認識（構造的認識）に対する社会科学的な社会福祉学の福祉実践（福祉労働）的認識の優位と言う事は、社会科学的な社会福祉学の理論的認識（構造的認識）が一般的に無意味だと言う事ではない。知識等による社会科学的な社会福祉学の理論的認識（構造的認識）によって福祉利用者の社会問題としての生活問題の正しい認識なしには有効な結果を生じさせる事ができないだろう。と言うのは、社会問題としての生活問題から自由になるには、フリードリヒ・エンゲルスが指摘されているように、社会問題としての生活問題に内在している「社会法則からの空想的な独立のうちにあるのではなく、この法則の認識のうちに、そしてそれとともに与えられるところのこの法則を計画的に一定の目的の為に使用する可能性のうちにあるのである[13]。」

　このように、社会科学的な社会福祉学の福祉実践（福祉労働）的認識（機能的認識）による現実的な社会福祉問題の解決は、これと正反対の態度を要求する。それは正確な社会福祉学の理論的認識（構造的認識）を要求する。譬え現実の障害のある人の支援費制度が悲惨と不合理に満ちていても、いな現実の障害のある人の支援費制度が悲惨かつ不合理であればあるほど、我々はそれをあくまでも直視しなければならない。そして、この悲惨かつ不合理な障害のある人の支援費制度の本当の原因（本質）を探り、それを現実的に解決する方法等を見出さなければならない。

　これまで社会科学的な社会福祉学の理論的認識に対する社会科学的な社会福祉学の福祉実践（労働）的認識（機能的認識）の優位について述べ、しかも社会科学的な社会福祉学の理論的認識（構造的認識）が社会科学的な社会福祉学の福祉実践（福祉労働）的認識（機能的認識）に役立つものであり、またそうでなければならない事を述べてきたが、次に社会科学的な社会福祉学の理論的認識（構造的認識）が本当に社会科学的な社会福祉学の福祉実践（福祉労働）的認識（機能的認識）に役立ち、社会科学的な社会福祉学の福祉実践（福祉労働）的認識（機能的認識）の指針となる為の条件について次のように述べておく。一つは社会福祉学の研究テーマの積極性であり、他のもう一つは、社会科学的な社会福祉学の理論的認識（構造的認識）が社会科学的な社会福祉学の福祉実践（福祉労働）的

認識（機能的認識）に直接結び付く為には、それが単なる社会科学的な社会福祉学の理論的認識（構造的認識）に留まらず社会科学的な社会福祉学の福祉実践（福祉労働）的認識（機能的認識）とならなければならない事である。まず前者の社会福祉の研究テーマの積極性についてであるが、社会科学的な社会福祉学の理論的認識（構造的認識）が本当に社会科学的な社会福祉学の福祉実践（福祉労働）的認識（機能的認識）に役立つ為には、それが正しい認識だけでなく、社会福祉の福祉実践（福祉労働）によって要求され、社会福祉の福祉実践（福祉労働）に役立つような社会科学的な社会福祉学の理論的認識（構造的認識）でなければならない。と言うのは、社会福祉学の思弁的（思弁的と言うのは、経験による事なく、ただ純粋な思考によって経験を越えた真理の認識に到達しようとすることである）な抽象論に大きな価値をおいている立場からすれば、社会福祉学の研究テーマは何であっても良い事になるかもしれない。要するに、社会福祉学の知識を定めるもの、それに費やされるべき労力の配分を定めるものは、主観的興味より一層重要なもの、社会福祉学の研究テーマそのものの価値であり、そして社会福祉学の研究テーマの価値を定めるものは、社会科学的な社会福祉学の理論的認識（構造的認識）の立場ではなくて、社会科学的な社会福祉学の福祉実践（福祉労働）的認識（機能的認識）の立場でなければならない。これが社会科学的な社会福祉学の理論的認識（構造的認識）に対する社会科学的な社会福祉学の福祉実践（福祉労働）的認識（機能的認識）の優位である。

　次に後者の社会科学的な社会福祉学の理論的認識（構造的認識）から社会科学的な社会福祉学の福祉実践（福祉労働）的認識（機能的認識）への統合であるが、社会科学的な社会福祉学の福祉実践（福祉労働）的認識（機能的認識）と直接に統合するような社会科学的な社会福祉学の理論的認識（構造的認識）とはどんな認識であろうか。筆者は社会科学的な社会福祉学の理論的認識（構造的認識）が社会科学的な社会福祉学の福祉実践（福祉労働）的認識（機能的認識）と区別される面をその受動性においた。しかし、社会福祉の福祉実践（福祉労働）に直接に統合するような社会福祉の福祉実践（福祉労働）の指針となる社会福祉学の認識は、決して社会福祉の対象を単にあるがままに捉える理論的認識（構造的認識）ではない。それはこれまで述べたような意味での社会福祉学の認識の能動性とは全く区別される能動的な社会福祉学の認識でなければならない。つまり筆者は、前述したように社会科学的な社会福祉学の認識を科学的な社会福祉学の理論的認

識（構造的認識）と社会科学的な社会福祉学の福祉実践（福祉労働）的認識（機能的認識）に分けた上で、どうしたら社会科学的な社会福祉学の理論的認識（構造的認識）をある目的（生活問題を担った人々の生存権的平等保障）に従って変革する事ができるかと言う社会科学的な社会福祉学の福祉実践（福祉労働）的認識（機能的認識）に統合していく事ができるかどうかである。社会科学的な社会福祉学の福祉実践（福祉労働）的認識（機能的認識）においては、社会福祉の研究者（主体）等の意志が前提され、この意志、社会福祉の研究者等の研究目的に規定されながら、社会福祉の研究者等と社会福祉の研究対象との連関が考察される。

　このように区別を明らかにするだけで、直接的に社会福祉の福祉実践（福祉労働）と統合し、それに指針を与える社会科学的な社会福祉学の理論的認識が単なる社会科学的な社会福祉学の理論的認識（構造的認識）でなく社会科学的な社会福祉学の福祉実践（福祉労働）的認識（機能的認識）である事が既にかなり明白であると思われる。しかし、これだけではまだ、筆者が社会科学的な社会福祉学の福祉実践（福祉労働）的認識（機能的認識）と呼ぶものが果たして社会福祉学の福祉実践（福祉労働）的認識（機能的認識）であるかどうかについて疑問が生じるかもしれない。それは社会福祉の目的を持った社会福祉の意味にすぎないのではないか。この事を明らかにする為に、筆者はもっと立ち入って社会科学的な社会福祉学の福祉実践（福祉労働）的認識（機能的認識）の構造を述べなければならない。まず社会科学的な社会福祉学の福祉実践（福祉労働）的認識（機能的認識）が社会福祉の福祉実践（福祉労働）そのものでないと言う事は、あまりにも明らかである。筆者が福祉利用者の社会問題としての生活問題の解決法を知るのと、実際にこの解決法にしたがって福祉利用者の社会問題としての生活問題を解決していくのと全く別な事である。他方において、社会科学的な社会福祉学の福祉実践（福祉労働）的認識（機能的認識）は単なる意志及び欲求とも異なる。意志（欲求）は重度の障害のある人ほど多様な福祉サービスを求め人間らしい健康で文化的な生活が可能になるのであるが、負担が重くなると言う生存権的不平等の障害のある人の自立支援法の実態 [14] に満足せず、その是正と言う変革を求める。ここには変革の意志があり、そして変革するべき現実の生存権的不平等の障害のある人の自立支援制度がある。しかし、この変革の為に、我々はどうしたら良いのだろうか。この問題を予め観念的に解決して、障害のある人の社会福祉

の福祉実践（福祉労働）に指針を与えるのが社会科学的な社会福祉学の福祉実践（福祉労働）的認識（機能的認識）である。だが欲求の実現は、社会福祉の主体（社会福祉の研究者等）が社会福祉の対象（例えば、障害のある人の社会福祉等を含めた社会福祉行政等）へ直接的あるいは間接的に働きかけていく事によって行われるのであるから、筆者が、この社会福祉の福祉実践（福祉労働）の指針を予め観念の内に持つ為には、社会福祉の対象への社会福祉の主体の働きかけを原因とし、意志（欲求）の実現を結果として生み出すような現実的な関係を認識しなければならない。従ってここで問題となるのは、決して単なる意志（欲求）ではなくして、意志（欲求）を前提とする社会問題としての生活問題の認識的解決である。一口に言えば社会科学的な社会福祉学の福祉実践（福祉労働）的認識（機能的認識）とは、生活問題を担った人々の問題を解決したいと言う要求を、こうすれば解決できると言う認識に変える事にある。つまり、現存する社会問題としての生活問題の事態にある要求を持って望む事はまだ社会科学的な社会福祉学の福祉実践（福祉労働）的認識（機能的認識）ではない。現実の社会問題としての生活問題と要求との間に、直接的あるいは間接的な社会福祉の主体の福祉実践・福祉労働（例えば、障害のある人の社会福祉の実態調査等）を考えに入れて、そこに要求が実現されるような実在的な関係を案出するのが社会科学的な社会福祉学の福祉実践（福祉労働）的認識（機能的認識）である。

4. 結論

　以上から導きだされる結論は、社会科学的な社会福祉学の認識においての社会科学的な社会福祉学の理論的認識（構造的認識）と社会科学的な社会福祉学の福祉実践（福祉労働）的認識（機能的認識）の統一的認識の重要性である。そして、社会科学的な社会福祉学の福祉実践（福祉労働）的認識（機能的認識）よりも社会科学的な社会福祉学の理論的認識が重要だと言う事ではなく、社会問題としての生活問題を担った人々の生存権的平等保障の社会科学的な社会福祉学の福祉実践（福祉労働）的認識（機能的認識）が重要だと言う事である。つまり、このような社会科学的な社会福祉学の福祉実践（福祉労働）的認識（機能的認識）こそ社会福祉の理論に対する優越性を本当に主張する事ができるのではないかと思われる。社会福祉学の真理の為の真理、社会福祉学の学問の自由と言う事は、社会福祉学の学問が政府主導によって変質させられた社会福祉の法制度・福祉政

策への従属を拒否すると言う点でのみ一定の意義を持つ。しかし、社会福祉学の学問が本当の意義を持つようになる為には、それは進んで社会問題としての生活問題を担った福祉利用者の福祉実践（福祉労働）的要求に奉仕する事によって、社会問題としての生活問題を担った福祉利用者の為の社会福祉学の学問とならなければならない。我々はもはや政府主導によって変質させられた社会福祉の法制度・福祉政策に無関心かつ傍観者であってはならない。社会科学的な社会福祉学の理論的認識（構造的認識）によって、政府主導の社会福祉の法制度・福祉政策の贋造の矛盾の法則を洞察し、社会科学的な社会福祉学の福祉実践（福祉労働）的認識（機能的認識）に依拠して、政府主導の社会福祉の法制度・福祉政策の贋造の矛盾の変革運動を民主統一戦線の基に展開していく事が重要ではないか。特に、福祉現場の労働組合と政党の主導による福祉利用者との協同で、福祉利用者にとって使用価値の高い福祉実践（福祉労働）と社会福祉の法制度・福祉政策の変革運動が重要となる。

【注】
1) 一番ケ瀬康子・その他「対談―社会福祉の歴史と理論の展開」（仏教大学通信教育部編『二十一世紀の社会福祉をめざして』ミネルヴァ書房、2002年、5頁）。
2) アマルティア・セン（鈴村興太郎訳）『福祉の経済学』（岩波書店、1988年、15頁）。
3) 戸坂潤著『科学論』（青木書店、1989年）を参考にする。
4) 戸坂潤著『認識論』（青木書店、1989年）を参考にする。
5) 例えば、認識は社会福祉の講演及び教育と言う形態、社会福祉の認識に基づく福祉施設での採用の際の価値判断と言う形態、社会福祉の認識に基づく社会福祉労働及びボランティア活動と言う形態等としても、発現される。
6) 社会福祉労働者や社会福祉研究者等は、福祉利用者の人間らしい健康で文化的な生活（人間らしい健康で文化的な生活活動［機能］の基盤である抽象的人間生活力・抽象的人間労働力の維持・再生産・発達・発揮の成就）を保障していく事を福祉実践（福祉労働）的認識の目的とし、その福祉実践（福祉労働）的認識を阻害する要因を除去していく社会運動（労働組合運動）を展開していかなければならない。
7) 松村一人著『変革の論理のために』（こぶし書房、1997年、94-109頁）を参考にする。
8) 福祉利用者は社会福祉労働（社会福祉労働手段も含む）を享受し、人間らしい健康で文化的な生活を成就している。そして、現代資本主義社会における社会福祉労働の事実の現象は、多様な社会福祉労働の分野に分かれ、多様な社会福祉労働を行っている。つまり、社会福祉労働は、真田是氏が指摘されているように「①金銭給付及び貸付、②福祉施設提供、③生活補助設備、器具の提供、④機能回復・発達のための設備、器具の提供、⑤生活の介助・介護、⑥予防・治療のための医療給付、⑦生活指導を含む機能回復・発達のためのリハビリテーション給付、⑧職業訓練給付、⑨診断・あっせん処置を含む相談などの人的手段を通じた直接的な現物給付、⑩問題発見や解決のための調査活動、⑪問題解決のための社会資源の伝達や社会的認識向上のための広報活動、⑫問題解決のための地域住民や関係団体、関係施設などの組織活動、⑬社会資源の有効活用のための連絡調整活動などの間接手段の提供」の事実の現象として見られ、しかも多くの場合、これらの社会福祉労働は複合的に行われ、また、歴史の発展過程においてその社会福祉労働の量と質は相違する。そして、現代資本主義社会における社会福祉労働は、福祉利用者にとって使用価値として現象する。
　　つまり、福祉利用者に対する社会福祉労働は第一に、使用価値として福祉利用者の何らかの種類の欲望を満足させるものである（つまり、福祉利用者が人間らしい健康で文化的な生活活動［機能］の基盤である抽

象的人間生活力・抽象的人間労働力の維持・再生産・発達・発揮を行う事ができる欲望を満たす事）。この欲望の性質は、それが例えば物質的生産物（福祉施設、福祉機器、生活保護制度の金銭給付等）で生じようと、人的サービス（ホームヘルプサービス等）あるいは物質的生産物と人的サービスとの併用で生じようと、少しも事柄を変えるものではない。重要なのは、社会福祉労働が福祉利用者に対象化・共同化される事によって、福祉利用者の人間らしい健康で文化的な生活（人間らしい健康で文化的な生活活動［機能］の基盤である抽象的人間生活力・抽象的人間労働力の形成）の維持・再生産・発達・発揮に部分的あるいは全体的に関係しているという事実である。そして、福祉利用者の人間らしい健康で文化的な生活（人間らしい健康で文化的な生活活動［機能］の基盤である抽象的人間生活力・抽象的人間労働力の形成）の維持・再生産・発達・発揮に部分的あるいは全体的に社会関係しているという事は、二重の観点から、すなわち質と量の面から分析されていく必要があるが、その有用性は使用価値にする。しかし、この使用価値は空中に浮いているのではない。この使用価値は、社会福祉労働の実体（実態）の所属性に制約されているので、その実体（実態）なしには存在しない。それ故、社会福祉労働における人的サービスの提供そのもの、生活手段提供そのもの、金銭給付そのもの等が使用価値なのである。そして、使用価値は、どれぐらいの人的サービス、どれぐらいの生活手段、どれぐらいの金銭といったような、その量的な規定性が前提とされ、また、実際の使用によってのみ実現される。さらに使用価値は、前述したどんな社会体制の福祉活動・労働（原始共同体の相互扶助活動、奴隷社会における都市国家の救済制度、封建社会における農村の荘園の相互扶助活動及び年のギルドの相互扶助活動・慈善活動と絶対王制下の救貧制度、資本主義社会の社会福祉、社会主義社会の社会福祉）にも存在しており、社会福祉労働の素材的な内容を成している。

9）古川孝順「社会福祉学の曲がり角」（財団法人鉄道弘済会社会福祉部編『社会福祉研究』第82号、財団法人鉄道弘済会、2001年、84頁）。

10）三塚武男著『生活問題と地域福祉』（ミネルヴァ書房、1997年、4-5頁）。

11）ベンクト・ニイリエ（河東田博・その他訳）『ノーマライゼーションの原理』（現代書館、1998年）。

12）八巻正治著『アオテアロア／ニュージーランドの福祉のインクルージョン』（学苑社、2001年）。

13）フリードリヒ・エンゲルス著『反デューリング』（大月書店、1955年、175-176頁）。

14）障害のある人の自立支援法では、減免措置を受けても自律的に自由に使用できる金銭は減額する。例えば、鹿児島市内に居住する知人の知的障害のある男性（42歳）は、障害基礎年金や共同作業所で働いた工賃等で約11万8,000円の月収がある。ここからホームの家賃、光熱費、食費などの生活費を除くと、毎月約1万8,000円の自律的に自由に使用できる金銭は6,000円程度に減額となる。しかも、重度の障害のある人ほど、多様な福祉サービスを受けてはじめて人間らしい健康で文化的な生活が可能となるのに、負担が重くなるのは問題である。

第3章　社会科学的視点の生活問題

1．はじめに

　社会福祉学の研究及び社会福祉労働においては、社会科学的視点の福祉利用者の社会問題としての生活問題（人間らしい健康で文化的な生活手段［所得・教育等］の不足・欠如と人間らしい健康で文化的な生活手段［所得・教育等］の不足・欠如から関係派生的に生成してきた人間らしい健康で文化的な福祉利用者の多様な個人及び共同の潜在能力［抽象的人間生活力・生活力＝人間が生活の際に支出する脳髄、神経、筋肉等を意味する・抽象的人間労働力・労働力＝人間が労働の際に支出する脳髄、神経、筋肉等を意味する］の維持・再生産・発達・発揮［機能］の阻害［人間らしい健康で文化的な福祉利用者の多様な個人及び共同の潜在能力の不足・欠如］）認識が重要であり出発点である。そして従来の福祉利用者の社会問題としての生活問題認識は、現代資本主義社会の生産様式（生産様式［土台］は、生産力と生産関係の統一である）の連関の下でどのようにして法則的に生成しているかその社会的原因を看過したものであり、しかも社会福祉の法制度・福祉政策及び所得等の福祉手段それ自身の不足・欠如に視点を置いて社会福祉論が展開されていた。また最近の貧困論・格差論・アンダークラス論は殆どが結果論であり、貧困や格差等が土台である現代資本主義社会の生産様式の連関の下でどのようにして生成しているかその社会的原因を看過しているものが多い。しかも最近の社会福祉論においても、筆者のような社会科学的方法論（マルクス経済学・弁証法的唯物論及び史的唯物論・変革運動論・潜在能力アプローチ、福祉観察や福祉労働などの経験的手続きによって実証していく法則的・体系的知識）における福祉利用者の社会問題としての生活問題の認識が看過されている。社会福祉学の研究及び社会福祉労働を行っていく場合、社会福祉学研究及び社会福祉労働が対象とする福祉利用者の社会問題としての生活問題（内部的条件［人間らしい健康で文化的な福祉利用者の多様な個人及び共同の潜在能力］と外部的条件［人間らしい健康で文化的な生活手段[1] 等]）を社会科学的視点によって認識していく事が重要である。つまり、土台である現代資本主義社会の生産様式（社会的原因）との連関で福祉利用者の生活問題がどのように生成してくるのか、また、内

部的条件と外部的条件を統一的に認識していく事が重要である。何故ならば、福祉利用者の社会問題としての生活問題は土台である現代資本主義社会の生産様式の経済的法則によって必然的に生成してくるもので、それ故に資本主義社会の生産関係（生産関係の性格は、誰が生産手段［労働手段と原料等の労働対象］を所有しているかによって決まり、それが土台である）に絶対的に規定された上部構造である国家及び地方自治体等が責任を持って供給していくものである。と同時に、福祉手段としての社会福祉労働（社会福祉労働手段も含む社会福祉労働は福祉利用者にとって福祉手段であるが、一般的な生活手段［所得等］と違って、福祉手段の享受能力を引き出してくれる特殊な福祉手段である）を福祉利用者が実際に享受し人間らしい健康で文化的な福祉を成就していくものである。つまり、福祉手段としての社会福祉労働の保障と人間らしい健康で文化的な福祉利用者の多様な個人及び共同の潜在能力（抽象的人間生活力＝生活力・抽象的人間労働力＝労働力）の維持・再生産・発達・発揮（機能）の保障の両側面を統一して捉えていく事が重要である。実際、社会福祉労働の現場においては外部的条件の保障だけではなく、多様な個人及び共同の潜在能力（抽象的人間生活力＝生活力・抽象的人間労働力＝労働力）を持っている福祉利用者が福祉手段としての社会福祉労働を享受できるように、社会福祉労働者が専門家としての技能（技術＝リハビリテーション用の器具、介護ロボット等の客観的存在物）を駆使し、福祉利用者の個人及び共同の潜在能力（抽象的人間生活力＝生活力・抽象的人間労働力＝労働力）を引き出し社会福祉労働の使用価値を享受していくのを促進している。そして筆者の福祉現場（障害のある人の福祉施設）での経験によるものであるが、社会福祉労働者は多様な個人及び共同の潜在能力を持っている福祉利用者の潜在能力（抽象的人間生活力＝生活力・抽象的人間労働力＝労働力）を引き出す際には、福祉利用者の多様な個人及び共同の潜在能力（抽象的人間生活力＝生活力・抽象的人間労働力＝労働力）に注目する事が重要である。例えば、アマルティア・センが指摘されているように、「栄養摂取の達成という場合には、この転換は、①代謝率、②体のサイズ、③年齢、④性（女性の場合には、妊娠しているか否か）、⑤活動水準、⑥（寄生虫の存在・非存在を含む）医学的諸条件、⑦医療サービスのアクセスとそれを利用する能力、⑧栄養学的な知識と教育、⑨気候上の諸条件などの諸要因に依存する。社会的な行動を含む機能の実現や、友人や親戚を持て成すという機能の実現の場合には、この転換は、⑩ひとが生活する社会で開かれ

る社交的会合の性格、⑪家族や社会におけるひとの立場、⑫結婚、季節的祝宴などの祝宴や葬式などその他の行事の存在・非存在、⑬友人や親戚の家庭からの物理的距離などの要因に依存する……[2)]。」等である。それ故、人は同じレベルの生活手段を保有していても、同じ享受の達成は保証されない。つまり、生活手段の使用価値を享受へと転換させる潜在能力が生活主体者によって、あるいはその生活主体者の置かれている地域環境・社会環境によって異なるからである。同じ所得（生活手段）であっても、その人が基礎的な福祉・教育・医療等にアクセスを持っているかどうかに依存するし、同じカロリーを摂取していても、その人の労働量、体の大きさ、性別、年齢、健康状態等によって「栄養を満たす」と言う享受が達成されているかどうかは分からない。つまり、生活手段の固有価値が望ましい使用価値に転換する生活主体者の個人及び共同の潜在能力（抽象的人間生活力＝生活力・抽象的人間労働力＝労働力）が個人的・地域的・社会的条件に制約されているのである。

　本章では、まず福祉利用者の社会問題としての生活問題が土台である現代資本主義社会の生産様式との連関でどのように法則的及び必然的に生成してくるかを考察し、そして福祉利用者の社会問題としての生活問題の統一的把握（人間らしい健康で文化的な生活手段の不足・欠如と人間らしい健康で文化的な生活手段の不足・欠如から関係派生的に生成してきた福祉利用者の多様な個人及び共同の潜在能力［抽象的人間生活力＝生活力・抽象的人間労働力＝労働力］の維持・再生産・発達・発揮［機能］の阻害［人間らしい健康で文化的な福祉利用者の多様な個人及び共同の潜在能力の不足・欠如］の生活問題の統一的把握）を考察する。

2.　生活問題の社会的生成と生活問題の統一的把握

　我々は日々の生活過程において生産手段・生活手段を使用してかつ多様な個人及び共同の潜在能力（抽象的人間生活力＝生活力・抽象的人間労働力＝労働力）を発揮（機能）して生活を行っており、また、日々の生活過程において多様な個人及び共同の潜在能力（抽象的人間生活力＝生活力・抽象的人間労働力＝労働力）の維持・再生産・発達・発揮（機能）と生産手段・生活手段の生産を行っている。従って、生活とは、生活手段（所得・教育等）等の使用過程だけではなく人間及び生産手段・生活手段の生産（労働）過程も含めた総体である。つまり、フリードリヒ・エンゲルスが指摘されているように、「唯物論的な見解によれば、歴史

を究極において規定する要因は、直接の生命（多様な個人及び共同の潜在能力［抽象的人間生活力＝生活力・抽象的人間労働力＝労働力］－挿入、筆者）の生産と再生産とである。しかし、これは、さらに2種類のものから成っている。一方では、生活資料（生活手段－挿入、筆者）の生産、すなわち衣食住の諸対象とそれに必要な道具との生産。他方では、人間そのものの生産、すなわち種の繁殖がそれである（多様な個人及び共同の生命［潜在能力］－挿入、筆者）。ある特定の歴史的時代に、ある特定の国の人間がそのもとで生活を営む社会的諸制度（上部構造－挿入、筆者）は、2種類の生産によって、すなわち一方では労働（土台－挿入、筆者）の、他方では家族の発達段階によって制約（規定－挿入、筆者）される[3]。」

　前述のように、多様な個人及び共同の潜在能力（抽象的人間生活力＝生活力・抽象的人間労働力＝労働力）の維持・再生産・発達の成就と発揮（機能）の前提となる物質（客観的実在－挿入、筆者）は、生活手段と生産手段に分けられる。人間は抽象的人間労働力・労働力の潜在能力を用いて、自然を人間に役立つ物に作り変えていく事ができ、人間の本質的な要素である。従って、今日の人間としての生活は、生活手段・生産手段の生産・再生産と同時に、多様な個人及び共同の潜在能力（抽象的人間生活力＝生活力・抽象的人間労働力＝労働力）の維持・再生産・発達の成就と発揮（機能）の過程を常に伴っているのである[4]。

　ところで、現代資本主義社会の生産様式における生活手段（所得や教育等）の使用過程と多様な個人及び共同の潜在能力（抽象的人間生活力＝生活力・抽象的人間労働力＝労働力）の維持・再生産・発達・発揮（機能）の成就の過程は、前述した土台である資本主義社会の生産様式の特徴を参照して述べるならば、次のような特徴を持つ。つまりそれは、宮本みち子氏が指摘されているように、「生産の中核が資本制生産関係（資本・賃労働関係）に基づき、利潤を目的とする大規模商品生産に組み込まれた社会である。人間と社会の再生産に必要とされるあらゆる物質が、商品として生産される市場で売買されるのみならず、人間の労働力（抽象的人間労働力－挿入、筆者）自体が商品化する（賃労働）ところに、この生産様式の特徴は存在する。生産手段（生活手段－挿入、筆者）を奪われた労働者階級（橋本健二氏の著書『格差の戦後史』によれば、広義の労働者階級は、2013年末段階で78・3％を占めるに至っている－挿入、筆者）は、生活手段を自ら生産することができなくなった。そのため、自己の労働力（抽象的人間労働力－挿入、筆者）商品を売り、賃金を得て生活手段を購入せざるをえない[5]。」し、

生活手段を購入できなければ、労働者階級に属する人間の多様な個人及び共同の潜在能力（抽象的人間生活力＝生活力・抽象的人間労働力＝労働力）の維持・再生産・発達・発揮（機能）も不可能である。従って、福祉利用者の社会問題としての生活問題は、後述するように相対的過剰人口・労働力の価値の劣悪化・恐慌[6]（資本主義的蓄積の発展は、個々の資本が社会全体の商品の需要と供給の調整の上で生産するのではなく、個々の資本が競争的に社会全体の消費力を越える生産の拡張を生み出し、その結果、周期的に販売しえない商品が溢れるようになる。こうした過剰生産の結果、資本の再生産過程が麻痺し、価格の崩落・企業の倒産と集中・生産力の破壊・失業と賃金きり下げ等をもたらす）によって生成する失業、不安定就労、低所得、疾病、家庭欠損、障害・負傷等によって人間らしい健康で文化的な生活手段（所得等）の不足・欠如と人間らしい健康で文化的な生活手段の不足・欠如から関係派生的に生成してきた人間らしい健康で文化的な多様な個人及び共同の潜在能力（抽象的人間生活力＝生活力・抽象的人間労働力＝労働力）の維持・再生産・発達の成就や発揮（機能）の阻害（人間らしい健康で文化的な福祉利用者の多様な個人及び共同の潜在能力［抽象的人間生活力＝生活力・抽象的人間労働力＝労働力］の不足・欠如）の生活問題が生成する。そして、社会問題としての生活問題を担った人（福祉利用者）は、労働者階級や中間階級等の相対的過剰人口に属している人々であると言える。つまり、福祉利用者の生活問題には階級的生活問題と階層的生活問題がある。

　では、こうした福祉利用者の生活問題は主にどのような社会的原因で法則的（必然的）に生成してくるのであろうか。まず相対的過剰人口の階級的生活問題であるが、現代資本主義社会における資本[7]は、物質的生産において剰余価値及び特別剰余価値[8]による独占資本の蓄積を行うのであるが、この資本の蓄積過程はカール・マルクスが次のように指摘されている。資本主義社会の下では、生産力が増えるにつれて、「資本の有機的構成や資本の技術的形態の変化はますます速くなり、また、ある時は同時に、ある時は交互に、この変化に襲われる生産部面の範囲は広くなる。だから労働者人口は、それ自身が生み出す資本蓄積につれて、ますます大量にそれ自身の相対的過剰化の手段を生み出すのである[9]」。「社会的な富、現に機能している資本、その増大の規模とエネルギー、したがってまたプロレタリアートの絶対的な大きさとその労働の生産力、これらのものが大きくなればなるほど、産業予備軍も大きくなる。自由に利用されうる労働力は、資

本の膨張力を発展させるのと同じ原因によって発展させられる。つまり、産業予備軍の相対的な大きさは富の諸力といっしょに増大する。しかしまた、この予備軍が現役労働者に比べて大きくなればなるほど、固定した人口はますます大量になり、その貧困はその労働苦に正比例する。最後に、労働者階級の極貧層と産業予備軍とが大きくなればなるほど公認の受救貧民層もますます大きくなる。これが資本主義的蓄積の絶対的な一般法則である[10]。」（傍点、筆者）そして、「資本が蓄積されるにつれて、労働者の状態は、彼の受ける支払いがどうであろうと、高かろうと安かろうと、悪化せざるをえないということになるのである。……、相対的過剰人口または産業予備軍をいつでも蓄積の規模およびエネルギーと均衡を保たせておくという法則は、ヘファストスのくさびがプロメテワスを岩に釘づけにしたよりももっと固く労働を資本に釘づけにする。だから、一方の極での富の蓄積は、同時に反対の極での、すなわち自分の生産物を資本として生産する階級の側での、貧困、労働苦、奴隷状態、無知、粗暴、道徳的堕落の蓄積なのである[11]。」そして、この相対的過剰人口は、基本的には３つの形態（流動的過剰人口[12]、潜在的過剰人口[13]、停滞的過剰人口[14]）として存在するが、生活問題を担った人は相対的過剰人口の内に含まれているのであって、労働者階級や中間階級等の生活問題は、相対的過剰人口とともに富の資本主義的な生産及び発展の一つの必須条件となっていのである。

　このように、労働者階級や中間階級等に属している福祉利用者の生活問題の法則的生成は、土台である現代資本主義社会の生産様式によるものであり、土台である現代資本主義社会の生産様式が続くかぎり生活問題の法則的生成は完全になくならない。そして、福祉利用者は、生産手段・生活手段からも自由である（絶対的貧困）。それ故、唯一所有している労働力の使用権の販売によって賃金（生活手段）を獲得しなければ自らの人間らしい健康で文化的な多様な個人及び共同の潜在能力（抽象的人間生活力＝生活力・抽象的人間労働力＝労働力）の維持・再生産・発達・発揮（機能）の成就が不可能であるところに社会問題としての生活問題の根本問題がある（特に障害のある人は労働力［抽象的人間労働力＝労働力］の欠損者として資本の増殖に寄与しないと見なされている為に失業率が高く、社会福祉の必要性は高い[15]）。そして、資本の蓄積及び拡大は、相対的過剰人口が存在しなければ不可能である。と言うのは、「資本の蓄積は、沈滞・好況・繁栄及び恐慌という産業循環を経ながら行われる。そして資本の蓄積は、好況・繁

栄の時期には突然大規模に行われる。ところが資本の蓄積及び生産拡大が突然大規模に行われる為には、大量の労働力が生産過程に存在しなければならない。しかし、人口の自然増加によってこの膨大な労働力を突然供給することは不可能である。急速で大規模な生産拡張が可能なのは、全く相対的過剰人口が常に存在するからである[16]」。また上部構造の国家（地方自治体も含む）による福祉政策における個人的消費は、潜在能力（抽象的人間労働力・労働力）の維持・再生産である。と言うのは牧野広義氏が指摘されているように、「労働者（福祉利用者－挿入、筆者）はその個人的消費を自分自身のために行うのであって、資本家のために行うのではないということは、事態になんのかかわりもない。……労働者階級の不断の維持と再生産は、資本の再生産のための恒常的条件である。資本家はこの条件の実現を、安心して労働者（福祉利用者－挿入、筆者）の自己維持本能と生殖本能に委ねることができる。」（カール・マルクス［資本論翻訳委員会訳］『資本論』第四分冊、新日本出版社、1983年、981頁）このように国家による福祉政策の「労働者（福祉利用者－挿入、筆者）の個人的消費は、労働者（福祉利用者－挿入、筆者）自身の生命維持のために、また結婚し、子どもを産んで育てるために行われます。しかし、そのことがまさに『労働者階級の不断の維持と再生産』なのです。資本家にとって願ってもないことが、労働者（福祉利用者－挿入、筆者）自身の『自己維持本能と生殖本能』によって行われるのです。」（牧野広義著『資本論から哲学を学ぶ』学習の友社、2007年、189頁）まさに「『一石三鳥』だと言ってもいいでしょう。なぜなら、先の①労働力（抽象的人間労働力）による剰余価値の生産と、②個人的消費による労働力（抽象的人間労働力）の再生産に加えて、③個人的消費は労働者（福祉利用者－挿入、筆者）を労働市場に再出現させるのです。」（牧野、前掲書、189-190頁）それゆえ、労働者（福祉利用者－挿入、筆者）の人間らしい健康で文化的な多様な個人及び共同の潜在能力（抽象的人間労働力＝労働力）の不断の維持と再生産が、資本主義社会の生産様式（土台）に絶対的規定された国家（上部構造）の福祉政策にもなるのである。これらの点と価値増殖過程での搾取に社会福祉等の社会保障に対する資本の高負担を要求していく一つの社会的根拠があると思われる。

　次に利潤（利潤の源泉は、剰余価値である）を高める為の労働力価値の劣悪化による階層的生活問題であるが、この階層的生活問題は前述の階級的生活問題から関係派生的に生成してくるものである。つまり労働した後に賃金を貰うので、

賃金は労働の価格として現象するが、本来、労働者の賃金の本質は労働力（抽象的人間労働力）の価値である。そして労働力の価値は、労働力の生産や再生産に必要な労働時間である。しかも生活諸手段を必要とする。したがって、労働力の生産に必要な労働時間とは、この生活諸手段の生産に必要な労働時間である。つまり、「労働力の所有者は、今日の労働を終えたならば、明日もまた、力と健康との同じ条件の下で同じ過程を繰り返すことができなければならない。したがって同じ生活状態を維持するのに足りうるものでなければならない。」（カール・マルクス［社会科学研究所監修資本論翻訳委員会訳］『資本論』第1巻第2分冊、新日本出版社、1982年、292頁）しかも労働力の所有者は死を回避する事はできない。労働力が継続される為には、現在の労働者が生きている間に子どもを産み育てて、労働力の補充をしなければならない。したがって、「労働力の生産に必要な生活手段の総額は、補充人員すなわち労働者の子ども達の生活諸手段を含む」（カール・マルクス、前掲書、293頁）。さらに労働者の労働力の生産の為には、「一般的人間的な本性を、それが特定の労働部門における技能と熟練とに到達し、発達した独特か労働力になるように変化させる為には、特定の養成または教育が必要であり、それにはまたそれで、大なり小なりの商品等価物が費用としてかかる。」（カール・マルクス、前掲書、294頁）このように労働者の労働力の生産及び再生産の為に必要な労働者とその家族の生産費、教育費、養成費等が労働力の価値に含まれ、これが賃金の本質である。しかし、企業等は相対的剰余価値（相対的剰余価値とは、労働日が一定でも必要労働時間の減少に伴って剰余労働時間が増大する結果として得られる剰余価値［利潤］の事である）を高めていく為に、労働者家族の就業に基づく親の労働力の価値分割（共働き家族の増加）、労働者個人の労働力の価値劣悪化（労働条件［低賃金、社会保険の無加入、教育費及び養成費の減少等］の劣悪化）、子どもの教育費の減少、過密労働及び長時間労働の労働強化を促進し、貧困化を促進している。その例を挙げると、母子世帯階層の例が良い例である。「母子世帯の母親の就労形態は、『臨時・パート』『派遣』が36.8%であり、就労収入は年間平均収入181万円しかなく、年間平均収入100万円未満の世帯も28.6%も存在する。」（岡部彩著『子どもの貧困』岩波書店、2008年、114-115頁）また橘木俊詔氏が指摘されているように、親（労働者階級や中間階級等）の低所得水準ほど子供の学力低下が見られ[17]、貧困家庭で育った子供は低学歴で終わり、「フリーターになる人の大半は高卒、高校中退、中卒とい

う低学歴層なのである。したがって、低学歴者であることは、フリーターになる
リスクを背負っていることを意味する[18]。」また、資本主義社会の生産様式（土台）
に規定された上部構造である国家による法制度によって労働者階級等の一員であ
る人に労働力（抽象的人間労働力）の価値の劣悪化による生活問題が形成され深
刻化してくる。つまり、「一部の主力正社員以外は派遣や請負による非正規でま
かない、それによって人件費を軽減して企業業績を好転させようとする経済団体
連合会（資本家の集団－挿入、筆者）の提言どおりの労働法制の規制緩和や労働
者派遣制度によって、2003 年から 2006 年までの間に、劣悪な労働条件（低賃金
や社会保険の無加入）のパートや派遣社員などの非正規（非正規階層－挿入、筆
者）雇用者が 300 万人増え、今や 1,726 万人、全体の 33.7% にもなっている[19]。」

　前述したように、福祉利用者の社会問題としての生活問題は、土台である現代
資本主義社会の生産様式によって階級的及び法則的に生成してくるもので、社会
問題としての階級的・階層的な生活問題を生成しない高い段階のアソシエーショ
ン（共産共生）社会の生産様式（アソシエーション［共産共生］社会の生産様式
は、共同の生産手段及び労働者の民主的［民主主義の主たる属性は、基本的人権・
自由・平等・多数決原理・法治主義である］自治による生産手段の管理・運営の
下で、各自の生産者の多様な潜在能力［抽象的人間労働力］に応じて労働する自
由で平等な協同団体［協同団体以外に、国家・地方自治体・労働組合・会社員自
主管理・ワーカーズコープ等を基礎とする生産手段の多様な所有形態が考えられ
る］を基礎にして生産を行い、生産された生産物［生活手段］は各自の必要に応
じて分配を受け各自の所有物となる社会）へ変革していく事が重要である。さら
に重要な点は、福祉利用者の社会問題としての生活問題の中には社会福祉政策対
象としての所得・教育等も含めた人間らしい健康で文化的な生活手段の不足・欠
如の側面（外部的条件）と人間らしい健康で文化的な生活手段の不足・欠如の問
題から関係派生的に生成してきた社会福祉労働対象としての多様な個人及び共同
の潜在能力[20]（抽象的人間生活力＝生活力・抽象的人間労働力＝労働力）の不足・
欠如の側面（内部的条件）がある事は前述した。そして従来の「社会福祉の政策
論、社会福祉の生存権的保障論、社会福祉の運動論、社会福祉の三元構造論、社
会福祉の技術論・固有論、社会福祉の経営論、社会福祉のインフラ論」（竹原健
二著『科学の福祉観と社会福祉学』本の泉社、44–55 頁）は、福祉手段の側に視
点を置いて社会福祉を論じてきた。しかし現実に、人間が多様な個人及び共同の

潜在能力（抽象的人間生活力＝生活力・抽象的人間労働力＝労働力）の維持・再生産・発達・発揮（機能）の福祉の成就を実感できるのは、日常の生活や社会活動（多様な個人及び共同の潜在能力の発揮［機能］－挿入、筆者）を十分に行っている時の方が多く、しかもアマルティア・センが指摘されているように、生活手段（所得・教育等）を使用して「『福祉』（well-being）はひと（福祉利用者－挿入、筆者）が実際に成就するもの―彼／彼女の『状態』（being）はいかに『よい』（well）のものであるか―に関わっている[21]。」（傍点、筆者）点に注目しなければならない。つまり、人間らしい健康で文化的な所得等も含めた生活手段の保障の点に留まらず、さらに人の機能（機能とは、人が成就しうること、彼／彼女が行いうること、なりうることである）にも注目しなければならない。「たとえば、あるひとが栄養の摂取を困難にするような寄生虫性の病気をもっていれば、他のひとにとって十分過ぎるほどの食物（生活手段－挿入、筆者）を消費しえたとしても、彼／彼女は栄養不足に苦しむかもしれないのである。ひとの福祉について判断する際には、彼／彼女が所有する財（生活手段－挿入、筆者）の特性に分析を限定するわけにはいかない。われわれは、ひとの『機能』（functioning）にまで考察を及ぼさねばならないのである。財の所有、従ってまた財の特性に対する支配権は個人に関わることであるが、財の特性を数量的に把握する方法はその財を所有するひとの個人的特徴に応じて変わるわけではない。自転車（生活手段－挿入、筆者）は、それをたまたま所有するひとが健康体の持主であれ障害者であれ、ひとしく『郵送性』と言う特性をもつ財として処理されてしまう。ひとの福祉について理解するためには、われわれは明らかにひとの『機能』にまで、すなわち彼／彼女の所有する財とその特性を用いてひとはなにをなしうるかにまで考察を及ぼさねばならないのである。たとえば、同じ財の組み合わせが与えられても、健康なひとならばそれを用いてなしうる多くのことを障害者はなしえないかもしれないという事実に対して、われわれは注意を払うべきなのである[22]。」（傍点、筆者）とするならば、アマルティア・センの指摘から言える事であるが、さらに福祉利用者の多様な個人及び共同の潜在能力（抽象的人間生活力＝生活力・抽象的人間労働力＝労働力）の問題を以下のように論じる事が可能である[23]。

福祉利用者の多様な個人及び共同の潜在能力（抽象的人間生活力＝生活力・抽象的人間労働力＝労働力）の問題の第1点は、所得等も含めた生活手段の不足・欠如の生活問題と生活手段の不足・欠如から関係派生的に生成してきた福祉利用

者の多様な個人及び共同の潜在能力（抽象的人間生活力＝生活力・抽象的人間労働力＝労働力）の不足・欠如の生活問題との連関性の問題である。福祉利用者の生活問題は、所得等も含めた生活手段の不足・欠如であると言う認識と生活手段の不足・欠如から関係派生的に生成してきた福祉利用者の多様な個人及び共同の潜在能力（抽象的人間生活力＝生活力・抽象的人間労働力＝労働力）の不足・欠如と言う認識を区別する事は重要であるが、それら2つの問題の連関性にも注目する事が重要である。と言うのは、所得等も含めた生活手段は福祉利用者の多様な個人及び共同の潜在能力（抽象的人間生活力・抽象的人間労働力）の向上に、福祉利用者がもっと生産的になり、高い所得等も含めた生活手段を得る能動的・創造的潜在能力を拡大する傾向があるのだから、福祉利用者の多様な個人及び共同の潜在能力（抽象的人間生活力＝生活力・抽象的人間労働力＝労働力）の改善はより多くの所得等に繋がり、その逆（所得等が福祉利用者の多様な個人及び共同の潜在能力［抽象的人間生活力＝生活力・抽象的人間労働力＝労働力］を改善する事）だけではない事も期待される。福祉利用者の多様な個人及び共同の潜在能力の向上は、所得等も含めた生活手段の不足・欠如の生活問題を解決・緩和していく場合に重要である。より良い福祉教育（学ぶこと）と保健・福祉等の改善は、生活の質を間接的に改善するだけではない。それは福祉利用者が所得等を含めた生活手段を得て、所得等も含めた生活手段の不足・欠如の問題から自由になる多様な個人及び共同の潜在能力（抽象的人間生活力＝生活力・抽象的人間労働力＝労働力）も増大させる。福祉教育と保健・福祉等の福祉手段がより多くの福祉利用者に及ぶほど、生活問題を担っている福祉利用者が生活問題に打ち勝つ可能性が大きくなるのである。この連関性は、次のようなある障害のある人の福祉施設（社会福祉法人大木会あざみ寮）において実証されている。「単に『生きているだけ』ではなく『人間らしく生きる』ことが求められているのは言うまでもありません。人間らしく生きるために、憲法では多くの権利を保障しています。人間らしく生きる権利のひとつに『学ぶ』権利があります。どんなに障害が重くとも学ぶ権利があるのです。……学ぶことは、人間らしく生きること、さらにより豊かに生きることを、障害の重い人たちの分野でも証明しているのです[24]。」

　第2点は、所得等も含めた生活手段と福祉利用者の多様な個人及び共同の潜在能力（抽象的人間生活力＝生活力・抽象的人間労働力＝労働力）の関係は福祉利用者の年齢によって（例えば、高齢の障害のある人や障害のある幼年児特有の必

要ごとによって）、性と社会的役割によって（例えば、子供を持つ障害のある女性の母親としての社会的責任、慣習によって決定されている家庭内の義務等を通じて）、場所（農村や都市）によって、医療の環境によって（例えば、リハビリテーションを備えた医療施設がない事を通じて）、その他の条件によって大きな影響を受けると言う事である。と言うのは、アマルティ・センが指摘されているように、「財（生活手段－筆者挿入）の特性（使用価値－挿入、筆者）を機能（発揮－挿入、筆者）の実現へと移す転換は、個人的・社会的なさまざまな要因に依存する。栄養摂取の達成という場合にはこの転換は、(1) 代謝率、(2) 体のサイズ、(3) 年齢、(4) 性（そして女性の場合には妊娠しているか否か）、(5) 活動水準、(6) (寄生虫の存在・非存在を含む) 医学的諸条件、(7) 医療サービスへのアクセスとそれを利用する能力、(8) 栄養学的な知識と教育、(9) 気候上の諸条件などの諸要に依存する[25]。」つまり、アマルティア・センは二宮厚美氏が指摘されているように、「従来の福祉観がどちらかというと財貨（生活手段－筆者、挿入）の側に視点を置いて平等な福祉観を論じてきたのに対し、視点を180度転換して、人間の側に移したのです。生存に必要なさまざまなモノ（生活手段－挿入、筆者）は、人間の福祉にあたって不可欠なものであるが、そのモノ（生活手段－挿入、筆者）の価値（使用価値－挿入、筆者）はそれを活用する人間の潜在能力によって可変的である。したがって、人間生活の福祉を考える場合にはモノ（社会福祉サービスそのモノあるいは社会福祉法そのモノ等の生活手段－筆者、挿入）それ自体ではなく、それを活用していきる人間の潜在能力に視点を移して、その発展を考えなければならない[26]、」（傍点、筆者）と明言できる。しかし筆者は、福祉利用者が生きて福祉を享受していく為には衣食住（モノ［生活手段］）が絶対的に必要なので（史的唯物論の視点）、社会福祉の法制度・福祉政策等の福祉手段そのモノ（福祉手段の不足・欠如）と社会福祉の法制度・福祉政策等の福祉手段そのモノを活用して生きる福祉利用者の個人及び共同の潜在能力（抽象的人間生活力＝生活力・抽象的人間労働力＝労働力）の維持・再生産・発達・発揮（機能）の阻害（福祉利用者の個人及び共同の潜在能力の不足・欠如）を統一的に捉える事を強調し、その統一的把握が筆者の独創的な生活問題の概念である。特に福祉利用者の多様な個人及び共同の潜在能力（アマルティア・センの共同研究者であるマーサ C. ヌスバウム氏は、機能と密接な関係があるケイパビリティ〔潜在能力〕を次のように指摘している。「①生命（正常な長さの人生を最後まで全うできること。

人生が生きるに値しなくなる前に早死にしないこと）、②身体的健康（健康であること［リプロダクティブ・ヘルスを含む］。適切な栄養を摂取できていること。適切な住居にすめること）、③身体的保全（自由に移動できること。主権者として扱われる身体的境界を持つこと。つまり性的暴力、子どもに対する性的虐待、家庭内暴力を含む暴力の恐れがないこと。性的満足の機会および生殖に関する事項の選択の機会を持つこと）、④感覚・想像力・思考（これらの感覚を使えること。想像し、考え、そして判断が下せること。読み書きや基礎的な数学の訓練を含む［もちろん、これだけに限定されるわけではないが］適切な教育によって養われた〝真に人間的な〟方法でこれらのことができること。自己の選択や宗教・文学・音楽などの自己表現の作品や活動を行うに際して想像力と思考力を働かせること。政治や芸術の分野での表現の自由と信仰の自由の保障により護られた形で想像力を用いることができること。自分自身のやり方で人生の究極の意味を追求できること。楽しい経験をし、不必要な痛みを避けられること）、⑤感情（自分自身の周りの物や人に対して愛情を持てること。私たちを愛し世話してくれる人々を愛せること。そのような人がいなくなることを嘆くことができること。一般に、愛せること、嘆けること、切望や感謝や正当な怒りを経験できること。極度の恐怖や不安によって、あるいは虐待や無視がトラウマとなって人の感情的発達が妨げられることがないこと［このケイパビリティを擁護することは、その発達にとって決定的に重要である人と人との様々な交わりを擁護することを意味している］）、⑥実践理性（良き生活の構想を形作り、人生計画について批判的に熟考することができること［これは、良心の自由に対する擁護を伴う］）、⑦連帯（Ａ　他の人々と一緒に、そしてそれらの人々のために生きることができること。他の人々を受け入れ、関心を示すことができること。様々な形の社会的な交わりに参加できること。他の人の立場を想像でき、その立場に同情できること。正義と友情の双方に対するケイパビリティを持てること［このケイパビリティを擁護することは、様々な形の協力関係を形成し育てていく制度を擁護することであり、集会と政治的発言の自由を擁護することを意味する］　Ｂ　自尊心を持ち屈辱を受けることのない社会的基盤をもつこと。他の人々と等しい価値を持つ尊厳のある存在として扱われること。このことは、人種、性別、性的傾向、宗教、カースト、民族、あるいは出身国に基づく差別から護られることを最低限含意する。労働については、人間らしく働くことができること、実践理性を行使し、他の労働者と相互に

認め合う意味のある関係を結ぶことができること）、⑧自然との共生（動物、植物、自然界に関心を持ち、それらと拘わって生きること）、⑨遊び（笑い、遊び、レクリエーション活動を楽しむこと）。⑩環境のコントロール（Ａ政治的　自分の生活を左右する政治的選択に効果的に参加できること。政治的参加の権利を持つこと。言論と結社の自由が護られること。Ｂ物質的　形式的のみならず真の機会という意味でも、［土地と動産の双方の］資産を持つこと。他の人々と対等の財産権を持つこと。他者と同じ基礎に立って、雇用を求める権利を持つこと。不当な捜索や押収から自由であること）」Martha C. Nussbaum［池本幸生・その他訳］『女性と人間開発―潜在能力アプローチ―』岩波書店、2005 年、92 - 95 頁）の発達・発揮（機能）が阻害（福祉利用者の個人及び共同の潜在能力の不足・欠如）されているならば、国連機関が推進している人間開発（福祉利用者の多様な個人及び共同の潜在能力［抽象的人間生活力・抽象的人間労働力]）の発達・発揮（機能）の拡大は重要である。さらに強調したい事は、社会福祉の法制度・福祉政策等も含めた福祉手段と福祉利用者の多様な個人及び共同の潜在能力（抽象的人間生活力＝生活力・抽象的人間労働力＝労働力）の関係は、特に受動的・享受的潜在能力に連関性があると言う事である。と言うのは、福祉利用者にとって社会福祉の法制度・福祉政策等は福祉手段であり享受客体である。享受主体である福祉利用者と社会福祉労働者（社社会福祉労働手段も含む）の間のコミュニケーションによって福祉利用者の受動的・享受的潜在能力を引き出し機能の拡大を行っていく事が重要となる。二宮厚美氏が指摘されているように、まず第 1 に、社会福祉労働は社会福祉享受主体（福祉利用者）とのコミュニケーションを媒介にし、それを方法として社会福祉享受主体（福祉利用者）に働きかける営みである。第 2 に、社会福祉労働はそれを担う社会福祉労働者と社会福祉享受主体（福祉利用者）との間の他ならぬコミュニケーションを過程として進行する。更に第 3 に、社会福祉労働はコミュニケーション的理性の発揮の中で進められるのである[27]。

【注】
1) 生活過程では、多種多様のモノを享受しているが、生活過程において人々にとって有用なモノ、使用価値をもつモノを生活手段（生活財）と呼ぶ事にする（宮本みち子「生活財の体系」松村祥子・その他著『現代生活論』有斐閣、1988年、60頁）。
2) Sen,Amartya., 鈴木興太郎訳『福祉の経済学』（岩波書店、1988年、41-42頁）。
3) フリードリヒ・エンゲルス, 土屋保男・その他訳『家族・私有財産・国家の起源』（新日本出版社、2001年、27
4) 宮本みち子「生活とは何か」（松村祥子・その他著『現代生活論』有斐閣、1988年、22-23頁）。

5) 宮本、前掲書、24-25頁。

6) 恐慌は、過剰生産恐慌を意味する。各企業は計画的に生産しているが、社会全体から考えれば無計画に生産し、過剰生産になる。つまり、「産業資本が商品を作ります。普通だったら消費への販売が完了して、代金を受け取ってから（貨幣資本への転化）、その貨幣資本を投下して新たな生産過程に移る。……ところが、」（不破哲三著『科学的社会主義の理論の発展』学習の友社、2015年、34頁）「商人資本が銀行からお金をかりて購買の規模を拡大すれば、さらに広がります。世界市場を相手にして外国に売り出すと、生産の規模と最終的な消費需要との隔たりはさらに拡大し、現実の再生産過程が『架空の需要の需要』の上を走り矛盾はさらに累積してゆきます。それが頂点に達したときに、崩落が来」（不破、前掲書、35頁）て、恐慌が発生し、資本の再生産過程がまひし価格の崩落・企業の倒産と集中・生産力の破壊・失業と賃金切り下げなどをもたらされ、企業の倒産及び縮小によって失業が生成し貧困も生成してくる。このように恐慌は、「根本的には資本主義の基本矛盾にもとづく。すなわち、生産は社会的におこなわれて生産を飛躍的に発展させる条件があたえられているのに、生産の成果は資本家のものとなり、搾取をつよめ、労働者の個人的消費を制限するかたちでしか利用しえないからであり、その基礎上で資本どうしの無政府的競争がはげしくおこなわれるので、相対的な過剰生産がもたらされるからである。」（社会科学辞典編集委員会編『社会科学辞典』新日本出版社、1972年、49-50頁）。

7) 一定の運動のなかで自己を増殖する価値。資本の基本的形態は産業資本であり、生産手段の私的所有に基づいて資本家が賃労働者を搾取する生産関係である（社会科学辞典編集委員会編、前掲書、123-124頁）。

8) 新しい機械の採用等によって平均水準以上の生産力を持つようになった資本家が手に入れる、普通より多い剰余価値の事。この資本家の商品の個別価値は社会的価値より低いが、資本家はその商品の社会的価値を基準にして売る事ができるから、普通より多くの剰余価値（特別剰余価値）を得る（社会科学辞典編集委員会編、前掲書、233頁）。

9) カール・マルクス（資本論翻訳委員会訳）、『資本論』第4分冊、新日本出版社、1084頁。

10) カール・マルクス（資本論翻訳委員会訳）、前掲書、1106-1107頁。

11) カール・マルクス（資本論翻訳委員会訳）、前掲書、1108頁。

12) 流動的過剰人口は、一時的失業者である（宮川実著『マルクス経済学辞典』青木書店、1965年、190頁）。

13) 潜在的過剰人口は、没落していく小生産者ことに農民である（宮川実著『マルクス経済学辞典』青木書店、1965年、190頁）。

14) 停滞的過剰人口は、定職を失いきわめて不規則につけるだけの者である（宮川実著『マルクス経済学辞典』青木書店、1965年、190頁）。

15) 特に障害のある人の雇用率（労働力の使用権を販売できない人々の率）が低い。因みにその雇用率を見ると、「2011年6月1日の障害者雇用状況は、民間企業の法定雇用率達成企業の割合は45.3%であり、54.7%が達成していない（財団法人厚生統計協会編『国民の福祉と介護の動向・厚生の指標』増刊・第59巻第10号・通巻925号、2010年、135頁）。この為に、生活保護を受給しなければ、障害のある人々の人間らしい健康で文的な生命・抽象的人間労働力の維持・再生産・発達は不可能である。因みに生活保護の受給実態を見ると、「生活保護を受けている傷病・障害者世帯は全体の33.1%にあたる。」（財団法人厚生統計協会編『国民の福祉と介護の動向・厚生の指標』増刊・第59巻第10号・通巻925号、2010年、188頁）。

16) 宮川、前掲辞典、189-190頁。

17) 橘木俊詔著『日本の教育格差』（岩波書店、2010年、54頁）。

18) 橘木、前掲書、167頁。

19) 2007年5月29日の総務省発表の「労働力調査」。

20) センの「ケイパビリティ」（潜在能力＝capability）は、人が自分のしたい事ができる能力を表現したものである。ケイパビリティは人がどのようなファンクショニングを実現できるか、その選択肢の広がりを示す事によって実質的な自由を表現しようとする概念である（野上裕生「アマルティア・センへの招待」絵所秀紀・その他編著『アマルティア・センの世界』晃洋書房、2004年、4頁）。

21) Sen,Amartya., 鈴木興太郎訳、前掲書、41-42頁。

22) Sen,Amartya., 鈴木興太郎訳、前掲書、21-22頁。

23) Sen,Amartya., 石塚雅彦訳『自由と経済開発』（日本経済新聞社、2000年、99-124頁）。

24) 橋本佳博・その他著『障害をもつ人たちの憲法学習』（かもがわ出版、1997年、199頁）。

25）Sen,Amartya., 鈴木興太郎訳、前掲書、42頁。
26）二宮厚美著『発達保障と教育・福祉労働』（全国障害者問題研究会出版部、2005年、74頁）。
27）二宮、前掲書、87頁。

第4章　社会福祉の社会的・公的責任と財源のあり方

1．社会福祉における社会的・公的責任と社会権の侵害（矛盾）の実態

(1) 社会福祉における社会的・公的責任

　社会福祉における社会的・公的責任とは何かを考えていく場合、本書第3章「社会科学的視点の生活問題」で述べてきたように、社会的原因（資本主義社会の生産様式［土台］）によって社会問題としての生活問題は法則的に生成しているので、資本主義社会の生産様式に規定された国家（上部構造）に生活問題に対する社会福祉権等の社会権（憲法第25条「生存権」など）を絶対的に保障していく義務があると言える。それ故、社会問題としての生活問題（失業、劣悪な労働条件、所得貧困、教育貧困、健康貧困など）は、企業や国家の社会的・公的責任において対応すべきであると考える。しかし土台の資本主義社会の生産様式に絶対的に規定された上部構造の国家は、自己責任（自己選択、自己決定）による福祉を推進し、次のような社会権の侵害（矛盾）が生成ている。

(2) 社会権の侵害（矛盾）の実態

　「広辞苑」によれば、社会権は人間に値する生活を営む為の諸条件の確保を国に求める事ができる権利、自由、平等を実質的に保障する為に20世紀になって認められてきた基本的人権、社会的基本権、生存権、教育を受ける権利、勤労権、勤労働者の団結権・団体交渉権等がある。そして社会権は、日本国憲法では憲法第25条「すべて国民は、健康で文化的な最低限度の生活を営む権利を有する。国は、すべての生活部面について、社会福祉、社会保障及び公衆衛生の向上及び増進に努めなければならない。」、憲法第26条「すべて国民は、法律の定めるところにより、その能力に応じて、ひとしく教育を受ける権利を有する。」、憲法第27条「すべて国民は、勤労の権利を有し、義務を負う。賃金、就業時間、休息その他の勤労条件に関する基準は、法律でこれを定める。」、憲法第28条「勤労者の団結する権利及び団体交渉その他の団体行動をする権利は、これを保障する。」等があるが、これらの諸権利が実質的に保障されていないのが実態である。それ故、これらの実態を見てみよう。

①生存権の侵害（矛盾）

　所得貧困の視点による生存権の侵害であるが、「日本の貧困率（相対的貧困率）は、国際基準で、2009年で16％です。国民の6人に1人、2040万人が貧困状態にあるということです（金額で言えば、一人世帯の場合、名目で年額125万円、実質値で112万円未満、これが『貧困線』と言うことになります）。……とくに母子世帯など一人親世帯の貧困が50.8％（2009年、OECD1位）ときわだっています[1]。」また吉崎祥司氏が政府の「就業構造基本調査」（2007年）をもとに生活実態を検討した後藤道夫氏の推計を引用して次のように指摘されている。つまり、「『健康で文化的な最低限度』の生活に困難をきたす貧困世帯が、全世帯の2割（23％、1170万世帯）を越えており、また勤労の2割弱が『ワーキングプア』です（19％、675万世帯）[2]。」また「不安定雇用・低処遇の非正規労働者は、いまや雇用労働者全体の4割に近くなっています（2014年3月37,6％、1956万人）、1997年以降一貫して賃金水準や平均賃金が大幅に下降し、2012年現在、年間収入が200万円未満の被雇用者は1、000万人を越えています。とくに子育て世代の生活が困難になっており、子どもの数が多くなるにつれて、困窮度が増しています[3]。」「さらに、年収200万円以下の世帯が、2000年の16.9％から2010年の19.6％と急増して953万世帯（216万世帯の増）となったという分析や、2012年に、年収100万円未満が9.9％ 517万世帯になったという（2012年『就業構造基本調査』にもとづく）推計もあります[4]。」

②教育を受ける権利の侵害（矛盾）

　前述の所得貧困及び所得格差の拡大との連関で考えるならば、子どもの教育を受ける権利の侵害は深刻なものになっている。つまり、「必要な学習環境・学習資材や学習支援の不足・欠如に見舞われているばかりではありません。経済（所得−挿入、筆者）格差にもとづく教育を受ける権利の不平等は、すでに『貧困の階層的（世代的）再生産』の域に達しています。成長・発達が出生の偶然に委ねられかねないという苛酷な運命を子どもたちに強いる事態が、日常的なものになっています。貧困が発達の機会を阻害し学習意欲の衰退をもたらすことで、再び貧困が生みだされるという『貧困の連鎖』が、発達保障としての『教育を受ける権利』（各人の必要に応じた教育を受ける権利）の機能不全を固定化していきます[5]。」

③労働権の侵害（矛盾）

　「労働権の権利が、適切な労働条件や報酬のもとでの安定的な雇用の継続（人間らしい・人間にふさわしい労働decent work)を意味することは、憲法第25条『健康で文化的な最低限度の生活』の権利保障や、憲法の人権規定における要とされる憲法第13条『個人の尊重、幸福追求権』などから明らかです。膨大な非正規雇用の持続・拡大、大量のワーキングプアの存在に代表される低処遇・低賃金、長時間・過密労働その他の劣悪な労働条件などが、基本的人権の原理にてらして労働権の侵害であることは、……明白でしょう[6]。」

④社会福祉権の侵害（矛盾）

　社会福祉の不整備の上に、貧困を拡大し深刻化させ、国民の健康で文化的な最低限度の生活を保障していない。つまり、「子どものいる世帯の貧困を緩和するはずの児童手当その他の諸手当や生活保護（公的扶助）なども、給付額あるいは給付条件(範囲)などの点で低水準にとどまっています。『社会福祉基礎構造改革』にもとづく社会保障・福祉の削減は、その度合いをますます深めており、しかも……『応益負担』という名目での自己負担が増大しています[7]。」社会福祉権もまた侵害されている。

2. 社会権の実質化と財源のあり方

(1) 社会権の実質化

　こうした社会権の侵害（矛盾）の原因は、資本主義社会の生産様式（土台）にあるのは言うまでもないが、さらに上部構造の「国家による雇用・生活保障と規制（労働規制・企業規制その他）が存在せず、したがってまた、そうした国家的保障・規制と表裏をなす法的・制度的基盤である社会権が機能不全をきたしていたことにあります。というのも、端的には、雇用と生活の保障に関する国家責任（非人間的な労働の規制や社会的富の再分配によって）を果たすことが、現代国家の存在理由（正当化の根拠）であり、国家のそのような機能を確定するのが社会権[8]」であり、社会権の実質化を図っていく為には社会権侵害（矛盾）の被害者と政党・労働組合等の連帯による社会権の実質化の社会運動を展開していく事が重要である。

(2) 社会権の実質化の財源のあり方

　社会権の一つである社会福祉権の実質化を図っていく上で、前述したように常

に問題になっているのが財政問題である。つまり、資本主義社会の生産様式（土台）に絶対的に規定された上部構造である政府が国民及び社会福祉関係者等の不安を煽る意図的なイデオロギー（上部構造）宣伝により社会保障・社会福祉軽費の増大が財政赤字の主因として挙げられ（新自由主義のイデオロギー）、財政が苦しいからと言う理由で社会福祉の抑制が図られてきた。まるで国民の生存権（憲法第25条）としての社会福祉と財源不足が対立的に宣伝され、消費税の増税が実施され10％となった（消費税の増税は、国民に社会福祉の財政責任を転嫁していることにもなる）。しかし財源不足の主因は、「大企業に対する法人税の優遇と富裕層に対する所得税の優遇です。消費税を増税することと大企業や資産家の税負担を減らすことは表裏一体なのです[9]。」しかも「社会福祉……への国家財政支出の削減による追加搾取がなされ[10]」ているのである。

　しかしこうした事実と社会権及び後述の不公平税制との無連関で、井手英策氏は「左派が主張するような富裕層や企業への課税だけでは、十分な財源を調達できないことをまず確認しておく必要がある。」（井手英策著『幸福の増税論』岩波書店、2018年、121頁）として、「消費税を頭ごなしに否定するのではなく、租税間の公平性を勘案しながら、税の最適なパッケージを模索する努力こそが重要である。」（井手、前掲書、158頁）と主張している。そしてそのパッケージの例として、「富裕層の所得税率を5％あげれば7,000億円の税収がえられる。法人税率を現在の23.2％から第二次阿部政権以前の水準である30％に戻せば3，4兆円の税収の税収だ。あるいは、課税ベースをひろげたり、金融資産課税でこれを補完したりすることで、法人税率のあげ幅を引き下げつつ、同じ税収を得ることも可能である。」（井手、前掲書、130頁）と主張し消費税の増税を肯定しているが、こうした主張には問題意識を持つ。何故ならば、応能負担の租税の原則（租税は各人の能力に応じて平等に負担されるべきであると言う租税立法上の原則）及び累進課税制度の原則（課税される金額が大きくなる程、課せられる税率も上がると言う原則）による課税を行い及び後述する不公平税制の是正を行えば、社会権の一つである社会福祉権の財源は十分に確保できると考える。以下では、社会権の一つである社会福祉権の財源である税金の不公平の実態を論じ、その課題を論じる。

①憲法に定められている税金の応能負担原則

　国民は、「法律の定めるところにより、納税の義務を負う」（憲法第30条）の

であるが、憲法では負担原則を次のように定めている。

憲法第14条では、「すべて国民は、法の下に平等であって、人種、信条、性別、社会的身分又は門地により、政治的、経済的又は社会的関係において、差別されない……」と定めている。税金の負担原則を憲法第14条と連関して考えてみると。平等は同じ税率で負担するのは平等ではない。税金を払う能力のある人によって差がある。それぞれの人の支払い能力に応じて納める税金の負担率に差を設けるのが累進税率である。つまり、税率に段階的に刻みを設けることは憲法第14条に定める法の下の平等に反するのではないのである。

また憲法第25条では、「すべて国民は、健康で文化的な最低限度の生活を営む権利を有する。国は、すべての生活部面について、社会福祉、社会保障及び公衆衛生の向上及び増進に努めなければならない」と定めている。健康で文化的な最低限度の生活が出来ない人から税金・社会保険料（社会保険料［介護保険料、国民健康保険料など］は、一種の税金である）を徴収するのは、生存権を侵害するものである。

②応能負担原則から逸脱した税金の実態

まず応能負担原則から逸脱した法人税を見てみると、「法人税の基本税率は1989年度まで40％だったのが、90年度から37.5％、98年度から34.5％、99年度から30％、2012年度から25.5％に引き下げられた。さらに研究開発投資減税の拡充（2003年度）による負担率の引き下げのほか、組織再編成税制の創設・改定（2001、2007年度）、連結納税制度の創設（2002年度）、欠損金繰越期間の延長（2004年度、2005年分から遡及適用）、減価償却制度の抜本見直し（2007、2008年度）、外国子会社配当の益金不算入（2009年度）などによる課税ベースの縮小[11]」が行われている。「要するに、法人所得が増加しても、法人税負担が増えないようにされてきたのである[12]。」もう少し具体的にその実態を見ると、「2010年から2014年まで5年間の法人税などの平均負担割合は、三菱商事7.9％、伊藤忠商事2.2％、三井物産マイナス0.7％[13]」となっている。そして「巨大企業が2015年に支払った法人3税（法人税、法人事業税、法人住民税－挿入、筆者）は、三菱電機0.9％、武田薬品工業1.2％、日産自動車1.7％、伊藤忠商事2.8％[14]」と報じられている。

次に応能負担原則から逸脱した高額所得者の所得税を見てみよう。財務省が発表した「申告納税者の所得税負担率（2013年分）」を見ると、所得税の負担率は

1億円を頂点に、それ以上になるとだんだん下がり、100億円以上の人は11.1%しか負担していない。この「所得階級別の所得税負担は、高所得層ほど金融所得が多くて分離課税の恩恵を受けるので、合計所得が一億円を超えるほど負担率が低くなっている[15]」のである。

③社会権の実質化の財源の課題

　社会権の一つである社会福祉権の安定的な税収を確保する為に消費税の増税が必要であるとし、現に10％の消費税になった。しかし筆者は、むしろ消費税を減税にし、福祉利用者も含めた地域住民が健康で文化的な生活ができる生活手段（衣食住等）の購買力を高めかつ地域経済の活性化を図っていくことが重要であると考える。そして社会権の一つである社会福祉権の安定的な財源を確保する為には、ア．不公平税制の是正、イ．憲法第9条に反した軍事費の支出と必要以上の公共事業費の支出の削減、ウ．新しい税収の創設が重要である。

ア．不公平税制の是正

　「消費税がその逆進的負担構造のために所得再分配機能を低め[16]」ているので、「消費税の増税によらず、所得税・法人税・資産課税を再生する[17]」ことが課題である。まず「所得税では、総合・累進課税を追求し、税率については、後退させられてきた累進を少なくとも1998年水準（最高税率75％）には回復する必要がある。2013年度税制改正大綱では、所得税の最高税率について、現行1,800万円超40％を2015年度から400万円超45％に引き上げたが、『所得再分配機能の回復』と呼ぶには不十分である。とりわけ配当所得・株式譲渡益に対する時限的軽減税率（2013年末まで10％）の適用をただちにやめて本則20％に戻し、高額の配当・譲渡益に対してはさらに高い率を適用すべきである[18]。」次に「法人税では、2015年からの税率引き下げ（30-25.5％）を中止し、研究開発税、連結内税制度などの大企業優遇措置をやめることが必要である。そして独立課税主義に立脚して、法人の規模・負担能力・受益の度合いにもとづき適正な税負担を求める法人税制を確立すべきである（段階税率の導入や受取配当金不算入制度の廃止など）。移転価格やタックスヘイブン（軽課税国）などを利用した国際的租税回避は徹底的に防止しなければならない[19]。」そして不公平な消費税を上げずに前述した不公平な税制を見直す必要がある。つまり不公平税制の是正によって、「2017年度の増収資産額は国の税金で27兆3,343億円、地方税で10兆6,967億円、合計38兆310億円になっています[20]。」これだけの不公平税制の是正額があれば、

社会福祉の財源としては十分であると思われる。

イ．憲法第 9 条に反した軍事費の支出と必要以上の公共事業費の支出の削減

　憲法第 9 条（陸海空軍そのたの戦力は、これを保持しない）との連関から考えると、憲法第 9 条に反した軍事費の削減が重要である。因みに軍事費を見ると、「たとえば 2017 年度予算で軍事費は 5 兆 1,600 億円に達しています。そのうち人件費などを除いた施設費や装備費、迎撃ミサイルの改修費や海上配備型ミサイル、戦闘機の購入費用などがおよそ 60％、3 兆円を占めます[21]。」そして次に必要以上の公共事業費の支出の削減が重要である。例えば「同年（2017 年－挿入、筆者）の予算で公共事業費は 5 兆 9,763 億円になっています。このうちダム関係費、道路関係費、港湾・空港・鉄道関係費、都市環境整備費についてその 2 分の 1 を削減すればおよそ 1 兆 5,000 億円になります[22]。」

ウ．新しい税収の創設

　不公平税制の是正、憲法第 9 条に反した軍事費の支出と必要以上の公共事業費の支出の削減によって、それでも社会福祉の財源に不足があるならば富裕税を新設する必要がある。「わが国で富裕税を導入する場合、課税の対象として……、448.9 万世帯、保有純金融資産 546 兆円がさしあたり対象です。全世帯の 8.4％、純金融資産総額の 35.5％に当たります。税率を緩い累進構造にして、たとえば準富裕層の純金融資産に 0.5％、富裕層のそれに 1％、超富裕層に 2％とすると、約 5.1 兆円の税収を見込むことができます[23]。」また「福祉の財源がないなら剰余価値から引き出せば良いのである。……。その上で若干具体的にみると現に大企業は 250 兆円もの内部留保（2019 年 10 月時点での内部留保〔企業が税引き後利益から配当金や役員賞与等の社外流出額を差し引いて、残余を企業内に留保した金額〕が、475 兆 161 億円に達している－挿入、筆者）を持っている。いま社会保障給付費は 94 兆 849 億円である（2008 年）。部門別では医療費 29 兆 6,117 億円、年金 49 兆 5,443 億円、福祉その他 14 兆 9,289 億円である。内部留保を引き出せるなら、社会保障（社会福祉－挿入、筆者）の面でも非正規社員問題でも巨大な事ができる事は明瞭である。問題はどのようにして引き出せるかである。賃上げ等の経済的手段で引き出せる方法がある。しかし直接、財源を確保する為には内部留保が違法に蓄えられているものでない以上、内部留保に課税できるように税制を変える必要がある[24]。」さらに「福祉財源の確保の為に金融投機を規制する金融取引税（トービン税）の導入も緊急の課題である。トービン税の提唱者

であるアメリカのノーベル賞受賞経済学者ジェームス・トービン氏の試算では、1995年時点のアメリカで為替取引に0.1％の税を掛けただけで3,120億ドルの税収が得られるとしている[25]。」

　社会権の一つである福祉利用者の健康で文化的な社会福祉権にしていくには、政治決定された社会福祉財政の削減・圧縮・抑制と社会福祉の法制度・福祉政策の改悪に反対する要求に一致して、政府に対する社会福祉運動の市民・福祉利用者・労働組合・政党等の民主統一戦線の結成が重要である。社会福祉の発展を図り福祉利用者にとっての社会福祉（社会福祉労働［社会福祉労働手段も含む］）の使用価値[26]を高め及び社会福祉労働者の労働条件を改善していく為には、「国家独占資本主義の手にゆだねて矛盾の増大を許すか、あるいは民主義的な手続きにもとづいて[27]」社会福祉の歪みを正し、福祉利用者・社会福祉労働者の人間的欲求に見合った社会福祉の発展を図っていく必要がある。民主的な統一戦線を結成する為には、市民・福祉利用者・社会福祉労働者を中心とする「労働者階級が中心的な社会的勢力として主導的な役割を果たし[28]」、「労働者階級の階級的民主統一戦線が不可欠の条件となる[29]。」が、「第一に、要求にもとづく統一行動の発展が必要である。統一行動発展の基本原則は、①一致点での統一、②自主性の統一、③対等・平等と民主的運営、④統一を妨げる傾向にたいする適切な批判、⑤分裂・挑発分子を参加させないことである。第二に、統一行動の繰り返しだけではなく、政策協定と組織協定にもとづいた全国的規模の統一戦線を結成することが必要である[30]。」社会福祉基礎構造改革後の社会福祉は、国の財政難を理由に新自由主義的（新自由主義の考え方は、社会の資源配分を市場の自由競争で実現しようとする。そして、国家の経済への介入は市場の自由競争を制約すると言うことから、国家の福祉への介入も批判する。しかも市場の自由競争によってもたらされた生活の不安定や貧困を市場の自由競争の強化で解決しようとするので、明らかに生活の不安や貧困を拡大するものである）な市場原理の導入・公的資源の削減等といった構造改革の基調が色濃く影響している。そして、構造改革の基調であった適者生存的な市場原理や公的責任の縮小だけが残るとすれば、国民・福祉利用者・社会福祉労働者の求める社会福祉に逆行することは言うまでもない。それ故、生活の場である地域（市町村）から、市民・福祉利用者・社会福祉労働者も含む地域住民の社会福祉の必要性や福祉現場の実情を踏まえた議論を積み重ねて、どのような社会福祉が望ましいのかについての合意を形成する事

が求められている。合意形成においては、社会福祉協議会（社会福祉協議会は行政の下請け外郭団体と言う批判もあるが）が「地域の社会福祉問題を解決し、住民生活の向上を目的にした地域住民と公私の社会福祉機関・団体より構成された民間組織 [31]」であり、しかも社会福祉協議会の基本要綱においても「社会福祉協議会を『一定の地域社会において、住民が主体となり、社会福祉、保健衛生その他住民生活の改善向上に関連のある公私関係者の参加、協力を得て、地域の実情に応じ、住民の福祉を増進することを目的とする民間の自主的な組織である』[32]」とするならば、市町村の社会福祉協議会の役割が重要になってくる。

また、さらに重要なのは、それぞれの市町村において、高齢者運動・保育運動・障害のある人の当事者運動等が相互に社会福祉労働者の労働組合・地域住民や政党等と連携（連帯）を模索しながら、社会福祉基礎構造改革後の社会福祉に内在している矛盾と実践（労働）課題を多くの地域住民に知らせ、その矛盾をそれぞれの市町村における政治的争点にしていく社会福祉運動の広がり、また社会福祉運動の側から、社会福祉再編の構想を提示していく活動が、社会福祉の普遍化や福祉利用者本位及び社会福祉労働者等の社会福祉の形成に連結していくものであり、いま早急に政党と連携した社会福祉の現場の労働者・労働組合及び社会福祉運動側からの社会福祉再編構想の提示が求められていると考えられる。

【注】
1) 吉崎祥司著『「自己責任論」をのりこえる』（学習の友社、2014年、105頁）。
2) 吉崎、前掲書、106頁。
3) 吉崎、前掲書、106頁。
4) 吉崎、前掲書、108頁。
5) 吉崎、前掲書、108－109頁。
6) 吉崎、前掲書、109頁。
7) 吉崎、前掲書、109頁。
8) 吉崎、前掲書、121頁。
9) 不公平な税制をただす会編『消費税を上げずに38兆円を生む税制』（大月書店、2013年、29頁）。
10) 富沢賢治著『労働と生活』（世界書院、1987年、75-76頁）。
11) 梅原英治「財政危機の原因と、打開策としての福祉国家型財政」（二宮厚美・福祉国家構想研究会編『福祉国家型財政への転換』大月書店、2013年、129-130頁）。
12) 梅原、前掲書、131頁。
13) 不公平な税制をただす会編、前掲書、28頁。
14) 『しんぶん赤旗』2016年7月8日。
15) 梅原、前掲書、129頁。
16) 梅原、前掲書、140頁。
17) 梅原、前掲書、140頁。
18) 梅原、前掲書、140－141頁。

19）梅原、前掲書、141頁。

20）不公平な税制をただす会編、前掲書、100頁。

21）不公平な税制をただす会編、前掲書、28頁。

22）不公平な税制をただす会編、前掲書、28頁。

23）鶴田廣已・その他編『税金は何のためにあるの』（自治体研究社、2019年、100頁）。

24）聽濤弘著『マルクス主義と福祉国家』（大月書店、2012年、162-163頁）。

25）聽濤、前掲書、163頁。

26）現代資本主義社会における社会福祉の現象は、社会福祉労働以外のボランティア活動や非営利活動が拡大しているとはいえ、支配的には多様な社会福祉労働の分野に分かれ、多様な社会福祉労働を媒介として行われている。つまり、社会福祉労働は、「①金銭給付及び貸付、②福祉施設提供、③生活補助設備、器具の提供、④機能回復・発達のための設備、器具の提供、⑤生活の介助・介護、⑥予防・治療のための医療給付、⑦生活指導を含む機能回復・発達のためのリハビリテーション給付、⑧職業訓練給付、⑨診断・あっせん処置を含む相談などの人的手段を通じた直接的な現物給付、⑩問題発見や解決のための調査活動、⑪問題解決のための社会資源の媒介・調整や社会的認識向上のための広報活動、⑫問題解決のための地域住民や関係団体、関係施設などの組織活動、⑬社会資源の有効活用のための連絡調整活動などの間接手段の提供」（真田是編『社会福祉労働』法律文化社、1975年、42頁）として見られ、しかも多くの場合、これらの社会福祉労働は複合的に行われ、また、歴史の発展過程においてその社会福祉労働の量と質は相違する。とは言え、これらの事実の現象の認識にとどまるのではなく、これらの事実の現象の内的関連と相互依存性とにおいて、社会福祉労働の二つの要因を分析していく必要がある。

とするならば、社会福祉労働は第一に、外的対象であり、その社会福祉労働が福祉労働手段とともに福祉利用者に対象化（社会福祉労働の対象化とは、福祉利用者に社会福祉労働手段と伴に社会福祉労働者の抽象的な人間労働の凝固の社会関係を意味する）・共同化（社会福祉労働の共同化とは、二宮厚美氏が指摘されるように、社会福祉労働を一つの労働過程として捉えた場合、社会福祉労働者がその労働主体となるが、社会福祉労働者と福祉利用者とのコミュニケーション過程の面から見ると、社会福祉の必要性・要求の発信主体は福祉利用者であり、社会福祉労働者は福祉利用者の了解・合意を前提にして、ひとつの共受関係に入る事を意味する。そして、社会福祉労働者は福祉利用者の生活活動［機能］の基盤である享受の潜在能力［抽象的人間生活力］に非言語的及び言語的コミュニケーションを媒介にして働きかけ、享受の潜在能力を顕在化させる事によって、福祉利用者の人間らしい健康で文化的な潜在能力の維持・再生産・発達・発揮の成就を行っている(1)）されることによって、福祉利用者の社会福祉の必要充足の欲望を満足させるものである（つまり、福祉利用者が人間らしい健康で文化的な潜在能力＝抽象的人間生活力［抽象的人間生活力とは、人間が生活の際に支出する脳髄、神経、筋肉、感官等を意味する］の維持・再生産・発達・発揮を行うことができる欲望を満たすこと）。この欲望の性質は、それが例えば物質的な生産物（福祉施設、福祉機器、生活保護制度の金銭給付等）で生じようと、人的サービス（ホームヘルプサービス等）あるいは物質的生産物と人的サービスとの併用で生じようと、少しも社会福祉労働（福祉労働手段も含む）の使用価値の事柄を変えるものではない。重要なのは、社会福祉労働が福祉労働手段とともに福祉利用者に対象化・共同化されることによって、福祉利用者の最も貴い潜在能力（抽象的人間生活力）の維持・再生産・発達・発揮に部分的あるいは全体的に関係しているという事実である。そして、福祉利用者の最も貴い潜在能力（抽象的人間生活力）の維持・再生産・発達・発揮に部分的あるいは全体的に関係しているということは、二重の観点から、すなわち質と量の面から分析されていく必要があるが、その有用性は使用価値にする。しかし、この使用価値は空中に浮いているのではない。この使用価値は、社会福祉労働（福祉労働手段も含む）の実体の所属性に制約されているので、その実体なしには存在しない。それゆえ、社会福祉労働における人的サービスの提供そのもの、生活手段提供そのもの、金銭給付そのもの等が使用価値なのである。そして、使用価値は、どれぐらいの人的サービス、どれぐらいの生活手段、どれぐらいの金銭といったような、その量的な規定性が前提とされ、また、実際の使用によってのみ実現される。さらに使用価値は、前述したどんな社会体制の福祉活動・労働（原始共同体の相互扶助活動、奴隷社会における都市国家の救済制度、封建社会における農村の荘園の相互扶助活動及び年のギルドの相互扶助活動・慈善活動と絶対王制下の救貧制度、現代資本主義社会、社会主義社会の社会福祉にも存在しており、社会福祉労働の素材的な内容をなしている。

（1）二宮厚美著『公共性と民間委託—保育・給食労働力の公共性と公務労働—』（自治体研究社、2000年、122頁）。

27）富沢、前掲書、86頁。
28）富沢、前掲書、89頁。
29）富沢、前掲書、89頁。
30）富沢、前掲書、83頁。
31）社会福祉辞典編集委員会編『社会福祉辞典』（大月書店、2002年、237頁）。
32）社会福祉辞典編集委員会編、前掲書、237-238頁。

第5章　社会福祉学の社会科学的方法論

　従来の社会福祉研究の論文及び著書を研究の科学的方法論（マルクス経済学・弁証法的唯物論・史的唯物論・変革運動論・潜在能力アプローチ、福祉観察や福祉実践〔福祉労働〕等の経験的手続きによって実証していく法則的・体系的な知識）の視点から先行研究を行ってみると、殆どが研究の科学的方法論が欠落していた。研究の科学的方法論は、学問の研究や大学院での教育にとって最も重要であると考える。それゆえ筆者は、論理学の古典書『資本論』（資本論には、マルクス経済学・弁証法的唯物論・史的唯物論・経済学・変革運動論が濃縮されている）及びノーベル経済学賞を受賞したアマルティア・センの「人間の福祉と自由を評価する潜在能力アプローチ」に関する文献から社会科学的な研究方法（マルクス経済学・弁証法的唯物論・史的唯物論・変革運動論・潜在能力アプローチ）を独学したので（何故ならば、社会福祉学は社会科学の学問〔一定の理論に基づいた体系化された法則的知識と方法〕に属するのである）、筆者独自の社会福祉の本質研究の社会科学的方法論とその特徴について考察する。

　ところで従来の社会福祉論（上部構造）は、殆どが資本主義社会の生産様式（土台）との無関連で（社会福祉は「法的〔社会福祉の法制度・福祉政策等－挿入、筆者〕諸関係……、それ自身〔社会福祉の法制度・福祉政策等自身－挿入、筆者〕で理解されるものでもなく、むしろ物質的な生活諸関係〔資本主義社会の生産様式－挿入、筆者〕、そういう諸関係〔資本主義社会の生産様式－挿入、筆者〕に根ざしている」〔マルクス・武田隆夫訳『経済学批判』岩波書店、傍点筆者〕ので、生産様式との連関で社会福祉を考察していかなければならないと考える）、しかも福祉手段（財貨〔貨幣及び非貨幣〕・社会福祉の法制度・福祉政策・社会福祉援助技術・社会福祉運動・福祉経営・生活インフラ）の側に視点を置き、無法則的・無体系的に論じたものである（竹原健二著『科学の福祉観と社会福祉学』本の泉社、2019年、44-55頁）。しかしアマルティア・セン（ノーベル経済学賞の受賞者）が指摘されているように、「財貨（福祉手段－挿入、筆者）の支配は福祉という目的のための『手段』であって、それ自体（福祉手段自体－挿入、筆者）として目的（福祉目的〔福祉利用者の多様な個人及び共同の潜在能力の維持・再生産・発達・発揮の成就〕－挿入、筆者）にはなり難い」（アマルティア・セン〔鈴木

興太郎訳］『福祉の経済学』岩波書店、1997年、44頁、傍点、筆者）。また福祉手段を使用して、それぞれの福祉利用者の多様な個人及び共同の潜在能力によって「『福祉』（well-being）はひと（福祉利用者－挿入、筆者）が実際に成就するもの—彼／彼女の『状態』（being）はいかに『よい』（well）ものであるか—に関わっている。」（セン、前掲書、15頁、傍点、筆者）ものであるので、福祉利用者の多様な個人及び共同の潜在能力の維持・再生産・発達・発揮の成就との無関連の福祉手段のみの社会福祉論は、人間（福祉利用者）が実際に成就する状態の社会福祉（福祉目的）を論じたことにはならないと考える。

　本章では、福祉手段（社会福祉の法制度・福祉政策・社会福祉労働等）と福祉目的の区別の上で、福祉手段と福祉目的の統一的視点の下に、土台である資本主義社会の生産様式との連関で社会科学方法論を考察していく。

1. 社会福祉の本質研究の社会科学的方法論

　まず社会福祉の本質研究の社会科学的方法論を展開していく場合、その土台となる以下の4つの点に留意する事が重要である。

　第1点は、福祉手段と福祉目的の区別と統一が重要である。と言うのは、福祉は福祉利用者が日常の生活過程において福祉利用者の多様な個人及び共同の潜在能力（抽象的人間生活力・生活力＝人間が生活の際に支出する脳髄、神経、筋肉等を意味する・抽象的人間労働力・労働力＝人間が労働の際に支出する脳髄、神経、筋肉等を意味する）によって福祉手段（社会福祉の法制度や福祉政策等の福祉手段）を使用して成就していくものである。しかし「従来の福祉観がどちらかというと財貨（社会福祉の法制度や福祉政策等の福祉手段－挿入、筆者）の側に視点を置いて平等な福祉観を論じてきた」（二宮厚美著『発達保障と教育・福祉労働』全国障害者問題研究会出版部、2005年、87頁）。そして「財貨（福祉手段－挿入、筆者）の支配は福祉と言う目的の為の『手段（福祉手段－挿入、筆者）』であって、それ自体として目的（福祉目的－挿入、筆者）にはなり難い。」（アマルティア・セン［鈴木興太郎訳］『福祉の経済学』岩波書店、1997年、44頁）また福祉手段を使用して、福祉利用者の多様な個人及び共同の潜在能力によって「『福祉』（well-being）はひと（福祉利用者－挿入、筆者）が実際に成就するもの—彼／彼女の『状態』（being）はいかに『よい』（well）ものであるか—に関わっている。」（セン、前掲書、15頁、傍点、筆者）ものであるので、福祉利用者の多様な個人

及び共同の潜在能力の維持・再生産・発達・発揮の成就との無関連の福祉手段のみの社会福祉論は、人間（福祉利用者）が実際に成就する状態の社会福祉（福祉目的）を論じたことにはならないと考える。つまり「人間（福祉利用者－挿入、筆者）生活の福祉を考える場合にはモノ（社会福祉の法制度や福祉政策等の福祉手段－挿入、筆者）それ自体ではなく、それを使用して生きる人間（福祉利用者－挿入、筆者）の潜在能力に視点を移して、その発展を考えなければならない、」（二宮、前掲書、87頁）と明言する事ができるが、しかし筆者は人間（福祉利用者－挿入、筆者）が生きて福祉を成就していく為には物質的生活手段（衣食住など）が絶対的に必要であると考える（史的唯物論の視点）。それ故、福祉手段と福祉目的（福祉利用者の人間らしい健康で文化的な生活活動〔機能〕の基盤である多様な個人及び共同の潜在能力〔抽象的人間生活力＝生活力・抽象的人間労働力＝労働力〕の維持・再生産・発達・発揮の成就）の区別の上で、両者の統一的保障の認識が重要である。

　第２点は、資本主義社会の生産様式（生産様式は、生産力と生産関係の統一である）に規定された階級性・階層性への注視と福祉利用者の社会福祉問題の改善・解決への福祉活動・福祉労働・福祉運動の経験が重要性である。と言うのは、現代資本主義社会においては資本・賃労働関係（生産関係）を基礎とするが、賃労働の担い手である労働者階級（殆どの福祉利用者が労働者階級に属している）等は、生活の為に自己の労働力の使用権の販売によって得た賃金によって労働者階級（橋本健二氏の著書『格差の戦後史』によれば、広義の労働者階級は、2013年末段階で78.3％を占めるに至っている－挿入、筆者）や中間階級（橋本健二氏の著書『格差の戦後史』によれば、中間階級は、2013年末段階で13.3％を占めるに至っている－挿入、筆者）が直接的に生産した商品としての生活手段（社会福祉労働サービスも含む）を購入し、この購入後、人々の個別的生活が始まる。つまり、自己の労働力の使用権を販売し賃金を得て商品としての生活手段を購入しないと、生きていけないところに（絶対的貧困）、社会問題としての福祉利用者の生活問題の基本的問題が内在している。そして、経験（感性的認識）によってもたらされる社会福祉の意識内容は現象（現象は、研究対象の、主観的な、単純な、ばらばらな、漠とした意識内容である）であるが、社会福祉の社会科学的認識（科学的な理性的認識においては、現象を分析し本質を認識し、さらにその本質の現象形態としてはじめの現象を再認識していく）にとって重要な体験である。

第3点は、多くの研究テーマに関する社会福祉等の文献・調査資料等の弁証法的否定（弁証法的な否定とは、現存する社会福祉の否定的な側面［矛盾］を克服しながら、その内容の肯定的な側面を保持し全体的に新しい質の社会福祉へ発展［止揚］させていくこと）による批判的考察と利用（引用や参考等）である。特に政府の社会福祉等に関する報告書は、弁証的否定によって批判的考察を行っていく事が重要である。と言うのは、社会福祉の基礎構造全般の改革を検討してきた中央社会福祉審議会報告は、日本の福祉制度の根幹である措置制度と非営利性を解体し、福祉事業者と福祉利用者との直接契約制度に変え、社会福祉を営利企業に開放していくものであった。この事は、国及び地方自治体の責任と負担の後退に道を開く事になっており、福祉利用者・貧困者（低所得者も含む）等の生存権的平等保障（憲法第25条）を侵害（矛盾）するものに繋がっているのである（竹原健二著『社会的及び公的責任・具体的権利・社会福祉の必要充足の原理・科学的な社会福祉学の構築』本の泉社、2020年、33-36頁）。

　第4点は、現代資本主義社会の生産様式との連関における社会福祉の弁証法的唯物論・史的唯物論・変革運動論による弁証的否定の研究が重要である（竹原健二著『科学の福祉観と社会福祉学』本の泉社、2019年、5-43頁）。と言うのは、社会問題としての福祉利用者の生活問題（必需的な生活手段［所得・教育等］の不足・欠如と生活手段の不足・欠如から関係派生的に生成してきた人間らしい健康で文化的な福祉利用者の多様な個人及び共同の潜在能力［抽象的人間生活力＝生活力・抽象的人間労働力＝労働力］の維持・再生産・発達・発揮（機能）の阻害の生活問題）が現代資本主義社会の生産様式よって必然的に生成してくる事（例えば、現代資本主義社会においては、失業問題や労働力の価値の劣悪化が必然的に生成し、失業問題や労働力の価値の劣悪化［派遣労働者の劣悪な労働条件の問題］等と関係派生的に低教育や低学歴が生成してくる事）、また、社会福祉の発展及び存在状態を規定するものは、労働者階級を中心とした社会福祉問題に向けての労働運動や社会福祉運動の強弱に依拠していると言う事である。

　第5点は、社会福祉の時事問題の論評活動（例えば、社会福祉基礎構造改革後の社会福祉の法制度・福祉政策の論評を新聞等に投稿する等）が重要である。と言うのは、この論評活動は、筆者の法則的・体系的な社会福祉の本質的研究の社会科学的方法論形成においてプラスの影響を受けた。つまり、この論評活動は、第1に、政策主体（国や地方自治体）の個々の社会福祉の法制度・福祉政策の問

題点と本質的意味を理解する上でも貴重であるし、第2に、筆者の社会福祉の本質的研究の理論的展開において、政策主体の個々の社会福祉の法制度・福祉政策の論評活動が役立ったからである。

2. 社会科学的方法論の展開

　現代資本主義社会の生産様式の下における社会福祉とは何か、その本質を研究していく場合、まず研究テーマにおける仮説を設定する必要がある。筆者は、次のような仮説を設定した。社会福祉とは、現代資本主義社会の生産様式（土台）に絶対的に規定されて生成してきた社会問題としての生活問題（人間らしい健康で文化的な生活手段［所得や教育等］の不足・欠如と人間らしい健康で文化的な生活手段の不足・欠如から関係派生的に生成してきた福祉利用者の多様な個人及び共同の潜在能力［抽象的人間生活力＝生活力・抽象的人間労働力＝労働力］の維持・再生産・発達・発揮［機能］の阻害）の担い手である労働者階級や中間階級等の相対的過剰人口の一員を中心とした人々の生存権的平等保障活動・運動に影響されて、社会問題としての生活問題の担い手に向けられた総資本の為の価値（価値の社会的実体は抽象的人間労働である）の形成・支配と剰余価値の取得・支配の国・地方自治体の社会福祉の総称であって（本質＝構造的認識）、その本質の現象的表現は、部分的あるいは全体的に福祉利用者の社会問題としての生活問題に対応する精神的物質的な支援[17]及び保護等の使用価値を、公私の社会福祉労働及び活動・コミュニケーションや福祉手段を媒介として、個別的・集団的・組織的及び総合的に保障し、それらの福祉手段を福祉利用者（生活主体者）が享受し、人間らしい健康で文化的な多様な個人及び共同の潜在能力の維持・再生産・発達・発揮（機能）を日常の生活過程で成就するところにあると言える（現象＝機能的認識）。こうした研究対象の仮説は、まずもって筆者個人の主観的なものであるから、そのままでは誰も法則（法則とは、何時でも、何処でも資本主義社会の生産様式の条件の下で成立する福祉利用者の社会問題としての生活問題と社会福祉労働［社会福祉労働手段も含む］との普遍的・必然的関係を意味する）としては承認してくれない。そこで次には、その仮説に命題化されたものが客観的かつ法則的なものである事を論証しなければならない（仮説を論証する事は、①まず、主観的なものを客観的かつ法則的なものにする事であり、②何らかのかたちで感性的認識であった仮説を、理性的認識、理論的認識にする事であり、③帰

納的思惟に代わって、演繹的思惟に委ねる事である）。

　そして、こうした仮説を法則的・体系的に論証していく為には、研究テーマにおける研究端緒を設定する必要があり、筆者は、前述したように社会福祉を現実的に福祉利用者の社会問題としての生活問題（人間らしい健康で文化的な生活手段［所得等］の不足・欠如の問題と人間らしい健康で文化的な生活手段の不足・欠如から関係派生的に生成してきた福祉利用者の多様な個人及び共同の潜在能力の維持・再生産・発達・発揮［機能］の阻害の問題）と社会問題としての生活問題を担った福祉利用者に対象化・共同化[1]している社会福祉労働（社会福祉労働手段も含む）を研究端緒とする。つまり、第一に福祉利用者は社会福祉労働を享受して、人間らしい健康で文化的な生活（人間らしい健康で文化的な多様な個人及び共同の潜在能力の維持・再生産・発達・発揮［機能］の成就）を享受していると言う事実（科学は理念・思弁や仮定等から出発するのではなく、事実から出発するので）の現象、第二に社会福祉労働は福祉政策主体（総資本・国家・地方自治体等）の目的（価値・剰余価値＝本質）と福祉利用者の目的（使用価値＝現象［人間らしい健康で文化的な多様な個人及び共同の潜在能力の維持・再生産・発達・発揮［機能］の成就］）を媒介していると言う事の事実に注視する事が重要である。つまり、社会福祉は対象（社会問題としての生活問題を担った福祉利用者）、目的、手段（社会福祉の法制度・福祉政策等の福祉手段）を総体的に捉える事が重要であり、かつ社会福祉の政策主体と対象者を媒介しているのは社会福祉労働である。そして、福祉利用者が実際に享受し、福祉を成就しているのは社会福祉労働によるものである。それ故この事実の認識から出発する。また、研究対象（社会福祉）は現代資本主義社会の生産様式の下に存在している事を念頭において置く事と、現代資本主義社会の経済的社会構成体（史的唯物論による経済的社会構成体は、土台と上部構造に大別できる）における上部構造に位置づける事が重要である[2]。

　上部構造に位置づけられた社会福祉労働（研究端緒）は、多様な社会福祉労働（後述しているように、①金銭給付及び貸し付け、②福祉施設の提供及び入所、③生活活動の介助・介護、④生活指導を含む機能回復・発達の為のリハビリテーション給付、⑤問題発見や解決の為の調査活動、⑥社会資源の有効活用の為の連絡・調整活動等の社会福祉労働の事実の現象が見られる）が現象として見られるが、この社会福祉労働の現象の本源的規定（本源的規定においては、現代資本主

義社会と言う歴史的規定を捨象する事が必要であり、社会福祉労働がどんな社会体制「原始共同体社会、奴隷社会、封建社会、資本主義社会、社会主義社会」においても存在している点に焦点をあてて、どんな社会体制においても共通して存在している点［使用価値］を分析している）、歴史的規定（歴史的規定においては、現代資本主義社会の生産様式における社会福祉労働に内在している価値・剰余価値を分析している）、統一・総合的規定（統一・総合的規定においては、社会福祉労働の2つの要因［1つの要因は、使用価値であり、2つの要因は、価値・剰余価値である］の基本的矛盾［矛盾は、社会福祉の発展の原動力である］を緩和・克服していく弁証法的発展の観点［古い社会福祉の生成・変化及び発展・消滅から新しい質の社会福祉の展望と言う弁証法的発展を意味する］から本源的規定と歴史的規定との統一・総合的規定を叙述している）を分析している。

　社会福祉労働の本源的規定においては、次のように分析している。社会福祉支援・社会福祉労働は、その属性（特性）によって福祉利用者が人間らしい健康で文化的な生活（抽象的人間生活力の維持・再生産・発達・発揮［機能］の成就）を享受していく公共性[3]を基礎とした使用価値（具体的有用労働）である事を考察する。そして、アマルティア・センが指摘されているように、福祉手段を使用して、それぞれの福祉利用者の多様な個人及び共同の潜在能力によって「『福祉』（well-being）はひと（福祉利用者－挿入、筆者）が実際に成就するもの—彼／彼女の『状態』（being）はいかに『よい』（well）ものであるか—に関わっている[4]。」（傍点、筆者）ものであるので、また、福祉利用者にとって社会福祉労働の使用価値が高いのか低いのかを判断する場合、「われわれは明らかにひとの『機能』にまで、すなわち彼／彼女の所有する財（福祉手段－挿入、筆者）とその特性を用いてひとはなにをなしうるかにまで考察を及ぼさねばならないのである。たとえば、同じ財の組み合わせが与えられても、健康なひとならばそれを用いてなしうる多くのことを障害者はなしえないかもしれないという事実に対して、われわれは注意を払うべきである[5]。」（傍点、筆者）つまり、社会福祉の使用価値の享受は、福祉利用者が社会福祉労働＝福祉手段を使用して福祉利用者の生活活動（機能）の基盤である多様な個人及び共同の潜在能力（抽象的人間生活力・生活力）によって享受していくものであるので、社会福祉労働＝福祉手段（福祉サービス等）の不足・欠如のみに注目するだけではなく、社会福祉支援・社会福祉労働＝福祉手段を用いて人間らしい健康で文化的な生活を享受していく福祉利用者

の多様な個人及び共同の潜在能力（抽象的人間生活力・生活力）にも併せて注目していかなければならない事を意味している。

　そして、使用価値は、社会福祉支援・社会福祉労働＝福祉手段の使用関係や福祉手段の実体（実態）の量的及び質的内容に制約されているので、その使用関係や量的及び質的内容の実体（実態）は看過できない。それ故、社会福祉における人的サービス提供そのもの、福祉手段提供そのもの、金銭給付そのもの等との使用関係やその実体（実態）の量的及び質的内容が使用価値なのである。また、実際に福祉利用者の多様な個人及び共同の潜在能力（抽象的人間生活力・生活力）によって社会福祉支援・社会福祉労働＝福祉手段を享受して人間らしい健康で文化的な生活を成就して使用価値となる。さらに使用価値は、原始共同体における相互扶助活動、奴隷社会における都市国家の救済制度下の支援活動、封建社会における農村の荘園の相互扶助活動及び都市のギルドの相互活動・慈恵活動と絶対王制下の救貧制度下の支援活動、現代資本主義社会の社会福祉支援・社会福祉労働、社会主義社会の社会福祉支援・社会福祉労働にも存在しており、福祉利用者の社会福祉の素材的内容をなしている[6]。

　前述した多様な社会福祉労働の歴史的規定においては、次のように分析している。前述した使用価値は、なによりもまず福祉利用者にとっての具体的有用労働であるが、その使用価値を捨象するならば、社会福祉労働に残っているものは、無差別に人間労働の、その支出の形態（人的サービス提供形態の社会福祉労働、金銭給付形態の社会福祉労働、他の福祉手段提供形態の社会福祉労働等）には関わりのない社会福祉労働者の抽象的人間労働力・労働力の支出の、ただの凝固の社会関係にほかならない。これらの事が意味しているのは、ただ、福祉利用者の体内に社会福祉労働者の抽象的人間労働と福祉労働手段・生活手段が積み上げられていると言うことだけである（福祉利用者の体内に抽象的人間労働力［労働力］が維持・再生産される）。このようなそれらに共通な結晶体として、これらの労働を価値（価値の社会的実体は抽象的人間労働である）と言う。つまり、抽象的人間労働が価値になるのは、人間存在の根本的要素である自然素材と抽象的人間労働が結合し凝固状態の社会関係にあるからである。とするならば、福祉利用者（人間）と雖も自然素材と同次元（人間も自然的存在であり自然の一部であると言う意味）にあり、しかも人間（福祉利用者）に対して社会福祉労働者の抽象的人間労働がコミュニケーションを媒介として対象化・共同化され、福祉利用者が

それを享受（結合し凝固される事）し、人間らしい健康で文化的かつ多様な個人及び共同の潜在能力（抽象的人間生活力＝生活力・抽象的人間労働力＝労働力）の維持・再生産・発達・発揮（機能）を部分的あるいは全体的に成就しているのである。

　そして、単に価値を形成するだけではなく、剰余価値も形成する。と言うのは、土台（現代資本主義社会の生産様式）に絶対的に規定された国家（上部構造）は、社会福祉等のような「『人間投資』は、経済発展の基底（経済発展の基底は利潤で在り、利潤の源泉は剰余価値である－挿入、筆者）をなすもの、経済発展がそこから絶えず養分を吸収しなければならないものであり、経済発展に背くものではなく、その発展とともにあるのである」（1959 年度版『厚生白書』、13 頁）と考えているように、経済発展の基底（経済発展の基底は、利潤であり、利潤の源泉は剰余価値である－挿入、筆者）である剰余価値の形成が行われるのである。つまり国家は、社会福祉労働者に労働力の価値（賃金）を支払うが、社会福祉労働者が一労働日（1 日の労働時間）中に福祉利用者に対象化・共同化した価値は、社会福祉労働者の労働力の価値とこれを超過する部分とを含む。即ち一労働日は、必要労働＝支払い労働と剰余労働＝不払い労働との 2 つの部分からなるのである [7]。従って、福祉事業者が利潤を得る事ができるのは、剰余価値が形成されている事を証明しているのである。

　社会福祉労働の統一・総合的規定においては、次のように考察を行っている。前述したように、社会福祉労働に内在している使用価値の要因と価値・剰余価値の要因の矛盾（矛盾は、社会福祉の発展の原動力である）対は、一方ではお互いに牽引しあうと同時に、他を否定しあい、排斥しあっていると言う連関（変革運動への連関）にある事を通じて新しい質の社会福祉へ発展していくが、社会福祉基礎構造改革後の社会福祉においては剰余価値を高めていく受益者負担（応益負担）や市場福祉を拡大し、多くの矛盾を生み出し、深刻化させている [8]。こうした社会福祉基礎構造改革後の社会福祉に内在する矛盾を緩和及び克服し、福祉利用者にとっての使用価値を高めていく為には次のような提案が可能である。

　つまり、まず社会福祉の基本問題の根源は、資本主義社会における生産手段の私的所有にあるので、生産手段の社会化や労働力の商品化の廃止（アソシエーション［共産共生］社会）が重要である。そしてその上で、生活問題を担った人々が社会福祉の必要性がある場合、いつでも居住している市町村で、侵す事ができな

い人権（憲法第11条）・生存権的平等保障（憲法第25条）の制度として、また、人権・生存権的平等保障は、「その時々の国の予算の配分によって左右されるべきものでないという事である。予算を贅沢にする事によって最低限度以上の水準を保障することは立法政策としては自由であるが、最低限度の水準は決して予算の有無によって決定されるものではなく、むしろこれを指導支配すべきものである」（朝日訴訟の地裁判決）と言う制度として、社会福祉を社会的及び公的責任・具体的権利・社会福祉の必要充足（何故ならば、福祉利用者の多様な個人及び共同の潜在能力の維持・再生産・発達・発揮の阻害状態によって社会福祉［福祉手段］の必要性の内容・種類・必要度が異なっているので、福祉利用者の多様な個人及び共同の潜在能力の維持・再生産・発達・発揮の阻害状態に適合した社会福祉［福祉手段］の必要性の内容・種類・必要度が決定され充足される事が重要である）の原理に基づいて利用できるようにしていく事が使用価値を高めていく事になる（何故ならば、地方自治法第1条の2で示されているように、地方自治体は住民の福祉の増進を図る事を基本としているからである）。とするならば、福祉財源の税方式を基盤として[9]、河野正輝氏が指摘されているように、「①給付請求の権利（給付の要否や程度は、行政庁の一方的な裁量によって左右されるのではなく、社会福祉の必要性の有する人々の請求権に基づいて決定される。そして、給付請求権を権利として受給できるためには、イ．給付を申請することができること、ロ．適切な基準を満たした給付内容を求めることができること、ハ．いったん決定された給付を合理的な理由なく廃止されないこと等の規範的要素が満たさなければならない）、②支援過程の権利（社会福祉の支援過程で誤ったケアや虐待等が行われないことが重要である。その為には、イ．福祉サービスの種類・内容及びこれを利用する時の権利と義務について知る権利、ロ．自己の支援方針の決定過程に参加する権利、ハ．福祉施設利用者の場合、自治会活動を行い、それを通じて福祉施設の管理運営及び苦情解決に参加する権利、ニ．拘束や虐待等の危害・苦役からの自由の権利、ホ．通信・表現・信教の自由の権利、ヘ．プライバシーの権利、ト．貯金・年金など個人の財産の処分について自己決定の権利等が保障されなければならない）、③費用負担の免除の権利（社会福祉の必要性によって誰でも普遍的に給付請求権が保障される為には、一定の所得以下で社会福祉を必要としながらも、それに要する費用を負担できない人々に対して負担の免除が伴うのでなければならない。したがって、イ．免除を申請することができる

こと、ロ．免除の決定処分を求めることができること、ハ．あらかじめ定められた徴収基準に反する徴収額に対してはその取り消しを求めることができること等が当然に求められなければならない）、④救済争訟の権利（社会福祉の給付の内容や費用負担の額等を巡って権利が侵害された時、苦情の申し立て、不服申し立てや訴訟を提起して救済を求めることが保障されなければならない。現行では社会福祉法による苦情解決から、社会保険審査官及び社会保険審査会法、行政不服審査法及び行政事件訴訟法等がある。行政処分に対する不服審査や訴訟等の手段は厳格な手続きを要するので、支援過程の苦情解決には必ずしも適さない場合もある。そこでオンブズマン方式等の苦情解決の取り組みが広がりつつある）10)」の4つの権利の下に、国及び地方自治体（都道府県、市町村）の財政責任（国［7割］、都道府県［2割］、市町村［1割］）及び官僚的行政を排除した運営責任の下での公的責任を担保した上で、福祉利用者の人間らしい健康で文化的な多様な個人及び共同の潜在能力の維持・再生産・発達・発揮（機能）に適合した公的責任及び具体的権利による社会福祉の必要充足の原理に基づいて市町村が直接、社会福祉を提供していく現物及び現金給付型の仕組みを新たに構築していく事が重要である（民間の福祉については、措置委託制度を復活させる事と、「負担は能力に応じて、給付は必要に応じて」を基本原則とする）。

　そして、福祉利用者にとっての社会福祉の使用価値を高めていく為には、社会福祉労働者の労働条件と労働手段（福祉手段）の改善と同時に、福祉利用者の能動的及び創造的潜在能力の発揮（機能）の拡大や社会福祉（福祉手段）の受動的及び享受的潜在能力の向上及び発達が必要である。

特徴

　筆者の科学的方法論による社会福祉学の特徴は、弁証法的思考、即ち分析・抽象（下向）と綜合（上向）の結合であるが、この点については以下のように叙述していく。

①分析・抽象（下向）

　社会福祉研究の社会科学的方法においては、研究テーマにおける研究端緒（社会問題としての生活問題と社会福祉労働）の事実の現象の分析が重要である。つまり社会科学がいつも研究端緒の事実の現象分析から出発すると言うのは、研究端緒を鵜呑みにし、及び理念・思弁から出発しないと言う事である。と言うのは、

資本主義社会における社会問題としての生活問題と社会福祉労働は、理念・思弁でもなく仮定でもなく生きた事実である。分析とはこうした与えられた事実の現象の分析であり、それ以外のどんなものの分析も認めないと言うのが本書の第6章「社会福祉とは何か」及び筆者の著書『社会福祉学の探究』（小林出版）の特徴である。社会福祉学の真理は、我々の意識から独立した客観的な合法則的な連関の我々の頭脳への反映であり、社会福祉学の真理はいつでも事実の内に尋ねられ、分析はいつでも事実の分析であると言うのは、当然の帰結となる。このように分析が与えられた事実の分析であり、したがって社会科学としての社会福祉学はいつでも与えられた事実から出発すると言う事は、つまり既成の社会福祉の概念・定義や理念及び思弁・仮定から出発する事を認めないと言う事である。筆者が最も否定したいのは、既成の社会福祉の概念・定義や理念・仮定から出発してこれについてあれこれ思弁して何か深遠な社会福祉論を論じているつもりになっている研究者である。それでははじめに社会問題としての生活問題を分析してみよう。

イ．社会問題としての生活問題の分析

　我々は日々の生活過程において生活手段を享受して（消費して）かつ人間らしい健康で文化的な生活活動（機能）の基盤である多様な個人及び共同の潜在能力（抽象的人間生活力＝生活力・抽象的人間労働力＝労働力）を発揮（機能）して生活を行っており、また、日々の生活過程において多様な個人及び共同の潜在能力（抽象的人間生活力＝生活力・抽象的人間労働力＝労働力）の維持・再生産・発達・発揮（機能）と生産手段・生活手段の生産を行っている。従って、生活とは、享受（消費）過程だけではなく人間及び生産手段・生活手段の生産（労働）過程も含めた総体である。つまり、フリードリヒ・エンゲルスが指摘されているように、「唯物論的な見解によれば、歴史を究極において規定する要因は、直接の生命（抽象的人間生活力・抽象的人間労働力－挿入、筆者）の生産と再生産とである。しかし、これは、さらに2種類のものから成っている。一方では、生活資料（生活手段－挿入、筆者）の生産、すなわち衣食住の諸対象とそれに必要な道具（生産手段－挿入、筆者）との生産。他方では、人間そのものの生産、すなわち種の繁殖がそれである。ある特定の歴史的時代に、ある特定の国の人間がそのもとで生活を営む社会的諸制度（社会福祉の法制度・福祉政策［上部構造］等－挿入、筆者）は、2種類の生産によって、すなわち一方では労働（土台－挿入、筆者）の、

112

他方では家族の発達段階によって制約（規定−挿入、筆者）される[11]。」

　前述のように、多様な個人及び共同の潜在能力（抽象的人間生活力＝生活力・抽象的人間労働力＝労働力）の維持・再生産・発達の成就と発揮（機能）の前提となる物質は、生活手段と生産手段に分けられる。人間は労働（機能）の基盤である抽象的人間労働力・労働力を用いて、自然を人間的に作り変えていく事ができ、人間の本質的な要素である。従って、今日の人間としての生活は、生活手段・生産手段の生産・再生産と同時に、多様な個人及び共同の潜在能力（抽象的人間生活力＝生活力・抽象的人間労働力＝労働力）の維持・再生産・発達の成就と発揮（機能）の過程を常に伴っているのである。

　ところで、現代資本主義社会の生活様式における生活手段（所得や教育等）の享受（消費）過程と多様な個人及び共同の潜在能力（抽象的人間生活力＝生活力・抽象的人間労働力＝労働力）の維持・再生産・発達・発揮（機能）の成就の過程は、前述した資本主義社会の特徴を参照して述べるならば、次のような特徴を持つ。つまりそれは、宮本みち子氏が指摘されているように、「生産の中核が資本制生産（資本・賃労働関係）に基づき、利潤を目的とする大規模商品生産に組み込まれた社会である。人間と社会の再生産に必要とされるあらゆる物質が、商品として生産される市場で売買されるのみならず、人間の労働力（抽象的人間労働力−挿入、筆者）自体が商品化する（賃労働）ところに、この生産様式の特徴は存在する。生産手段を奪われた労働者階級は、生活手段を自ら生産することができなくなった。そのため、自己の労働力（抽象的人間労働力−挿入、筆者）商品を売り、賃金を得て生活手段を購入せざるをえない[12]。」し、生活手段を購入できなければ、労働者階級に属する人の多様な個人及び共同の潜在能力（抽象的人間生活力＝生活力・抽象的人間労働力＝労働力）の維持・再生産・発達・発揮（機能）も不可能である。従って、福祉利用者の社会問題としての生活問題とは、後述するように相対的過剰人口・労働力の価値の劣悪化と恐慌（資本主義的蓄積の発展は、個々の資本が社会全体の商品の需要と供給の調整なく競争的に生産し、このことが必然的に社会全体の消費力を越える生産の拡張を生み出し、その結果、周期的に販売しえない商品が溢れるようになる。過剰生産の結果、資本の再生産過程が麻痺し、価格の崩落・企業の倒産と集中・生産力の破壊・失業と賃金きり下げ等をもたらす）によって生成する失業、不安定就労、低所得、疾病、家庭欠損、障害・負傷等によって生活手段（所得及び教育等）の不足・欠如と生活手段の不足・欠

如から関係派生的に生成してきた多様な個人及び共同の潜在能力（抽象的人間生活力＝生活力・抽象的人間労働力＝労働力）の維持・再生産・発達の成就や発揮（機能）の阻害（福祉利用者の多様な個人及び共同の潜在能力［抽象的人間生活力＝生活力・抽象的人間労働力＝労働力］の不足・欠如）の社会問題としての生活問題が生成する。そして、社会問題としての生活問題を担った人（福祉利用者）は、労働者階級や中間階級等の相対的過剰人口に属している人々であると言える。つまり、福祉利用者の社会問題としての生活問題には階級的生活問題と階層的生活問題の二重性がある。

　では、こうした福祉利用者の社会問題としての生活問題は主にどのような社会的原因で生成してくるのであろうか。例えば相対的過剰人口による階級的生活問題を述べるならば、現代資本主義社会における資本は、物質的生産において剰余価値及び特別剰余価値[13]による独占資本の蓄積を行うのであるが、この資本の蓄積過程はカール・マルクスが次のように指摘されている。資本主義社会の下では、生産力が増えるにつれて、「資本の有機的構成や資本の技術的形態の変化はますます速くなり、また、ある時は同時に、ある時は交互に、この変化に襲われる生産部面の範囲は広くなる。だから労働者人口は、それ自身が生み出す資本蓄積につれて、ますます大量にそれ自身の相対的過剰化の手段を生み出すのである[14]。」「社会的な富、現に機能している資本、その増大の規模とエネルギー、したがってまたプロレタリアートの絶対的な大きさとその労働の生産力、これらのものが大きくなればなるほど、産業予備軍も大きくなる。自由に利用されうる労働力は、資本の膨張力を発展させるのと同じ原因によって発展させられる。つまり、産業予備軍の相対的な大きさは富の諸力といっしょに増大する。しかしまた、この予備軍が現役労働者に比べて大きくなればなるほど、固定した人口はますます大量になり、その貧困はその労働苦に正比例する。最後に、労働者階級の極貧層と産業予備軍とが大きくなればなるほど公認の受救貧民層もますます大きくなる。これが資本主義的蓄積の絶対的な一般法則である[15]。」（傍点、筆者）そして、「資本が蓄積されるにつれて、労働者の状態は、彼の受ける支払いがどうであろうと、高かろうと安かろうと、悪化せざるをえないということになるのである。……、相対的過剰人口または産業予備軍をいつでも蓄積の規模およびエネルギーと均衡を保たせておくという法則は、ヘファストスのくさびがプロメテワスを岩に釘づけにしたよりももっと固く労働を資本に釘づけにする。だから、一方の極での富

の蓄積は、同時に反対の極での、すなわち自分の生産物を資本として生産する階級の側での、貧困、労働苦、奴隷状態、無知、粗暴、道徳的堕落の蓄積なのである[16]。」そして、この相対的過剰人口は、基本的には３つの形態（流動的過剰人口[17]、潜在的過剰人口[18]、停滞的過剰人口[19]）として存在するが、社会問題としての生活問題を担った人は相対的過剰人口の内に含まれているのであって、労働者階級や中間階級等の生活問題は、相対的過剰人口とともに富の資本主義的な生産及び発展の一つの必須条件となっていのである。

　このように、労働者階級や中間階級等に属している福祉利用者の社会問題としての生活問題の生成は、現代資本主義社会の生産様式の構造的法則そのものの直接的な表現である。そして、福祉利用者は、生産手段・生活手段からも自由である（絶対的貧困）。それ故、唯一所有している労働力の使用権の販売によって賃金（生活手段）を獲得しなければ自らの多様な個人及び共同の潜在能力（抽象的人間生活力＝生活力・抽象的人間労働力＝労働力）の維持・再生産・発達・発揮（機能）の成就が不可能であるところに生活問題の根本問題がある（特に障害のある人は、資本の増殖に寄与しない労働力［抽象的人間労働力・労働力］の欠損者として見なされている為に失業率が高く、社会福祉の必要性は高い[20]）。そして、資本の蓄積及び拡大は、相対的過剰人口が存在しなければ不可能である。と言うのは、「資本の蓄積は、沈滞・好況・繁栄及び恐慌という産業循環を経ながら行われる。そして資本の蓄積は、好況・繁栄の時期には突然大規模に行われる。ところが資本の蓄積及び生産拡大が突然大規模に行われる為には、大量の労働力が生産過程に存在しなければならない。しかし、人口の自然増加によってこの膨大な労働力を突然供給することは不可能である。急速で大規模な生産拡張が可能なのは、全く相対的過剰人口が常に存在するからである[21]」そして資本主義社会における国家（地方自治体も含む）による福祉政策における個人的消費は、多様な個人及び共同の潜在能力（抽象的人間労働力＝労働力）の維持・再生産である。牧野広義氏が指摘されているように、「労働者（福祉利用者－挿入、筆者）はその個人的消費を自分自身のために行うのであって、資本家のために行うのではないということは、事態になんのかかわりもない。……労働者階級の不断の維持と再生産は、資本の再生産のための恒常的条件である。資本家はこの条件の実現を、安心して労働者（福祉利用者－挿入、筆者）の自己維持本能と生殖本能にゆだねることができる。」（カール・マルクス［資本論翻訳委員会訳］『資本論』第四分冊、

新日本出版社、1983年、981頁）このように国家による福祉政策の「労働者（福祉利用者－挿入、筆者）の個人的消費は、労働者（福祉利用者－挿入、筆者）自身の生命維持のために、また結婚し、子どもを産んで育てるために行われます。しかし、そのことがまさに『労働者階級の不断の維持と再生産』なのです。資本家にとって願ってもないことが、労働者（福祉利用者－挿入、筆者）自身の『自己維持本能と生殖本能』によって行われるのです。」（牧野広義著『資本論から哲学を学ぶ』学習の友社、2007年、189頁）まさに「『一石三鳥』だと言ってもいいでしょう。なぜなら、先の①労働力（抽象的人間労働力－挿入、筆者）による剰余価値の生産と、②個人的消費による労働力（抽象的人間労働力－挿入、筆者）の再生産に加えて、③個人的消費は労働者（福祉利用者－挿入、筆者）を労働市場に再出現させるのです。」（牧野、前掲書、189-190頁）それゆえ、労働者（福祉利用者－挿入、筆者）の多様な個人及び共同の潜在能力（抽象的人間労働力＝労働力）の不断の維持と再生産が、資本主義社会の生産様式（土台）に絶対的規定された国家（上部構造）の福祉政策にもなるのである。これらの点と価値増殖過程での搾取に社会福祉等の社会保障に対する資本の高負担を要求していく一つの社会的根拠があると思われる。

　次に利潤（利潤の源泉は、剰余価値である）を高める為の労働力価値の劣悪化による階層的生活問題であるが、この階層的生活問題は前述の階級的生活問題から関係派生的に生成してくるものである。つまり労働した後に賃金を貰うので、賃金は労働の価格として現象するが、本来、労働者の賃金の本質は労働力（抽象的人間労働力）の価値である。そして労働力の価値は、労働力の生産や再生産に必要な労働時間である。しかも生活諸手段を必要とする。したがって、労働力の生産に必要な労働時間とは、この生活諸手段の生産に必要な労働時間である。つまり、「労働力の所有者は、今日の労働を終えたならば、明日もまた、力と健康との同じ条件の下で同じ過程を繰り返すことができなければならない。したがって同じ生活状態を維持するのに足りうるものでなければならない。」（カール・マルクス［社会科学研究所監修資本論翻訳委員会訳］『資本論』第1巻第2分冊、新日本出版社、1982年、292頁）しかも労働力の所有者は死を回避する事はできない。労働力が継続される為には、現在の労働者が生きている間に子どもを産み育てて、労働力の補充をしなければならない。したがって、「労働力の生産に必要な生活手段の総額は、補充人員すなわち労働者の子ども達の生活諸手段を含む」

（カール・マルクス、前掲書、293頁）。さらに労働者の労働力の生産の為には、「一般的人間的な本性を、それが特定の労働部門における技能と熟練とに到達し、発達した独特か労働力になるように変化させる為には、特定の養成または教育が必要であり、それにはまたそれで、大なり小なりの商品等価物が費用としてかかる。」（カール・マルクス、前掲書、294頁）このように労働者の労働力の生産及び再生産の為に必要な労働者とその家族の生産費、教育費、養成費等が労働力の価値に含まれ、これが賃金の本質である。しかし、企業等は相対的剰余価値（相対的剰余価値とは、労働日が一定でも必要労働時間の減少に伴って剰余労働時間が増大する結果として得られる剰余価値［利潤］の事である）を高めていく為に、労働者家族の就業に基づく親の労働力の価値分割（共働き家族の増加）、労働者個人の労働力の価値劣悪化（労働条件［低賃金、社会保険の無加入、教育費及び養成費の減少等］の劣悪化）、子どもの教育費の減少、過密労働及び長時間労働の労働強化を促進し、貧困化を促進している。その例を挙げると、母子世帯階層の例が良い例である。「母子世帯の母親の就労形態は、『臨時・パート』『派遣』が36.8％であり、就労収入は年間平均収入181万円しかなく、年間平均収入100万円未満の世帯も28.6％も存在する。」（岡部彩著『子どもの貧困』岩波書店、2008年、114-115頁）また橘木俊詔氏が指摘されているように、親（労働者階級や中間階級等）の低所得水準ほど子供の学力低下が見られ[22]、貧困家庭で育った子供は低学歴で終わり、「フリーターになる人の大半は高卒、高校中退、中卒という低学歴層なのである。したがって、低学歴者であることは、フリーターになるリスクを背負っていることを意味する[23]。」また、法制度によって労働者階級等の一員である人に労働力の価値の劣悪化による生活問題が形成され深刻化してくる（例えば、非正規雇用者階層）。つまり、「一部の主力正社員以外は派遣や請負による非正規でまかない、それによって人件費を軽減して企業業績を好転させようとする経済団体連合会の提言どおりの労働法制の規制緩和や労働者派遣制度によって、2003年から2006年までの間に、劣悪な労働条件（低賃金や社会保険の無加入）のパートや派遣社員などの非正規雇用者が300万人増え、今や1,726万人、全体の33.7％にもなっている[24]。」

　前述したように、福祉利用者の社会問題としての生活問題は、現代資本主義社会の生産様式によって階級的に生成してくるもので、社会問題としての階級的・階層的な生活問題を生成しないアソシエーション（共産共生）社会の生産様式（ア

ソシエーション［共産共生］社会の生産様式は、共同の生産手段及び労働者の民主的［民主主義の主たる属性は、基本的人権・自由・平等・多数決原理・法治主義である］自治による生産手段の管理・運営の下で、各自の生産者の多様な潜在能力［抽象的人間労働力］に応じて労働する自由で平等な協同団体［協同団体以外に、国家・地方自治体・労働組合・株式会社・労働者協同組合・会社員自主管理等を基礎とする生産手段の多様な所有形態が考えられる］を基礎にして生産を行い、生産された生産物［生活手段］は各自の必要に応じて分配を受け各自の所有物となる社会）へ変革していく事が重要である。さらに重要な点は、福祉利用者の社会問題としての生活問題の中には社会福祉の法制度・福祉政策対象としての所得・教育等も含めた多様な個人及び共同の潜在能力（抽象的人間生活力＝生活力・抽象的人間労働力＝労働力）の維持・再生産・発達・発揮（機能）の成就の為の生活手段の不足・欠如の側面（外部的条件）と生活手段の不足・欠如の問題から関係派生的に生成してきた多様な個人及び共同の潜在能力[25]（抽象的人間生活力＝生活力・抽象的人間労働力＝労働力）の維持・再生産・発達・発揮（機能）の阻害の側面（内部的条件）がある。現実に人が人間らしい健康で文化的な生活（人間らしい健康で文化的な多様な個人及び共同の潜在能力［抽象的人間生活力＝生活力・抽象的人間労働力＝労働力］の維持・再生産・発達・発揮［機能］の成就）を実感できるのは、日常の生活や社会活動（人間らしい健康で文化的な多様な個人及び共同の潜在能力［抽象的人間生活力＝生活力・抽象的人間労働力＝労働力］の発揮［機能］）を十分に行っている時の方が多く、しかもアマルティア・センが指摘されているように、福祉利用者の多様な個人及び共同の潜在能力によって「『福祉』（well-being）はひと（福祉利用者－挿入、筆者）が実際に成就するもの―彼／彼女の『状態』（being）はいかに『よい』（well）ものであるか―に関わっている[26]。」（傍点、筆者）点に注目しなければならない。つまり、人間らしい健康で文化的な所得等も含めた生活手段の保障の点に留まらず、さらに人の機能（機能とは、人が成就しうること、彼／彼女が行いうること、なりうることである）にも注目しなければならない。「たとえば、あるひとが栄養の摂取を困難にするような寄生虫性の病気をもっていれば、他のひとにとって十分過ぎるほどの食物（生活手段－挿入、筆者）を消費しえたとしても、彼／彼女は栄養不足に苦しむかもしれないのである。ひとの福祉について判断する際には、彼／彼女が所有する財（生活手段－挿入、筆者）の特性に分析を限定するわけには

いかない。われわれは、ひとの『機能』（functioning）にまで考察を及ぼさねばならないのである。財の所有、従ってまた財の特性に対する支配権は個人に関わることであるが、財の特性を数量的に把握する方法はその財を所有するひとの個人的特徴に応じて変わるわけではない。自転車（生活手段－挿入、引用者）は、それをたまたま所有するひとが健康体の持主であれ障害者であれ、ひとしく『郵送性』と言う特性をもつ財として処理されてしまう。ひとの福祉について理解するためには、われわれは明らかにひとの『機能』にまで、すなわち彼／彼女の所有する財とその特性を用いてひとはなにをなしうるかにまで考察を及ぼさねばならないのである。たとえば、同じ財の組み合わせが与えられても、健康なひととならばそれを用いてなしうる多くのことを障害者はなしえないかもしれないという事実に対して、われわれは注意を払うべきなのである[27]。」（傍点、筆者）とするならば、さらに人間らしい健康で文化的な福祉利用者の多様な個人及び共同の潜在能力（抽象的人間生活力＝生活力・抽象的人間労働力＝労働力）の問題を以下のように分析していく必要がある。

　人間らしい健康で文化的な福祉利用者の多様な個人及び共同の潜在能力（抽象的人間生活力＝生活力・抽象的人間労働力＝労働力）の問題の第１点は、所得等も含めた人間らしい健康で文化的な生活手段の不足・欠如の生活問題と人間らしい健康で文化的な生活手段の不足・欠如から関係派生的に生成してきた人間らしい健康で文化的な福祉利用者の多様な個人及び共同の潜在能力（抽象的人間生活力＝生活力・抽象的人間労働力＝労働力）の維持・再生産・発達・発揮（機能）の阻害の生活問題との連関性の問題である。社会問題としての福祉利用者の生活問題は、所得等も含めた生活手段の不足・欠如であると言う認識と生活手段の不足・欠如から関係派生的に生成してきた福祉利用者の多様な個人及び共同の潜在能力（抽象的人間生活力＝生活力・抽象的人間労働力＝労働力）の維持・再生産・発達・発揮（機能）の阻害と言う認識を区別する事は重要であるが、それら２つの問題の連関性にも注目する事が重要である。と言うのは、所得等も含めた生活手段は福祉利用者の多様な個人及び共同の潜在能力（抽象的人間生活力＝生活力・抽象的人間労働力＝労働力）の向上に、福祉利用者がもっと生産的になり、高い所得等も含めた生活手段を得る能動的・創造的潜在能力を拡大する傾向があるのだから、人間らしい健康で文化的な福祉利用者の多様な個人及び共同の潜在能力（抽象的人間生活力＝生活力・抽象的人間労働力＝労働力）の改善はより多くの

所得等に繋がり、その逆（所得等が人間らしい健康で文化的な福祉利用者の多様な個人及び共同の潜在能力［抽象的人間生活力＝生活力・抽象的人間労働力＝労働力］を改善する事）だけではない事も期待される。人間らしい健康で文化的な福祉利用者の多様な個人及び共同の潜在能力（抽象的人間生活力＝生活力・抽象的人間労働力＝労働力）の向上は、所得等も含めた生活手段の不足・欠如の生活問題を解決・緩和していく場合に重要である。より良い福祉教育（学ぶこと）と保健・福祉等の改善は、生活の質を間接的に改善するだけではない。それは福祉利用者が所得等を含めた生活手段を得て、所得等も含めた生活手段の不足・欠如の問題から自由になる人間らしい健康で文化的な多様な個人及び共同の潜在能力（抽象的人間生活力＝生活力・抽象的人間労働力＝労働力）も増大させる。福祉教育と保健・福祉等の生活手段がより多くの福祉利用者に及ぶほど、生活問題を担っている福祉利用者が生活問題に打ち勝つ可能性が大きくなるのである。この連関性は、次のようなある障害のある人の福祉施設（社会福祉法人大木会あざみ寮）において実証されている。「単に『生きているだけ』ではなく『人間らしく生きる』ことが求められているのは言うまでもありません。人間らしく生きるために、憲法では多くの権利を保障しています。人間らしく生きる権利のひとつに『学ぶ』権利があります。どんなに障害が重くとも学ぶ権利があるのです。……学ぶことは、人間らしく生きること、さらにより豊かに生きることを、障害の重い人たちの分野でも証明しているのです[28]。」

　第2点は、所得等も含めた生活手段は福祉利用者の福祉利用者の年齢によって（例えば、高齢の障害のある人や障害のある幼年児特有の必要ごとによって）、性と社会的役割によって（例えば、子供を持つ障害のある女性の母親としての社会的責任、慣習によって決定されている家庭内の義務等を通じて）、場所（農村や都市）によって、医療の環境によって（例えば、リハビリテーションを備えた医療施設がない事を通じて）、その他の条件等の福祉利用者の多様な個人及び共同の潜在能力（抽象的人間生活力＝生活力・抽象的人間労働力＝労働力）によって大きな影響を受けると言う事である。と言うのは、アマルティ・センが指摘されているように、「財（生活手段－筆者挿入）の特性を機能の実現へと移す転換は、個人的・社会的なさまざまな要因に依存する。栄養摂取の達成という場合にはこの転換は、(1) 代謝率、(2) 体のサイズ、(3) 年齢、(4) 性（そして女性の場合には妊娠しているか否か）、(5) 活動水準、(6)（寄生虫の存在・非存在を含む）

医学的諸条件、（7）医療サービスへのアクセスとそれを利用する能力、（8）栄養学的な知識と教育、（9）気候上の諸条件などの諸要に依存する[29]。」つまり、アマルティア・センは二宮厚美氏が前述しているように、「従来の福祉観がどちらかというと財貨（社会福祉の法制度・福祉政策等の福祉手段－筆者、挿入）の側に視点を置いて平等な福祉観を論じてきたのに対し、視点を180度転換して、人間の側に移したのです。生存に必要なさまざまなモノは、人間の福祉にあたって不可欠なものであるが、そのモノの価値（使用価値－挿入、筆者）はそれを活用する人間の潜在能力（抽象的人間生活力・抽象的人間労働力－挿入、筆者）によって可変的である。したがって、人間生活の福祉を考える場合にはモノ（社会福祉サービスそのモノあるいは社会福祉の法制度・福祉政策等の福祉手段そのモノ等－筆者、挿入）それ自体ではなく、それを活用していきる人間の潜在能力（抽象的人間生活力＝生活力・抽象的人間労働力＝労働力－挿入、筆者）に視点を移して、その発展を考えなければならない[30]、」（傍点、筆者）と明言する事ができるが、しかし筆者は、人間（福祉利用者）が生きて福祉を成就していく為には衣食住（モノ）が絶対的に必要なので、社会福祉の法制度・福祉政策等の福祉手段そのモノ（生活手段の不足・欠如）と社会福祉の法制度・福祉政策等の福祉手段そのモノを使用して生きる人間らしい健康で文化的な多様な個人及び共同の潜在能力（人間らしい健康で文化的な多様な個人及び共同の潜在能力［抽象的人間生活力＝生活力・抽象的人間労働力＝労働力］の維持・再生産・発達・発揮［機能］の阻害）を統一的に捉える事を強調し、その統一的把握が筆者の独創的な社会問題としての生活問題の概念である。

ロ．社会福祉労働の分析

　社会福祉労働は第一に、福祉手段として福祉利用者が何らかの種類の社会福祉の必要充足の欲望（要求）を部分的あるいは全体的に享受していることに関係しているのである（つまり、福祉利用者が自らの人間らしい健康で文化的な多様な個人及び共同の潜在能力［抽象的人間生活力＝生活力・抽象的人間労働力＝労働力］の維持・再生産・発達・発揮［機能］を行う事ができる欲望［要求］を享受する事）。この社会福祉の必要充足の欲望（要求）の享受は、それが例えば物質的生産物（福祉施設、福祉機器、生活保護制度の金銭、福祉手当の金銭等）で生じようと、人的サービス（介護福祉サービス等）あるいは物質的生産物と人的サービスとの併用で生じようと、少しも福祉利用者にとってその使用価値の事柄の性

質を変えるものではない。重要なのは、社会福祉労働手段と伴に社会福祉労働が
福祉利用者に対象化（社会福祉労働の対象化とは、福祉利用者に社会福祉労働手
段と伴に社会福祉労働者の抽象的人間労働の凝固の社会関係を意味する）・共同
化（社会福祉労働の共同化とは、二宮厚美氏が指摘されているように、社会福祉
労働をひとつの労働過程として捉えた場合、社会福祉労働者がその労働主体とな
るが、社会福祉労働者と福祉利用者とのコミュニケーション過程の面から見ると、
社会福祉の必要性・欲望（要求）の発信主体は福祉利用者であり、社会福祉労働
は福祉利用者の了解・合意を前提にして、ひとつの共受関係に入る事を意味する。
そして、社会福祉労働者は福祉利用者の多様な個人及び共同の潜在能力＝抽象的
人間生活力・生活力に非言語及び言語的コミュニケーションを媒介にして働きか
け、その潜在能力＝抽象的人間生活力・生活力を顕在化〔発揮〕させる事によって、
福祉利用者は人間らしい健康で文化的な多様な個人及び共同の潜在能力＝抽象的
人間生活力・生活力の維持・再生産・発達・発揮を成就しているのである[31]）され、
福祉利用者の社会福祉の必要充足の欲望（要求）が享受される事によって、福祉
利用者の人間らしい健康で文化的な多様な個人及び共同の潜在能力＝抽象的人間
生活力・生活力の維持・再生産・発達・発揮に部分的あるいは全体的に関係して
いると言う事は二重の観点から、即ち量と質の面から分析していく必要があるが、
その有用性は福祉利用者にとって使用価値になる。しかもこの使用価値は、福祉
利用者の社会福祉労働の使用関係や社会福祉労働の実体（実態）に制約されてい
るので、その使用・享受関係や実体（実態）なしには存在しない。それ故、社会
福祉労働における人的サービスの提供そのもの、生活手段提供そのもの、金銭給
付そのもの等との使用・享受関係やその実体（実態）が使用価値なのである。そ
して、使用価値はどれぐらいの人的サービス、どれぐらいの生活手段、どれぐら
いの金銭と言ったような、その量的な規定性が前提とされ、また、実際の使用と
享受によってのみ成就される（つまり、実際に使用と享受されていない社会福祉
は潜在的社会福祉であり、実際に使用と享受されている社会福祉は顕在的社会福
祉である）。さらにこの使用価値は、原始共同体における相互扶助活動[32]、奴隷
社会における都市国家の救済制度[33]、封建社会における農村の荘園の相互扶助
活動及び都市ギルドの相互扶助活動・慈善活動と絶対王政下の救貧制度[34]、資
本主義社会における社会福祉[35]、社会主義社会における社会福祉[36]、にも存在
しており、社会福祉の素材的な内容をなしている。

使用価値はなによりもまず、多様に異なった量と質でありその有用性であるが、その使用価値を捨象するならば、社会福祉労働に残っているものは無差別に抽象的人間労働力・労働力の、その支出形態（人的サービス提供形態の社会福祉労働、住宅提供形態の社会福祉労働、食物提供形態の社会福祉労働、金銭給付形態の社会福祉労働等）には関わりの無い抽象的人間労働の支出の、ただの凝固の社会関係のほかにはなにもない。これらの事が意味しているのは、ただ、その福祉利用者に社会福祉労働手段と伴に社会福祉労働者の抽象的人間労働が対象化・共同化され、福祉利用者の体内に抽象的人間労働が積み上げられ享受されていると言う事だけである。このような社会福祉労働の社会関係の結晶として、これらのものを価値（価値の社会的実体は、抽象的人間労働である）と言う。つまり、抽象的人間労働が価値になるのは、人間の存在の根本的要素である自然素材と抽象的人間労働とが結合し、凝固状態の社会関係にあるからである。とするならば、福祉利用者（人間）と雖も自然素材と同次元（人間も自然的存在であり自然の一部であると言う意味）にあり、しかも人間（福祉利用者）に対して社会福祉労働者の抽象的人間労働が社会福祉労働手段とコミュニケーションを媒介として対象化・共同化され、福祉利用者がそれを享受（結合し凝固される事）し、潜在能力（抽象的人間生活力・抽象的人間労働力）の維持・再生産・発達・発揮（機能）を部分的あるいは全体的に成就しているのである（福祉利用者の体内に抽象的人間労働力［労働力］が維持・再生産される）。さらに、単に価値を形成するだけではなく剰余価値も形成する。と言うのは、土台（現代資本主義社会の生産様式）に規定された国家（上部構造）の機関である旧厚生省は、社会福祉等の「『人間投資』は、経済発展の基底（経済発展の基底は利潤であり、利潤の原泉は剰余価値である－挿入、筆者）をなすもの、経済発展がそこから絶えず養分を吸収しなければならないものであり、経済の発展に背くものではなく、その発展とともにあるものである[37]」と考えており、社会福祉労働に必要な労働力商品の価値総額よりも高い事を欲するからである。国家は、国家財政を通して社会福祉労働者に労働力の価値（賃金）を支払うが、社会福祉労働者が一労働日（一日の労働時間）中に福祉利用者に対象化・共同化した価値は、社会福祉労働者自身の労働力の価値とこれを超過する部分とを含む。即ち、一労働日は必要労働＝支払い労働と剰余労働＝不払い労働との二つの部分からなるのである。このように、社会福祉労働過程での剰余労働によって作り出された部分の価値を剰余価値と言う。

いま本書の第6章「社会福祉とは何か」における社会福祉労働の事実の分析の場合を見ると、現代資本主義社会における社会福祉は社会福祉労働が殆んど媒介としており、また、社会福祉労働を福祉利用者と総資本・国家等との社会関係の連関で見ると、社会福祉労働の中には使用価値と価値・剰余価値（社会福祉の本質）が矛盾体（矛盾は、社会福祉の発展の原動力である）として統一されている事を分析する。つまり、現代資本主義社会の生産様式における社会福祉労働は、使用価値と価値・剰余価値の結合体であり、自然的形態（使用価値）と社会的形態（価値・剰余価値）との2つの形態を持つ二重物である（しかし、社会福祉の本質［価値・剰余価値］が問題である当面の場合、その使用価値の側面は少しも関係のない事であり、そうした二重物としての複雑な形態で社会福祉労働を取り上げる事は問題の解決を困難にするだけであるから、社会福祉労働はその使用価値の側面を捨象して、一面的に価値・剰余価値の側面だけから採り上げる）。

　このように、社会福祉労働は自然的形態と社会的形態との2つの形態を持つ二重物であり、従ってそれは一個の矛盾体である事は、寧ろ筆者によって科学的な分析と抽象によって捉える事ができたのである。

ハ．社会問題としての生活問題と社会福祉労働との内的必然的連関

　前述の社会福祉労働の分析で明らかにしたように、社会福祉労働は福祉利用者の多様な個人及び共同の潜在能力（抽象的人間生活力［生活力］・抽象的人間労働力［労働力］）の維持・再生産・発達・発揮（機能）に内的必然的に連関している。そして相対的過剰人口の一員である福祉利用者（社会問題としての生活問題を担った労働者等）が存在しなければ、価値及び剰余価値を究極の目的としている総資本にとって、資本の蓄積及び拡大は不可能である。と言うのは、「資本の蓄積は、沈滞・好況・繁栄及び恐慌という産業循環を経ながら行われる。そして資本の蓄積は、好況及び繁栄の時期には、突然大規模に行われる。ところが資本の蓄積及び生産拡大が突然大規模に行われるためには、大量の労働力（抽象的人間労働力－挿入、筆者）が生産過程に存在しなければならない。しかし、人口の自然増加によってこの膨大な労働力（抽象的人間労働力－挿入、筆者）を突然供給する事は不可能である。急速で大規模な生産拡張が可能なのは、全く相対的過剰人口がつねに存在するからである[38]」。また、土台（現代資本主義社会の生産様式）に絶対的に規定された国家の機関である旧厚生省は、社会福祉等の「『人間投資』は、経済発展の基底（経済発展の基底は利潤であり、利潤の原泉は剰余

価値である－挿入、筆者）をなすもの、経済発展がそこから絶えず養分を吸収しなければならないものであり、経済の発展に背くものではなく、その発展とともにあるものである[39]」と考えており、社会福祉労働に必要な労働力商品の価値総額よりも高い事を欲するからである。国家は、国家財政を通して社会福祉労働者に労働力の価値（賃金）を支払うが、社会福祉労働者が一労働日（一日の労働時間）中に福祉利用者に対象化・共同化した価値は、社会福祉労働者自身の労働力の価値とこれを超過する部分とを含む。即ち、一労働日は必要労働＝支払い労働と剰余労働＝不払い労働との二つの部分からなるのである。このように、社会福祉労働過程での剰余労働によって作り出された部分の価値を剰余価値と言う。このように福祉利用者にとっては、使用価値として社会福祉は絶対的に必要な必然的内的連関があり、一方、国家・総資本にとっては、価値・剰余価値として社会福祉は絶対的に必要な必然的内的連関がある。さらに資本主義社会における国家（地方自治体も含む）による福祉政策における個人的消費は、多様な個人及び共同の潜在能力（抽象的人間労働力＝労働力）の維持・再生産である。牧野広義氏が指摘されているように、「労働者（福祉利用者－挿入、筆者）はその個人的消費を自分自身のために行うのであって、資本家のために行うのではないということは、事態になんのかかわりもない。……労働者階級の不断の維持と再生産は、資本の再生産のための恒常的条件である。資本家はこの条件の実現を、安心して労働者（福祉利用者－挿入、筆者）の自己維持本能と生殖本能にゆだねることができる。」（カール・マルクス［資本論翻訳委員会訳］『資本論』第四分冊、新日本出版社、1983年、981頁）このように国家による福祉政策の「労働者（福祉利用者－挿入、筆者）の個人的消費は、労働者（福祉利用者－挿入、筆者）自身の生命維持のために、また結婚し、子どもを産んで育てるために行われます。しかし、そのことがまさに『労働者階級の不断の維持と再生産』なのです。資本家にとって願ってもないことが、労働者（福祉利用者－挿入、筆者）自身の『自己維持本能と生殖本能』によって行われるのです。」（牧野広義著『資本論から哲学を学ぶ』学習の友社、2007年、189頁）まさに「『一石三鳥』だと言ってもいいでしょう。なぜなら、先の①労働力（抽象的人間労働力－挿入、筆者）による剰余価値の生産と、②個人的消費による労働力（抽象的人間労働力－挿入、筆者）の再生産に加えて、③個人的消費は労働者（福祉利用者－挿入、筆者）を労働市場に再出現させるのです。」（牧野、前掲書、189－190頁）それゆえ、労働者（福

祉利用者 – 挿入、筆者）の多様な個人及び共同の潜在能力（抽象的人間労働力＝労働力）の不断の維持と再生産が、資本主義社会の生産様式（土台）に絶対的規定された国家（上部構造）の福祉政策にもなるのである。

②統一（上向・総合＝発展）

　分析や抽象によって範疇が得られると、今度は上向（総合）過程が始まる。それは初めから全体の現代資本主義社会の生産様式における社会福祉労働の具体的な現象を思い浮かべながら、本質的範疇から検証（照合）していく上向過程である。これを本書の第6章「社会福祉とは何か」の実際の叙述から見てみよう。

　現代資本主義社会の生産様式における社会福祉においては、国家は総資本の維持・発展の為の相対的過剰人口の維持の機能等に重点を置いていると同時に、剰余価値に重点を置いている。それ故、福祉利用者の社会福祉サービスの商品化は必然的になる（こうして社会福祉は、社会福祉労働力商品の購買と消費によって自己増殖するところの剰余価値の具現化である事が示される）。そして、社会福祉の必要性のある低所得・貧困者の福祉利用者（つまり、一般の生活手段の商品の購買力のない人々）の生存権的平等保障の社会福祉の使用価値の阻害は拡大されていく。即ち、初めに単に社会福祉労働の事実の現象に過ぎなかったものが、社会福祉労働の概念に変えられ、さらに社会福祉の概念に変えられるのである。そして、福祉利用者にとっての社会福祉の使用価値を高めていく為には、①特権官僚による福祉手段の管理・運営を排除し、過渡的な労働者階級の執権における社会福祉労働者の民主的自治による福祉手段の管理・運営と福祉手段の共同占有の下における生活手段（所得等）の個人的所有の実現、②消費税の増税によらず、所得税・法人税・資産課税の再性と企業の内部留保への課税、③社会福祉の必要充足の保障及び社会福祉の具体的権利規定の法制化と国家・地方自治体（都道府県、市町村）の財政責任（国［7割］、都道府県［2割］、市町村［1割］）及び市町村の官僚的行政の排除の管理・運営による直接的な現物及び現金給付型の給付責任のシステムへの改革、④人間らしい健康で文化的な福祉利用者の多様な個人及び共同の潜在能力の維持・再生産・発達・発揮（機能）の保障と福祉教育等による多様な個人及び共同の潜在能力の発達保障、⑤地方主権型福祉社会の財政的基盤となる地方主権的財政システムの構築、⑥社会福祉財政の削減・圧縮・抑制と社会福祉法制度の改悪に反対する民主的統一戦線の結成等を実現していく事を叙述している。

このように筆者の分析的方法・マルクス経済学・弁証法的唯物論・史的唯物論・変革運動論・潜在能力アプローチの方法は、現実の資本主義社会における社会福祉の仕組みの肯定的な側面を保持しながら、同時に否定的な側面を弁証法的に否定しかつ弁証法的発展（弁証法的発展とは、資本主義社会の生産様式における古い社会福祉に対する社会福祉の低いレベルから高いレベルへ、単純なものから複雑なものへと言う前進過程であり、その前進過程で以前にはなかった新しい社会福祉が法則的に生成してくるような変化である）の観点から現在の社会福祉の没落する必然性を捉え、現在の社会福祉を止揚して新しい質の社会福祉（アソシエーション［共産共生］社会における新しい質の社会福祉）を展望していくものである。つまり資本主義社会における現在の社会福祉の生成・発展と同時にそれが消滅せざるをえない運動の流れの中で捉える（運動法則）。したがって、資本主義社会における社会福祉の肯定的理解がそのまま否定的理解になるので、なにものによっても威圧される事なく、その本性上、批判的であり変革的な方法（弁証法的否定の方法）となる。

3. おわりに

　現代資本主義社会における社会福祉の本質とは何かを、一定の仮説の下に研究していく場合、研究テーマにおける研究端緒（福祉利用者の社会問題としての生活問題と社会福祉労働［社会福祉労働手段も含む］）の設定が重要になってくる。そして、研究端緒を社会の上部構造に位置付け、それを資本主義社会の生産様式（土台）との連関で分析し抽象化していく事が重要である。社会福祉の概念（社会福祉は、使用価値と価値・剰余価値の矛盾対の統一体である）、基本的法則（現代資本主義社会における社会福祉は、福祉利用者にとっての使用価値よりも国家及び総資本にとっての価値・剰余価値を主な目的としていると言う法則）についての理解へ進む最初の方法は、分析的・抽象的方法（下向過程）である。ここでは、研究端緒の一つである社会福祉労働の二要因（使用価値と価値・剰余価値）の分析を行っている。そして、社会福祉研究における分析的方法の特徴は、抽象（社会的形態の側面を価値・剰余価値に抽象化していく）と分析である。この意味で、筆者は、福祉利用者の社会福祉研究の社会科学方法論においては分析と抽象が基本的方法であると考える。

　そして、資本主義社会の生産様式との連関で研究端緒の一つである社会福祉労

働の分析によって、社会福祉労働に内在している使用価値と価値・剰余価値の矛盾対の統一体として捉えられた後、現代資本主義社会における社会福祉を綜合（発展）との連関で、それら二つの要因の統一規定を行っている（上向過程）。

　こうして、現代資本主義社会における社会福祉の本質が何であるかの理論的認識（構造的認識）が可能になり、次に、社会福祉の使用価値を高めていく為の福祉実践（福祉労働）はどうあるべきかの福祉実践（福祉労働）的認識（機能的認識）が深められる。筆者は、福祉利用者にとっての使用価値を高めていく為に論理必然的（合法則的）に「労働者が自らの手でつくりだした富である社会的総労働生産物（社会的総生活手段－挿入、筆者）を、福祉と国民生活のために控除（充当－挿入、筆者）することができるようになる」（聴濤弘著『マルクス主義と福祉国家』大月書店、2012年、149頁）為に及び前述したように弁証法的発展（弁証法的発展とは、資本主義社会の生産様式における古い社会福祉に対する社会福祉の低いレベルから高いレベルへ、単純なものから複雑なものへと言う前進過程であり、その前進過程で以前にはなかった新しい社会福祉が法則的に生成してくるような変化である）の観点から構造的に福祉を第一義的に実現する高い段階のアソシエーション（共同の生産手段及び労働者の民主的［民主主義の主たる属性は、基本的人権・自由・平等・多数決原理・法治主義である］自治による生産手段の管理・運営の下で、各自の生産者の多様な潜在能力［抽象的人間労働力］に応じて労働する自由で平等な協同団体を基礎にして生産を行い、生産された生産物［生活手段］は各自の必要に応じて分配を受け各自の所有物となる社会）社会における新しい質の社会福祉（社会福祉労働者による社会福祉労働手段の共同占有と民主的自治による運営及び管理・社会福祉労働力の商品化の廃止を展望し、そして受益者負担［応益負担］の拡大や市場福祉の拡大等ではなく、国及び地方自治体の公的な実施責任及び公的な財政責任の下における人間らしい健康で文化的な福祉利用者の多様な個人及び共同の潜在能力に適合した具体的権利・社会福祉の必要充足の原理の社会福祉）のあり方を示す。そして、こうした社会福祉をより発展させていく為には、福祉利用者及び社会福祉労働者を初めとする国民大衆の人々が、具体的な福祉問題、しかも絶対焦眉の社会福祉の訴訟や事件等に基づいて、他のそれぞれの社会階級・階層の知的・精神的・政治的な一切の現れを観察し学習・研究する事を学び、また、社会福祉に対する国民の全ての階級・階層・集団の活動と生活の全ての側面の弁証法唯物論及び史的唯物論における分析

と評価を社会福祉の実地に応用する事を学ばねばならない。さらに、社会福祉の発展は、福祉利用者及び社会福祉労働者の為の社会福祉運動の統一戦線の結成と社会福祉労働戦線の階級的・民主的強化の闘いの中（変革運動）で進行していると同時に、福祉利用者及びそれらの社会福祉運動・社会福祉労働等に参加している人々の人間的富（豊かな欲求と多様な個人及び共同の潜在能力を保持している人間）もより発展していくのである。

【注】

1) 二宮厚美氏が指摘されているように、社会福祉は対人コミュニケーションを基本としており、直接的に福祉利用者に働きかけていく事に重要性がある。そして、対人コミュニケーションはその両極を構成する社会福祉労働者と福祉利用者相互の共同化を通したお互いの享受の場となる（ここでの共受とは、社会福祉労働者と福祉利用者とが言語・情報活動を媒介にしてお互いが相手を享受しあう関係を意味する）。つまり、対人コミュニケーションは、福祉利用者の潜在能力の中の共受能力を引き出し、高める場であると言って良い。また、このような共受能力が福祉利用者の福祉サービス等に対する評価能力の形成にとって重要である事は言うまでもない。と言うのは、福祉利用者の福祉サービス等に対する評価能力は地域等の場において形成され、従って地域内等の対人コミュニケーションを媒介にして高められる。そして、福祉サービス等の有する属性）は福祉利用者の享受＝評価能力を通して可変的に顕在化してくると見なす事ができる。福祉利用者の享受＝評価能力が高い場合と低い場合とでは、同一の量的及び質的な福祉サービス等でも福祉利用者の潜在能力の発揮の仕方に違いがでてくるのは明らかであって、福祉サービス等の固有価値（固有価値とは、人間の働きかけを受けてその顕在化を待機している潜在的な価値を意味する）の顕在化に違いが生じる。二宮厚美著『福祉国家の姿とコミュニケーション労働』（文理閣、2007年）

2) 社会構成体は、土台（経済的生活過程）と上部構造（政治的生活過程、精神的生活過程等）からなっていると考えると、上部構造である国（地方自治体も含む）等の社会福祉は土台に規定されて社会的性格と社会的形態が与えられる。つまり、「国家形態は…物質的な諸生産関係に根ざしている」のである。それゆえ、上部構造をなす国等の社会福祉もまた基本的に現代資本主義社会の生産関係の土台に規定されることを意味する。カール・マルクス（杉本俊朗訳）『経済学批判』（大月書店、1953年、15頁）。

3) 公共性の基準は、福祉事業や福祉サービスが特定の個人や私的企業に占有されたり利潤を直接の目的として運営されるのではなく、全ての地域住民に利用機会を平等に保障され、しかも容易に利用されるか、社会的公平の為に運営される事を基準とするのが妥当である。

4) アマルティア・セン（鈴木興太郎訳）『福祉の経済学』（岩波書店、1988年、1頁）。

5) アマルティア・セン、前掲書、21-22頁。

6) 高島進著『社会福祉の歴史』（ミネルヴァ書房、1994年、11-12頁、16頁、124-132頁）。

7) 例えば、障害者支援制度における居宅介護支援費（丙地単価）の中の身体介護は1時間4,020円である。1日8時間の身体介護を行うものとすると、4時間＝16,080円の余分の価値、すなわち剰余価値が形成されると推定できる。こうした剰余価値は、居宅介護事業者が利潤として取得する。

8) 拙稿「社会福祉基礎構造改革後の社会福祉の矛盾と課題」（岐阜大学地域科学研究報告書第16号、2005年3月）において、社会福祉基礎構造改革後の社会福祉が多くの矛盾を生み出し、深刻化させている事を論じている。

9) これからの社会福祉の推進機関は地方自治体が中心となるので、次のような地方税を拡充する地方主権的財政システムが必要である（神野直彦・その他編『福祉政府への提言』岩波書店、1999年、266-314頁）。つまり、神野直彦氏が指摘されているように、「比例税率で課税される比例所得税を、地方税体系の基幹税に据えることは日本では容易である。つまり、個人住民税を10％の比例税にした結果をシミュレーションして見ると、国税の所得税から地方税の個人住民税に3兆円の税源委譲が実現する。しかし、地方税体系としては、比例的所得税を基幹税とするだけでは不十分である。と言うのは、比例的所得税では、所得を受け取った地域でしか課税できないし、他の市町村に居住している人々で、その地域社会で事業を営む人々、あるいは事業所に働きに来る人々にも課税できないので不十分である。ところが、むしろ居住者よりも事業活動をしている人々や働いて

いる人々の方が、市町村の公共サービスを多く利用している。そこで所得の分配地で配分された所得に比例的に課税するだけでなく、所得の生産局面で発生した所得に比例的に課税する必要がでてくる。日本ではすでに所得の生産局面で課税する地方税として事業税が存在しているので、事業税を所得型付加価値税（IVA「所得型付加価値税」＝C「消費」＋I「投資」-D「減価償却費」＝GNP「国民総生産」-D＝NNP「国民純生産」＝W「賃金＋利子＋地代」＋P「利潤」）に改めることによる「事業税の外形標準化」として実現する。事業税を所得型付加価値税に改めれば、事業税が事業活動に応じた課税となる。そうなると地方自治体は、公共サービスによって地域社会の事業活動を活発化すればするほど、安定的な財源が確保できる（逆に安定的な財源が確保できれば、地方自治体は地域社会の事業活動を活発化させる公共サービスも増大させることができる）。さらに地方税体系は、こうした所得の生産局面で比例的に課税される地方税を追加しただけでも不十分である。と言うのは、所得の生産局面での課税では、その市町村で生産活動を行う人々にしか課税されないからである。市町村には生産活動だけでなく、観光地や別荘地に見られるように、消費活動を行うために来る人々も市町村の公共サービスを利用しているので、消費に比例した負担を拡充することが必要である（日本では、現在、こうした地方税としての地方消費税が存在しているので、この地方消費税のウエイトを高めることが必要である）。」

このように、「地方税では所得循環の生産・分配・消費と言う三つの局面でバランスをとって課税する必要があり」、こうした地方税体系を構築していく事が公費負担方式の福祉財政にとって必要であり課題でもある。そして、こうした地方税体系でもってしても、健康で文化的な最低限度の社会福祉の推進の際に、地方自治体間の福祉財政の格差が発生した場合、中央政府の地方交付税によって是正していく事が必要になってくる。

以上の課題を達成していく事は、土台の資本主義社会の生産様式に規定された新自由主義的な考え方に基づく社会福祉、つまり国及び地方自治体の公的責任の縮小及び放棄、公的福祉の解体と民営化・営利化（商品化）と言う方向に向かう現在の社会福祉を転換させ、国及び地方自治体の公的責任と公費負担方式による福祉等の利用者のための地方主権的な福祉財政を実現することにもなると思われる。

10) 河野正輝「生存権理念の歴史的展開と社会保障・社会福祉」（社会保障・社会福祉大事典刊行委員会編『社会保障・社会福祉大事典』旬報社、2004年、482-486頁）。

11) フリードリヒ・エンゲルス.、土屋保男・その他訳『家族・私有財産・国家の起源（新日本出版社、2001年、27頁）。

12) 宮本みち子「生活とは何か」（松村祥子・その他著『現代生活論』有斐閣、1988年、22-23頁）。

13) 新しい機械の採用等によって平均水準以上の生産力を持つようになった資本家が手に入れる、普通より多い剰余価値の事。この資本家の商品の個別価値は社会的価値より低いが、資本家はその商品の社会的価値を基準にして売る事ができるから、普通より多くの剰余価値（特別剰余価値）を得る（社会科学辞典編集委員会編、前掲書、233頁）。

14) カール・マルクス（岡崎次郎訳）、『資本論』③大月書店、1972年、217頁。

15) カール・マルクス（岡崎次郎訳）、前掲書③、239-240頁。

16) カール・マルクス（岡崎次郎訳）、前掲書③、241頁。

17) 流動的な過剰人口は、一時的失業者である（宮川実著『マルクス経済学辞典』青木書店、190頁）。

18) 潜在的な過剰人口は、没落していく小生産者ことに農民である（宮川実著『マルクス経済学辞典』青木書店、1965年、190頁）。

19) 停滞的な過剰人口は、定職を失いきわめて不規則につけるだけの者である（宮川実著『マルクス経済学辞典』青木書店、1965年、190頁）。

20) 特に障害のある人の雇用率（労働力［抽象的人間労働力］の使用権を販売できない人々の率）が低い。因みにその雇用率を見ると、「2011年6月1日の障害者雇用状況は、民間企業の法定雇用率達成企業の割合は45.3%であり、54.7%が達成していない（財団法人厚生統計協会編『国民の福祉と介護の動向・厚生の指標』増刊・第59巻第10号・通巻925号、2010年、135頁）。この為に、生活保護を受給しなければ、障害のある人々の人間らしい健康で文的な生命（抽象的人間生活力・抽象的人間労働力）の維持・再生産・発達・発揮は不可能である。因みに生活保護の受給実態を見ると、「生活保護を受けている傷病・障害者世帯は全体の33.1%にあたる。」（財団法人厚生統計協会編『国民の福祉と介護の動向・厚生の指標』増刊・第59巻第10号・通巻925号、2010年、188頁）。

21) 宮川、前掲辞典、189-190頁。

22）橘木俊詔著『日本の教育格差』（岩波書店、2010年、54頁）。

23）橘木、前掲書、167頁。

24）福島みずほ著『格差社会を考える』（明石書店、2007年、28頁）。

25）センの「ケイパビリティ」（潜在能力＝capability）は、人が自分のしたい事ができる能力を表現したものである。ケイパビリティは人がどのようなファンクショニングを実現できるか、その選択肢の広がりを示す事によって実質的な自由を表現しようとする概念である（野上裕生「アマルティア・センへの招待」絵所秀紀・その他編著『アマルティア・センの世界』晃洋書房、2004年、4頁）。

26）Sen,Amartya, 鈴木興太郎訳、前掲書、41-42頁。

27）Sen,Amartya, 鈴木興太郎訳、前掲書、21-22頁。

28）橋本佳博・その他著『障害をもつ人たちの憲法学習』（かもがわ出版、1997年、199頁）。

29）Sen,Amartya, 鈴木興太郎訳、前掲書、42頁。

30）二宮厚美著『発達保障と教育・福祉労働』（全国障害者問題研究会出版部、2005年、74頁）。

31）二宮、前掲書、115-150頁。

32）高島進著『社会福祉の歴史』（ミネルヴァ書房、1994年、10頁）。

33）高島、前掲書、11-12頁。

34）高島、前掲書、16-17頁。

35）高島、前掲書、26-31頁。

36）バースニ・Q・マジソン（光信隆夫・その他訳）『ソ連の社会福祉』（光生館、1974年）。

37）1959年度版『厚生白書』、13頁。国家（地方自治体も含む）による福祉政策の個人的費は、潜在能力（抽象的人間労働力〔人間が労働の際に支出する脳髄・神経・感官・筋肉等を意味する〕＝労働力）の維持・再生産である。牧野広義氏が指摘為れているように、「労働者はその個人的消費を自分自身のために行うのであって、資本家のために行うのではないということは、事態に、なんのかかわりもない。……労働者階級の不断の維持と再生産は、資本の再生産のための恒常的条件である。資本家はこの条件の実現を、安心して労働者の自己維持本能と生殖本能にゆだねることができる。」（カール・マルクス〔資本論翻訳委員会訳〕『資本論』第四分冊、新日本出版社、1983年、981頁）このように国家による福祉政策の「労働者の個人的消費は、労働者自身の生命維持のために、また結婚し、子どもを産んで育てるために行われる。しかし、そのことがまさに『労働者階級の不断の維持と再生産』なのです。資本家にとって願ってもないことが、労働者自身の『自己維持本能と生殖本能』によって行われるのです。」（牧野広義著『資本論から哲学を学ぶ』学習の友社、2007年、189頁）まさに「『一石三鳥』だと言ってもいいでしょう。なぜなら、先の①労働力（抽象的人間労働力－挿入、筆者）による剰余価値の生産と、②個人的消費による労働力（抽象的人間労働力－挿入、筆者）の再生産に加えて、③個人的消費は労働者を労働市場に再出現させるのです。」（牧野、前掲書、189－190頁）それゆえ、労働者の潜在能力（抽象的人間労働力＝労働力）の不断の維持と再生産が、資本主義社会の生産様式（土台）に絶対的規定された国家（上部構造）の福祉政策にもなるのである。

38）「働き口をみつけることができず、資本の蓄積が必要とするのにくらべて『過剰』となった失業あるいは半失業の労働者のこと。資本主義のもとでは、生産力が増大するにつれて、資本の有機的構成が高まり、労働者をやとうための資本部分（可変資本）は絶対的には増大するが、生産手段を買い入れるための資本部分（不変資本）とくらべて相対的には少なくなる。すなわち、労働力にたいする需要が相対的に少なくなる。このことから、労働力の一部は資本の蓄積が必要とするのにくらべて相対的に過剰になり、相対的過剰人口がうまれる。……相対的過剰人口には、流動的・潜在的・停滞的過剰人口および極貧層がある。」（社会科学辞典編集委員会編、前掲書、191頁）流動的過剰人口は、「資本蓄積の過程で生産の縮小や新しい機械の導入などのため一時的に失業した労働者層のこと。」（社会科学辞典編集委員会編、前掲書、326頁）潜在的過剰人口は、「はっきり失業というかたちをとらず潜在化している。……かれらは、農業では一年のうちわずかの日数しか働けないし、工業でも働き口がみつからないので、農村でどうにかくらしている状態にある。」（社会科学辞典編集委員会編、前掲書、185頁）停滞的過剰人口は、「ふつうの労働者より就業は不規則・不安定であり、賃金はひじょうに低く、労働時間は長い。」（社会科学辞典編集委員会編、前掲書、221頁）極貧層は、「相対的過剰人口の最下層で、『公的扶助』を必要とする長期の失業者、孤児、零落者、労働能力喪失者、ルンペン・プロレタリアートなどからなる。」（社会科学辞典編集委員会編、前掲書、92頁）。

39）1959年度版『厚生白書』、13頁。

第6章　社会福祉とは何か

1．はじめに

　我が国の近年の社会福祉研究は、社会福祉（上部構造）の本質解明及び筆者の
ように現代資本主義社会の生産様式[1]（土台）との連関で社会福祉内の基本的矛
盾（基本的矛盾は、社会福祉の発展の原動力である）と課題を解明していくと言
うよりは、資本主義社会の生産様式との無連関と無法則の個々の社会福祉サービ
スの細部に亘る実証的な分析、プラグマチティブな実践研究、福祉実践（福祉労働）
の観点が欠落した思弁的（思弁的と言うのは、経験による事なく、ただ純粋な思
考によって経験を越えた真理の認識に到達しようとする事である）な社会福祉研
究、社会福祉の国際的類型論、外国の社会福祉の啓蒙論、権威者の単なる継承の
発展のない社会福祉論の教条主義的な啓蒙論等にその主要な関心を移行させ、し
かも財貨（貨幣及び非貨幣）・社会福祉の法制度・福祉政策・社会福祉援助技術・
社会福祉運動・福祉経営・生活インフラ等の福祉手段の側に視点を置いた研究が
殆どである（本書の序章）。しかしアマルティア・セン（ノーベル経済学賞の受
賞者）が指摘されているように、「財貨（福祉手段－挿入、筆者）の支配は福祉
という目的のための『手段』であって、それ自体（福祉手段自体－挿入、筆者）
として目的（福祉目的［福祉利用者の多様な個人及び共同の潜在能力の維持・再
生産・発達・発揮の成就］－挿入、筆者）にはなり難い」（アマルティア・セン
［鈴木興太郎訳］『福祉の経済学』岩波書店、1997 年、44 頁、傍点、筆者）。また
福祉手段を使用して、それぞれの福祉利用者の多様な個人及び共同の潜在能力に
よって「『福祉』（well-being）はひと（福祉利用者－挿入、筆者）が実際に成就
するもの―彼／彼女の『状態』（being）はいかに『よい』（well）ものであるか
―に関わっている。」（セン、前掲書、15 頁、傍点、筆者）ものであるので、福
祉利用者の多様な個人及び共同の潜在能力の維持・再生産・発達・発揮の成就と
の無関連の福祉手段のみの社会福祉論は、人間（福祉利用者）が実際に成就する
状態の社会福祉（福祉目的）を論じたことにはならないと考える。つまり「生存
に必要なさまざまなモノ（社会福祉労働〔福祉施設の建物モノや福祉施設内で提
供される食事等の社会福祉労働手段も含む〕によるサービスそのモノあるいは社
会福祉の法制度そのモノの福祉手段－挿入、筆者）は、人間（福祉利用者－挿入、

筆者）にあって不可欠なものであるが、そのモノ（社会福祉労働によるサービスそのモノあるいは社会福祉の法制度そのモノの福祉手段－挿入、筆者）の価値（使用価値－挿入、筆者）はそれを活用する人間（福祉利用者－挿入、筆者）の潜在能力によって可変的である。したがって、人間（福祉利用者－挿入、筆者）生活の福祉を考える場合にはモノ（社会福祉労働によるサービスそのモノあるいは社会福祉の法制度そのモノの福祉手段－挿入、筆者）それ自体（社会福祉労働によるサービスそのモノあるいは社会福祉の法制度そのモノの福祉手段－挿入、筆者）ではなく、それを使用して生きる人間（福祉利用者－挿入、筆者）の潜在能力に視点を移して、その発展を考えなければならない、」（二宮厚美著『発達保障と教育・福祉労働』全国障害者問題研究会出版部、2005 年、87 頁、傍点筆者）と明言することができるが、しかし筆者は人間（福祉利用者）が生きて福祉を成就していく為には物質的福祉手段（衣食住〔モノ〕）が絶対的に必要であると考えるので（史的唯物論の視点）、モノ（福祉手段）の保障と福祉の目的（社会福祉の使用によって人間らしい健康で文化的な生活を享受し、人間らしい健康で文化的な生活活動［機能］の基盤である多様な個人及び共同の潜在能力の維持・再生産・発達・発揮［機能］の保障）を統一的に捉えていくことが重要であると考える。ともあれ福祉手段の側に視点を置いた従来の社会福祉研究及び社会福祉論は、その事自体は社会福祉研究及び社会福祉論の範囲の広さと自由を示すもので一定の意義があり、そして学問（学問とは、一定の理論に基づいて体系化された法則的知識と方法を意味する）の自由を表すものであると考える。しかし、社会福祉の本質解明あるいは現代資本主義社会の生産様式との連関で社会福祉の基本的矛盾の解明とその基本的矛盾との連関でしかも合法則的な社会福祉の課題の解明は必ずしも座視されて良いものではない。

　そして今日ほど社会福祉とは何かの本質（価値・剰余価値）を解明していく必要があると考える。と言うのは、大友信勝氏が指摘されているように、「新カリキュラムでは、社会福祉の基本的性格全体像を貫く原理や概念を思想、価値、あるいは歴史的な考察が、さらに弱められている。……『社会福祉とは何か』を教育するのに、『社会福祉』から『社会』をとり、『福祉政策と福祉制度』から『現代の福祉』をとりあげるシラバスになっている。社会福祉の政策と対象は相互に関連性をもっているが、政策主体の立場から政策・制度に焦点をあて、そこから『社会福祉とは何か』を取りあげると何がおきやすいだろうか。政策主体の財政の事

情を中心に、政策・制度の説明、解釈が論じられ、当事者・利用者の生活問題が二次的になり、社会福祉成立の根拠、発展の思想、運動が軽視されやすくなる[2]。」（傍点、筆者）と言う懸念は良く理解できる。しかし、筆者にとって「社会」は一般的な社会を意味するものではなく、現代資本主義社会を意味し、現代資本主義社会の生産様式との連関で社会福祉の基本的矛盾の分析と総合によって社会福祉の法則（法則とは、資本主義社会の生産様式の条件の下に法則的に生成する社会問題としての生活問題［必需的な生活手段＝所得・教育等の不足・欠如と生活手段の不足・欠如から関係派生的に生成してきた福祉利用者の人間らしい健康で文化的な生活活動「機能」の基盤である多様な個人及び共同の潜在能力＝抽象的人間生活力＝生活力・抽象的人間労働力＝労働力の維持・再生産・発達・発揮「機能」の阻害＝福祉利用者の多様な個人及び共同の潜在能力の不足・欠如の生活問題］と福祉利用者の生活問題に対応する社会福祉労働の現象の間の普遍的・必然的関係、つまり、社会問題としての生活問題に対応する資本主義社会の土台である生産様式における社会福祉の必然性及び福祉利用者の社会問題としての生活問題に対応する社会福祉労働に内在する使用価値と価値・剰余価値との普遍的・必然的関係及び矛盾対、そして資本主義社会における福祉労働手段＝福祉事業所、福祉施設等の社会化による使用価値としての社会福祉の社会福祉の発展と剰余価値としての社会福祉の没落を意味する）を究明し、法則に基づいた社会福祉の福祉実践（福祉労働）の課題を考察する理論（理論とは、科学［科学とは、福祉観察や福祉労働・福祉運動等の経験的手続きによって実証された法則的・体系的知識を意味する］において福祉利用者の社会問題としての生活問題及び社会福祉労働等を統一的に説明し予測する事のできる普遍性を持つ法則的かつ体系的な知識を意味する）体系の構築と論理必然的（合法則的）に未来の観点から「労働者が自らの手でつくりだした富である社会的総労働生産物（社会的総生活手段－挿入、筆者）を、福祉と国民生活のために控除（充当－挿入、筆者）することができるようになる」（聴濤弘著『マルクス主義と福祉国家』大月書店、2012 年、149 頁）ために及び弁証法的発展（弁証法的発展とは、資本主義社会の生産様式における古い社会福祉に対する社会福祉の低いレベルから高いレベルへ、単純なものから複雑なものへと言う前進過程であり、その前進過程で以前にはなかった新しい社会福祉が法則的に生成してくるような変化である）の観点から構造的に福祉を第一義的に実現する高い段階のアソシエーション（共産共生）社会（アソシエーショ

ン［共産共生］社会においては、共同の生産手段及び労働者の民主的［民主主義の主たる属性は、基本的人権・自由・平等・多数決原理・法治主義である］自治による生産手段の管理・運営の下で、各自の生産者の多様な潜在能力［抽象的人間労働力］に応じて労働する自由で平等な協同団体［協同団体以外に、国家・地方自治体・労働組合・株式会社・会社員自主管理・労働者協同組合・等を基礎とする生産手段の多様な所有形態が考えられる－挿入、筆者］を基礎にして生産を行い、生産された生産物［生活手段］は各自の必要に応じて分配を受け各 自の所有物となる社会）における完全に福祉利用者の多様な個人及び共同の潜在能力に適合した社会的及び公的責任・具体的権利・社会福祉の必要充足の原理の新しい質の社会福祉（アソシエーション［共産共生］社会おける新しい質の社会福祉は、社会福祉労働者の労働力の商品化を廃止し、協同組合・国家・地方自治体・労働組合・労働者協同組合・社会福祉法人等の社会福祉労働手段〔福祉施設や福祉事業所等〕の共同占有の下で、福祉利用者・社会福祉労働者の徹底した民主的［民主主義の主たる属性は、基本的人権・自由・平等・多数決原理・法治主義である］自治による管理・運営＝当事者主権［福祉利用者や社会福祉労働者］による社会福祉労働者の個人的所有［所得］を再建する協同組合・国家・地方自治体・労働組合・労働者協同組合・社会福祉法人等の連合社会福祉の事である）を展望する事が本書での課題である。

　ところが、次のような社会福祉の法則そのものの解明を否定する考え方もある。「そもそも社会福祉研究は、わが国の『社会福祉理論』の伝統からいうなら『現実の科学』であり、実践の学である。法則定立科学ではなく、実践科学、課題解決型の科学として社会福祉学が存在するというのが社会福祉領域の学界の一般的意見であろう[3]」（傍点、筆者）と言う考え方もあるが、「社会福祉研究が現在のところ、必ずしも社会福祉学として学問的に確立していない段階にあり」（京極高宣著『社会福祉学とは何か』全国社会福祉協議会、1998 年、139 頁、傍点、筆者）、「学として独立した体系化を完成させること……。その場合、社会福祉の法則性が存在することを検証することが不可欠な課題で」（京極、前掲書、144 頁、傍点、筆者）あるので、他の社会科学の分野から社会福祉は学問ではないと批判されるのも尤もな事である。勿論、社会福祉学は法則の解明に留まるものではない。つまり、筆者が本書第 2 章「社会福祉学の理論的認識と実践的認識の統一」で述べているように、単に社会福祉の法則的な理論的認識（構造的認識［社会問

題としての生活問題と社会福祉労働との必然的関係・法則の認識］）に留まらず、社会福祉の法則的な理論的認識から導き出される社会福祉の福祉実践（福祉労働）的認識（機能的認識「福祉利用者が社会福祉労働手段も含む社会福祉労働を享受し、人間らしい健康で文化的な生活活動＝機能の基盤である多様な個人及び共同の潜在能力〔抽象的人間生活力・生活力＝人間が生活の際に支出する脳髄、神経、筋肉等を意味する・抽象的人間労働力・労働力＝人間が労働の際に支出する脳髄、神経、筋肉等を意味する〕の維持・再生産・発達・発揮［機能］の成就」）にまで進まなければならない。例えば、カール・マルクス、大友信勝氏、アマルティア・センが指摘されているように、「受給貧民は、現役労働者軍の廃兵院、産業予備軍の死重をなしている。受給貧民の生産は相対的過剰人口の生産のうちに含まれており、その必然性は相対的過剰人口の必然のうちにふくまれているのであって、受給貧民は相対的過剰人口とともに富の資本主義的な生産および発展の一つの存在条件になっている。……この産業予備軍が現役労働者軍に比べて大きくなればなるほど、固定した過剰人口はますます大量になり、その貧困はその労働苦に正比例する。最後に、労働者階級の極貧層と産業予備軍とが大きくなればなるほど、公認の受給貧民（生活保護を受給している貧困者－挿入、引用者）もますます大きくなる。これが資本主義的蓄積の絶対的な一般的な法則である[4]。」（カール・マルクス）と言う認識は法則を認識する理論的認識（構造的認識）であり、「社会福祉とは格差・貧困問題を現代社会における生活問題として認識し、社会的困難に直面している人びとの暮らしと自立を支え、人びとがその人らしくいきていくうえで必要な生活問題の改善・解決をはかる社会的方策と考えている[5]。」（大友信勝）と言う認識と「『福祉』（well-being）はひと（福祉利用者－挿入、筆者）が実際に成就するもの—彼／彼女の『状態』（being）はいかに『よい』（well）ものであるか—に関わっている[6]。」（傍点、筆者）（アマルティア・セン）ので、社会福祉労働（福祉手段）等を通していかに人間らしい健康で文化的な福祉利用者の多様な個人及び共同の潜在能力（抽象的人間生活力・抽象的人間労働力）によって人間らしい健康で文化的な生活＝福祉（福祉目的）を成就させていくかの認識は、実践を志向する福祉実践（労働）的認識（機能的認識）である。だから社会福祉学の研究にとって重要なのは、両者（理論的認識と実践［労働］的認識）の統一的認識であり、言わば松村一人氏が指摘されているように、学問は「対象（法則［理論］－挿入、筆者）と実践的見地との両者をその内に含んでいる[7]。」

と考える。

2. 社会福祉の概念規定

(1) 社会福祉の概念規定

①分析の前提

　我々は、日常、個人あるいは家庭で多様かつ必需的な生活手段（衣食住等）を生活活動＝機能（生きていく為の活動）の過程で享受（消費）して人間らしい健康で文化的な生活活動（機能）の基盤である多様な個人及び共同の潜在能力（抽象的人間生活力＝生活力・抽象的人間労働力＝労働力）の維持・再生産・発達・発揮（機能）を成就している。宮本みち子氏が指摘されているように、「生活は大きく分類すれば、必需的な生活基盤機能と、そのうえに展開される生活創造機能に分けられる。前者は人間の生理的再生産に関係する必需的部分である。内容は、①職機能、②健康維持機能、③衣装機能、④住機能、⑤移動機能、に分けられる[8]。」後者は、「①娯楽機能、②教育機能に分けることができる[9]。」

　何らかの社会的原因（第３章の「社会科学的視点の生活問題」において前述している相対的過剰人口・恐慌等による失業等）で個人あるいは家庭で生活手段（所得及び教育等）の不足・欠如の為に、人間らしい健康で文化的な生活活動（基盤）の基盤である多様な個人及び共同の潜在能力（抽象的人間生活力＝生活力・抽象的人間労働力＝労働力）の維持・再生産・発達・発揮（機能）を成就していく事が部分的あるいは全体的に不可能になった場合、社会福祉労働（社会福祉労働手段も含む）が福祉利用者の福祉手段（社会福祉労働は福祉利用者にとって福祉手段であるが、一般的な生活手段と違って、福祉手段の享受能力等を引き出してくれる特殊な福祉手段である）として適合していくが、日常の生活過程で福祉利用者の生活活動（潜在的能力の発揮［機能］）によって成就していく事と違いは無い。そして、富沢賢治氏が現代資本主義社会における生活矛盾（生活問題）を経済的社会構成体（経済的社会構成体は、生産力の一定の発展段階に照応する生産関係の総体を経済的土台［資本主義社会の生産様式］として捉え、社会的・政治的・精神的諸関係を、そのような土台の上に必然的に成り立った上部構造として捉え、両者を統一的に総括した概念である[10]）に照応した全社会的生活過程との連関で考察されているように[11]、社会福祉も全社会的生活過程との連関で考察していく事が重要と考える。

それでは、現代資本主義社会の社会福祉は全社会的生活過程の中でどこに位置づけられるのであろうか。カール・マルクスが指摘されているように、「われわれはあらゆる人間的存在の、したがってまたあらゆる歴史（原始共同体における相互扶助活動、奴隷社会における都市国家の救済制度、封建社会における農村の荘園の相互扶助活動及び都市ギルドの相互扶助活動・慈善活動と絶対王政下の救貧制度、資本主義社会における社会福祉、社会主義社会における社会福祉の歴史−挿入、筆者）の、第一の前提、すなわち人間たちは『歴史をつくり』うるために（福祉の成就の為に−挿入、筆者）生きることができねばならないとう前提を確認することからはじめねばならない[12]」。そして、福祉利用者が生きて人間らしい健康で文化的な生活活動（機能）の基盤である多様な個人及び共同の潜在能力（抽象的人間生活力＝生活力・抽象的人間労働力＝労働力）の維持・再生産・発達・発揮（機能）を成就する為には、「なにはさておき飲食、住、衣、その他、若干のことがなくてはかなわない。したがって最初の歴史的行為（福祉の成就の為の歴史的活動−挿入、筆者）はこれらの必要の充足のための諸手段の産出、物質的生活そのものの生産であり、しかもこれは、今日もなお何千何年と同じように人間たちをただ生かしておくだけのために日々刻々、果たさなければならぬ一つの歴史的行為（福祉の成就の為の歴史的活動−挿入、筆者）であり、あらゆる歴史（福祉の成就の為の歴史的生活過程−挿入、筆者）の根本の条件である[13]」。

　とするならば、社会福祉の土台は物質的生産（生活手段の生産）であり、その生産様式（生産様式は、生産力と生産関係との統一で、一定の生産力と一定の生産関係とから成り立つ）である。つまり、富沢賢治氏が指摘されている経済的生活過程（資本主義社会の生産様式）であり、その「経済的生活過程は、物質的富（生活手段−挿入、筆者）の生産、分配、交換、消費の過程から成る。生産諸力を用いて人間が相互に関連しあって自然との資料変換をどのように行うかというその様式に、歴史的な社会構造を問題とする視点から形態規定を与えたものが生産様式であり、資料変換のさいの諸個人間の関連を生産様式という概念装置を通して整序してとらえかえしたものが生産関係である[14]。」

　この経済的生活過程の土台の上に社会的生活過程[15]、政治的生活過程[16]、精神的生活過程[17]が位置し、国家（地方自治体も含む）及び国家等の公的あるいは民間の社会福祉は社会的生活過程・政治的生活過程・精神的生活過程に属するが、経済的生活過程が社会的生活過程、政治的生活過程、精神的生活過程を条件

づけるのである。言わば、「国家諸形態は……物質的な諸生産関係（資本主義社会の生産様式－挿入、筆者）に根ざしており[18]」、国家等の公的あるいは民間の社会福祉は絶対的に経済的生活過程（資本主義社会の生産様式－挿入、筆者）に規定されるが、相対的に社会的生活過程・政治的生活過程・精神的生活過程が国家等の公的あるいは民間の社会福祉を規定する場合がある[19]。

　かくして結論的には、社会福祉の基本的矛盾（使用価値［現象］と価値・剰余価値［本質］の矛盾対［矛盾は、社会福祉発展の原動力である]）を考察していく場合、資本主義社会の生産様式（その特徴は、生産手段の資本主義的所有に基づいて資本家が賃労働者を搾取する事にある。この生産様式では、剰余価値の生産が直接的目的であり、生産の決定的な動機である。資本主義社会の下では、生産の社会的性格と取得の私的資本主義的形態との矛盾が基本的矛盾となっている[20]）との連関で考察していく事が重要であると言える。つまり社会福祉の基本的矛盾の解明は、「法的（社会福祉の法制度・福祉政策等－挿入、筆者）諸関係……、それ自身（社会福祉の法制度・福祉政策自身等－挿入、筆者）で理解されるものでもなければ、またいわゆる人間精神（哀れみや同情の精神、相互扶助の精神、ボランティアの精神、自己責任の精神、愛の福祉精神、自立の精神、共生の精神、平等の福祉思想の精神等－挿入、筆者）の一般的発展から理解されるものでもなく、むしろ物質的な生活諸関係（資本主義社会の生産様式－挿入、筆者）、そういう諸関係（資本主義社会の生産様式－挿入、筆者）に根ざしている」（カール・マルクス［武田隆夫・その他訳]『経済学批判』岩波書店、1956年、12‐13頁、挿入及び傍点、筆者）ので、その基本的矛盾の解明及び社会福祉の法制度・福祉政策等の批判的考察は資本主義社会の生産様式との連関で行わなければならない（従来の社会福祉論の殆どが、資本主義社会の生産様式との無関連で批判的考察が行われ及び論じられていた）。そして、経済的生活過程での生産手段の社会化のような変化と共に、国家等の公的あるいは民間の社会福祉が徐々に、あるいは急激に変革されると見る事ができる[21]。

(2) 社会福祉労働の二つの要因の分析

　ところで、社会福祉は対象（社会問題としての生活問題を担った福祉利用者）、目的（福祉利用者が社会福祉労働［社会福祉労働手段も含む］を享受し、人間らしい健康で文化的な生活活動［機能］の基盤である多様な個人及び共同の潜在能

力［抽象的人間生活力＝生活力・抽象的人間労働力＝労働力］の維持・再生産・発達・発揮［機能］を成就する事）、手段（社会福祉労働）を総体的に捉え、そして、社会福祉の政策主体（総資本・国家［市町村も含む］等）と福祉利用者を媒介しているのも社会福祉労働である。つまり、福祉利用者が実際に日常の生活過程で社会福祉労働を享受し、人間らしい健康で文化的な生活活動（機能）の基盤である多様な個人及び共同の潜在能力（抽象的人間生活力＝生活力・抽象的人間労働力＝労働力）の維持・再生産・発達・発揮（機能）を成就しているのは事実（科学は理念や仮定等から出発するのではなく、事実から出発するものである）の現象であり、政策主体の目的（価値・剰余価値の支配）を享受しているのも社会福祉労働によるものである。従って筆者はこの事実の現象の確認から社会福祉労働を社会福祉の本質の研究の研究端緒とする。そして、福祉利用者の福祉手段としての現代資本主義社会の生産様式における社会福祉労働の現象は、国家等の公的あるいは民間企業（特に社会福祉基礎構造改革以降後、企業の商品としての社会福祉労働サービスが増加している）の社会福祉労働以外のボランティア活動や非営利活動が拡大しているとは言え、支配的には国家等の公的あるいは民間（社会福祉法人組織）の疑似商品としての社会福祉労働が多く見られる。つまり、真田是氏が指摘されているように、「①金銭給付及び貸し付け、②福祉施設提供、③生活補助設備、器具の提供、④機能回復・発達のための設備、器具の提供、⑤生活の介助・介護、⑥予防・治療のための医療給付、⑦生活指導を含む機能回復・発達のためのリハビリテーション、⑧職業訓練給付、⑨診断・あっせん処置を含む相談などの人的手段を通じた直接的な現物給付、⑩問題発見や解決のための調査活動、⑪問題解決のための社会資源の伝達や社会的認識向上のための広報活動、⑫問題解決のための地域住民や関係団体、関係施設などの組織活動、⑬社会資源の有効活用のための連絡調整活動などの間接手段の提供[22]」等の社会福祉労働の事実の現象として見られ、しかも多くの場合、これらの社会福祉労働は複合的に行われ、また、社会福祉の歴史の発展過程においてその社会福祉労働の量と質は相違する。とは言え、これらの社会福祉労働の事実の現象を通して、社会福祉労働の二つの内在的な要因を分析していく事が重要である（従来の社会福祉研究及び社会福祉論においては、こうした社会福祉労働の分析は全くなされていなかった）。

　とするならば、社会福祉労働の具体的有用性は第一に、福祉手段として福祉利

用者の何らかの種類の社会福祉の必要充足の欲望（要求）を部分的あるいは全体的な享受に関係しているのである（つまり、福祉利用者が人間らしい健康で文化的な生活活動［機能］の基盤である多様な個人及び共同の潜在能力［抽象的人間生活力＝生活力・抽象的人間労働力＝労働力］の維持・再生産・発達・発揮［機能］を行う事ができる欲望（要求）を享受できる具体的有用性）。この欲望（要求）の享受は、それが例えば物質的生産物（福祉施設、福祉機器、生活保護制度の金銭、福祉手当の金銭等）で生じようと、人的サービス（介護福祉サービス等）あるいは物質的生産物と人的サービスとの併用で生じようと、少しも福祉利用者にとってその使用価値の事柄の性質を変えるものではない。重要なのは、社会福祉労働が福祉利用者に対象化（社会福祉労働の対象化とは、福祉利用者に社会福祉労働手段と伴に社会福祉労働者の抽象的人間労働の凝固の社会関係を意味する）・共同化（社会福祉労働の共同化とは、二宮厚美氏が指摘されているように、社会福祉労働をひとつの労働過程として捉えた場合、社会福祉労働者がその労働主体となるが、社会福祉労働者と福祉利用者とのコミュニケーション過程の面から見ると、社会福祉の必要性・欲望（要求）の発信主体は福祉利用者であり、社会福祉労働は福祉利用者の了解・合意を前提にして、ひとつの共受関係に入る事を意味する。そして、社会福祉労働者は福祉利用者の生活活動［機能］の基盤である多様な個人及び共同の潜在能力［抽象的人間生活力＝生活力・抽象的人間労働力＝労働力］に非言語及び言語的コミュニケーションを媒介にして働きかけ、その生活活動［機能］の基盤である多様な個人及び共同の潜在能力［抽象的人間生活力＝生活力・抽象的人間労働力＝労働力］を顕在化〔発揮〕させる事によって、福祉利用者は人間らしい健康で文化的な生活活動［機能］の基盤である多様な個人及び共同の潜在能力［抽象的人間生活力＝生活力・抽象的人間労働力＝労働力］の維持・再生産・発達・発揮［機能］を成就しているのである[23]）され、福祉利用者の社会福祉の欲望（要求）が享受される事によって、福祉利用者の人間らしい健康で文化的な生活活動（機能）の基盤である多様な個人及び共同の潜在能力（抽象的人間生活力＝生活力・抽象的人間労働力＝労働力）の維持・再生産・発達・発揮（機能）に部分的あるいは全体的に関係していると言う事は二重の観点から、即ち量と質の面から分析していく必要があるが、その具体的有用性は福祉利用者にとって使用価値になる。しかもこの使用価値は、福祉利用者の社会福祉労働の使用関係や社会福祉労働の実体（実態）に制約されているので、その使

用・享受関係や実体（実態）なしには存在しない。それ故、社会福祉労働における人的サービスの提供そのもの、生活手段提供そのもの、金銭給付そのもの等との使用・享受関係やその実体（実態）が使用価値なのである。そして、使用価値はどれぐらいの人的サービス、どれぐらいの福祉手段、どれぐらいの金銭と言ったような、その量的な規定性が前提とされ、また、実際の使用と享受によってのみ成就される（つまり、実際に使用と享受されていない社会福祉は潜在的社会福祉であり、実際に使用と享受されている社会福祉は顕在的社会福祉である）。さらにこの使用価値は、原始共同体における相互扶助活動 24)、奴隷社会における都市国家の救済制度 25)、封建社会における農村の荘園の相互扶助活動及び都市ギルドの相互扶助活動・慈善活動と絶対王政下の救貧制度 26)、資本主義社会における社会福祉 27)、社会主義社会における社会福祉 28)、にも存在しており、社会福祉の素材的な内容をなしている。

　使用価値はなによりもまず、多様に異なった量と質でありその具体的有用性であるが、その使用価値を捨象するならば、社会福祉労働に残っているものは無差別に抽象的人間労働（人間が労働の際に支出する脳髄・神経・筋肉等を意味する）の、その支出形態（人的サービス提供形態の社会福祉労働、住宅提供形態の社会福祉労働、食物提供形態の社会福祉労働、金銭給付形態の社会福祉労働等）には関わりの無い抽象的人間労働の支出の、ただの凝固の社会関係のほかにはなにもない。これらの事が意味しているのは、ただ、その福祉利用者に社会福祉労働者の抽象的人間労働が対象化・共同化され、福祉利用者の体内に抽象的人間労働が積み上げられ享受されていると言う事だけである。このような社会福祉労働の社会関係の結晶として、これらのものを価値（価値の社会的実体は、抽象的人間労働である）と言う。つまり、抽象的人間労働が価値になるのは、人間の存在の根本的要素である自然素材と抽象的人間労働とが結合し、凝固状態の社会関係にあるからである。とするならば、福祉利用者（人間）と雖も自然素材と同次元（人間も自然的存在であり自然の一部であると言う意味）にあり、しかも人間（福祉利用者）に対して社会福祉労働者の抽象的人間労働が社会福祉労働手段とコミュニケーションを媒介として対象化・共同化され、福祉利用者がそれを享受（結合し凝固される事）し、人間らしい健康で文化的な生活活動（機能）の基盤である多様な個人及び共同の潜在能力（抽象的人間生活力＝生活力・抽象的人間労働力＝労働力）の維持・再生産・発達・発揮（機能）を部分的あるいは全体的に成就

しているのである（福祉利用者の体内に抽象的人間労働力［労働力］が維持・再生産される）。

　しかし、資本家はややもすると福祉利用者を労働力（抽象的人間労働力）の欠損者あるいは資本の増殖に寄与しない者として認識しがちであり、価値の社会的実体とは無関係であると見なしがちである。この認識は事実と反する。と言うのは、例えば、障害者総合支援法において障害のある人（本章で「障害者」と言う用語を使用しない理由は、「障害者」と言う用語が恰もその人の全人格を決定づけ、他者と完全に異なる社会的集団であるかのような誤解を与えやすいからである）が就労継続支援施設（畳を製造している就労継続支援施設）で畳の物質的生産と自らの生活活動（機能）の基盤である多様な個人及び共同の潜在能力（抽象的人間生活力＝生活力・抽象的人間労働力＝労働力）の維持・再生産・発達・発揮（機能）を成就しているのは最も良い例である。

　では、価値の大きさはどのようにして計られるのであろうか。それに含まれている価値を形成する社会的実体の量、すなわち社会福祉労働の量によってである。社会福祉労働の量そのものは、その社会福祉労働の継続時間で計られ、労働時間いわゆる一時間とか一日とかと言うような一定の時間部分をその度量標準としている。そして、価値はその社会福祉労働中に支出される労働量によって規定されると考えられる。そして、ある社会福祉労働者が怠惰または不熟練であればあるほど多くの労働時間を必要とするので、価値が大きいと思われるかも知れない。しかし価値の社会的実体をなしている労働は、同じ抽象的人間労働である。社会福祉労働界の価値となって現れる総労働は、無数の個別的労働から成り立っているが、ここでは一つの同じ抽象的人間労働と見なされるのである。これらの個別的労働のおのおのは、それが社会的平均労働と言う性格を持ち、このような社会的平均労働として作用し、従って社会福祉労働においてもただ平均的に必要な、または社会的に必要な労働時間とは、現在の社会的に正常な社会福祉労働の条件と、社会福祉労働の熟練及び強度の社会的平均度をもって、使用価値・価値の維持・再生産・発達の為に必要な労働時間である。それ故、ある使用価値の価値を規定するものは、ただ社会的に必要な社会福祉労働の量、即ち社会福祉労働を享受している福祉利用者の生活活動（機能）の基盤である多様な個人及び共同の潜在能力（抽象的人間生活力＝生活力・抽象的人間労働力＝労働力）の維持・再生産・発達に社会的に必要な労働時間だけである。また、価値、一定の大きさの凝

固した労働時間でしかない。

　さらに、単に価値を形成するだけではなく剰余価値も形成する。と言うのは、土台（現代資本主義社会の生産様式）に規定された国家の機関である旧厚生省（上部構造）は、社会福祉等の「『人間投資』は、経済発展の基底（経済発展の基底は利潤であり、利潤の原泉は剰余価値である－挿入、筆者）をなすもの、経済発展がそこから絶えず養分を吸収しなければならないものであり、経済の発展に背くものではなく、その発展とともにあるものである[29]」と考えており、社会福祉労働に必要な労働力商品の価値総額よりも高い事を欲するからである。国家は、国家財政を通して社会福祉労働者に労働力の価値（賃金）を支払うが、社会福祉労働者が一労働日（一日の労働時間）中に福祉利用者に対象化・共同化した価値は、社会福祉労働者自身の労働力の価値とこれを超過する部分とを含む。即ち、一労働日は必要労働＝支払い労働と剰余労働＝不払い労働との二つの部分からなるのである。このように、社会福祉労働過程での剰余労働によって作り出された部分の価値を剰余価値と言う。社会福祉労働過程（社会福祉労働過程は労働過程と価値増殖過程に分けられる）で剰余価値が形成されている事は、社会福祉労働者は搾取されている事を意味する。そして、物質的生産・サービス企業の資本にとって最も不可欠な生産要素である労働者そのものの生産・再生産は、資本の生産・再生産過程の一契機である。つまり資本主義社会における国家（市町村も含む）の福祉政策における個人的消費は、潜在能力〔抽象的人間労働力＝労働力〕の維持・再生産である。牧野広義氏が指摘されているように、「労働者（福祉利用者－挿入、筆者）はその個人的消費を自分自身のために行うのであって、資本家のために行うのではないということは、事態になんのかかわりもない。……労働者階級の不断の維持と再生産は、資本の再生産のための恒常的条件である。資本家はこの条件の実現を、安心して労働者（福祉利用者－挿入、筆者）の自己維持本能と生殖本能にゆだねることができる。」〔カール・マルクス［資本論翻訳委員会訳］『資本論』第四分冊、新日本出版社、1983年、981頁〕このように資本主義社会における国家の福祉政策の「労働者（福祉利用者－挿入、筆者）の個人的消費は、労働者（福祉利用者－挿入、筆者）自身の生命維持のために、また結婚し、子どもを産んで育てるために行われます。しかし、そのことがまさに『労働者階級の不断の維持と再生産』なのです。資本家にとって願ってもないことが、労働者（福祉利用者－挿入、筆者）自身の『自己維持本能と生殖本能』によって行われるの

です。」〔牧野広義著『資本論から哲学を学ぶ』学習の友社、2007年、189頁〕ま
さに「『一石三鳥』だと言ってもいいでしょう。なぜなら、先の①労働力（抽象
的人間労働力－挿入、筆者）による剰余価値の生産と、②個人的消費による労働
力（抽象的人間労働力－挿入、筆者）の再生産に加えて、③個人的消費は労働者
（福祉利用者－挿入、筆者）を労働市場に再出現させるのです。」〔牧野、前掲書、
189-190頁〕それ故、労働者（福祉利用者－挿入、筆者）の潜在能力（抽象的人
間労働力＝労働力）の不断の維持と再生産が、資本主義社会の生産様式〔土台〕
に絶対的規定された国家（上部構造）の福祉政策にもなっているのであるが、問
題は富沢賢治氏も指摘されているように、「社会福祉……への国家財政支出の削
減による追加搾取がなされ[30]」、しかも消費税の増税を行って国民に社会福祉の
財政責任を転嫁していることである。

　さらに一般的に、個別資本家側は社会福祉を空費と見なしがちである。しかし、
もしも相対的過剰人口[31]の一員である福祉利用者が存在しなければ、価値及び剰
余価値を究極の目的としている総資本にとって、資本の蓄積及び拡大は不可能で
ある。と言うのは、「資本の蓄積は、沈滞・好況・繁栄及び恐慌という産業循環
を経ながら行われる。そして資本の蓄積は、好況及び繁栄の時期には、突然大規
模に行われる。ところが資本の蓄積及び生産拡大が突然大規模に行われるために
は、大量の労働力が生産過程に存在しなければならない。しかし、人口の自然増
加によってこの膨大な労働力を突然供給する事は不可能である。急速で大規模な
生産拡張が可能なのは、全く相対的過剰人口がつねに存在するからである[32]」。
これらの点と価値増殖過程における搾取に社会福祉等の社会保障に対する資本の
責任と高負担を要求していく社会的根拠があると断定できるが、前述したように
「現実にはその負担の大部分が国家財政をつうじて労働者階級および小ブルジョ
ア層に転嫁されている[33]。」

　このように社会福祉は、福祉利用者の人間らしい健康で文化的な生活活動（機
能）の基盤である多様な個人及び共同の潜在能力（抽象的人間生活力＝生活力・
抽象的人間労働力＝労働力）の維持・再生産・発達・発揮（機能）の使用価値と
現代資本主義社会の資本の再生産（価値と剰余価値）を保障する任務を果たし、
社会福祉の基本的矛盾（基本的矛盾は、社会福祉の発展の原動力である）の統一
対として存在しているが、しかしだからと言って、国家が自発的に社会福祉を創
設したものではない。独占資本の段階において、生活困難な状況下にいる福祉利

用者・労働者の福祉要求及び社会福祉労働者を初めとする労働者階級等に属する人々等が、生活困難からの解放を求めての社会福祉運動（労働組合運動も含む）等に対する譲歩であり、社会的強制によって勝ち取ってきたものである。と言うのは、現代資本主義社会において福祉利用者・労働者のような労働者階級等に属している人々は生産手段・生活手段から疎外されており、生活困難は必然的である（絶対的貧困）。生活困難な状況下の福祉利用者・労働者は、自分の非人間化を認識し、それ故に自分自身を止揚する非人間として生みださざるをえない。かくして、生活困難な状況下にある福祉利用者・労働者、彼に社会福祉の必要性の認識をもたらしめ、内的必然性を持って、人間としての生存を求めて国家に社会福祉を要求していく社会福祉運動に赴かせざるを得ないのである。つまり、生活困難の福祉利用者・労働者の「状態は、現在のあらゆる社会運動の実際の土台であり、出発点である [34]」。そして、こうした社会福祉運動は、「しばしば経済的性格から政治的性格へ移行し、サンディカリズムのいう最高の社会戦争まで発展していく可能性をはらんでいるのであって、このような自体は資本主義制度にとっての構造的危機を意味するものにほかならない [35]」。また、「どこでも政治的支配の基礎には [36]」、社会福祉等のような「社会的な公務活動があったのであり、また政治的支配は、それが自己のこういう社会的な公務活動を果たした場合にだけ長く続いた [37]」のであるが、資本主義社会の生産様式の下に完全な福祉国家は不可能であり、後述するように弁証法的発展（弁証法的発展とは、資本主義社会の生産様式における古い社会福祉に対する社会福祉の低いレベルから高いレベルへ、単純なものから複雑なものへと言う前進過程であり、その前進過程で以前にはなかった新しい社会福祉が法則的に生成してくるような変化である）の観点から合法則的にアソシエーション社会における新しい完全な福祉社会を展望せざるを得ない。

　以上の論述によって社会福祉とは何か、筆者の独自の本質的定義を示すならば、以下のように定義を行う事ができる。つまり、社会福祉とは、現代資本主義社会の生産様式に絶対的に規定されて法則的に生成してきた社会問題としての生活問題（生活手段の不足・欠如と生活手段の不足・欠如から関係派生的に生成してきた福祉利用者の生活活動［機能］の基盤である多様な個人及び共同の潜在能力［抽象的人間生活力＝生活力・抽象的人間労働力＝労働力］の維持・再生産・発達・発揮［機能］の阻害［福祉利用者の多様な個人及び共同の潜在能力の不足・欠如］

の生活問題）の担い手である労働者階級や中間階級等の相対的過剰人口の一員を中心とした人々の生存権的平等保障活動・運動に影響されて、社会問題としての生活問題の担い手に向けられた国家・総資本の為の価値の形成・支配と剰余価値の取得・支配の国・地方自治体の社会福祉の総称であって（本質＝構造的認識）、その本質の現象的表現は、部分的あるいは全体的に福祉利用者の社会問題としての生活問題に対応する精神的・物質的な支援[38]及び保護等の使用価値を、公私の社会福祉労働及び活動・コミュニケーションの生活手段を媒介として、個別的・集団的・組織的及び総合的に保障し、それらの生活手段を福祉利用者が享受し、人間らしい健康で文化的な生活活動（機能）の基盤である多様な個人及び共同の潜在能力（抽象的人間生活力・抽象的人間労働力）の維持・再生産・発達・発揮（機能）を日常の生活過程で成就するところにあると言える（機能的認識）。

3. 本源的規定における社会福祉の使用価値の支援（労働）行為

　社会福祉の本源的規定においては、現代資本主義社会と言う歴史的規定を捨象する事が必要であり、どんな経済的社会構成体にも存在している事に焦点をあてて論じていく。つまり、福祉利用者の多様な個人的及び共同的な潜在能力によって社会福祉の使用価値を享受する事によって、人間らしい健康で文化的な生活活動（機能）の基盤である多様な個人及び共同の潜在能力（抽象的人間生活力・生活力）の維持・再生産・発達・発揮（機能）を成就している事は、人類史の全過程に貫かれている人間にとって永遠のそして根源的な課題である（勿論、その質及び量の程度は、歴史的形態と発展によって異なる）。と言うのは、現在の社会福祉の使用価値の享受に関係する支援（労働）行為は、現代資本主義社会以前の社会における相互扶助、慈善事業・活動、救貧事業・活動にも見られる。

　最初に相互扶助を見てみよう。原始共同体における相互扶助が当時の低生産力水準に規制された共同体内部における所有・生産・生活等の共同に基づいたものであったかも知れないが、しかし同時に、他人の生活困難を支援する最も端緒的かつ自然発生的及び主体的な行為[39]であった事は言うまでもない。とするならば、支援（労働）対象者にとっての使用価値の享受への部分的あるいは全体的な支援（労働）行為の始まりは、私的（個人）としてではなく、社会的な性質の可能性を帯びた共同体（集団）で行われていたと言っても良い。また、救貧法においても、労働意欲のない労働可能者に対する処罰は厳しかったとは言え、支援

（労働）対象者のような労働無能力者として見られがちなものは、「公共的な管理のもとに再建された救治院や救貧院に収容されるか、院外救済が与えられ[40]」て、使用価値の享受に部分的あるいは全体的に関係していた。さらに、支援（労働）対象者に対する慈善活動は、支援行為者の心情的動機による実践であり、支援（労働）行為者の自律を前提とするとは言え[41]、支援（労働）対象者にとっての使用価値に部分的あるいは全体的に関係していた。それ故、社会福祉は第一に前述したどんな特定の経済的社会構成体（原始共同体社会、奴隷社会、封建社会、資本主義社会、社会主義社会）に関わりなく考察しなければならないのである。

　とするならば、社会福祉は第一に、支援（労働）行為者と支援（労働）対象者との間の支援（労働）過程である。この過程で支援（労働）行為者は、支援（労働）対象者に対して支援（労働）行為者自身の行為（コミュニケーションも含む）によって媒介し、規制し、制御するのである。支援（労働）行為者は、支援（労働）対象者にとっての使用価値に部分的あるいは全体的に関係する為に、支援（労働）行為者の身体に備わる自然力、腕や脚、頭や手を動かす。支援（労働）行為者は、この運動によって支援（労働）対象者にとっての使用価値に部分的あるいは全体的に関係し、そうする事によって、同時に支援（労働）行為者自身をも変化させる（支援・労働行為者自身の人間形成に繋がっていく事）。支援（労働）行為者は、自分自身の自然の内に眠っている潜勢力を発現させ、その諸力の営みを自分自身の統御に従わせる。それ故、支援（労働）行為は合目的的な活動と言う事である。と言うのは、支援（労働）行為者は支援（労働）対象者を対象として、支援（労働）行為者の目的（支援・労働対象が使用価値を享受するのに部分的あるいは全体的に関係する事）を実現するのである。その目的は、支援（労働）行為者の頭脳の中に存在している。

　また、支援（労働）行為の過程の単純な諸契機は、合目的的な活動または支援（労働）行為そのものとその対象とその手段である。そして、支援（労働）行為の対象は、生活活動（機能）の基盤である個人及び共同の潜在能力（抽象的人間生活力・生活力）の維持・再生産・発達・発揮（機能）の困難な状況下にいる支援（労働）対象者である。さらに支援（労働）行為の手段は、支援（労働）行為者によって支援（労働）行為者と支援（労働）対象者との間に入れられて、支援（労働）対象者への支援（労働）行為者の働きかけの導体として、支援（労働）行為者の為に役立つものまたは色々な物の複合体である。それ故、支援（労働）行為者は、

その手段の色々な物的、物理的、科学的、栄養的、医学的、教育的等の性質を利用して、それらの物を、支援（労働）行為者の目的に応じて、他の色々な物に対する力手段として作用させる。土地（例えば、福祉施設を建てる場所等）と自然環境（保育園では、海辺の自然環境を利用して水泳の訓練をしているところもある）も支援（労働）行為の手段になる。要するに、支援（労働）行為の過程では、支援（労働）行為者が支援（労働）行為の手段を利用して、支援（労働）対象者の生活活動（機能）の基盤である個人及び共同の潜在能力（抽象的人間生活力・生活力）の維持・再生産・発達・発揮（機能）に部分的あるいは全体的に関係しているのである。

　これまで筆者がその単純な諸契機について述べてきたような支援（労働）行為の過程は、支援（労働）対象者にとっての使用価値の享受の合目的な行為であり、また生活活動の基盤である多様な個人及び共同の潜在能力（抽象的人間生活力・生活力）の維持・再生産・発達・発揮（機能）の成就と言う支援（労働）対象者の欲望を部分的あるいは全体的に満足させるものであり、さらに支援（労働）行為者と支援（労働）対象者との一般的な条件であり、全歴史を貫徹している自然条件である。従って、ある特定の歴史的形態（経済的社会構成体）に存在している相互扶助、慈善活動、救貧法、社会福祉に等しく共通なものである。それ故、筆者はどんな歴的な条件のもとで社会福祉が行われているかと言う点を捨象したのである。

4. 歴史的規定における価値・剰余価値の社会福祉

　前述においては、歴史的規定の入りこまない使用価値の支援行為の考察であった。そこで次に、現代資本主義社会の歴史的規定における価値・剰余価値の社会福祉を考察して見よう。現代資本主義社会の生産様式（土台）に絶対的に規定された上部構造である国家[42]は、社会福祉のもう一つの要因、すなわち総資本が価値・剰余価値を支配し享受していく事を促進する（例えば、資本主義社会の生産様式［土台］に規定された上部構造に位置する新自由主義改革による社会福祉財政の削減・抑制策により総資本が価値・剰余価値を支配し享受していく事を促進する）。現に社会福祉基礎構造改革によって「①これまで公立や社会福祉法人運営を原則にしてきた社会福祉分野への民間営利企業の参入。②社会福祉サービス提供・給付制度の措置制度から民法上の契約制度への変更。③社会福祉利用に

ともなう費用負担体系の『応能負担』主義から『応益負担』主義への変更。④生存権の権利保障体系から契約制度を合理的に機能させるための手続き的『権利擁護制度』に限定された方向への転換[43]」の改革が行われ、総資本が価値・剰余価値を支配し享受していく事を促進する事が図られている。こうした社会福祉基礎構造改革後の社会福祉においては、社会福祉の具体的権利が骨抜きにされ及び市場原理を導入する事によってますます社会福祉の使用価値の要因の劣悪化が進む一方において、剰余価値（利潤及び収益性）の要因が高まっていく事により以下のような社会福祉内の基本的矛盾が深刻化してくる。

矛盾の第1点は、福祉利用者を事業者や福祉施設に利益をもたらす消費者として捉えられ、福祉利用者が担っている社会問題としての生活問題が看過されると言う矛盾である。福祉利用者と言う用語は、一見、福祉利用者主体（消費者主体）の意向が反映されているような表現であるが、この用語を使用する場合、常に念頭に置かなければならない点は、福祉利用者が担っている生活問題の社会問題性である（何故ならば、真田是氏が指摘されているように、社会問題としての生活問題の「社会」は、現代資本主義的生産様式に見られるように、経済的必然性によってもたらされる問題と言う意味である[44]）。人権保障としての生存権的平等が、社会問題としての福祉利用者の生活問題を前提条件としているのは言うまでもないが、この点の認識が曖昧なものになってしまうと、国（市町村も含む）の公的責任も曖昧になってしまう。また、社会福祉基礎構造改革後の社会福祉においては、福祉利用者を一方的かつ単なる消費者として捉えている。果たしてそのような関係のみに捉えるのが妥当であろうか。共同作業所における福祉実践（福祉労働）から示されているように、「我々の歴史は当初から『同じ人間としての人格の対等平等』関係を大切にしてきたし、私たちの原点は、『障害者・家族の願いに応え』『障害者を主人公として』『仲間』として表現されているように、共に創る関係、共に困難を切り拓く関係であり、立場の違いや内部矛盾を内包しつつも、協力と共同関係、共感と信頼関係を基本として創られてきた歴史が[45]」が存在しているように、単なる消費者としての関係ではない。

矛盾の第2点は、利用制度（契約制度）の導入によって、福祉利用者と福祉施設・福祉事業者との対等関係が阻害されていると言う事である。「社会福祉基礎構造改革では…、措置制度に代わり利用制度に転換することとされた。利用制度では、利用者が自ら自分の好む福祉サービスの種類と事業者を選択することができる。

利用者と事業者とが対等の関係になるのである[46]。」と述べているが、果たして対等な関係が成立するのであろうか。小松隆二氏が指摘されているように、「需給どちらの側に立とうと、市場参加者は基本的には自立し、それぞれが任意に参加し、対等の立場に立つ。その反面で、対等性の上に展開される利害の競争を前提にするので、市場で出会う需給両者は、利害がつねに一致するのではなく、むしろしばしば対立する。商品を供給するものは、できるだけ高価に、利益が多く出るように販売しようとするのに対し、需要するものは、できるだけ安価に購入し、コストを低くするように努める。いわば債権・債務関係であり、両者が利害を一つにするというよりも、むしろ利害を異にするのが常である。その結果は、出発点の任意性や対等性の原則を否定するかのように勝ち負け、不平等、差別の発生であった[47]。」（傍点、筆者）つまり、利害の競争によって対等性は損なわれると言う事である。また、福祉利用者と福祉施設・福祉事業者との対等関係と言う美辞麗句の言葉の裏に隠されている、言わば義務と責任を全て福祉利用者の当事者に負わせる「商品取引モデル」が社会福祉において妥当であるかと言う問題が存在している。と言うのは、「福祉サービスの提供が、他の消費者問題と決定的に異なるのは、利用者にとって福祉サービスを受ける事が、生存や日常生活の維持に必要不可欠であり、譬えどんなサービスであっても取り敢えずの生存を確保する為に利用をせざるを得ないものである事、しかも施設であれば24時間、在宅や通所のサービスでも一定の時間、サービス提供者と継続的な関係を維持しなければならないと言う特殊な関係性を有している事である。この関係性から、そもそも利用者自身が、事業者と対等な関係に立って、自己に適切なサービスを選択して契約を締結したり、サービスの提供内容について要望や苦情を出してサービスの質の改善を求める事には、内在的・本質的な制約があるといってもいいのである[48]。」

　矛盾の第３点は、福祉利用者の自立を支援していくと言いながら、福祉利用者の自立を阻害していると言う矛盾が存在している。「社会福祉で今日最も大切な基本理念の一つは、個人の尊厳である。憲法第十三条に掲げられているが、一人ひとりが一人の人間として尊重され、プライドをもって自己実現を図っていく事である。これは個人としての自立という事にも連結する。人間としてその人らしく自立する事は、個人の尊厳を保持する事と同じである。この自立を支援する事が、社会福祉の機能である[49]。」と述べているが、果たして自立生活を支援する

事になっているのであろうか。つまり、障害のある人々の障害者総合支援法を例にして考えれば、「利用者の負担は、世帯の家計の負担能力に応じたものとするのが原則[50]」となっているが、世帯単位で費用負担を決定している事が自立生活の阻害に連結していると言う事である。と言うのは、福祉利用者の負担能力において扶養義務者の所得をも加味する時は、障害のある人々が福祉サービスを利用するに当たって扶養義務者の意向を無視する事ができなくなり、障害のある人々が扶養義務者から自立する事ができなくなるからである。

矛盾の第4点は、社会福祉の法制度及び福祉政策は本来、使用価値＝公益を高めていくものでありながら、寧ろ使用価値＝公益を阻害していると言う矛盾が存在している。つまり、「社会福祉そのものは、資本の論理や営利活動とは原則として相いれず、非営利の公益原理に基づくものである。国・自治体の福祉に関する政策や活動は勿論、民間の団体や個人の福祉に関する処遇やサービスのような事業・活動も、原則として公益原理に沿うものである[51]。」にもかかわらず、市場福祉を促進し、減価償却費の導入など一般企業の会計システムを基本として利益の追求が目指されている。

矛盾の第5点は、市場福祉における競争によって福祉サービスの質の向上が予定されているにも拘わらず、寧ろ福祉サービスの質の低下を招いていると言う矛盾が存在している。福祉サービスの質を規定しているものは、社会福祉労働手段等もさりながら社会福祉労働者自身の質が大きく規定しているし、また、社会福祉労働者自身の質を規定しているものは訓練（教育や研究も含む）・資格（社会福祉士や介護福祉士等）や労働条件等である。ところが、福祉施設・福祉事業者が利益を高めていく為には剰余価値を高めていく必要があり、その為には社会福祉士や介護福祉士等の無資格者の採用や低賃金かつ劣悪な労働条件を強いると言う矛盾が生成してくる。ゼンセン同盟・日本介護クラフトユニオンの2000年6月から7月にかけての「介護事業従事者の就業実態調査」によれば、「給与の支給形態は、時間給45.8％、月の固定給が45.1％である。時間給制では、1,000円台が41％と最も多く、1,500円未満と合わせると70％に及ぶ。一方、月の固定給制では、金額で最も多い層が15万円から20万円が53％、次いで20万円から25万円が23.3％、そして15万円未満が14.9％であった。また、通勤費については、一部負担が13.4％、なしが20.6％に及ぶ。業務に就く為の移動時間については、有給が50％強に留まっている（なお、待機時間については、登録ヘルパー

の 91.5%、パートヘルパー 57.3% が無給となっている [52]。」そして、「ヘルパー雇用形態が、正規・常勤ヘルパーの解雇・非常勤・パート化、有償ボランティア・登録ヘルパーへの転換など、雇用・身分の不安定化が急速に進んでいる [53]。」そして、介護福祉士や社会福祉士訓練も疎かにされている。こうした雇用形態や労働条件等の労働実態から言える事は、実質的な福祉サービスの質の低下を招いていると言える。

矛盾の第 6 点は、民間企業の参入促進等の市場福祉が図られている一方において、国や市町村の公的責任の縮小が行われていると言う矛盾が存在している。国や市町村の公的責任は、「利用者の尊厳を確立し、費用負担のための費用を工面し、サービスの供給基盤を整備することである [54]。」と述べているが、果たしてどのような公的責任であろうか。

社会福祉基礎構造改革後の社会福祉においては、福祉利用者が福祉サービスを市場で購入する事を前提に、福祉利用者の購買力を公費や保険給付の形で補完すると言う利用者補助方式を導入した点にある。そして、伊藤周平氏が指摘されているように、「こうした利用者補助方式では、行政責任として現れる国や地方自治体の公的責任の範囲は、従来の措置制度のもとでのサービスの提供と言った直接的なものから利用者の購買力の補完、さらにはサービスの調整などといった間接的なものに縮小、矮小化される。実際、従来の社会福祉事業法第三条では、社会福祉事業の担い手について、社会福祉法人などと並んで『国、地方公共団体』が明記され、同法五条の一では、福祉サービスの実施責任を他者に転嫁することは禁じられていたが、改正社会福祉法では、旧法のこれらの条文が削除され、国や地方自治体の行政責任は、福祉サービスの提供体制の確保、利用促進のための情報提供や相談援助など間接的役割に縮小されている（社会福祉法第六条、第七十五条）[55]。」つまり、「社会福祉基礎構造改革で言われている国や地方自治体の公的責任とは、あくまでも、福祉サービスの直接的な提供責任ではなく、サービスの情報提供や利用援助といったコーディネイト的な責任にすぎない。福祉サービスの供給は、営利法人も含めた民間事業者に委ねる事を前提に、そうした民間企業の誘致などを行う事が『供給体制の整備』とされているので [56]」、その結果、基盤整備の不十分さが存在している。因みにその実態を見ると、「きょうされん」が 2002 年 3 月末日を基準日に実施した「障害者の為の社会資源の設置状況等についての調査」によれば、「支援費制度の対象となる福祉施設・事業所

をすべて備える市町村は皆無であり、また、これらの福祉施設・事業所がまった
くない市町村が14.9％もあると言う結果が明らかになっている。さらに福祉施設・
事業別に見ると、通所型福祉施設がない（73.0％）、グループホームがない（73.1％）、
デイサービスがない（86.6％）、ショートステイがない（60.9％）となっている。」
こうした基盤整備の不十分さの結果、福祉利用者の福祉サービスの選択も抑制さ
れ、選択と言う言葉の形骸化が生成してくる。

　矛盾の第7点は、社会福祉の法制度及び福祉政策が市場福祉（契約制度）に従
属（補完）している為、権利擁護システムが形骸化していると言う矛盾が存在し
ている。と言うのは、伊藤周平氏が指摘されているように、「まず成年後見制度
を見ても、担い手となる後見人の不足、経費等の問題等で障害のある人々の親が
その役割を担っており、親亡き後の将来的な実効性が担保されていない。次に地
域福祉権利擁護事業においては、本人にある程度の判断能力があることが前提で、
対象者も在宅の知的障害のある人々に限定して解釈されているところに問題があ
る（判断能力を欠き、身寄りのない知的障害のある人々等の場合、市町村長の申
立てによる成年後見制度の利用となるが、「家庭裁判所月報」によると 2002 年で
258 件と全体の 1.9％で少数である[57]）。「また、契約締結に関しては、法的には、
いかに、本人が信頼する者であっても、正当な代理権の付与なしに本人になり代
わって本人の名で記名捺印し、契約を結ぶことは違法である。成年後見制度が普
及するまでの暫定措置とは言え、こうした違法行為を肯認する……厚労省の見解
には問題がある。一方、サービス利用に関する苦情などについては、事業者と利
用者の間で解決する事が基本とされ（社会福祉法第八十二条等）、事業者にサー
ビスの自己評価や第三者が加わった福祉施設内における苦情解決のしくみの整備
が求められている（社会福祉法第七十五条第一項、第七十八条等）。事業者と利
用者との当事者間で解決できない苦情に関しては、都道府県社会福祉協議会に設
けられた運営適正化委員会により解決をはかるとされ、また市町村も、サービス
利用に関する苦情又は相談に応じることとされている（身体障害者福祉法第九条
第三項及び第十七条の三第一項、知的障害者福祉法第九条第三項及び第十五条の
四第一項、児童福祉法第二十一条の二十四第一項及び第二項）。とは言え、事業
者に対する直接の指導監督は都道府県が行い、市町村は実施主体であるが、指定
取り消し等の権限を有しているわけではないため、苦情解決といっても、ほとん
ど形式的な苦情相談で終わっているのが実情である[58]。」このように現行の権利

擁護事業は、形骸化が進んでいる。つまり、権利擁護事業は、市場福祉に従属し、判断能力が不十分な人々が自己責任により福祉サービスを購入する事を可能にする為の役割を担わされていると言ってもよい。

矛盾の第8点は、社会福祉において追加搾取を強めていく為に、不公平税制を強め、その一方において、社会福祉における応益負担（社会福祉の利用の際の利益に応じて費用を負担する事）の強化と社会福祉財政の削減・圧縮（垂直的所得再分配の絶対的な縮小を意味する）・抑制策の強化と言う矛盾が深刻化する。因みにその不公平税制の実態を見ると、梅原英治氏が指摘されているように、「所得階級別の所得税負担は、高所得層ほど金融所得が多くて分離課税の恩恵を受けるので、合計所得が一億円を超えるほど負担率が低くなっている[59]。」そして、「法人税の基本税率は1989年度まで40％だったのが、90年度から37.5％、98年度から34.5％、99年度から30％、2012年度から25.5％に引き下げられた。さらに研究開発投資減税の拡充（2003年度）による負担率の引き下げのほか、組織再編成税制の創設・改定（2001、2007年度）、連結納税制度の創設（2002年度）、欠損金繰越期間の延長（2004年度、2001年分から遡及適用）、減価償却制度の抜本見直し（2007、2008年度）、外国子会社配当の益金不算入（2009年度）などによる課税ベースの縮小[60]」が行われている。「要するに、法人所得が増加しても、法人税負担が増えないようにされてきたのである[61]。」

5. 統一（総合）規定における社会福祉と課題

以上のように社会福祉の中には対立的な要因、つまり福祉利用者にとっての使用価値の要因と国家・総資本にとっての価値・剰余価値の要因が存在し、この対立的要因は「一方では、お互いに他を予想しあい、制約しあっているが、しかも同時に他を否定しあい、排除しあっているという関係にある[62]」と言う矛盾対として統一（総合）されているが、これが社会福祉に内在している社会福祉の発展の原動力である。では、完全な社会的及び公的責任・具体的権利・社会福祉の必要充足の原理の実現によって前述の矛盾を緩和・克服し、剰余価値としての社会福祉を没落させ、未来の観点から「労働者が自らの手でつくりだした富である社会的総労働生産物（社会的総生活手段－挿入、筆者）を、福祉と国民生活のために控除（充当－挿入、筆者）することができるようになる」（聽濤弘著『マルクス主義と福祉国家』大月書店、2012年、149頁）ために、弁証法的発展（弁証

法的発展とは、資本主義社会の生産様式における古い社会福祉に対する社会福祉の低いレベルから高いレベルへ、単純なものから複雑なものへと言う前進過程であり、その前進過程で以前にはなかった新しい社会福祉が法則的に生成してくるような変化である）の観点から福祉利用者にとっての使用価値を高め及び構造的に福祉を第一義的に実現する高い段階のアソシエーション（共産共生）社会（アソシエーション［共産共生］社会においては、共同の生産手段及び労働者の民主的［民主主義の主たる属性は、基本的人権・自由・平等・多数決原理・法治主義である］自治による生産手段の管理・運営の下で、各自の生産者の多様な潜在能力［抽象的人間労働力］に応じて労働する自由で平等な協同団体［協同団体以外に、国家・地方自治体・労働組合・株式会社・会社員自主管理・労働者協同組合等を基礎とする生産手段の多様な所有形態が考えられる－挿入、筆者］を基礎にして生産を行い、生産された生産物［生活手段］は各自の必要に応じて分配を受け各自の所有物となる社会）における完全に福祉利用者の多様な個人及び共同の潜在能力に適合した社会的及び公的責任・具体的権利・社会福祉の必要充足の原理の新しい質の社会福祉（アソシエーション［共産共生］社会おける新しい質の社会福祉は、社会福祉労働者の労働力の商品化を廃止し、社会福祉労働手段［福祉施設や福祉事業所等］の共同占有の下で、協同組合・国家・地方自治体・労働組合・労働者組合・社会福祉法人等の社会福祉労働者の徹底した民主的自治による管理・運営＝当事者主権［福祉利用者や社会福祉労働者］による社会福祉労働者の個人的所有［所得］を再建する協同組合・国家・地方自治体・労働組合・労働者協同組合・社会福祉法人等の連合社会福祉の事である）の実践（労働）課題を合法則的に実現していく前提条件として、現在の資本主義社会における経済（土台）の民主的変革の運動が必要である。その民主的変革の主要な内容は聴濤弘氏が指摘されているように、まず第１点は、大企業の規制と市場の統制である。つまり、「①多国籍企業化による国民経済の破壊、②狂乱的な金融投機」（聴濤、前掲書、161頁）等の「企業活動を規制・統制することが必要であり、場合によっては国民のための国有化が必要である。」（聴濤、前掲書、162頁）そしてもう一つは、「人間らしい生活を送る根本条件である社会保障であり、また土地の民主的利用、国際化の波にさらしてはならない農業、国の根幹にかかわるエネルギー、環境保全、教育」（聴濤、前掲書、167頁）等の「『市場にまかせておけない』分野を設定し、計画的に経済構造を改革していくことである。」（聴濤、前掲書、162頁）第２点は、

国会に「大企業監視委員会」を設置することである。この「大企業監視委員会」は、「大企業を監視し、その社会的責任を果たさせ、計画的な方向性にそって大企業を誘導していくことができるようにする。そのための各種の立法措置を提案していく」(聴濤、前掲書、169頁)ことが必要である。第3点は、「軍事力を背景にして新規市場の開拓を目指すというのは、まさに帝国主義の論理そのものであり、この立場をアメリカはいささかも放棄していない。このアメリカの軍事戦略を支えるのが日米軍事同盟」(聴濤、前掲書、172頁)である日米安保条約なので、「日米安保条約廃棄は『民主的変革の段階』を実現するのが不可欠の課題である。」(聴濤、前掲書、173頁)以上のような民主的変革を経て、国民の合意を得てアソシエーション(共産共生)社会における新しい社会福祉への以下の変革が必要である。

まず第1点の福祉実践(福祉労働)課題は、社会福祉は現代資本主義社会の生産様式(特に生産関係、つまり生産手段・生活手段が資本の所有にあり、その為に生産物[社会福祉に必要とされる財貨及びサービスも含めて]と言う富の私的取得が可能になると言う仕組)に絶対的に規定されているので、また社会福祉労働者は社会福祉労働の為に必要な社会福祉労働諸条件(福祉施設及び福祉事業所等)から分離されているので(社会福祉労働者の労働力の商品化)、「労働者が自らの手でつくりだした富である社会的総労働生産物(社会福祉に必要とされる財貨及びサービス－挿入、筆者)を、福祉と国民生活のために控除する」(聴濤、前掲書、149頁)ためには不破哲三氏が指摘されているように、「生産手段(福祉労働手段－挿入、筆者)を社会の手に移すことが、(現代資本主義社会における社会福祉労働内の使用価値と価値・剰余価値の矛盾対－挿入、筆者)の解決の合理的な仕方となる[63)]」事が将来の課題となる。つまり、生産手段を社会の手に移す事は、生産手段の社会化[64)]であるが、この点がどうしても必要な条件となる。また聴濤弘氏も指摘されているように、「生産手段の私的・資本主義的所有を社会的所有に転化することである。これは一過的な『立法的措置』によって樹立される側面と、生産関係の総体としての社会的所有を持続的に確立していく側面とがあり、それぞれ区別されなければならない。前者は法的形態であり、後者は経済的実態である。経済的実態の内容は一過的な行為によって労働者が生産手段の所有者になるというだけではなく、生産手段を労働者が管理・運営することができ、労働者が搾取から解放され生産の真の『主人公』になることを意味する[65)]。」そして、「社会主義社会の経済的民主主義を確立するために、生産手段の

社会化の多様な具体的形態が考えられている。国家、地方自治体、協同組合、株式会社、労働組合、全社員自主管理・労働者協同組合－挿入、筆者）等を基礎とする多様な所有形態が存在する[66]」。そして、社会福祉労働諸条件（福祉施設及び福祉事業所等）の社会化後は、福祉労働は賃労働と言う疎外された姿態を脱ぎ捨て、大谷禎之介氏が指摘されている事を福祉労働に置き換えて考えてみると次のようなアソーシエイト（共産共生）した福祉労働の特徴を持つ。「①福祉労働する諸個人が主体的、能動的、自覚的、自発的にアソーシエイト（共産共生－挿入、筆者）して行う福祉労働である。経済的に強制される賃労働は消滅している。②福祉労働する諸個人が福祉利用者に直接的に対象化・共同化する社会的な福祉労働である。③福祉労働する諸個人が全福祉労働を共同して意識的・計画的に制御する行為である。福祉利用者の生活活動（機能）の基盤である人間らしい健康で文化的な潜在能力の維持・再生産・発達・発揮の成就を目的意識的に制御すると言う人間的本質が完全に実現される。④協業・自治として行われる多数の福祉労働する諸個人による社会的労働である。社会的労働の持つ福祉労働力はそのまま彼かつ彼女らの福祉労働の社会的労働力として現れる。⑤福祉利用者を普遍的な対象とし、協働・自治によって福祉利用者を全面的に制御する福祉実践的行為、即ち福祉労働過程への科学の意識的適用である。⑥力を合わせて福祉労働過程と福祉従事者とを制御する事、また目的（福祉利用者の人間らしい健康で文化的な潜在能力の維持・再生産・発達の成就）を達成する事によって、福祉実践者に喜びをもたらす人間的実践、類的行動である。だから福祉労働は諸個人にとって、しなければならないものではなくなり、逆になによりもしたいもの、即ち第一の生命欲求となっている。⑦福祉労働する諸個人が各自の個性と能力を自由に発揮し、全面的に発展させる行為である。福祉労働する諸個人が共同的社会的な活動のなかで同時に自己の個性を全面的に発揮し、発展させる事ができる福祉労働である事、これこそがアソーシエイト（共産共生－挿入、筆者）した福祉労働の決定的な人間的本質である」（基礎経済科学研究所編『未来社会を展望する』大月書店、2010年、17-18頁）。それゆえアソーシエイト（共産共生）した福祉労働は、福祉利用者にとって社会福祉労働の使用価値を高めていく事になる。しかもアソシエーション（共産共生）における社会的総労働生産物（社会的総生活手段）のうち次のものが控除されると指摘されている。「第一に、直接的に生産に属さない一般的な管理費用。第二に、学校、衛生設備などのような、諸欲求を共同で

みたすためにあてられる部分。第三に、労働不能なものなどのための、要するに、こんにちのいわゆる公的な貧民救済にあたることのための基金」（マルクス／エンゲルス［後藤洋訳］『ゴータ綱領批判／エルフルト綱領批判』新日本出版、2000年、26頁）のように、福祉に必要な基金を社会的総労働生産物（社会的総生活手段－挿入、筆者）からあらかじめ差し引くとしている。このようにアソシエーション（共産共生）の社会が実現すれば、「労働者の『強制力』によらず構造的に福祉を第一義的に実現する社会がつくられる。」（聴濤、前掲書、59頁）

第2点の福祉実践（福祉労働）課題は、梅原英治氏が指摘されているように、「消費税がその逆進的負担構造のために所得再分配機能を低め[67]」ているので、「消費税の増税によらず、所得税・法人税・資産課税を再生する[68]」事が課題である。「所得税では、総合・累進課税を追求し、税率については、後退させられてきた累進を少なくとも1998年水準（最高税率75%）には回復する必要がある。2013年度税制改正大綱では、所得税の最高税率について、現行1,800万円超40%を2015年度から400万円超45%に引き上げたが、『所得再分配機能の回復』と呼ぶには不十分である。とりわけ配当所得・株式譲渡益に対する時限的軽減税率（2013年末まで10%）の適用をただちにやめて本則20%に戻し、高額の配当・譲渡益に対してはさらに高い率を適用すべきである[69]。」「法人税では、2015年からの税率引き下げ（30-25.5%）を中止し、研究開発税、連結内税制度などの大企業優遇措置をやめることが必要である。そして独立課税主義に立脚して、法人の規模・負担能力・受益の度合いにもとづき適正な税負担を求める法人税制を確立すべきである（段階税率の導入や受取配当金不算入制度の廃止など）。移転価格やタックスヘイブン（軽課税国）などを利用した国際的な租税回避は徹底的に防止しなければならない[70]。」そして不公平な消費税を上げずに不公平な税制を見直す必要がある。「不公平な税制をただす会」が指摘されているように、不公平税制の是正によって「2017年度の増収資産額は国の税金で27兆3,343億円、地方税で10兆6,967億円、合計38兆310億円になっています。」（不公平な税制をただす会編『消費税を上げずに社会保障財源38兆円を生む税制』大月書店、2018年、100頁）これだけの不公平税制の是正額があれば、社会福祉の財源としては十分であると思われる。さらに福祉の財源がないなら富裕税を新設する必要がある。「わが国で富裕税を導入する場合、課税の対象として……、448.9万世帯、保有純金融資産546兆円がさしあたり対象です。全世帯の8.4%、純金融資産総

額の 35.5％に当たります。税率を緩い累進構造にして、たとえば準富裕層の純金融資産に 0.5％、富裕層のそれに 1％、超富裕層に 2％とすると、約 5.1 兆円の税収を見込むことができます。」（鶴田廣己・その他編『税金は何のためにあるの』自治体研究社、2019 年、100 頁）また聴濤弘氏が指摘されているように、「福祉の財源がないなら剰余価値から引き出せば良いのである。……。その上で若干具体的にみると現に大企業は 250 兆円もの内部留保（2019 年 10 月時点での内部留保〔企業が税引き後利益から配当金や役員賞与等の社外流出額を差し引いて、残余を企業内に留保した金額〕が、475 兆 161 億円に達している－挿入、筆者）を持っている。いま社会保障給付費は 94 兆 849 億円である（2008 年）。部門別では医療費 29 兆 6,117 億円、年金 49 兆 5,443 億円、福祉その他 14 兆 9,289 億円である。内部留保を引き出せるなら、社会保障の面でも非正規社員問題でも巨大な事ができる事は明瞭である。問題はどのようにして引き出せるかである。賃上げ等の経済的手段で引き出せる方法がある。しかし直接、財源を確保する為には内部留保が違法に蓄えられているものでない以上、内部留保に課税できるように税制を変える必要がある。」（聴濤弘著『マルクス主義と福祉国家』大月書店、2012 年、162-163 頁）さらに「福祉財源の確保の為に金融投機を規制する金融取引税（トービン税）の導入も緊急の課題である。トービン税の提唱者であるアメリカのノーベル賞受賞経済学者ジェームス・トービン氏の試算では、1995 年時点のアメリカで為替取引に 0.1％の税を掛けただけで 3,120 億ドルの税収が得られるとしている。」（聴濤、前掲書、163 頁）

第 3 点の福祉実践（福祉労働）課題は、具体的権利規定の法制化である。と言うのは、日本弁護士連合会が指摘されているように、社会福祉事業から「社会福祉法への改正による基本的な問題点のひとつとして、この改革が、利用者の権利制を明確にし、選択や自己決定を保障するものとされながら、そしてそのための権利擁護の諸制度を創設したとされながら、社会福祉法上の規定として、福祉サービス利用者の権利性を明確に定めた規定が一切ないという根本的欠陥がある[71]。」また、障害のある人の総合支援法をはじめとした福祉関連諸法にも、福祉利用者の権利性を規定する規定が盛り込まれなかったという問題がある。それ故、次のような具体的な権利の法制化が課題である。つまり、河野正輝氏が指摘されているように、「(1) 社会福祉の給付請求の権利（給付の要否や程度は、行政庁の一方的な裁量によって左右されるのではなく、社会福祉の必要性の有す

る人々の請求権に基づいて決定される。そして、給付請求権を権利として受給できるためには、①給付を申請することができること、②適切な基準を満たした給付内容を求めることができること、③いったん決定された給付を合理的な理由なく廃止されないこと等の規範的要素が満たさなければならない）、（2）社会福祉の支援過程の権利（社会福祉の支援過程で誤ったケアや虐待等が行われないことが重要である。その為には、①福祉サービスの種類・内容及びこれを利用する時の権利と義務について知る権利、②自己の支援方針の決定過程に参加する権利、③福祉施設利用者の場合、自治会活動を行い、それを通じて福祉施設の管理運営及び苦情解決に参加する権利、④拘束や虐待等の危害・苦役からの自由の権利、⑤通信・表現・信教の自由の権利、⑥プライバシーの権利、⑦貯金・年金など個人の財産の処分について自己決定の権利等が保障されること）、（3）社会福祉の費用負担の免除の権利（社会福祉の必要性によって誰でも普遍的に給付請求権が保障される為には、一定の所得以下で社会福祉を必要としながら、それに要する費用を負担できない人々に対して負担の免除が伴うのでなければならない。したがって、①免除を申請することができること、②免除の決定処分を求めることができること、③あらかじめ定められた徴収基準に反する徴収額に対してはその取り消しを求めることができる等が当然に求められなければならない）、（4）社会福祉の救済争訟の権利（社会福祉の給付の内容や費用負担の額等を巡って権利が侵害された時、苦情の申し立て、不服申し立てや訴訟を提起して救済を求めることが保障されなければならない。現行では社会福祉法による苦情解決から、社会保険審査官及び社会保険審査会法、行政不服審査法及び行政事件訴訟法等がある。行政処分に対する不服審査や訴訟等の手段は厳格な手続きを必要とするので、支援過程の苦情解決には必ずしも適さない場合もある。そこでオンブズマン方式等の苦情解決の取り組みが広がりつつある。また、独立の救済機関を設置する）の４つの権利[72]」の下に、国及び地方自治体（都道府県、市町村）の財政責任（国［7割］、都道府県［2割］、市町村［1割］）及び官僚的行政を排除した運営責任の下での公的責任を担保した上で、福祉利用者の人間らしい健康で文化的な多様な個人及び共同の潜在能力の維持・再生産・発達・発揮（機能）に適合した公的責任及び具体的権利による社会福祉の必要充足（何故ならば、福祉利用者の多様な個人及び共同の潜在能力の維持・再生産・発達・発揮の阻害状態によって社会福祉［福祉手段］の必要性の内容・種類・必要度が異なっているので、福祉利用者の多様

な個人及び共同の潜在能力の維持・再生産・発達・発揮の阻害状態に適合した社会福祉［福祉手段］の必要性の内容・種類・必要度が決定され充足される事が重要である）の原理に基づいて市町村が直接、社会福祉を提供していく現物及び現金給付型の仕組みを新たに構築していく事が重要である（民間の福祉については、措置委託制度を復活させる事と、「負担は能力に応じて、給付は必要に応じて」を基本原則とする）。

　第4点の福祉実践（福祉労働）課題は、福祉利用者が社会福祉労働（社会福祉労働手段を含む）を効率的に享受し人間らしい健康で文化的な生活を成就する為にも、福祉利用者の生活活動（機能）の基盤である多様な個人及び共同の潜在能力の顕在化（発揮）保障の確立と福祉教育等による多様な個人及び共同の機能的潜在能力の拡大である。と言うのは、アマルティア・センが前述されているように、福祉は福祉利用者が実際に成就するもの—彼/彼女の「状態」(being)はいかに「よい」(well) ものであるか—に関わっているものであるから（傍点、筆者）、福祉利用者の能動的・創造的活動（例えば、障害のある人の就労継続支援施設で一定の労働ができること等）の生活活動（機能）の基盤である多様な個人及び共同の潜在能力や受動的・享受活動（例えば、施設で出された食事を味わい適切な栄養摂取ができること等）の生活活動（機能）の基盤である多様な個人及び共同の潜在能力が重要となってくる。従って、福祉サービス（福祉手段）そのものの不足・欠如のみの評価に固執するのではなく、さらに福祉手段を福祉目的（福祉利用者が社会福祉を使用して人間らしい健康で文化的な生活活動（機能）の基盤である多様な個人及び共同の潜在能力＝抽象的人間生活力［生活力］・抽象的人間労働力［労働力］の維持・再生産・発達・発揮［機能］の享受及び成就）に変換する福祉利用者の能動的・創造的活動と受動的・享受活動の生活活動（機能）の基盤である多様な個人及び共同の潜在能力の不足・欠如にも注目していく必要がある。もし福祉利用者にこれらの生活活動（機能）の基盤である多様な個人及び共同の潜在能力に不足・欠如があるならば、これらの多様な個人及び共同の機能的潜在能力の発達の為の学習活動や多様な個人及び共同の機能的潜在能力の拡大の支援活動等が必要であり支援していく事が課題であるが、これらの多様な個人及び共同の機能的潜在能力の内容はアマルティア・センの共同研究者であるマーサ C. ヌスバウム氏の指摘が参考になる。つまり、マーサ C. ヌスバウム氏は、機能と密接な関係があるケイパビリティ（潜在能力）を次のように指摘している。「①

生命（正常な長さの人生を最後まで全うできること。人生が生きるに値しなくなる前に早死にしないこと）、②身体的健康（健康であること［リプロダクティブ・ヘルスを含む］。適切な栄養を摂取できていること。適切な住居にすめること）、③身体的保全（自由に移動できること。主権者として扱われる身体的境界を持つこと。つまり性的暴力、子どもに対する性的虐待、家庭内暴力を含む暴力の恐れがないこと。性的満足の機会および生殖に関する事項の選択の機会を持つこと）、④感覚・想像力・思考（これらの感覚を使えること。想像し、考え、そして判断が下せること。読み書きや基礎的な数学的訓練を含む［もちろん、これだけに限定されるわけではないが］適切な教育によって養われた〝真に人間的な〟方法でこれらのことができること。自己の選択や宗教・文学・音楽などの自己表現の作品や活動を行うに際して想像力と思考力を働かせること。政治や芸術の分野での表現の自由と信仰の自由の保障により護られた形で想像力を用いることができること。自分自身のやり方で人生の究極の意味を追求できること。楽しい経験をし、不必要な痛みを避けられること）、⑤感情（自分自身の周りの物や人に対して愛情を持てること。私たちを愛し世話してくれる人々を愛せること。そのような人がいなくなることを嘆くことができること。一般に、愛せること、嘆けること、切望や感謝や正当な怒りを経験できること。極度の恐怖や不安によって、あるいは虐待や無視がトラウマとなって人の感情的発達が妨げられることがないこと［このケイパビリティを擁護することは、その発達にとって決定的に重要である人と人との様々な交わりを擁護することを意味している］）、⑥実践理性（良き生活の構想を形作り、人生計画について批判的に熟考することができること［これは、良心の自由に対する擁護を伴う］）、⑦連帯（Ａ　他の人々と一緒に、そしてそれらの人々のために生きることができること。他の人々を受け入れ、関心を示すことができること。様々な形の社会的な交わりに参加できること。他の人の立場を想像でき、その立場に同情できること。正義と友情の双方に対するケイパビリティを持てること［このケイパビリティを擁護することは、様々な形の協力関係を形成し育てていく制度を擁護することであり、集会と政治的発言の自由を擁護することを意味する］　Ｂ　自尊心を持ち屈辱を受けることのない社会的基盤をもつこと。他の人々と等しい価値を持つ尊厳のある存在として扱われること。このことは、人種、性別、性的傾向、宗教、カースト、民族、あるいは出身国に基づく差別から護られることを最低限含意する。労働については、人間らしく働

くことができること、実践理性を行使し、他の労働者と相互に認め合う意味のある関係を結ぶことができること）、⑧自然との共生（動物、植物、自然界に関心を持ち、それらと拘わって生きること）、⑨遊び（笑い、遊び、レクリエーション活動を楽しむこと）。⑩環境のコントロール（Ａ政治的　自分の生活を左右する政治的選択に効果的に参加できること。政治的参加の権利を持つこと。言論と結社の自由が護られること。Ｂ物質的　形式的のみならず真の機会という意味でも、[土地と動産の双方の]資産を持つこと。他の人々と対等の財産権を持つこと。他者と同じ基礎に立って、雇用を求める権利を持つこと。不当な捜索や押収から自由であること）」（Martha C. Nussbaum（池本幸生・その他訳）『女性と人間開発―潜在能力アプローチ―』岩波書店、2005 年、92-95 頁）の多様な個人及び共同の機能的潜在能力の拡大が重要である。そして、多様な個人及び共同の機能的潜在能力の発達の学習活動や支援活動等の実践例として次のような障害のある人の福祉施設（社会福祉法人大木会「あざみ寮」）での社会福祉労働が挙げられる。「単に『生きているだけ』ではなく『人間らしく生きる』ことが求められているのはいうまでもありません。人間らしく生きるために、憲法では多くの権利を保障しています。この人間らしく生きる権利の一つに『学ぶ』権利があります。どんなに障害が重くても学ぶ権利があるのです、……学ぶことは、人間らしく生きること、さらにより豊かに生きることを、障害の重い人たちの分野でも証明しているのです[73]。」つまり、社会福祉労働においては、人間らしい健康で文化的な生活活動（機能）の基盤である多様な個人及び共同の潜在能力（抽象的人間生活力＝生活力・抽象的人間労働力＝労働力）の維持・再生産・発達・発揮が享受あるいは成就できる社会福祉の法制度・福祉政策等の量的及び質的保障の側面（福祉政策的実践＝労働）と社会福祉の特性（固有価値）を活かして、福祉利用者が人間らしい健康で文化的な生活活動（機能）の基盤である多様な個人及び共同の潜在能力（抽象的人間生活力＝生活力・抽象的人間労働力＝労働力）の維持・再生産・発達・発揮（機能）が享受及び成就できる生活活動（福祉利用者の能動的・創造的生活活動と受動的・享受的生活活動の潜在能力の発揮）の支援の側面（福祉臨床的実践＝労働）の統一的実践（労働）が課題である。

　第５点の福祉実践（福祉労働）課題は、福祉利用者の能動的・創造的活動（例えば、料理を作る事等）と受動的・享受活動（例えば、料理を味わい適切な栄養摂取を行う事等）の多様な個人及び共同の潜在能力の発揮（機能）を促進してい

く場合、社会福祉労働者は福祉利用者の能動的・創造的活動と受動的・享受活動の多様な個人及び共同の潜在能力の認識と支援していく事を社会福祉現場での労働経験によって積み重ね、知的熟練と福祉利用者の能動的・創造的活動と受動的・享受活動の多様な個人及び共同の潜在能力を引き出すコミュニケーション能力を向上させていく事が課題である。それには社会福祉労働者の労働・賃金条件の保障と職場での裁量権・自治の確立が必要である。つまり、二宮厚美氏が指摘されているように、前者は「長時間・過密労働に追い込んではならない、生活苦や不安・悩みを抱え込まざるをえない処遇・賃金条件のもとにおいてはならない、ということです。安い賃金で福祉労働者をこき使ってはならない[74)]」。後者は、「現在の福祉現場では、新自由主義的改革のもとで、市場化の嵐が吹き荒れる一方で、逆にその内部では、労働のマニュアル化にそった管理主義、福祉施設のトップダウン型リーダーシップの強化などが横行してい[75)]」る中で、「福祉の職場では専門的裁量権にもとづく自治が必要[76)]」であると考える。何故ならば、「社会福祉の職場は社会福祉労働者と福祉利用者が相互のコミュニケーションによって運営していく場だと考えるし[77)]」、その方が福祉利用者の能動的・創造的活動と受動的・享受活動の多様な個人及び共同の潜在能力を引き出せると考える。

　第6点の福祉実践（福祉労働）課題は、今後、市町村を中心とした地方主権型福祉社会が重要であるならば、地方主権型福祉社会の財政（財源）的基盤となる地方主権的財政（財源）システムを構築していく事である。それには、神野直彦氏が指摘されているように、次のような方法による地方主権的財政（財源）システムの構築が重要である。例えば、「比例税率で課税される比例所得税を、地方税体系の基幹税に据えることは日本では容易である。つまり、個人住民税を10%の比例税にした結果をシュミレーションして見ると、国税の所得税から地方税の個人住民税に3兆円の税源移譲が実現する（2007年に3兆円の税源委譲が実現した）。しかし、地方税体系としては、比例的所得税を基幹税とするだけでは不十分である。と言うのは、比例的所得税では、所得を受け取った地域でしか課税できないし、他の市町村に居住している人々で、その市町村で事業を営む人々、あるいは事業所に働きに来る人々にも課税できないので不十分である。なぜならば、むしろ居住者よりも事業活動をしている人々や働いている人々の方が、市町村の公共サービスを多く利用している。そこで所得の分配地で分配された所得に比例的に課税するだけでなく、所得の生産局面で課税する地方税として

事業税が存在しているので、事業税を所得型付加価値税（IVA「所得型付加価値税」＝C「消費」＋I「投資」−D「減価償却費」＝GNP「国民総生産」−D＝NNP「国民純生産」＝W「賃金＋利子＋地代」＋P「利潤」）に改めることによる「事業税の外形標準化」として実現する。事業税を所得型付加価値税に改めれば、事業税が事業活動に応じた課税となる。そうなると市町村は、公共サービスによって地域社会の事業活動を活発化すればするほど、安定的な財源が確保できる。さらに地方税体系は、こうした所得の生産局面に比例的に課税される地方税を追加しただけでも不十分である。と言うのは、所得の生産局面での課税では、その市町村で生産活動を行う人々にしか課税されないからである。市町村には生産活動だけではなく、観光地や別荘地に見られるように、消費活動を行いに来る人々も市町村の公共サービスを利用しているので、消費に比例した負担を拡充することが必要である。つまり、日本では、現在、こうした地方税としての地方消費税が存在しているので、この消費税のウエイトを拡充していけばよいことになる[78]。」「このように地方税では所得循環の生産・分配・消費と言う３つの局面でバランスをとって課税する必要があり、こうした地方税体系を構築していくことが社会福祉の財源の税方式にとって必要であり課題でもある[79]。」そして、こうした地方税体系でもってしても、人間らしい健康で文化的な最低限度の生活保障である社会福祉の推進の財政（財源）に市町村間の格差が発生した場合、国の地方交付税によって是正していく事が必要となる。

　第７点の福祉実践（福祉労働）課題は、社会福祉財政の削減・圧縮・抑制と社会福祉の法制度・福祉政策の改悪に反対し、新しい社会福祉へ変革していく民主統一戦線の結成である。社会福祉の発展を図り福祉利用者にとっての社会福祉の使用価値を高めていく為には、富沢賢治氏が指摘されているように、「国家独占資本主義の手にゆだねて矛盾の増大を許すか、あるいは民主主義的な手続きにもとづいて[80]」社会福祉の歪みを正し、福祉利用者の人間的欲求に見合った社会福祉の発展を図っていく必要がある。民主的な統一戦線を結成する為には、福祉利用者及び社会福祉労働者を中心とする「労働者階級が中心的な社会的勢力として主導的な役割を果たし[81]」、「労働者階級の階級的民主統一戦線が不可欠の条件となる[82]。」が、「第一に、要求にもとづく統一行動の発展が必要である。統一行動発展の基本原則は、①一致点での統一、②自主性の統一、③対等・平等と民主的運営、④統一を妨げる傾向にたいする適切な批判、⑤分裂・挑発分子を参加

させないことである。第二に、統一行動の繰り返しだけではなく、政策協定と組織協定にもとづいた全国的規模の統一戦線を結成することが必要である[83]。」社会福祉基礎構造改革後の社会福祉は、国の財政難を理由に新自由主義的（新自由主義の考え方は、社会の資源配分を市場の自由競争で実現しようとする。そして、国家の経済への介入は市場の自由競争を制約すると言うことから、国家の福祉への介入も批判する。しかも市場の自由競争によってもたらされた生活の不安定や貧困を市場の自由競争の強化で解決しようとするので、明らかに生活の不安や貧困を拡大するものである）市場原理の導入・公的資源の削減等といった構造改革の基調が色濃く影響している。そして、構造改革の基調であった適者生存的な市場原理や公的責任の縮小だけが残るとすれば、国民の求める社会福祉に逆行することは言うまでもない。それ故、生活の場である地域（市町村）から、地域住民の社会福祉の必要性や福祉現場の実情を踏まえた議論を積み重ねて、どのような社会福祉が望ましいのかについての合意を形成する事が求められている。合意形成においては、社会福祉協議会（社会福祉協議会は行政の下請け外郭団体と言う批判もあるが）が「地域の社会福祉問題を解決し、住民生活の向上を目的にした地域住民と公私の社会福祉機関・団体より構成された民間組織[84]」であり、しかも社会福祉基本要綱においても「社会福祉協議会を『一定の地域社会において、住民が主体となり、社会福祉、保健衛生その他住民生活の改善向上に関連のある公私関係者の参加、協力を得て、地域の実情に応じ、住民の福祉を増進することを目的とする民間の自主的な組織である』[85]」とするならば、市町村の社会福祉協議会の役割が重要になってくる。また、さらに重要なのは、それぞれの市町村において、高齢者運動・保育運動・障害のある人の当事者運動等が相互に社会福祉労働者の労働組合や政党等と連携を模索しながら、社会福祉基礎構造改革後の社会福祉に内在している矛盾と実践（労働）課題を多くの地域住民に知らせ、その矛盾をそれぞれの市町村における政治的争点にしていく運動の広がり、また運動の側から、社会福祉再編の構想を提示していく活動が、社会福祉の普遍化や福祉利用者本位等の社会福祉の形成に連結していくものであり、いま早急に福祉の現場の福祉利用者・福祉労働者（労働組合）・政党及び運動側からの社会福祉再編構想の提示が求められていると考えられる。

【注】

1) 従来の社会福祉の法制度・福祉政策等の研究は、全く資本主義者社会の生産様式と無関連で行われていた。しかし「法的（社会福祉の法制度・福祉政策等－挿入、筆者）諸関係……、それ自身で理解されるもので」（カール・マルクス〔武田隆夫・その他訳〕『経済学批判』岩波書店、1956年、12-13頁、傍点、筆者）はない。それ故、筆者は、資本主義社会の生産様式との連関で社会福祉の本質を究明していく。そして資本主義の生産様式の「その特徴は、生産手段の資本主義的所有に基づいて資本家が賃労働者を搾取することにある。つまりこの生産様式では、剰余価値の生産が直接的目的であり、生産の決定的な動機である。資本主義のもとでは、生産の社会的性格と取得の私的資本主義的形態との矛盾が基本矛盾となっている。生産力の発展にともない、資本主義の生産関係は社会化された生産力の障害物となる。」（社会科学辞典編集委員会編『社会科学辞典』新日本出版社、1967年、125頁）。

2) 大友信勝「社会福祉原論研究の意義と課題」（大友信勝・その他編『社会福祉原論の課題と展望』高管出版、2013年、17頁）。

3) 栃本一三郎「国際比較制度研究のあり方—制度からの接近」（阿部志郎・その他編『社会福祉の国際比較』有斐閣、2000年、53頁）。

4) カール・マルクス（武田隆夫・その他訳）『経済学批判』（岩波書店、1956年、239-240頁）。

5) 大友、前掲書、17-18頁。

6) アマルティア・セン（鈴木興太郎訳）『福祉の経済学』（岩波書店、1988年、15頁）。

7) 松村一人著『変革の論理のために』（こぶし書房、1997年、41頁）。

8) 宮本みつ子「生活財の体系」（松村祥子・その他著『現代生活論』有斐閣、1988年、61頁）。

9) 宮本、前掲書、62頁。

10) 社会科学辞典編集委員会編、前掲書、69頁。

11) 富沢賢治氏は、「社会構成体という概念は、社会の基本的な構造とその変動のシステムを明らかにするために、人間の現実的な生活過程の実体的な諸契機を、生産様式・生産関係が社会の土台をなすという観点から、理論的に抽象化・構造化してとらえかえしたものとして理解されうる。」（富沢賢治「社会構造論」『労働と生活』世界書院、1987年、22頁）とし、「さらにまた、全社会的生活過程を内容としてとらえ」（富沢、前掲書、23頁）、「全社会的の生活過程は、①経済的生活過程、②社会的生活過程、③政治的生活過程、④精神的生活過程、という四つの側面から成る。」（富沢、前掲書、23頁）とされている。

12) マルクス＝エンゲルス（真下信一訳）『ドイツ・イデオロギー』（大月書店、1992年、54頁）。

13) マルクス＝エンゲルス（真下信一訳）、前掲書、54頁。

14) 富沢、前掲書、23頁。

15) 富沢賢治氏は、「社会的生活過程で問題とされるのは、全体社会あるいは社会総体ではなく、血縁関係と地縁関係からはじまる種々の人間関係（男女関係、親子関係、家族、地域集団、部族、種族、民族など）あるいは主として人間の再生産（自己保存と種の生産）と人間の社会化（社会学でいうsocialization）に関連する小社会集団といった、全体社会の内部に存在する部分社会に関係する生活過程である。経済的生活過程のもっとも基本的な問題が生活手段の生産だとすれば、社会的生活過程のもっとも基本的な問題は人間の生産だといえる。」（富沢、前掲書、25頁）と述べられている。

16) 富沢賢治氏は、「政治的生活過程で問題とされるのは、諸個人、諸集団の政治的諸関連である。これらの関連を階級関係視点から社会構成体のなかに構造化・形態化してとらえかえしたものが『法的・政治的諸関係』『国家形態』である。」（富沢、前掲書、25頁）と述べられている。

17) 富沢賢治氏は、「精神的生活過程は諸個人、諸集団の精神的な生産—コミュニケーション－の過程であり、ここで問題とされるのは諸個人、諸集団の精神的諸関連である。精神生活過程が生み出す産物は、言語、芸術、科学などが数多いが、これらの産物のなかでもとりわけ階級関係に規定されるところが大きい政治理念、哲学、宗教などが、『社会的意識形態』として社会構成体のなかに形態化・構造化される。」（富沢、前掲書、25頁）と述べられている。

18) カール・マルクス（杉本俊朗訳）『経済学批判』（大月書店、1953年、15頁）。

19) 例えば、新自由主義思想（精神的生活過程）により、社会福祉財政の削減・圧縮・抑制が行われているのはもっとも良い例である。

20) 社会科学辞典編集委員会編、前掲書、125頁。

21）カール・マルクス、前掲書、256頁。

22）真田是編『社会福祉労働』（法律文化社、1975年、42頁）。

23）二宮厚美著『公共性と民間委託―保育・給食労働力の公共性と公務労働―』（自治体研究社、2000年、122頁）。

24）高島進著『社会福祉の歴史』（ミネルヴァ書房、1994年、10頁）。

25）高島、前掲書、11-12頁。

26）高島、前掲書、16-17頁。

27）高島、前掲書、26-31頁。

28）バースニ・Q・マジソン（光信隆夫・その他訳）『ソ連の社会福祉』（光生館、1974年）。

29）1959年度版『厚生白書』、13頁。国家（地方自治体も含む）による福祉政策における個人的消費は、潜在能力（抽象的人間労働力［人間が労働の際に支出する脳髄・神経・感官・筋肉等を意味する］＝労働力）の維持・再生産である。牧野広義氏が指摘されているように、「労働者はその個人的消費を自分自身のために行うのであって、資本家のために行うのではないということは、事態になんのかかわりもない。……労働者階級の不断の維持と再生産は、資本の再生産のための恒常的条件である。資本家はこの条件の実現を、安心して労働者の自己維持本能と生殖本能にゆだねることができる。」（カール・マルクス［資本論翻訳委員会訳］『資本論』第四分冊、新日本出版社、1983年、981頁）このように国家による福祉政策の「労働者の個人的消費は、労働者自身の生命維持のために、また結婚し、子どもを産んで育てるために行われます。しかし、そのことがまさに『労働者階級の不断の維持と再生産』なのです。資本家にとって願ってもないことが、労働者自身の『自己維持本能と生殖本能』によって行われるのです。」（牧野広義著『資本論から哲学を学ぶ』学習の友社、2007年、189頁）まさに「『一石三鳥』だと言ってもいいでしょう。なぜなら、先の①労働力による剰余価値の生産と、②個人的消費による労働力の再生産に加えて、③個人的消費は労働者を労働市場に再出現させるのです。」（牧野、前掲書、189-190頁）それゆえ、労働者の潜在能力（抽象的人間労働力＝労働力）の不断の維持と再生産が、資本主義社会の生産様式（土台）に絶対的規定された国家（上部構造）の福祉政策にもなるのである。

30）富沢、前掲書、75-76頁。

31）「働き口をみつけることができず、資本の蓄積が必要とするのにくらべて『過剰』となった失業あるいは半失業の労働者のこと。資本主義のもとでは、生産力が増大するにつれて、資本の有機的構成が高まり、労働者をやとうための資本部分（可変資本）は絶対的には増大するが、生産手段を買い入れるための資本部分（不変資本）とくらべて相対的には少なくなる。すなわち、労働力にたいする需要が相対的に少なくなる。このことから、労働力の一部は資本の蓄積が必要とするのにくらべて相対的に過剰になり、相対的過剰人口がうまれる。……相対的過剰人口には、流動的・潜在的・停滞的過剰人口および極貧層がある。」（社会科学辞典編集委員会編、前掲書、191頁）流動的過剰人口は、「資本蓄積の過程で生産の縮小や新しい機械の導入などのため一時的に失業した労働者層のこと。」（社会科学辞典編集委員会編、前掲書、326頁）潜在的過剰人口は、「はっきり失業というかたちをとらず潜在化している。……かれらは、農業では一年のうちわずかの日数しか働けないし、工業でも働き口がみつからないので、農村でどうにかくらしている状態にある。」（社会科学辞典編集委員会編、前掲書、185頁）停滞的過剰人口は、「ふつうの労働者より就業は不規則・不安定であり、賃金はひじょうに低く、労働時間は長い。」（社会科学辞典編集委員会編、前掲書、221頁）極貧層は、「相対的過剰人口の最下層で、『公的扶助』を必要とする長期の失業者、孤児、零落者、労働能力喪失者、ルンペン・プロレタリアートなどからなる。」（社会科学辞典編集委員会編、前掲書、92頁）

32）宮川実著『マルクス経済学辞典』（青木書店、1965年、190頁）。

33）社会科学辞典編集委員会編、前掲書、92頁。

34）フリードリヒ・エンゲルス（全集刊行委員会訳）『イギリスにおける労働者階級の状態』（大月書店、1981年、9頁）。

35）孝橋正一著『全訂社会事業の基本問題』（ミネルヴァ書房、1993年、165頁）。

36）有田光男著『公共性と公務労働の探求』（白石書店、1993年、165頁）。

37）有田、前掲書、165頁。

38）本稿では援助と支援の意味の違いを考慮して、支援の言葉を使用する。つまり、障害ある人（福祉利用者）を物事の中心に据えたとき、「援助」という概念には、援助者側からの一方的で上から障害のある人を見下す上下関係としての「たすけ（援け、助け）」の構造がある。一方、「支援」という概念には、障害のある人の意思を尊重し支え、その上で協力を行うという、障害のある人主体の考え方が内在している。Bill, Were,. 河東田博・その他訳『ピープル・ファースト:支援者のための手引き』（現代書館、1996年、92頁）。

39) 岡村重夫著『社会福祉原論』（全国社会福祉協議会、1983年、6頁）。

40) 右田紀久恵・その他編『社会福祉の歴史』（有斐閣、1982年、24頁）。

41) 池田敬正著『日本社会福祉史』（法律文化社、1986年、45-430頁）。

42) マルクス＝エンゲルスは、国家について次のように述べている。「国家という形態において支配階級の人々は彼らの共通の利益を押し立て、そしてこの時代の全市民社会はその形態のなかでまとまるものである以上、あらゆる共通の制度は国家の手を介してとりきめられ、何らかの政治的な形態をもたせられることになる。法（『国家意志』の愚見たる―引用者）というものが、あたかも意志、しかもその現実的土台からもぎはなされた、自由な意志にもとづきでもするかのような幻想はそこからくる」（マルクス＝エンゲルス［真下信一訳］、前掲書、118頁）つまり、現象上は一般的にあたかも超階級的「公共的」的であるかの如き外観をとるが、土台（生産諸関係の総体）に規定された階級国家である。その意味で、国家は総資本が社会福祉の価値・剰余価値を支配し享受していく事を促進する。

43) 社会福祉辞典編集委員会編『社会福祉辞典』（大月書店、2002年、237頁）。

44) 真田是「社会福祉の対象」（一番ケ瀬康子・その他編『社会福祉論』有斐閣、1968年、45頁）。

45) 共同作業所全国連絡会編『実践・経営・運動の新たな創造を目指して』（1984年、8-9頁）。

46) 炭谷茂編『社会福祉基礎構造改革の視座』（ぎょうせい、2002年、10頁）。

47) 小松隆二著『公益学のすすめ』（慶応義塾大学出版、2000年、76頁）。

48) 日本弁護士連合会高齢者・障害者の権利に関する委員会編『契約型福祉社会と権利擁護のあり方を考える』（あけび書房、2002年、108頁）。

49) 炭谷、前掲書、107頁。

50) 福祉行政法令研究会著『障害者総合支援法がよ〜くわかる本』（株式会社　秀和システム、2012年、26頁）。

51) 小松、前掲書、161-162頁。

52) 加藤薗子「社会福祉政策と福祉労働」（植田章・その他編『社会福祉労働の専門性と現実』かもがわ出版、2002年、27-28頁）。

53) 加藤、前掲書、27-28頁。

54) 炭谷、前掲書、107頁。

55) 伊藤周平著『社会福祉のゆくえを読む』（大月書店、2003年、36頁）。

56) 伊藤、前掲書、37頁。

57) 伊藤、前掲書、41-43頁、137頁。

58) 伊藤、前掲書、136-137頁。

59) 梅原英治「財政危機の原因と、打開策としての福祉国家型財政」（二宮厚美・福祉国家構想研究会編『福祉国家型財政への転換』大月書店、2013年、129頁）。

60) 梅原、前掲書、129-131頁。

61) 梅原、前掲書、131頁。

62) 宮川、前掲書、299頁。

63) 不破哲三『マルクスは生きている』（平凡社、20001年、155頁）。

64) 生産手段の社会化は、「労働者の側が企業を管理し運営していくことであるといえる。最終的に何らかの形態で生産手段を『自分のもの』にすることが管理・運営権を真に保障するものであるが、この権利を獲得することが生産手の社会化のもっとも重要な部分である。」（聴濤弘著『マルクス主義と福祉国家』大月書店、2012年、150頁）。

65) 聴濤、前掲書、198-99頁。

66) 聴濤、前掲書、149頁。

67) 梅原、前掲書、140頁。

68) 梅原、前掲書、140頁。

69) 梅原、前掲書、140-141頁。

70) 梅原、前掲書、141頁。

71) 日本弁護士連合会高齢者・障害者の権利に関する委員会編、前掲書、33頁。

72) 河野正輝「生存権理念の歴史的展開と社会保障・社会福祉」（社会保障・社会福祉大事典刊行委員会編『社会保障・社会福祉大事典』旬報社、2004年、482-486頁）。

73) 橋本佳博・その他『障害をもつ人たちの憲法学習』（かもがわ出版、1997年、42頁）。

74）二宮厚美『発達保障と教育・福祉労働』（全国障害者問題研究会出版部、2005年、96頁）。

75）二宮、前掲書、96頁。

76）二宮、前掲書、96頁。

77）二宮、前掲書、96頁。

78）神野直彦「三つの福祉政府と公的負担」（神野直彦・その他編『福祉政府への提言』岩波書店、1999年、296−301頁） 地方税を拡充する事への反対論には、地方税を拡充すれば、財政力の地域間格差が拡大すると言う点にある。しかし、個人住民税の比例税率化で国税から地方税に税源移譲を実施すれば、国税と地方税とを合わせた税負担には変化がないが、地方税だけを見ると、低額所得者は増税となり、高額所得者は減税となる。そうだとすれば、低額所得者が多く居住する貧しい地方の地方税収入がより多く増加し、高額所得者が多く居住する豊かな地方の地方税収がより少なく増加することになる。したがって、地方自治体間の財政力格差をむしろ是正しつつ、自主財源である地方税の拡充が可能なのである（神野、前掲書、298頁）。

79）神野、前掲書、301頁。

80）富沢、前掲書、86頁。

81）富沢、前掲書、89頁。

82）富沢、前掲書、89頁。

83）富沢、前掲書、83頁。

84）社会福祉辞典編集委員会編、前掲辞典、237頁。

85）社会福祉辞典編集委員会編、前掲辞典、237−238頁。

第Ⅱ部

社会福祉の各論的基本問題 (基本的矛盾) の検討

第7章　社会福祉の諸矛盾と課題

　社会福祉の基本問題(基本的矛盾)は、社会福祉の発展の原動力である矛盾対(福祉利用者にとっての使用価値と総資本及び国家［地方自治体も含む］にとっての価値・剰余価値) の統一体であると言う事である。この重要な概念の意味は、なによりもまず、社会福祉（社会福祉労働）に内的に対立する諸側面、諸傾向が備わっていると言う点にある。この場合、社会福祉には、それ特有の矛盾が備わっており、それは具体的な分析（以下では、社会福祉政策、社会福祉協議会、介護福祉、障害のある人の総合支援法、福祉財政を具体的に分析していく）によって明らかにされなければならない事を意味する。しかし、社会福祉の内的矛盾を認めただけではまだ矛盾対の統一体の概念は汲みつくされない。矛盾対の連関と相互作用の性格、それらの構造を考慮にいれる事が、極めて重要である。この連関は、統一的な全体の各々の側面が、それに対立する別の側面が存在する限りでのみ存在するような、そういう連関なのである。社会福祉が二つに分裂していると言う事は、矛盾対の間の外的な関係を意味しない。全体的なものの相対立する諸側面、諸性質、諸発展傾向の相互依存、相互制約、相互浸透、これが矛盾対の統一体の最も本質的な特徴である。

　しかし、矛盾対の相互制約性は弁証法的矛盾の特殊性の一つにすぎない。そのもう一つの切り離せない側面は、矛盾対の相互否定である。統一的な全体の諸側面が対立物であると言う、正にその理由によって、それらは相互連関の状態にあるばかりでなく、相互排除、相互反発の状態にもあるのである。この契機は、矛盾対の闘争（社会福祉運動等）と言う概念に表現されている（矛盾対の闘争［社会福祉運動等］と言う概念は、対立物の相互否定と相互排除の多種多様な諸形態を、一般化した形で言い表したものである）。しかし、この闘争の具体的な形態がどうであろうと、肝心な事は、弁証法的矛盾が対立物の相互否定の契機を、しかも極めて本質的な契機として含んでいる事である。と言うのは、矛盾対の闘争（社会福祉運動等）こそ発展の推進力であり、源泉であるからである（矛盾対の闘争と言うのは、社会福祉労働者や福祉利用者等が剰余価値としての現在の社会福祉を社会福祉運動等によって改善・変革し、使用価値の高い新しい質の社会福祉を発展・変革させていく事である）。

こう言う訳で、弁証法的矛盾の本質は、相互に肯定しあい否定しあうような、そしてそれらのあいだの闘争が発展の推進力、源泉となるような、矛盾対の間のそのような相互関係、相互連関であると定義する事ができる。つまり、ここで考察している法則が、矛盾対の統一と闘争の法則と呼ばれているのも、この為である。以下では、矛盾対の統一体と闘争の法則を念頭において、この章では各論的に社会福祉の諸矛盾と課題を考察していく。

第1節　社会福祉政策の矛盾と課題

1. はじめに

　社会福祉基礎構造改革後の社会福祉政策の事実の要点（科学は既存の福祉概念・福祉理念・仮定等から出発するのではなく、事実から出発するものである）を整理すると、中江章治氏が指摘されているように次のように整理する事ができる。
「(1) 行政が行政処分により福祉サービスの要否及び内容を決定する措置制度を福祉利用者が福祉サービスを選択する利用制度（契約制度）に変更した（ただし、要保護児童等に関する福祉については、措置制度を残した）。
　(2) 福祉利用者保護の為の制度の創設として、福祉サービス利用支援事業が都道府県社会福祉協議会等において実施する認知症高齢者など自己決定能力の低下した者の福祉サービス利用の支援や日常の金銭管理を行う。また、福祉サービスに対する福祉利用者の苦情や意見を汲み上げ福祉サービスの改善を図る観点から、社会福祉事業経営者の苦情解決責務の明確化、第三者が加わった福祉施設内における苦情解決の仕組みの整備、都道府県社会福祉協議会内の運営適正化委員会の設置等が行われた。
　(3) 福祉サービスの質の向上として、事業運営の透明性の確保、福祉利用者の選択に資するため事業者による福祉サービス内容に関する情報の提供、財務諸表及び事業報告書の開示の社会福祉法人に対する義務付け、国・地方自治体による情報提供体制の整備、運用事項として社会福祉士等の福祉専門職に対する保健医療との連携、介護保険への対応、全体の資質の向上の観点からの教育課程の見直しやサービスの質を評価する第三者機関の育成等が図られた。
　(4) 社会福祉事業の追加と削除が行われた。社会福祉事業の追加は、障害児相

談支援事業、身体障害者相談支援事業、身体障害者生活訓練事業、手話通訳事業、盲導犬訓練施設を経営する事業、知的障害者相談支援事業、知的障害者デイサービス事業、知的障害者デイサービスセンターを経営する事業、福祉サービス利用支援事業であり、公益質屋を経営する事業が削除された。

（5）社会福祉法人の設立要件の緩和や運営の弾力化が行われた。社会福祉法人の設立要件の緩和については、従来、20人以上必要であった障害のある人の通所授産施設の規模要件を10人以上に引き下げ、また、運用事項として従来1億円以上が必要であった小規模通所授産施設及びホームヘルプ事業を行う社会福祉法人設立の為の資産要件を1千万円に引き下げた。さらに社会福祉法人の運営の弾力化については、運営の弾力化の観点から運用事項として、福祉施設ごとの会計区分を弾力化した社会福祉法人単位の経営を確立し、利用制度化した事業については利用料収入を福祉施設整備費の償還に充てることを認め行政監査の重点化・効率化を図ることとした。

（6）地域福祉の推進については、市町村地域福祉計画及び都道府県地域福祉支援計画の策定を義務付け、知的障害者福祉等に関する事務を市町村に委譲した。また、社会福祉協議会・共同募金会・民生委員・児童委員の活性化の為に、市町村社会福祉協議会を地域福祉活動の推進役として明確に位置づけた。そして、都道府県社会福祉協議会の役割として、社会福祉事業従事者の養成研修及び社会福祉事業の経営指導を行うことを明確にした。さらに県内配分を原則とする共同募金については、大規模災害に対応する広域配分を可能にするとともに、配分の透明性確保の為の配分委員会設置の義務付けや「過半数配分の原則」の撤廃を行った。また、住民の立場に立った活動を行う民生委員・児童委員の職務内容を明確にした[1]。」

　以上の社会福祉基礎構造改革後の社会福祉政策においては、一見、何ら矛盾が存在していないように認識できるし、国民の側からも大きな批判は巻き起こっていない。その最大の原因は、社会福祉基礎構造改革後の社会福祉政策の矛盾が多くの人々に知られていない点にあると思われる。また、「今回の基礎構造およびそれに伴う法律改正に関して、種々の評価がなされているが、筆者（中江－挿入、筆者）としては、方向は正しいが、漸進的すぎるという感はまぬかれない[2]。」と評価している研究者も居るように、社会福祉基礎構造改革後の社会福祉政策への順応と言う受動的な立場に終始し、資本主義社会の生産様式の連関で社会福祉

政策の社会科学方法論による批判的検討を看過している研究者が殆どである。

　筆者は、筆者自身も含めてもう一度原点に戻って、誰の、何の為の社会福祉政策なのかあるいは研究なのかを再確認し、筆者自身の社会福祉政策の本質認識の観点から、資本主義社会の生産様式の連関で社会福祉基礎構造改革後の社会福祉政策の矛盾を分析し、社会福祉政策の必要性のある人々にとって望ましい社会福祉政策再編の方向を積極的に提言していく必要性を痛感した。また、唐鎌直義氏が指摘されているように、「政府の社会保障制度の圧縮策は、その勢いを年々加速化させてきたように見える。転換された軌道の方向性は、当初の財政赤字を理由とする社会保障分野への『国庫負担の削減』と『民間活力の導入促進』策から『福祉の市場化・民営化の推進』と『規制緩和』策へ、そしてさらに『共助』（助け合い精神）と『自立・自助』の強制策へと展開されてきた。今では、掛け声ばかりで一向に内実の不透明な『セーフティネット』に社会保障を押し込める動きと『生活の自己責任』の宣伝がますます強化されている[3]。」現状に問題意識を持っている。

　本節では、以上の社会福祉政策の現状の中で、社会権の生存権的平等保障としての社会福祉政策がどのように歪められているのか、その階級的な矛盾を考察しつつ、福祉利用者にとって使用価値の高いしかも望ましい社会福祉政策再編の方向を考察していく。

2．社会福祉政策とは何か

　現代資本主義社会の生産様式の下における社会福祉政策は、前章で叙述しているようにボランティアや住民参加型等の福祉活動が在在し拡大しているとは言え、殆どが社会福祉労働（社会福祉労働手段も含む）によって媒介されている。つまり、福祉利用者は社会福祉労働を享受し、人間らしい健康で文化的な生活（人間らしい健康で文化的な生活活動［機能］の基盤である多様な個人及び共同の潜在能力［抽象的人間生活力・生活力＝人間が生活活動をする際に支出する脳髄、筋肉、神経、感官等を意味する・抽象的人間労働力・労働力＝人間が労働をする際に支出する脳髄、筋肉、神経、感官等を意味する］の維持・再生産・発達・発揮［機能］）を成就しているのが事実の現象である。それ故、社会福祉労働の事実の現象を分析していく必要がある。

　そして、社会福祉労働（社会福祉労働手段も含む）は、真田是氏が指摘されて

いるように、「①金銭給付及び貸し付け、②福祉施設提供、③生活補助設備、器具の提供、④機能回復・発達のための設備、器具の提供、⑤生活の介助・介護、⑥予防・治療のための医療給付、⑦生活指導を含む機能回復・発達のためのリハビリテーション給付、⑧職業訓練給付、⑨診断・斡旋措置を含む相談などの人的手段を通じた直接的な現物給付、⑩問題発見や解決のための調査活動、⑪問題解決のための社会資源の媒介・調査や社会的認識向上のための広報活動、⑫問題解決のための地域住民や関係団体、関係施設・福祉サービスなどの組織活動、⑬社会資源の有効活用のための連絡調整活動などの間接手段の提供[4]」等の社会福祉労働の事実の現象として見られ、しかも多くの場合、これらの社会福祉労働は複合的に行われ、また社会福祉政策の歴史の発展過程においてその社会福祉労働の量と質は相違する。とは言え、これらの社会福祉労働の事実の現象をそのまま鵜呑みにするのではなく、これらの社会福祉労働の事実の現象から社会福祉の基本問題の内的関連と相互依存性を分析して本質を導出していく事が重要である。

とするならば、社会福祉労働は第一に、福祉利用者にとって、社会福祉労働の特性（具体的有用的労働）によって社会問題としての生活問題（生活問題とは、生活手段［所得・教育等］の不足・欠如の問題と生活手段の不足・欠如から関係派生的に生成してきた福祉利用者の生活活動［機能］の基盤である人間らしい健康で文化的な多様な個人及び共同の潜在能力［抽象的人間生活力＝生活力・抽象的人間労働力＝労働力］の維持・再生産・発達・発揮［機能］の阻害［福祉利用者の人間らしい健康で文化的な多様な個人及び共同の潜在能力の不足・欠如］の生活問題である[5]）を担った福祉利用者の人間らしい健康で文化的な生活＝人間らしい健康で文化的な生活活動（機能）の基盤である人間らしい健康で文化的な多様な個人及び共同の潜在能力（抽象的人間生活力＝生活力・抽象的人間労働力＝労働力）の維持・再生産・発達・発揮［機能］を成就していく公共性[6]（公益）を基礎とした使用価値（具体的有用的労働）である（それ故、福祉利用者に対する福祉の使用価値を高める事は、福祉の公共性を高め確立する事に連結する）。そして、アマルティア・センが指摘されているように、「『福祉』（well-being）はひとが実際に成就するもの—彼／彼女の『状態』（being）はいかに『よい』（well）のものであるか—に関わっている[7]。」（傍点、筆者）ものである。つまり、福祉（well-being）は、社会福祉労働（社会福祉労働手段も含む）等の福祉手段を使用して福祉利用者の生活活動（機能）の基盤である多様な個人及び共同の潜在能

力（抽象的人間生活力＝生活力・抽象的人間労働力＝労働力）によって成就して
いくものであるので、福祉手段の不足・欠如の面のみに注目するのではなく、さ
らに福祉手段を使用して人間らしい健康で文化的な生活を実現（成就）していく
福祉利用者の生活活動（機能）の基盤である人間らしい健康で文化的な多様な個
人及び共同の潜在能力（抽象的人間生活力＝生活力・抽象的人間労働力＝労働力）
にも注目していかなければならないのである。従って、「ひとの福祉について判
断する際には、彼／彼女が所有する財（生活手段－挿入、筆者）の特性に分析を
限定するわけにはいかない。われわれは、ひとの『機能』（functioning）にまで
考察を及ぼさねばならないのである。財（生活手段－挿入、筆者）の所有、従っ
てまた財（生活手段－挿入、筆者）の特性に対する支配権は個人に関わることで
あるが、財（生活手段－挿入、筆者）の特性を数量的に把握する方法はその財（生
活手段－挿入、筆者）を所有するひとの個人的特徴に応じて変わるわけではない。
自転車（生活手段－挿入、筆者）は、それをたまたま所有するひとが健康体の持
ち主であれ障害者であれ、ひとしく『輸送性』と言う特性をもつ財（生活手段－
挿入、筆者）として処理されてしまう。ひとの福祉（目的－挿入、筆者）につい
て理解するためには、われわれは明らかにひとの『機能』にまで、すなわち彼／
彼女の所有する財（手段－挿入、筆者）とその特性を用いてひとはなにをなしう
るかにまで考察を及ぼさねばならない。たとえば、同じ財（生活手段－挿入、筆
者）の組み合わせが与えられても、健康なひとならばそれを用いてなしうる多く
のことを障害者なしえないかもしれないという事実に対して、われわれは注意を
払うべきである[8]。」（傍点、筆者）。

　そして、福祉利用者の人間らしい健康で文化的な生活＝人間らしい健康で文化
的な生活活動（機能）の基盤である多様な個人及び共同の潜在能力（抽象的人間
生活力＝生活力・抽象的人間労働力＝労働力）の維持・再生産・発達・発揮（機
能）の成就は、それが例えば、物質的生産物（福祉施設や福祉機器等）で生じよ
うと、人的サービス（ホームヘルプサービス等）あるいは物質的生産物と人的サー
ビスとの併用で生じようと、少しでも社会福祉労働の使用価値の事柄を変えるも
のではない。重要な事は、福祉手段である社会福祉労働が社会福祉労働手段を媒
介として福祉利用者に対象化（社会福祉労働の対象化とは、福祉利用者に社会福
祉労働者の抽象的人間労働と社会福祉労働手段等の凝固の社会関係を意味し、人
間らしい健康で文化的な福祉利用者の多様な個人及び共同の潜在能力＝抽象的人

間生活力＝生活力・抽象的人間労働力＝労働力の維持・再生産・発達・発揮（機能）あるいは人間らしい健康で文化的な生活の成就を意味する）・共同化（福祉手段である社会福祉労働の共同化とは、二宮厚美氏が指摘されているように、社会福祉労働を一つの労働過程として捉えた場合、社会福祉労働者がその労働主体となるが、社会福祉労働者と福祉利用者とのコミュニケーション過程の面から見ると、社会福祉政策の必要性・要求の発信主体は福祉利用者であり、社会福祉労働者は福祉利用者の了解・合意を前提にして、一つの共受関係に入る。そして共受関係とは、社会福祉労働者が福祉利用者の生活活動［機能］の基盤である人間らしい健康で文化的な多様な個人及び共同の潜在能力［抽象的人間生活力＝生活力・抽象的人間労働力＝労働力］の維持・再生産・発達・発揮［機能］あるいは人間らしい健康で文化的な生活の成就の支援を担うと同時に、社会福祉労働者自ら発達すると言う関係、お互いがお互いの発達を受け合い、共に享受すると言う関係を意味する[9]）される事によって、福祉利用者の人間らしい健康で文化的な生活を成就する事である。この人間らしい健康で文化的な生活の成就は、二重の観点から、即ち質と量の面から分析していく必要があるが、その成就は福祉利用者にとって使用価値となる。

　従って、使用価値を高めていく事は、社会福祉政策の公共性（公益）を高めかつその確立に連結していくものであるが、だからと言って、前章で考察したように国家（地方自治体も含む）が自発的に社会福祉政策を創設したのではない。歴史的に見ると、社会福祉政策は社会問題としての生活問題を担った人々の社会福祉要求及び社会福祉労働者を初めとする労働者階級に属する人々等を中心に、社会問題としての生活問題からの解放を求めての社会運動・社会福祉運動等に対する譲歩である[10]。と言うのは、現代資本主義社会における社会問題としての生活問題を担った人々のように殆どが労働者階級に属している為、日々、必須な生活手段を生産する生産手段からも疎外されており（生活手段を所有していない中間階級の人々は、小規模な生産手段を所有しているが、社会問題としての生活問題を担い易い状況下に存在している）、社会問題としての生活問題を担うのは必然的である（絶対的貧困）。そして、社会問題としての生活問題を担っている人々は、自分の非人間化を意識し、それ故に自分自身の発達の必然性を持つ非人間として生みださざるをえない。かくして、社会問題としての生活問題を担った人々に社会福祉の必要性の意識をもたらし、内的必然性をもって、人間らしい健康で

文化的な生活を求めて、国家に社会福祉の法制度・福祉政策を要求していく社会運動・社会福祉運動に趨かせざるをえないのである。つまり、社会問題としての生活問題を担っている人々の「状態は、現在のあらゆる社会運動の実際の土台であり、出発点である [11]」。と同時に、「どこでも政治的支配の基礎には [12]」、社会福祉の法制度・福祉政策等のような「社会的な公務活動があったのであり、また、政治的支配はそれが自己のこういう社会的公務活動を果たした場合にだけ長く続いた [13]」のである。また、相対的過剰人口 [14] 等から生成してくる福祉利用者は、資本の蓄積及び拡大にとって絶対的に必要であると言う事である。と言うのは、「資本の蓄積は、沈滞・好況・繁栄及び恐慌という産業循環を経ながら行われる。そして資本の蓄積は、好況及び繁栄の時期には突然大規模に行われる。ところが資本の蓄積及び生産拡大が突然大規模に行われるためには、大量の労働力が生産過程に存在しなければならない。しかし、人口の自然増加によってこの膨大な労働力を突然供給することは不可能である。急速で大規模な生産拡張が可能なのは、全く相対的過剰人口がつねに存在するからである [15]」。このように相対的過剰人口は、独占資本の発展の存在条件となっており、また資本主義社会において国家（地方自治体も含む）による福祉政策における個人的消費は、潜在能力（抽象的人間労働力・労働力）の維持・再生産である。と言うのは牧野広義氏が指摘されているように、「労働者（福祉利用者－挿入、筆者）はその個人的消費を自分自身のために行うのであって、資本家のために行うのではないということは、事態になんのかかわりもない。……労働者階級の不断の維持と再生産は、資本の再生産のための恒常的条件である。資本家はこの条件の実現を、安心して労働者（福祉利用者－挿入、筆者）の自己維持本能と生殖本能にゆだねることができる。」（カール・マルクス［資本論翻訳委員会訳］『資本論』第四分冊、新日本出版社、1983 年、981 頁）このように国家による福祉政策の「労働者の個人的消費は、労働者（福祉利用者－挿入、筆者）自身の生命維持のために、また結婚し、子どもを産んで育てるために行われます。しかし、そのことがまさに『労働者階級の不断の維持と再生産』なのです。資本家にとって願ってもないことが、労働者（福祉利用者－挿入、筆者）自身の『自己維持本能と生殖本能』によって行われるのです。」（牧野広義著『資本論から哲学を学ぶ』学習の友社、2007 年、189 頁）まさに「『一石三鳥』だと言ってもいいでしょう。なぜなら、先の①労働力（抽象的人間労働力－挿入、筆者）による剰余価値の生産と、②個人的消費による労働

力（抽象的人間労働力－挿入、筆者）の再生産に加えて、③個人的消費は労働者を労働市場に再出現させるのです。」（牧野、前掲書、189-190頁）それゆえ、労働者（福祉利用者－挿入、筆者）の多様な個人及び共同の潜在能力（抽象的人間労働力＝労働力）の不断の維持と再生産が、資本主義社会の生産様式（土台）に絶対的規定された国家（上部構造）の福祉政策にもなるのである。これらの点と価値増殖過程での搾取に社会福祉等の社会保障に対する資本の高負担を要求していく一つの社会的根拠があると思われる（資本の剰余価値取得も資本の高負担を要求していく根拠になる）。

　ところで、使用価値は、福祉利用者の人間らしい健康で文化的な生活＝人間らしい健康で文化的な生活活動（機能）の基盤である多様な個人及び共同の潜在能力（抽象的人間生活力等）の維持・再生産・発達・発揮（機能）の成就であるが、その使用価値を捨象するならば、社会福祉労働に残っているものは、無差別に人間労働のその支出形態（人的サービス提供形態の福祉労働、生活手段提供形態の福祉労働、金銭給付形態の福祉労働、これら提供形態の併用の福祉労働）には関わりのない抽象的人間労働（価値の実体）、ただの凝固の社会関係のほかには何もない。これらの事が意味しているのは、ただその福祉利用者の体内に社会福祉労働手段と伴に社会福祉労働者の抽象的人間労働が支出されており、社会福祉労働手段や社会福祉労働者の抽象的人間労働が福祉利用者の体内に積み上げられている（それによって福祉利用者の生活活動［機能］の基盤である人間らしい健康で文化的な多様な個人及び共同の潜在能力［抽象的人間生活力＝生活力・抽象的人間労働力・労働力］の維持・再生産・発達・発揮［機能］が行われている）と言う事だけである。このようなそれらに共通な社会関係の結晶として、これらのものを価値 16) と言う。つまり、抽象的人間労働が価値になるのは、人間の生存の根本的要素である自然素材と抽象的人間労働とが結合し凝固状態の社会関係にあるからである。とするならば、福祉利用者（人間）と雖も自然素材と同次元（人間も自然的存在であり、自然の一部であると言う意味）にあり、しかも人間（福祉利用者）に対して社会福祉労働者等の抽象的人間労働が社会福祉労働手段と伴にコミュニケーションを媒介として対象化・共同化されて凝固状態の社会関係にあるのである（福祉利用者の体内に抽象的人間労働力［労働力］が維持・再生産される）。

　そして、物質的生産におけるどんな労働も、使用価値対象である事なしには価

値でありえないように、どんなサービス福祉労働も、使用価値である事なしには価値ではありえない。

　また、現代資本主義社会における社会福祉労働は、単に価値を形成するだけでなく、剰余価値も形成する。と言うのは、国家は社会福祉のような「〝人間投資〟は、経済発展の基底（経済発展の基底は利潤であり、利潤の原泉は剰余価値である－挿入、筆者）をなすもの、経済発展がそこから絶えず養分を吸収しなければならないものであり、経済発展に背くものではなく、その発展とともにあるのである[17]」と考えており、購入した社会福祉労働力の価値（賃金）よりも高い価値を浴するからである。国家は、社会福祉労働者に賃金を支払うが、社会福祉労働者が一労働日（１日の労働時間）中に福祉利用者に対象化・共同化した価値は、社会福祉労働者の賃金を超える部分も含む。即ち一労働日は、必要労働＝支払い労働と剰余労働＝不払い労働との二つの部分からなる。例えば、障害のある人の総合支援法における居宅介護の中の身体介護は30分以上１時間未満が4,000円である。

　１日の中で30分以上１時間未満の身体介護を行うものとすると、30分以上１時間未満＝2,000円である必要労働＝支払い労働の価値を超える2,000円の余分の価値、すなわち剰余価値が生まれると推定できる。こうした剰余価値は、居宅介護事業者が利潤として取得する。

　以上の点を要約して社会福祉政策とは何かを定義するならば、次のような独創的定義を行う事ができる。つまり、社会福祉政策とは、現代資本主義社会の生産様式に絶対的に規定されて生成してきた社会問題としての生活問題（生活手段の不足・欠如の問題と生活手段の不足・欠如から関係派生的に生成してきた生活主体者の人間らしい健康で文化的な多様な個人及び共同の潜在能力［抽象的人間生活力＝生活力・抽象的人間労働力＝労働力］の維持・再生産・発達・発揮［機能］の阻害［人間らしい健康で文化的な多様な個人及び共同の潜在能力の不足・欠如］の問題）の担い手である労働者階級や中間階級等の相対的過剰人口の一員を中心とした人々の生存権的平等保障活動・運動に影響されて、生活問題の担い手に向けられた総資本の為の価値の形成・支配と剰余価値の取得・支配の国・地方自治体の社会福祉の総称であって（本質＝構造的認識）、その本質の現象的表現は、部分的あるいは全体的に福祉利用者の生活問題に対応する精神的・物質的な支援及び保護等の使用価値を、公私の社会福祉労働及び活動・コミュニケーションの福祉手段を媒介として、個別的・集団的・組織的及び総合的に保障し、それらの福

祉手段を福祉利用者（生活主体者）が享受し、人間らしい健康で文化的な多様な個人及び共同の潜在能力・抽象的人間生活力・抽象的人間労働力の維持・再生産・発達・発揮（機能）を日常の生活過程で成就するところにあると言える（機能的認識）。

3. 社会福祉政策の矛盾

　前述においては、社会福祉政策の使用価値＝公共性（公益）の側面と価値・剰余価値＝私的性（階級性）の側面の矛盾（矛盾は、社会福祉の発展の原動力である）対を分析したのであるが、社会福祉基礎構造改革後の社会福祉政策においては資本主義社会の生産様式（土台）に規定された上部構造である新自由主義的主導による応益負担や市場福祉を導入し拡大する事によってますます剰余価値（利潤及び収益性）の側面が高まっていく事により、次のような矛盾が深刻化してくる。

　矛盾の第1点は、福祉利用者を事業者や福祉施設に利益をもたらす消費者として捉えられ、福祉利用者が担っている社会問題としての生活問題が看過されると言う矛盾である。福祉利用者と言う用語は、一見、福祉利用者主体（消費者主体）の意向が反映されているような表現であるが、この用語を使用する場合、常に念頭に置かなければならない点は、福祉利用者が担っている生活問題の社会問題性である（何故ならば、社会問題としての生活問題の「社会」は、現代資本主義的生産関係に見られるように、経済的必然性によってもたらされる問題と言う意味である [18]）。人権（社会権）保障としての生存権的平等が、社会問題としての生活問題を前提条件としているのは言うまでもないが、この点の認識が曖昧なものになってしまうと、国（地方自治体も含む）の公的責任も曖昧になってしまう。また、社会福祉基礎構造改革後の社会福祉政策においては、福祉利用者を一方的かつ単なる消費者として捉えている。果たしてそのような関係のみに捉えるのが妥当であろうか。共同作業所における実践から示されているように、「我々の歴史は当初から『同じ人間としての人格の対等平等』関係を大切にしてきたし、私たちの原点は、『障害者・家族の願いに応え』『障害者を主人公として』『仲間』として表現されているように、共に創る関係、共に困難を切り拓く関係であり、立場の違いや内部矛盾を内包しつつも、協力と共同関係、共感と信頼関係を基本として創られてきた歴史が [19]」が存在しているように、単なる消費者としての関係ではない。

矛盾の第2点は、利用制度（契約制度）の導入によって、福祉利用者と福祉施設・福祉事業者との対等関係が阻害されていると言う事である。「社会福祉基礎構造改革では…、措置制度に代わり利用制度に転換することとされた。利用制度では、利用者が自ら自分の好む福祉サービスの種類と事業者を選択することができる。利用者と事業者とが対等の関係になるのである[20]。」と述べているが、果たして対等な関係が成立するのであろうか。

　「すなわち需給どちらの側に立とうと、市場参加者は基本的には自立し、それぞれが任意に参加し、対等の立場に立つ。その反面で、対等性の上に展開される利害の競争を前提にするので、市場で出会う需給両者は、利害がつねに一致するのではなく、むしろしばしば対立する。商品を供給するものは、できるだけ高価に、利益が多く出るように販売しようとするのに対し、需要するものは、できるだけ安価に購入し、コストを低くするように努める。いわば債権・債務関係であり、両者が利害を一つにするというよりも、むしろ利害を異にするのが常である。その結果は、出発点の任意性や対等性の原則を否定するかのように勝ち負け、不平等、差別の発生であった[21]。」（傍点、筆者）つまり、利害の競争によって対等性は損なわれると言う事である。

　また、福祉利用者と福祉施設・福祉事業者との対等関係と言う美辞麗句の言葉の裏に隠されている、言わば義務と責任を全て福祉利用者の当事者に負わせる「商品取引モデル」が社会福祉政策において妥当であるかと言う問題が存在している。と言うのは、「福祉サービスの提供が、他の消費者問題と決定的に異なるのは、利用者にとって福祉サービスを受ける事が、生存や日常生活の維持に必要不可欠であり、たとえどんなサービスであってもとりあえずの生存を確保するために利用をせざるを得ないものであること、しかも施設であれば24時間、在宅や通所のサービスでも一定の時間、サービス提供者と継続的な関係を維持しなければならないという特殊な関係性を有していることである。この関係性から、そもそも利用者自身が、事業者と対等な関係に立って、自己に適切なサービスを選択して契約を締結したり、サービスの提供内容について要望や苦情を出してサービスの質の改善を求めることには、内在的・本質的な制約があるといってもいいのである[22]。」

　矛盾の第3点は、障害のある人の自立支援法を例として考えてみると、福祉サービスを受けて初めて人間らしい健康で文化的な最低限度の生活が可能になるのに

もかかわらず、1割の応益負担を課し、「障害者及び障害児がその有する能力及び適性に応じ、自立した日常生活又は社会生活を営むことができる」（障害のある人の自立支援法第1条）ことを抑制する事に繋がっているところに矛盾が存在している。「サービス費用の1割負担は、介護給付費等の対象となる福祉サービスと補装具である（障害のある人の自立支援法第29条）。また通所・入所の場合には、それに加えて食費（通所施設ではモデル額1食650円、入所施設ではモデル月額22,000円）、光熱費（入所施設でモデル月額10,000円）が自己負担となる（障害のある人の自立支援法第29条）。公費負担医療が、自立支援給付として自立支援医療に一本化され、1割の応益負担とされた（障害のある人の自立支援法第50条）。しかも『一定所得以上』（所得額30万円以上）の人で『重度かつ継続』に該当しない人は対象外となる（医療保険の一部負担と同様3割負担）。障害福祉サービスの利用者負担には、負担上限額（月額）が設定され、生活保護世帯で0円、低所得1（世帯員全員が、市町村民税非課税で所得ゼロかつ収入が80万円未満の世帯）で15,000円、低所得2（世帯員全員が、市町村民税均等割非課税の世帯）で24,600円、一般で37,200円となっている。通所施設や入所施設利用者の食費等の負担については、障害のある人の自立支援法施行後3年間（2009年3月末まで）の経過措置があり、負担が軽減される。また、自立支援医療についても『一定所得以下』『中間的な所得』『一定所得以上』に区分され、それぞれに負担上限月額が設定されている。ちなみに応益負担導入後の居宅介護ヘルパ利用の実態を見ると、利用者数の前月比は69％に減少しています。利用件数でみても、約半数の54％と激減しています[23]。」この実態から言える事は、応益負担がいかに利用抑制に繋がっているかと言う事と、「現に厚労省も応益負担に転換できれば、給付費を1,000億円程（国庫レベル）抑制できるとの試算を示しているところに[24]」、生存権的平等保障の人権意識の欠如の問題を感じる。

　矛盾の第4点は、福祉利用者の自立を支援していくと言いながら、福祉利用者の自立を阻害していると言う矛盾が存在している。「社会福祉で今日最も大切な基本理念の一つは、個人の尊厳である。憲法第十三条に掲げられているが、一人ひとりが一人の人間として尊重され、プライドをもって自己実現を図っていくことである。これは個人としての自立ということにも連結する。人間としてその人らしく自立することは、個人の尊厳を保持することと同じである。この自立を支援することが、社会福祉の機能である[25]。」と述べているが、果たして自立生活

を支援する事になっているのであろうか。つまり、障害のある人々の社会福祉政策を例にして考えれば、世帯単位で費用負担を決定している事が自立生活の阻害に連結していると言う事である。と言うのは、福祉利用者の負担能力において扶養義務者の所得をも加味する時は、障害のある人々が福祉サービスを利用するに当たって扶養義務者の意向を無視する事ができなくなり、障害のある人々が扶養義務者から自立する事ができなくなるからである。

　矛盾の第5点は、社会福祉政策は本来、使用価値＝公益を高めていくものでありながら、寧ろ使用価値＝公益を阻害していると言う矛盾が存在している。つまり、「社会福祉そのものは、資本の論理や営利活動とは原則として相いれず、非営利の公益原理に基づくものである。国・自治体の福祉に関する政策や活動はもちろん、民間の団体や個人の福祉にかんする処遇やサービスのような事業・活動も、原則として公益原理に沿うものである[26]。」にもかかわらず、市場福祉を促進し、減価償却費の導入など一般企業の会計システムを基本として利益の追求が目指されている。

　矛盾の第6点は、市場福祉における競争によって福祉サービスの質の向上が予定されているにもかかわらず、寧ろ福祉サービスの質の低下を招いていると言う矛盾が存在している。福祉サービスの質を規定しているものは、社会福祉労働手段等もさりながら社会福祉労働者自身の質が大きく規定しているし、また、社会福祉労働者自身の質を規定しているものは資格（社会福祉士や介護福祉士等）・研修や労働条件等である。ところが、福祉施設・福祉事業者が利益を高めていく為には剰余価値を高めていく必要があり、その為には社会福祉士や介護福祉士等の無資格者の採用や低賃金かつ劣悪な労働条件を強いると言う矛盾が生成してくる。ゼンセン同盟・日本介護クラフトユニオンの2000年6月から7月にかけての「介護事業従事者の就業実態調査」によれば、「給与の支給形態は、時間給45.8％、月の固定給が45.1％である。時間給制では、1,000円台が41％と最も多く、1,500円未満と合わせると70％に及ぶ。一方、月の固定給制では、金額で最も多い層が15万円から20万円が53％、次いで20万円から25万円が23.3％、そして15万円未満が14.9％であった。また、通勤費については、一部負担が13.4％、なしが20.6％に及ぶ。業務に就く為の移動時間については、有給が50％強に留まっている（なお、待機時間については、登録ヘルパーの91.5％、パートヘルパー57.3％が無給となっている）。」そして、「ヘルパーの雇用形態が、正規・常勤へ

ルパーの解雇・非常勤・パート化、有償ボランティア・登録ヘルパーへの転換など、雇用・身分の不安定化が急速に進んでいる[27]。」こうした雇用形態や労働条件の実態から言える事は、実質的な福祉サービスの質の低下を招いていると言える。

　矛盾の第7点は、民間企業の参入促進等の市場福祉が図られている一方において、国や地方自治体の公的責任の縮小が行われていると言う矛盾が存在している。国や地方自治体の公的責任は、「利用者の尊厳を確立し、費用負担のための費用を工面し、サービスの供給基盤を整備することである[28]。」と述べているが、果たしてどのような公的責任であろうか。社会福祉基礎構造改革後の社会福祉政策においては、福祉利用者が福祉サービスを市場で購入する事を前提に、福祉利用者の購買力を公費や保険給付の形で補完すると言う利用者補助方式を導入した点にある。そして、伊藤周平氏が指摘されているように、「こうした利用者補助方式では、行政責任として現れる国や地方自治体の公的責任の範囲は、従来の措置制度のもとでのサービスの提供と言った直接的なものから利用者の購買力の補完、さらにはサービスの調整などといった間接的なものに縮小、矮小化される。実際、従来の社会福祉事業法第三条では、社会福祉事業の担い手について、社会福祉法人などと並んで『国、地方公共団体』が明記され、同法五条の一では、福祉サービスの実施責任を他者に転嫁することは禁じられていたが、改正社会福祉法では、旧法のこれらの条文が削除され、国や地方自治体の行政責任は、福祉サービスの提供体制の確保、利用促進のための情報提供や相談援助など間接的役割に縮小されている（社会福祉法第六条、第七十五条）[29]。」つまり、「社会福祉基礎構造改革で言われている国や地方自治体の公的責任とは、あくまでも、福祉サービスの直接的な提供責任ではなく、サービスの情報提供や利用援助といったコーディネイト的な責任にすぎない。福祉サービスの供給は、営利法人も含めた民間事業者に委ねることを前提に、そうした民間企業の誘致などを行うことが『供給体制の整備』とされているので[30]」、その結果、基盤整備の不十分さが存在している。因みにその実態を見ると、「きょうされん」が2002年3月末日を基準日に実施した「障害者のための社会資源の設置状況等についての調査」によれば、「支援費制度の対象となる福祉施設・事業所をすべて備える市町村は皆無であり、また、これらの福祉施設・事業所がまったくない市町村が14.9％もあると言う結果が明らかになっている。さらに福祉施設・事業別に見ると、通所型福祉施設がない（73.0％）、グループホームがない（73.1％）、デイサービスがない（86.6％）、ショー

トステイがない（60.9％）となっている。」こうした基盤整備の不十分さの結果、福祉利用者の福祉サービスの選択も抑制され、選択と言う言葉の形骸化が生成してくる。

　矛盾の第8点は、社会福祉政策が市場福祉（契約制度）に従属（補完）している為、権利擁護システムが形骸化していると言う矛盾が存在している。と言うのは、伊藤周平氏が指摘されているように、「まず成年後見制度を見ても、担い手となる後見人の不足、経費等の問題等で障害のある人々の親がその役割を担っており、親亡き後の将来的な実効性が担保されていない。次に地域福祉権利擁護事業においては、本人にある程度の判断能力があることが前提で、対象者も在宅の知的障害のある人々に限定して解釈されているところに問題がある（判断能力を欠き、身寄りのない知的障害のある人々等の場合、市町村長の申立てによる成年後見制度の利用となるが、『家庭裁判所月報』によると2002年で258件と全体の1.9％で少数である）[31]。」「また、契約締結に関しては、法的には、いかに、本人が信頼する者であっても、正当な代理権の付与なしに本人になり代わって本人の名で記名捺印し、契約を結ぶことは違法である。成年後見制度が普及するまでの暫定措置とはいえ、こうした違法行為を肯認する……厚労省の見解には問題がある。一方、サービス利用に関する苦情などについては、事業者と利用者の間で解決することが基本とされ（社会福祉法第八十二条等）、事業者にサービスの自己評価や第三者が加わった福祉施設内における苦情解決のしくみの整備が求められている（社会福祉法第七十五条第一項、第七十八条等）。事業者と利用者との当事者間で解決できない苦情に関しては、都道府県社会福祉協議会に設けられた運営適正化委員会により解決をはかるとされ、また市町村も、サービス利用に関する苦情又は相談に応じることとされている（身体障害者福祉法第九条第三項及び第十七条の三第一項、知的障害者福祉法第九条第三項及び第十五条の四第一項、児童福祉法第二十一条の二十四第一項及び第二項）。とは言え、事業者に対する直接の指導監督は都道府県が行い、市町村は実施主体であるが、指定取り消し等の権限を有しているわけではないため、苦情解決といっても、ほとんど形式的な苦情相談で終わっているのが実情である[32]。」以上のように現行の権利擁護事業は、形骸化が進んでいる。つまり、権利擁護事業は、市場福祉に従属し、判断能力が不十分な人々が自己責任により福祉サービスを購入する事を可能にする為の役割を担わされていると言ってもよい。

4. 社会福祉政策の課題

　前述においては、社会福祉基礎構造改革後の社会福祉政策が剰余価値を高めていく応益負担や市場福祉の促進を明確にされる中で、公的責任・具体的権利・社会福祉の必要充足の原理の保障を否定する社会福祉政策の矛盾が生成している事を考察した。以下では、公的責任・具体的権利・社会福祉の必要充足の原理の実現によって福祉利用者にとっての使用価値を高め、公的責任・具体的権利・社会福祉の必要充足の原理の保障としての社会福祉政策再編方向の課題について考察していく。

　ところで、社会福祉基礎構造改革後の社会福祉政策においての強調点は、「福祉サービス利用者が、提供者と対等の関係となってサービスを選択できるようにし、権利としての社会福祉を確立しようとするものである。我が国の社会に根付いていた社会福祉観を百八十度転換するものである[33]。」と言われているように、福祉利用者と福祉施設・福祉事業者との対等関係である。しかし、福祉利用者と福祉施設・福祉事業者との対等関係は、前述した福祉サービスの一般商品との性質の違いや不十分な福祉サービスの基盤整備の実態と関連して考えれば、形骸化しているし、それほど重要な意味を持たない。とすれば、社会福祉政策の普遍化や福祉利用者本位の制度を実現していくには、どのような社会福祉政策再編方向の課題が考えられるのであろうか。

　筆者は、福祉利用者にとって社会福祉政策の使用価値を高めていく為には社会福祉政策における具体的権利規定の法制化が必要である。と言うのは、日本弁護士連合会が指摘されているように、社会福祉事業から「社会福祉法への改正による基本的な問題点のひとつとして、この改革が、利用者の権利制を明確にし、選択や自己決定を保障するものとされながら、そしてそのための権利擁護の諸制度を創設したとされながら、社会福祉法上の規定として、福祉サービス利用者の権利性を明確に定めた規定が一切ないという根本的欠陥がある[34]。」また、「障害者の日常生活及び社会生活を総合的に支援するための法律」を始めとした福祉関連諸法にも、福祉利用者の権利性を規定する規定が盛り込められなかったという問題がある。それ故、次のような具体的な権利の法制化が課題である。つまり、河野正輝氏が指摘されているように、「(1) 社会福祉の給付請求の権利（給付の要否や程度は、行政庁の一方的な裁量によって左右されるのではなく、社会福祉

の必要性の有する人々の請求権に基づいて決定される。そして、給付請求権を権利として受給できるためには、①給付を申請することができること、②適切な基準を満たした給付内容を求めることができること、③いったん決定された給付を合理的な理由なく廃止されないこと等の規範的要素が満たさなければならない）、(2) 社会福祉の支援過程の権利（社会福祉の支援過程で誤ったケアや虐待等が行われないことが重要である。その為には、①福祉サービスの種類・内容及びこれを利用する時の権利と義務について知る権利、②自己の支援方針の決定過程に参加する権利、③福祉施設利用者の場合、自治会活動を行い、それを通じて福祉施設の管理運営及び苦情解決に参加する権利、④拘束や虐待等の危害・苦役からの自由の権利、⑤通信・表現・信教の自由の権利、⑥プライバシーの権利、⑦貯金・年金など個人の財産の処分について自己決定の権利等が保障されること）、(3) 社会福祉の費用負担の免除の権利（社会福祉の必要性によって誰でも普遍的に給付請求権が保障される為には、一定の所得以下で社会福祉を必要としながら、それに要する費用を負担できない人々に対して負担の免除が伴うのでなければならない。したがって、①免除を申請することができること、②免除の決定処分を求めることができること、③あらかじめ定められた徴収基準に反する徴収額に対してはその取り消しを求めることができる等が当然に求められなければならない）、(4) 社会福祉の救済争訟の権利（社会福祉の給付の内容や費用負担の額等を巡って権利が侵害された時、苦情の申し立て、不服申し立てや訴訟を提起して救済を求めることが保障されなければならない。現行では社会福祉法による苦情解決から、社会保険審査官及び社会保険審査会法、行政不服審査法及び行政事件訴訟法等がある。行政処分に対する不服審査や訴訟等の手段は厳格な手続きを必要とするので、支援過程の苦情解決には必ずしも適さない場合もある。そこでオンブズマン方式等の苦情解決の取り組みが広がりつつある。また、独立の救済機関を設置する）の４つの権利[35]」の下に、国及び地方自治体（都道府県、市町村）の財政責任（国［7割]、都道府県［2割]、市町村［1割]）及び官僚的行政を排除した運営責任の下での公的責任を担保した上で、福祉利用者の人間らしい健康で文化的な多様な個人及び共同の潜在能力の維持・再生産・発達・発揮（機能）に適合した公的責任及び具体的権利による社会福祉の必要充足（何故ならば、福祉利用者の多様な個人及び共同の潜在能力の維持・再生産・発達・発揮の阻害状態によって社会福祉［福祉手段］の必要性の内容・種類・必要度が異なっているので、

福祉利用者の多様な個人及び共同の潜在能力の維持・再生産・発達・発揮の阻害
状態に適合した社会福祉［福祉手段］の必要性の内容・種類・必要度が決定され
充足される事が重要である）の原理に基づいて市町村が直接、社会福祉を提供し
ていく現物及び現金給付型の仕組みを新たに構築していく事が重要である（民間
の福祉については、措置委託制度を復活させる事と、「負担は能力に応じて、給
付は必要に応じて」を基本原則とする）。そして、前述したように、福祉は福祉
利用者が実際に成就するもの—彼／彼女の「状態」（being）はいかに「よい」（well）
ものであるか—に関わっているものであるから、福祉利用者の能動的・創造的活
動（例えば、料理を作る事ができる等）のケイパビリティや受動的・享受活動（例
えば、料理されたものを味わい適切な栄養摂取ができること等）のケイパビリティ
が重要となってくる。従って、福祉手段そのものの不足・欠如のみの評価に固執
するのではなく、さらに福祉手段を目的（福祉利用者が福祉手段を使用して人間
らしい健康で文化的な生活の実現及び享受）に変換する福祉利用者の能動的・創
造的活動と受動的・享受活動のケイパビリティの不足・欠如にも注目していく必
要がある。もし福祉利用者にこれらのケイパビリティに不足・欠如があるならば、
これらのケイパビリティの向上の為の学習活動やケイパビリティの発揮（機能）
の拡大の支援活動等が必要であり支援していく事が課題であるが、その学習活動
や支援活動等の実践例として次のような障害のある人の福祉施設（社会福祉法人
大木会「あざみ寮」）での社会福祉労働が挙げられる。「単に『生きているだけ』
ではなく『人間らしく生きる』ことが求められているのはいうまでもありません。
人間らしく生きるために、憲法では多くの権利を保障しています。この人間らし
く生きる権利の一つに『学ぶ』権利があります。どんなに障害が重くても学ぶ権
利があるのです、……学ぶことは、人間らしく生きること、さらにより豊かに生
きることを、障害の重い人たちの分野でも証明しているのです[36]。」つまり、社
会福祉政策の労働・実践においては、人間らしい健康で文化的な生活が成就でき
る福祉手段の量的及び質的保障の側面（福祉政策的労働及び実践）と社会福祉手
段の特性（具体的有用的労働）を活かして、福祉利用者が人間らしい健康で文化
的な生活＝人間らしい健康で文化的な多様な個人及び共同の潜在能力（抽象的人
間生活力＝生活力・抽象的人間労働力＝労働力）の維持・再生産・発達・発揮（機
能）が成就できる福祉支援・福祉労働の側面の統一的福祉実践・福祉労働が課題
である。

そして、今後、市町村を中心とした地方主権型福祉社会が重要であるならば、地方主権型福祉社会の財政（財源）的基盤となる地方主権的財政（財源）システムを構築していく事が課題となる。それには、神野直彦氏が指摘されているように、次のような方法による地方主権的財政（財源）システムの構築が重要である。

　例えば、「比例税率で課税される比例所得税を、地方税体系の基幹税に据えることは日本では容易である。つまり、個人住民税を10％の比例税にした結果をシュミレーションして見ると、国税の所得税から地方税の個人住民税に3兆円の税源移譲が実現する（2007年に3兆円の税源委譲が実現した）。しかし、地方税体系としては、比例的所得税を基幹税とするだけでは不十分である。と言うのは、比例的所得税では、所得を受け取った地域でしか課税できないし、他の市町村に居住している人々で、その市町村で事業を営む人々、あるいは事業所に働きに来る人々にも課税できないので不十分である。なぜならば、むしろ居住者よりも事業活動をしている人々や働いている人々の方が、市町村の公共サービスを多く利用している。そこで所得の分配地で分配された所得に比例的に課税するだけでなく、所得の生産局面で課税する地方税として事業税が存在しているので、事業税を所得型付加価値税（IVA「所得型付加価値税」=C「消費」+I「投資」-D「減価償却費」=GNP「国民総生産」-D=NNP「国民純生産」=W「賃金＋利子＋地代」+P「利潤」）に改めることによる「事業税の外形標準化」として実現する。事業税を所得型付加価値税に改めれば、事業税が事業活動に応じた課税となる。そうなると市町村は、公共サービスによって地域社会の事業活動を活発化すればするほど、安定的な財源が確保できる。

　さらに地方税体系は、こうした所得の生産局面に比例的に課税される地方税を追加しただけでも不十分である。と言うのは、所得の生産局面での課税では、その市町村で生産活動を行う人々にしか課税されないからである。市町村には生産活動だけではなく、観光地や別荘地に見られるように、消費活動を行いに来る人々も市町村の公共サービスを利用しているので、消費に比例した負担を拡充することが必要である。つまり、日本では、現在、こうした地方税としての地方消費税が存在しているので、この消費税のウエイトを拡充することが必要である[37)]。」「このように地方税では所得循環の生産・分配・消費と言う3つの局面でバランスをとって課税する必要があり、こうした地方税体系を構築していくことが障害のある人の社会福祉の財源の税方式にとって必要であり課題でもある[38)]。」そして、

こうした地方税体系でもってしても、人間らしい健康で文化的な最低限度の生活保障である社会福祉の推進の財政（財源）に市町村間の格差が発生した場合、国の地方交付税によって是正していく事が必要となる。

　社会福祉基礎構造改革後の社会福祉政策は、国の財政難を理由として前述した資本主義社会の生産様式（土台）に規定された上部構造である新自由主義的（新自由主義の考え方は、社会の資源配分を市場の自由競争で実現しようとする。そして、国家の経済への介入は市場の自由競争を制約すると言う事から、国家の福祉への介入も批判する。しかも市場の自由競争によってもたらされた生活の不安定や貧困を市場の自由競争の強化で解決しようとするので、明らかに生活の不安や貧困を拡大するものである）な市場原理の導入・公的資源の削減等といった構造改革の基調が色濃く影響している。そして、構造改革の基調であった適者生存的な市場原理や公的責任の縮小だけが残るとすれば、国民の求める社会福祉政策に逆行する事は言うまでもない。それ故、生活の場である地域（市町村）から、地域住民の社会福祉の必要性や福祉現場の実情を踏まえた議論を積み重ねて、どのような社会福祉政策が望ましいのかについての合意を形成する事が求められている（合意形成においては、市町村や社会福祉協議会［社会福祉協議会は行政の下請け団体と言う批判もあるが］等の役割が重要になってくる）。また、さらに重要なのは、それぞれの市町村において、高齢者運動・保育運動・障害のある人の当事者運動等が社会福祉労働者の労働組合や政党と相互に連携を模索しながら、社会福祉基礎構造改革後の社会福祉政策の矛盾を多くの地域住民に知らせ、その矛盾をそれぞれの市町村における政治的争点にしていく社会福祉運動の広がり、また社会福祉運動の側から、社会福祉政策再編の構想を提示していく活動が、社会福祉政策の普遍化や福祉利用者本位等の社会福祉政策の形成に連結していくものであり、いま早急に福祉現場の労働者・労働組合及び社会福祉運動側からの社会福祉政策再編構想の提示が求められている。

【注】
1) 炭谷茂編『社会福祉基礎構造改革の視座』（ぎょうせい、2003年）。中江章治「社会福祉基礎構造改革の内容」（三浦文夫監修『新しい社会福祉の焦点』光生館、2004年、13-15頁）。
2) 中江、前掲章「社会福祉基礎構造改革の内容」（三浦、前掲監修、15頁）。
3) 唐鎌直義「現実との乖離を深める政府の社会保障」（相野谷安孝・その他編『介護保険の限界』大月書店、2001年、154頁）。
4) 真田是編『社会福祉労働』（法律文化社、1975年、42頁）。
5) 拙稿「社会福祉政策の対象論」（岐阜大学地域科学部図書紀要委員会編『岐阜大学地域科学部研究報告』第11

　　号、2002年、115-124頁）。

6) 社会福祉政策の公共性の第1の基準は、社会福祉政策が福祉利用者の人間らしい健康で文化的な抽象的人間生活
力・抽象的人間労働力の維持・再生産・発達の人権・生存権の制度化であるかどうかである。
　社会福祉政策の公共性の第2の基準は、社会福祉政策が社会的共同手段（上下水道、廃棄物処理施設、生活道
路、公共交通手段、義務教育の公立学校、公立病院、公民館、公立図書館、公園等）になっているかどうかで
ある。社会福祉政策の公共性の第3の基準は、社会福祉が必要な時は誰でも利用できる使用価値を持っているか
どうかである。

7) アマルティア・セン（鈴木興太郎訳）『福祉の経済学』（岩波書店、1988年、15頁）。

8) セン、前掲書、21-22頁。

9) 社会福祉政策における共同化を考える場合、次のような指摘に留意する事が重要である。「保育労働は子供の
人権・発達保障をテーマにした精神代謝労働の一つであり、コミュニケーション労働の一種です。保育を一つの
労働過程としてとらえた場合、保育士がその労働主体となってあらわれますが、保育士と子供たちとのコミュニ
ケーション過程の面からみると、発達・保育ニーズの発信主体は子供たちであり、保育士は子供たちの了解・
合意を前提にして、一つの共受関係に入ります。共受関係とは、保育士が子供たちの発達を担うと同時に自ら
発達するという関係、お互いがお互いの発達を受け合い、共に享受するという関係のことです。これは看護の
労働に似ています。看護の看という字はしばしば指摘されてきたように、手と目という文字を結びつけたもの
で、看護師は手と目によって患者に働きかける、すなわちコミュニケーションを媒介にして患者に接します。
看護師は、その動作や表情や言葉で働きかけ、患者を励まし、その潜在的な能力を引き出して病気を克服する
手助けをします。これと同様に、保育士も子供たちの潜在的な能力に非言語及び言語的コミュニケーションを
媒介にして働きかけ、その能力を顕在化させる仕事に従事しているわけです。」（二宮厚美著『自治体の公共
性と民間委託―保育・給食労働の公共性と公務労働―』自治体研究社、2000年、122頁）。

10) 社会保障運動史編集委員会編『社会保障運動全史』（労働旬報社、1982年）。

11) フリードリヒ・エンゲルス著（全集刊行委員会訳）『イギリスにおける労働者階級の状態』（大月書店、1981年、9頁）。

12) 有田光男著『公共性と公務労働の探求』（白石書店、1993年、165頁）、芝田進午編『公務労働の理論』青木書店、
1997年、18頁）の両書において、公務労働の二重性について述べているが、社会福祉政策の二重性について考察
する際、この公務労働の二重性を参考にする。

13) 有田、芝田、前掲書を参考にする。

14) 現代資本主義社会における資本（資本とは、剰余価値をもたらす価値であり、資本家が労働者を搾取するという生
産関係が物の姿をとったものである）は、物質的生産において剰余価値（剰余価値は、賃金労働者の労働が自分の
労働力の価値以上に創りだし、資本家がただで手に入れた価値である）及び特別剰余価値（同じ生産部門には技術
水準の違う様々な企業があって、同じ商品を作るのにそれぞれ異なる労働時間を必要とする。これらの個々の企業
が必要とする労働が対象化されたものが個別的価値である。しかし価値の基礎になる価値、これらの個別的価値で
はない。その部門の平均的な技術水準の下でその商品を生産する為に必要な労働の分量等によってきまる価値「社
会的価値」である。社会的価値と、平均よりもすぐれた技術をもつ企業の個別的価値との差額は、その企業の特別
剰余価値である）による独占資本の蓄積を行うのであるが、この資本の蓄積過程は独占資本の有機的構成を高め、
生産手段に対する需要に比べて、労働力に対する需要を相対的に減らし、相対的過剰人口を生み出す。即ち、独占
資本の蓄積過程で、ますます多くの小生産者や小資本家が没落して労働者階級に加わってくるし、労働者階級自身
の人口が出産によって増大し、労働力人口が増大するにもかかわらず、独占資本の有機的構成の高まりによって労
働力に対する需要は相対的に減り、労働力人口の一部分は自分の労働力の買い手を見つける事ができないので、相
対的過剰人口を形成する。そして、独占資本の有機的構成の高度化は、働いている人たちの「受ける支払いがどう
であろうと、高かろうと安かろうと、悪化せざるをえない」（カール・マルクス『資本論』第1,2巻、大月書店、1968年）、
「それは、資本の蓄積に対応する貧困の蓄積を必然的にする。だから、一方の極での富の蓄積は、同時に反対の極での、
すなわち自分の生産物を資本として生産する階級の側での、貧困、労働苦、奴隷状態、無知、粗暴、道徳的堕落の
蓄積なのである」（カール・マルクス、前掲書）。

15) 宮川実著『マルクス経済学辞典』（青木書店、1965年、190頁）。

16) 価値は、社会福祉労働中に支出される労働量によって規定される。それ故、ある社会福祉労働者が怠惰または不熟
練であればあるほど、多くの労働時間を必要とするので、価値が大きいと思われるかもしれない。しかし、価値の
実体をなしている労働は、同じ抽象的人間労働力である。社会福祉労働の価値となって現れる総労働は、無数の個

別的労働から成り立っているが、ここでは一つの同じ抽象的人間労働力と見なされるのである。これらの個別的労働各々は、それが社会的平均労働と言う性格をもち、このような社会的平均労働として作用し、従って社会福祉労働においてもただ平均的に必要な、または社会的に必要な労働時間とは、現在の社会的に正常な社会福祉労働の条件と、労働の熟練及び社会的平均度をもって、使用価値・価値を形成する為に必要な労働時間によって規定されている。

17) 1959 年度版『厚生白書』、13 頁。

18) 拙稿「社会福祉政策の対象論」(『岐阜大学地域科学部研究報告』第 11 号 2002 年)。

19) 鈴木清覚「社会福祉法人制度の『規制緩和』と支援費制度」(障害者問題研究編集委員会編『障害者問題研究』第 30 巻第 4 号、2003 年、26 頁)。

20) 炭谷、前掲書、10 頁。

21) 小松隆二著『公益学のすすめ』(慶応義塾大学出版、2000 年、76 頁)。

22) 日本弁護士連合会高齢者・障害者の権利に関する委員会編、前掲書、29 頁。

23) 中内福成「利用料負担の問題点」(障害者生活支援システム研究会編『障害者のくらしはまもられるか』かもがわ出版、2000 年、15 頁)。

24) 平野方紹「障害者福祉サービスの利用者負担の変遷と応益主義導入のねらい」(障害者生活支援システム研究会編『障害者自立支援法と応益負担』かもがわ出版、2005 年、46 頁)。

25) 炭谷、前掲書、10 頁。

26) 小松、前掲書、161 - 162 頁。

27) 加藤蘭子「社会福祉政策と福祉労働」(植田章・その他編『社会福祉労働の専門性と現実』かもがわ出版、2002 年、27 - 28 頁)。

28) 炭谷、前掲書、107 頁。

29) 伊藤周平著『社会福祉のゆくえを読む』(大月書店、2003 年、36 頁)。

30) 伊藤、前掲書、37 頁。

31) 伊藤、前掲書、41 - 43 頁、136 頁。

32) 伊藤、前掲書、136 - 137 頁。

33) 炭谷、前掲書「はじめに」。

34) 日本弁護士連合会高齢者・障害者の権利に関する委員会編『契約型福祉社会と権利擁護のあり方を考える』(あけび書房、2004 年、33 頁)。

35) 河野正輝「生存権理念の歴史的展開と社会保障・社会福祉」(社会保障・社会福祉大事典刊行委員会編『社会保障・社会福祉大事典』旬報社、2004 年、482 - 486 頁)。
京都府保険医協会編『社会保障でしやわせになるために』(かもがわ出版、2007 年、126 - 163 頁)。

36) 橋本佳博・その他『障害をもつ人たちの憲法学習』(かもがわ出版、1997 年、42 頁)。

37) 神野直彦「三つの福祉政府と公的負担」(神野直彦・その他編『福祉政府への提言』岩波書店、1999 年、266 - 314 頁)。

38) 地方税を拡充する事への反対論には、地方税を拡充すれば、財政力の地域間格差が拡大すると言う点にある。しかし、個人住民税の比例税率化で国税から地方税に税源移譲を実施すれば、国税と地方税とを合わせた税負担には変化がないけれども、地方税だけを見ると、低額所得者は増税となり、高額所得者は減税となる。そうだとすれば、低額所得者が多く居住する貧しい地方の地方税収入がより多く増加し、高額所得者が多く居住する豊かな地方の地方税収がより少なく増加する事になる。従って、地方自治体間の財政力格差をむしろ是正しつつ、自主財源である地方税の拡充が可能なのである(神野、前掲書、298 頁)。

第2節　社会福祉協議会の矛盾と課題

1.　はじめに

　真田是氏が指摘されているように、「21 世紀に向けた社会福祉基礎構造改革は、社会福祉分野の規制緩和促進と市場原理・競争原理の導入によって、憲法第 25 条を原点とする国民の生存権保障制度としての社会福祉等を、理念としても、現実の制度体系としてもなし崩しにし、国家責任の回避・解除を主眼とする福祉政策を強行してきている [1)]。」

　このような社会福祉政策の動向は、当然の帰結として社会福祉協議会（以下、社協と言う）の社会福祉労働（略称、社協労働と言う）の変質に繋がっている。つまり、社協労働が、当事者・地域住民を地域福祉の主体者として組織し、公的福祉を基盤として地域福祉を構築していくと言うものではなく、地域住民の自助・共助及び受益者負担・市場福祉を基盤として構築していくようなものに変質していく事態が進行している（現に社会福祉法は、地域福祉を社会福祉として地域住民・社会福祉の事業者・社会福祉に関する活動を行う者を位置づけ、公的責任が看過されている上に、地域福祉の推進を国民の努力義務にした）。今日の社会福祉等をめぐる問題状況は、改めて「社協労働とは何か」、「社協労働とは如何に在るべきか」を明確にする事が、焦眉の理論的・実践的課題となっている事を示していると思われる。

　そこで本節では、筆者の社会福祉の本質との連関で、地域福祉の中核的役割を果たす市区町村社協を例として、その社協労働を考察し、次に社協労働の矛盾の実態を考察し、さらに社協労働の視点と当事者・地域住民の組織化の方法を考察し、最後に社協労働の課題を考察していく。

2.　社協労働の二要因

　地域住民は、社協労働を享受し、人間らしい健康で文化的な生活＝人間らしい健康で文化的な生活活動（機能）の基盤である多様な個人及び共同の潜在能力（抽象的人間生活力＝生活力・抽象的人間労働力＝労働力）の維持・再生産・発達・発揮（機能）を成就している事実の認識から出発する。つまり、筆者は、第 5 章「社

会福祉とは何か」で社会福祉の細胞である社会福祉労働を分析して、使用価値と価値・剰余価値の二要因の矛盾（矛盾は、社会福祉の発展の原動力である）対の存在を明かにした[2]。こうした視点から社協労働を分析すると、前章で述べたように以下のように論じる事が可能である。

　社協労働にも二要因が存在している。一つの要因は第一に、外的対象であり、その諸属性によって社協労働が対象化・共同化される地域住民の何らかの種類の欲望（要求）を満足させるものである（つまり、一定の地域で、地域住民が個人の尊厳を持って自立・自律した生活が営まれる事）。この欲望（要求）の性質は、それが例えば、物質的産物（生活福祉資金、食事サービスでの食事や福祉機器等）で生じようと、人的サービス（地域福祉調査やコミュニティ・オーガニゼーションによる組織化等）あるいは物質的生産物と人的サービスとの併用で生じようと、少しも事柄を変えるものではない。重要なのは、一定の地域で、地域住民が個人の尊厳をもって自立（自律）した生活が営まれる事であり、その具体的有用的労働は使用価値にする。

　そして、使用価値を高めていく為には、地域住民の多様な個人及び共同の潜在能力（抽象的人間生活力・生活力＝人間が生活の際に支出する脳髄・神経・筋肉等を意味する）のエンパワメント（エンパワメントとは、個人・家族、集団・地域社会が、生活上の課題に遭遇した時に、困難に規定されつつもそれぞれの持つ内在的な力を下に、それら課題に対処し、解決し、内在的な力をさらに拡大していく事である）を高めていく必要がある[3]。つまり、それは社協労働の固有性（社協労働の固有性は、当事者・地域住民を地域福祉の客体、単なる受け手として捉えるのではなく、地域福祉の権利主体・生活主体・実践主体として捉えるところにある）を示す事にもなる。

　他の一つの要因は、価値・剰余価値である。前述の使用価値は、何よりもまず、多様に異なった社協労働の質でありその具体的有用的労働であるが、その使用価値を捨象するならば、社協労働に残っているものは、無差別に人間労働（社協労働者の労働）の具体的形態（人的サービス提供形態の社協労働、生活手段提供形態の社協労働等）には関わりのない抽象的人間労働力・労働力（人間が労働の際に支出する脳髄・神経・筋肉等を意味する）の支出の、ただの凝固物のほかには何もない。これらの事が意味しているのは、ただ、その地域福祉の利用者に社協労働手段と伴に社協労働者の抽象的人間労働が支出されており、社協労働者の抽

象的人間労働が地域福祉の利用者の体内に積み上げられていると言う事だけである（地域住民の体内に抽象的人間労働力が形成されること）。このようなそれらに共通な社会実体の結晶関係として、これらのものを価値と言う。つまり、抽象的人間労働が価値になるのは、人間の生存の根本的要素である自然的素材と抽象的人間労働とが結合し凝固状態にあるからである。とするならば、地域福祉の利用者（人間）と雖も自然素材と同次元（人間も自然的存在であり、自然の一部であると言う意味）にあり、しかも人間（地域福祉の利用者）に対して抽象的人間労働（社協労働者の抽象的人間労働）が対象化・共同化（結合し凝固されている事）されているのである。それ故、ある使用価値が価値を持つのは、ただ抽象的人間労働がそれに対象化・共同化されているからでしかない。

　そして、単に価値を形成するだけでなく、剰余価値も増殖する。と言うのは、土台（資本主義社会の生産様式）に規定された国家（地方自治体も含む）は、地域福祉のような「〝人間投資〟は、経済発展の基底（経済発展の基底は利潤であり、利潤の原泉は剰余価値である－挿入、筆者）をなすもの、経済発展がそこからたえず養分を吸収しなければならないものであり、経済の発展に背くものではなく、その発展とともにあるものである[4]」と考えており、購入した価値（社協労働者の労働力の価値）が、価値総額よりも高い事を欲するからである。それ故に社会福祉基礎構造改革では、地域福祉分野に多様なサービス供給体参入の促進の名の下に、本格的に民間企業など営利を目的とする資本の導入に道を開いた。

　では、どのようにして社協労働は剰余価値を増殖させるのであろうか。国家は社協労働者に委託事業・補助金等を通して、名目としては労働力の価値と同等な賃金（実態は、労働力の価値以下の低賃金である）を支払うが、社協労働者が一労働日（一日の労働時間）中に地域福祉の利用者に対象化・共同化した価値は、社協労働者自身の労働力の価値とこれを超過する部分を含む。すなわち前章で考察したように一労働日は、必要労働＝支払い労働と剰余労働＝不払い労働との二つの部分からなるものである。つまり、社協の非福祉労働（不払い労働）の過程（社協の福祉労働の過程では、使用価値が形成される）での剰余労働によって増殖した部分の価値を剰余価値と言う。こうして剰余価値は増殖されるのであるが、社協も他の企業や事業体等との競争に負けない為に、地方自治体からの委託事業や独自の直接サービスの事業を増やし、剰余価値を高めていく熾烈な競争が予測できる。

このように社協労働は、当事者・地域住民にとっては使用価値（地域住民の組織化労働等）であり、総資本及び国家・地方自治体・事業体にとっては価値・剰余価値（事業型労働等）であると言う二つの要因が矛盾の統一体として存在している。

3. 社協労働の矛盾の実態

　前述したように、社協労働には地域住民にとっての使用価値の要因があり、一方、総資本や国家・地方自治体・事業体にとっての価値・剰余価値の要因の矛盾（矛盾は、社協労働の発展の原動力である）対が存在している。社協が地域社会において民間の自主的な福祉活動の中核となり、地域住民の参加する福祉活動を推進し、地域福祉上の諸問題を地域社会の計画的・協働的努力によって解決しようとする公共性・公益性の高い民間非営利団体で、地域住民が安心して暮らせる福祉コミュニティづくりと地域福祉の推進を使命とする組織であるならば、地域住民の使用価値を高めていく組織化労働が主要なものとなろう。 しかしその社協労働の実態は、ひとり親（父子）家庭の会組織化（6.3%）、その他当事者（家族）の会組織化（7.6%）、痴呆性老人の会の組織化（10.2%）、寝たきり老人の会の組織化（15.2%）、ひとり暮らし老人の会の組織化（20.8%）、精神障害者（家族）の会組織化（28.8%）、小地域住民座談会の開催（34.9%）、小地域ネットワーク活動（38.8%）等に見られるように、組織化労働が停滞している。一方、事業型労働は、法外援護資金（61.6%）、ホームヘルプサービス（74.5%）、食事サービス（74.7%）、生活福祉資金（96.8%）等と積極的に展開されている[5]。そして、地方自治体等からの委託事業が相当多いと言う点である。比較的顕著に見られるのは、社会福祉センターや福祉施設の管理運営委託、家庭奉仕員派遣事業等の委託である（これらの委託事業は、地方自治体等が細かいところまで企画し事業化したものを社協が機械的に下請けすると言う形になっており、社協の自由裁量の余地がなく、安上がり行政の遂行と判断せざるをえない実例が多い）。それ故、いくら「新・社協基本要項」によって、事業型社協を推進しているとは言え、事業型社協へ傾斜しすぎて社協労働の矛盾を深めている。

　しかし社協の事業型労働を全面的に否定すべきではない。と言うのは、後述するように、社協独自の地域福祉計画の下に事業型労働を通して組織型労働を促進させていくものであるならば、事業型労働は地域住民にとって使用価値になりう

る。また、在宅福祉サービスを担う社協労働者の増加に影響を与えたと言う事である（1997年度調査によると、総数65,856人のうち48,580人が在宅福祉関連職員で全体の74％を占めている。この中では、ホームヘルパーやホームヘルプ事業職員が全体の56.9％、デイサービス職員が20.6％であり、この二つで77％強を占めている）。

　しかし、主要な社協労働が、地域住民組織や団体間調整活動、地域福祉要求の発掘と集約、地域福祉思想の啓発活動、地域福祉情報の提供等は良いが、委託事業が主要になって、当事者・地域住民の使用価値を高めていく本来の社協労働が圧迫されている結果になっているのは問題である。

4. 社協労働の視点と組織化労働の方法

　地域住民の組織化労働において最も重要なのは、地域住民の主体性の実現である。と言うのは、制度等の環境から規定されつつもそれらを逆に統合調和する主体性への支援が、地域住民の組織化労働の重要点であり、また、地域社会は地域福祉の手段ではなく、地域住民の人間らしい健康で文化的な生活＝人間らしい健康で文化的な生活活動（機能）の基盤である潜在能力（抽象的人間生活力＝生活力・抽象的人間労働力＝労働力）の維持・再生産・発達・発揮（機能）の成就の手段として地域福祉があると考える。とすれば、地域住民の地域福祉の使用価値を高めていく為の社協労働の視点と組織化労働の方法は、以下のように論じていく事が重要である。

(1) 社協労働の視点

　社協労働が地域福祉と緊密な関係にあるとするならば、地域福祉の固有性を踏まえる事が必要である。つまり、地域福祉の固有性を右田紀久恵氏が指摘されているように、「認識、価値、思想にあり、個人や住民を客体、単なる受け手として捉えるのではなく、権利主体、生活主体、実践主体として捉えるところ[6]」にあるとするならば、そして加藤薗子氏が福祉労働について指摘されている点を社協労働に置き換えて考えれば、以下のような社協労働の視点が重要である[7]。

①人権保障の労働としての視点

　憲法第25条では、国民（地域住民）の生存権について規定し、その生存権保障の為の社会福祉・社会保障に対する国家責任を明記しているように、戦後日本

の地域福祉は基本的人権としての権利の問題として捉える必要性と根拠がここにある。従って社協労働もこの地域福祉の目標実現に向けて、地域住民の誰もが人間らしい生存・生活を保障され、同時に人間らしい全面発達と自立（自律）が保障される事を目指す社協労働であると言う事である（それ故、社会福祉基礎構造改革において、新たに社協労働として権利擁護事業及び苦情処理解決をシステムに取り組む事が法定化される事は評価できる）。

しかし一方において、社会福祉基礎構造改革では、剰余価値を高めていく為の市場福祉の導入によって、社協労働の貧困化が予想される。と言うのは、前述したように社協は他の市場福祉との競争の為、今よりもさらに事業型労働の効率性が追求される事が予測できる。そこで効率性を高める為には、小川栄一氏が指摘されているように、コスト削減が追求され、コスト削減は当然のごとく人件費の削減を軸として、ホームヘルパーの非常勤・パート化等の差別的で不安定就労形態での雇用を促進し、ホームヘルパーに労働強化・労働条件の悪化を押しつける事になる[8]。

こうしてホームヘルパーから人間らしく働く権利や喜びや誇りを奪い去ると同時に、利用者の人権を守り発展させるホームヘルプの専門性発揮の基盤や条件を根底から崩すものとなる[9]。それ故、ホームヘルパーと利用者の両者の統一的労働を創り発展させる事が生存と発達の権利を保障する社協労働としての基本的視点となる。

②人格発達・自立（自律）支援の為の専門的・技能・技術的視点

社協労働は、地域福祉問題としての生活問題・生活困難の担い手・人格の総体を対象として、地域福祉問題の担い手が自らの意志と人間的な意欲を持って問題に立ち向かい、主体的・創造的に生きる力（潜在能力［抽象的人間生活力・生活力及び抽象的人間労働力・労働力］）を引き出し高めていくと言う視点が重要である。そしてこの労働過程においては、社会福祉（地域福祉）の制度・サービスなど既存の社会資源を最大限に活用しつつ、地域住民の問題を具体的に支援し解決していく事は言うまでもないが、さらに重要なのは、地域住民を権利の主体者としてその自立（自律）性・主体性を尊重すると言う事である。そしてそれは、地域福祉問題の担い手の問題克服への意欲と地域住民の潜在能力を引き出し回復させる為の専門的知識・技能・技術的側面が、社協労働の特性を示すものとして重要な意味を持つ事になる。

③社会福祉（地域福祉）の制度・サービス等の拡充の為の組織化労働の視点

　当事者・地域住民の生活と人権を守り保障する為のコミュニティ・オーガニゼーション計画を的確に立てたとしても、地域福祉問題を緩和し解決する為に必要となる社会福祉（地域福祉）の施設・制度・サービス等の社会資源（地域福祉手段）が基本的に不足し、社協労働の効果を発揮できない場合が多い。つまり、社会福祉（地域福祉）の制度・政策的貧困による社会資源の圧倒的不足が社協労働の内容を制約する事になる。それ故前述したように、社協労働における専門的・技能的・技術的過程が実質的に地域住民の生存・発達権保障の過程となる為には、その前提条件とも言うべき社会福祉（地域福祉）の制度・政策的な整備・拡充の課題に取り組む、社協労働者も含めた地域福祉実践者の集団的かつ協同的な働きかけの過程である組織的実践の過程が、同時並行的に統一された社協の労働過程として展開されなければならない。この技能・技術的過程と組織的過程の統合とその発展が、社協労働による生存・発達権保障労働としての専門性を発揮する基盤であり条件である。

④民主的・公的福祉の地域づくりに関係する労働の視点

　社会福祉基礎構造改革における公的福祉の解体と福祉労働の変質を考える時、生存・発達権保障としての公的福祉の思想と実践を民主的に地域に広げていく事が重要な社協労働の課題となっている。人権侵害とも言うべき様相をもって拡大・深化しつつある今日の老人の介護問題や虐待問題等は、人間が人間らしく地域社会で生きていく為に地方自治体の公的責任はいかにあるべきか、また、地域住民はこうした問題に対していかに主体的に関わっていくかを問う試金石となる。そして同時にそれは、その地域社会の民主的福祉の水準を推し量る重要なバロメーターとしての意味をもっている。つまり、社協労働が、地域社会に民主的福祉の思想、人権思想を広げ、その事によって地域福祉を前進させる原動力になると言う事である。

(2) 当事者・地域住民への組織化労働の方法

　当事者・地域住民の地域福祉の使用価値を高めていく為には、即ち当事者・地域住民主体による地域福祉活動への支援の組織化労働が重要な条件であり、前述の社協労働の視点を踏まえつつ組織化労働を展開していく。そして、当事者・地域住民主体の地域福祉活動を促進していく為には、その活動に対する組織化労働

の方法が重要になってくる。以下では、町野宏氏が指摘されている社協労働の視点を踏まえながら組織化労働の方法を段階ごとに述べていく。

「当事者・地域住民への組織化労働は、準備段階→所属組織内の合意形成→組織運営による企画→当事者・地域住民との接触→結成準備委員会の設置の段階を経る。準備段階では、まず組織化労働に向けての地域福祉問題の把握が必要である。そして、組織化労働の為の地域福祉問題の把握には、既存の調査報告書やそれに該当する資料、当該地方自治体や関連領域の制度・施策の現状等を分析する必要がある。また、他の地方自治体の制度・施策及び組織化労働の動向と地域福祉活動状況など、組織化労働を目的とした情報収集と分析が必要なのは言うまでもない。

次に当事者・地域住民への組織化労働では、当事者・地域住民の組織化労働に対するニーズ（社会福祉の必要性−挿入、筆者）把握の調査が重要である。ニーズ（社会福祉の必要性−挿入、筆者）調査をする場合、設問項目を設定し、行うのが一般的であるが、さらに必要なのは、日常生活を通して継続的に把握する事である。と言うのは、当事者・地域住民への組織化労働はニーズ（社会福祉の必要性−挿入、筆者）の組織化労働に重点が置かれるからである。さらに調査対象の把握では、地方自治体が実施する給付事業、在宅サービス等の利用者の名簿、地方自治体等が実施したアンケート調査等によって行う事が可能である。しかし、もし組織化に関する調査対象の把握やニーズ（社会福祉の必要性−挿入、筆者）把握が困難な場合は、当事者・地域住民に対する事業（集い、懇談会、介護講習会、レクリエーション等）を企画し、さらに広報紙等を活用して広く呼びかけ、参加した当事者・地域住民に対しての事業に関するアンケート調査及び事業終了後の懇談会等から、ニーズ（社会福祉の必要性−挿入、筆者）把握をする方法もある。また、社協労働者が所属している組織内部の合意形成を図る為の組織運営において、調査対象者を把握する事も可能である。それは、専門部会等の組織化労働に関する検討過程で、部会員が所属する機関・団体に働きかけて入手できる事もあれば、民生児童委員協議会や地区社協（校区福祉委員会等）等に調査を依頼する事も可能である（この場合、組織化労働に関するニーズ（社会福祉の必要性−挿入、筆者）把握が目的であるから、全域・全数を対象とするよりも、可能な範囲にとどめるなど機関・団体へ調査の協力を求めやすい方法を選択する事も考えられて良いと思われる）。 所属組織内の合意形成の段階では、組織化労働の

為の組織運営による手続きが必要となる。と言うのは、当事者・地域住民の組織を中核にして地域福祉活動へと結び付けて展開していく為には、社協労働者（コミュニティ・オーガニゼーションワーカー等）の所属組織内の合意形成が得られている事が必要だからであると言う事と同時に、その後の社協労働者の支援や所属組織としての展開を容易にする事に繋がる為である。一つの例としては、専門部会や委員会で組織化労働を検討課題として、組織運営の次元において合意形成の手続きをとる方法である。そしてこうした方法は、組織運営段階で組織化労働のあり方を検討する事ができるとともに、共同学習の機会も持つ事ができる。また、部会や委員の構成は組織内及び関係機関の職員や役員で構成されているため、他の機関の関係者に理解と認識が深められ、協力・支援が得られる結果となる。

　組織運営による企画の段階では、前述の①資料・情報の収集、②組織化に対する当事者・地域住民へのニーズ（社会福祉の必要性－挿入、筆者）調査の実施と方法等について検討していくのであるが、以下では、当事者・地域住民との接触方法や結成準備委員会の設置等について述べてみよう。まず当事者・地域住民との接触には、初めて接触する為の『集い』等の企画の検討が必要となる。この『集い』による初めての接触によって、組織化の契機になる場合が多い。次に結成準備委員会の設置は、組織内部の組織化労働から関係・団体等、外部組織への合意形成を得るため、さらにネットワーク組織へと発展させていく事が重要である。そして、結成準備委員会の設置の意義や必要性の合意と、設置の目的と役割及び構成する関係機関・団体の範囲等が規定された設置要綱の作成が必要となる。

　当事者・地域住民との接触の段階では、参加意思を示してきた当事者・地域住民が少数だったとしても、そのニーズ（社会福祉の必要性－挿入、筆者）に応えて組織化労働を行うべきである。そして、参加呼びかけが不調に終わろうと、回を重ねて呼びかける事が重要である。

　結成準備委員会の設置の段階では、まず社協労働者がその趣旨・目的を説明し、理解・協力を求める役割を担う事になる。この場合、重要な協力組織と思われる地域の機関・団体等に理解・協力をまず取り付ける事が重要である。次に結成準備委員会では、まず設置要綱（案）を起案し、審議し、制定すると言う手続きを経る必要がある。これは組織化労働の社会的認知を得る為であるが、一方、当事者・地域住民にとっては、関係機関・団体等の支援の必要性・重要性・関係性についての主体的認識に繋がる事にもなる。さらに役員選出は民主的に行われる事は言

うまでもないが、当事者・地域住民の準備委員と組織化支援に理解・協力をまず初めに求めた組織から選出される事が、その後の運営に大きな影響を齎す事が多い。そして、結成準備委員会の役割の一つは、当事者・地域住民組織の会則（案）を検討する事である。この検討は、他の当事者・地域住民組織のものを雛型にしたたたき台をもとに進めれば困難な作業ではないが、重要な事は『会の目的』を明確にすることと、役員数を何名にするかである（この役員数の決定がその後の組織運営に重要な意義をもつ場合がある）。二つは、結成総会への準備作業である。その内容は、事業計画及び予算、来賓の決定、決議文（案）の検討、当事者・地域住民への呼びかけ方法、広報活動、当事者・地域住民の役割分担等の検討である。また、結成準備委員会とは別に、組織の役割の人選と総会当日の役割分担が課題となる。これは、当事者・地域住民の準備委員が中心になって調整できる事が重要であるが、『集い』での自己紹介や意見の内容等を参考に、人選の為の情報の提供等が社協労働として必要である[10]。」

5. 社協労働の課題

　当事者・地域住民の使用価値としての社協労働を促進していく為には、どのような課題が存在しているであろうか。前述したように、社協労働は大別すると組織化労働と事業型労働に分けられる。特に事業型労働は、新・社協基本要項策定を契機にかつ社会福祉基礎構造改革においてもその推進が強調されている。それ故に、まず第1に、真田是氏が指摘されているように。事業型労働の方針をどのように考えていくかが重要な課題となる[11]。

　ところで、事業型労働の方針の前提としては、地域福祉計画の策定がある。と言うのは、社協労働の現状からすると、事業型労働と言えば、地方自治体からの委託事業が大半である。これでは、受動的な事業型労働に終わってしまう。それ故に、「社協は独自の地域福祉計画を自主的につくる事が、事業活動の方針をもつ前になくてはならない。社協の地域福祉計画の独自性は、社会福祉の政策的な対象の『対象化』に抗して、『対象化』外に置かれているものを対象に取り込む計画にする事であろう[12]。」

　こうした点が地方自治体による社会福祉計画と相違するところであるが、そしてそれと同時に、その相違点は社協の民間性を発揮した事業型労働の提案になるはずであり、ここに社協の存在意義がでてくると思われる。「また、受託せざる

をえない事業についても、独自の地域福祉計画に照らして、社協の事業として適切か不適切かなどを判定 13)」し、「その上に立って不適切なものは整理していくように折衝を続けていく 14)」必要がある。そして、こうした事業型労働は、「地域福祉のセンターとしての社協、地域の民間性の体現としての社協を損なわず、逆に強化するような事業活動にしていく方針と言う事になる 15)。」

　第2には、組織化労働をどのように発展させていくかが課題である。今日、当事者・地域住民に共有される価値観や行動規範がなくなり、また多様化してきている。そしてそれと同時に、地域社会やコミュニティの解体や崩壊が進行してきていると言われている。しかし、価値観や行動規範の多様化は、逆に考えれば、個々の価値観や行動規範の固有性が尊重されているとも考えられる。それ故、価値観や行動規範が異なっていても、地域住民の利害・関心・要求に基づく組織化労働を考えていく事も必要である。例えば、高齢者の生活面（福祉・保健・医療・生涯教育、住宅等）での利害・関心・要求に基づいて組織化労働を行っていく事等がある。そして、「住民組織化に当たっては、福祉・保健・医療・教育を個々の素材として取り上げるのではなく、一つのまとまったシステムとして扱い取り上げることが大事だと思う。福祉・保健・医療・教育のシステムは、住みよい住みつづけられる地域にするという事にほかならない。住民組織化のシステム化された共有できる要求である 16)。」

　第3には、組織化労働を促進する事業型労働をどのように発展させていくかが課題である。事業型労働が、地域の福祉問題解決機能を持つのも重要であるが、組織化労働に事業型労働が貢献するものでなくてはならない。例えば、現在、実施されている介護保険制度において、社協が指定居宅サービス事業者として事業型労働を行う場合、「(1) 介護問題への理解や福祉教育、ボランティア活動の推進、介護ニーズ（介護福祉の必要性－挿入、筆者）の顕在化等により介護サービスを受けることへの当事者・地域住民の理解を広める取り組み、(2) 介護保険による給付サービスだけでは解決されないニーズ（介護福祉の必要性－挿入、筆者）に応えるサービス活動の取り組み、(3) サービス供給主体の多様化・競合の中においても、要介護者の立場に立った介護者支援のネットワークづくりの推進、(4) 要介護者にならないための予防や健康増進活動の展開、(5) 介護サービス基盤整備の推進等 17)」に留意し、介護福祉の発展を図っていく当事者・地域住民の組織化労働に、社協の指定居宅サービス事業が貢献するものでなくてはならない。

第4に、地域福祉のマクロの視点の浸透が課題である。と言うのは、事業型労働には地域福祉の機能をミクロなものに限定する傾向が強い。「地域福祉の発揮する機能には、地域での支援機能と伴に、一国の社会福祉の政策や体系に対して発揮する機能[18]」があるが、「地域福祉に携わっているものにとっては、前者の機能は自然に目に入り意識に上がるが、後者の機能は社会福祉の動向に意識的に関心を寄せていないと目に入らない[19]。」それ故、事業型労働が、一国の公的な社会福祉の政策や体系の発展にプラスの影響を与えているのか、あるいはマイナスの影響を与えているのかと言う視点を絶えず持ち、その視点を当事者・地域住民に浸透させていく事が課題である。そして、このような認識が人々の間に広がっていく事が、地域福祉の現実の問題に働きかけ、地域福祉の現実の問題を変革させ、地域福祉の現実の問題を取り除いていく唯一の道であると思われる。つまり、「社協は、住民組織化に必要なマクロな視点の光源になり発信基地になる事が望まれている[20]。」のである。

【注】
1) 真田是「社会保障・社会福祉の公的責任について—社会保障・社会福祉の「構造改革」に寄せて—」（総合社会福祉研究所編『総合社会福祉研究』第15号、総合社会福祉研究所、1999年10月）を参考にする。
2) 拙稿「社会福祉の本質の体系的試論」（社会福祉研究センター編『草の根福祉』第23号、1995年10月、24〜47頁）にて、社会福祉労働の2つの要因について分析している。
3) 岡崎仁史「社会福祉協議会におけるエンパワメントの実践過程」（小田兼三・その他編『エンパワメント—実践の理論と技法—』中央法規、1999年5月、199—214頁）を参考にする。
4) 1959年度版『厚生白書』、13頁。国家（地方自治体も含む）による福祉政策における個人的消費は、潜在能力（抽象的人間労働力［人間が労働の際に支出する脳髄・神経・感官・筋肉等を意味する］＝労働力）の維持・再生産である。牧野広義氏が指摘為れているように、「労働者はその個人的消費を自分自身のために行うのであって、資本家のために行うのではないということは、事態になんのかかわりもない。……労働者階級の不断の維持と再生産は、資本の再生産のための恒常的条件である。資本家はこの条件の実現を、安心して労働者の自己維持本能と生殖本能にゆだねることができる。」（カール・マルクス［資本論翻訳委員会訳］『資本論』第四分冊、新日本出版社、1983年、981頁）このように国家による福祉政策の「労働者の個人的消費は、労働者自身の生命維持のために、また結婚し、子どもを産んで育てるために行われます。しかし、そのことがまさに『労働者階級の不断の維持と再生産』なのです。資本家にとって願ってもないことが、労働者自身の『自己維持本能と生殖本能』によって行われるのです。」（牧野広義著『資本論から哲学を学ぶ』学習の友社、2007年、189頁）まさに「『一石三鳥』だと言ってもいいでしょう。なぜなら、先の①労働力による剰余価値の生産と、②個人的消費による労働力の再生産に加えて、③個人的消費は労働者を労働市場に再出現させるのです。」（牧野、前掲書、189－190頁）それゆえ、労働者の潜在能力（抽象的人間労働力＝労働力）の不断の維持と再生産が、資本主義社会の生産様式（土台）に絶対的規定された国家（上部構造）の福祉政策にもなるのである。
5) 「巻末資料」（「新・社会福祉学習双書」編集委員会編『社会福祉協議会活動論』全国社会福祉協議会、1997年11月、192頁）。
6) 右田紀久恵「地域福祉—その価値と創造性」（奥貫清編『福祉を創る—21世紀の福祉展望—』ジュリスト増刊、有斐閣、1995年11月、134頁）。
7) 加藤薗子「社会福祉『改革』と福祉労働の変質—いま、あらためて福祉労働の意味を問う—」（総合社会福祉

研究所、前掲研究誌、17-19頁）を参考にする。
8) 小川栄一「ホームヘルプ労働のあるべき姿と改善課題」（河合克義編『ホームヘルプにおける公的責任を考える』あけび書房株式会社、1998年6月、80～114頁）を参考にする。
9) 市区町村から社協へのホームヘルプサービス事業の委託が進む中で、「派遣されるヘルパーが毎回代わり利用者が安心出来ない」「ヘルパーが計画どおり派遣されない」「一人当たりの派遣回数や一回当たりの派遣時間が短縮された」「時間単位で働くヘルパーにゆっくり話を聞いてもらえない」など、利用者側に不利益や苦情が出てきている実態が明かにされている。第21回老人福祉問題全国研究集会資料「現場・地域で、介護保険から高齢者の人権と福祉をどう守るか」、1998年7月。
10) 町野宏「当事者の組織化と地域福祉実践―枚方市社会福祉協議会の実践から―」（日本地域福祉研究所監修『社会福祉基礎構造改革と地域福祉の実践』東洋堂企画出版社、1998年8月、96～120頁）を参考にする。
11) 真田是『地域福祉と社会福祉協議会』（かもがわ出版、1997年11月、157－159頁）。
12) 真田、前掲書、158頁。
13) 真田、前掲書、158－159頁。
14) 真田、前掲書、159頁。
15) 真田、前掲書、160頁。
16) 真田、前掲書、165頁。
17)「新・社会福祉学習双書」編集委員会編、前掲書、169頁。
18) 真田、前掲書、166頁。
19) 真田、前掲書、166頁。
20) 真田、前掲書、166頁。

第3節　介護福祉の矛盾と課題

1．はじめに

　社会福祉基礎構造改革の主要な理由は、高齢社会の危機論である。つまり、この高齢社会の危機論は、意図的に歪曲された危機論、いわゆる高齢社会が到来すると、国民所得に占める社会保障給付費の割合が著しく増加し、生産年齢人口の負担が重くなるので、いまからそれに備えて、社会保障の見直しをしなければならないと言うものである。中山徹氏が指摘されているように、「確かに高齢化が急速に進み、2005年には19.6％の高齢化率が予測されているが、従来の産業基盤整備や空港・港湾整備等の土建型公共事業を28兆円に抑え、それによって捻出された一般財源を社会保障給付費の増額に充当すれば、社会保障給付費の水準を2割引き上げる事が可能であり、生産年齢人口の負担は重くならないのである。」（中山徹著『地域経済は再生できるか―自治体のあり方を考える』新日本出版、1999年、6頁）

　そしてさらに、社会福祉基礎構造改革の合理性を強調する理由は、従来の低所得者等を対象にした行政処分による一律のサービス提供が福祉需要の変化に十分

に対応できず、時代の要請にそぐわない部分がでてきていると言うものである。したがって、福祉需要に的確に対応し質の高い福祉サービスを効率的に確保していく為には、具体的なサービスの提供に当たって、福祉利用者の選択を尊重し、その要望とサービス提供者の都合を調整する手段として、市場原理を幅広く活用する、と言うものである。

こうした美辞麗句の言葉の表現は、今、推進されている介護福祉の本質の究明に妨害になりがちである（現に、介護福祉の現場の多くの職員や多くの研究者が、現在の介護保険制度を肯定している実態を見ても理解できる）。しかし、現状の介護福祉のままでは、生存権的平等としての介護福祉を保障していく事ができないし、現に介護保険料の20年間での倍増、介護施設の労働者の劣悪な労働条件（賃金等）・人材不足、介護事業者の不足の深刻な問題が存在して、介護保険制度の維持困難を懸念している主要自治体が9割も達している（「読売新聞」2020年3月23日、日刊）のはこの点を実証している。

ここでは、介護保険制度を例として、介護保険制度がむしろ介護福祉利用の高齢者の多様な個人及び共同の潜在能力を踏まえて介護福祉の必要充足に的確に対応しておらず、しかも質の高い生存権的平等の介護福祉サービスを保障していない点に注目し、望ましい介護福祉制度を考察していくものである。考察の手順としては、まず介護福祉とは何か、現実の介護福祉労働等を分析し、一定の定義を試みる（概念の剔出〈てきしゅつ〉）。次に、剔出された概念を念頭において、現在の介護福祉の基本的矛盾を明らかにしていく。そして最後に、真に介護福祉利用の高齢者の介護福祉の必要性に的確に対応し、質の高い生存権的平等の介護福祉サービスを保障していく為の課題を考察していく。

2．介護福祉の概念規定

(1) 分析の前提

我々は、日常、個人あるいは家庭で人間が生きていく為に、生活手段（衣食住等）を生活活動＝機能の過程で享受（消費）して人間らしい健康で文化的な生活活動（機能）の基盤である多様な個人及び共同の潜在能力（抽象的人間生活力・生活力［人間の生きた身体の内に存在していて、人間が何らかの種類の生活をする際に支出する脳髄・筋肉・神経等の総体を意味する］・抽象的人間労働力・労働力［人間の生きた身体の内に存在していて、人間が何らかの種類の労働をする際に支出

する脳髄・筋肉・神経等の総体を意味する]）の維持・再生産・発達・発揮（機能）を成就している。宮本みち子氏が指摘されているように、「生活は大きく分類すれば、必需的な生活基盤機能と、そのうえに展開される生活創造機能に分けられる。前者は人間の生理的再生産に関係する必需的部分である。内容は、①職機能、②健康維持機能、③衣装機能、④住機能、⑤移動機能、に分けられる[1]。」後者は、「①娯楽機能、②教育機能に分けることができる[2]。」

　高齢者が何らかの原因（失業、停年、疾病、傷害、障害等）の為に貧困や低所得に陥った場合、生活手段（所得等）の不足・欠如から関係派生的に個人あるいは家庭で人間らしい健康で文化的な生活活動（基盤）の基盤である多様な個人及び共同の潜在能力（抽象的人間生活力＝生活力・抽象的人間労働力＝労働力）の維持・再生産・発達・発揮［機能］を成就していく事が部分的あるいは全体的に不可能になる（介護の必要性が生成してくる）。その時、介護の必要性が生成した場合、介護福祉を利用する。介護福祉労働（介護福祉労働手段も含む）が介護福祉利用の高齢者の生活手段（介護福祉労働は介護福祉利用の高齢者にとって生活手段であるが、一般的な生活手段と違って、生活手段の享受能力を引き出してくれる特殊な生活手段である）として対応していくが、日常の生活過程で高齢者の生活活動（人間らしい健康で文化的な多様な個人及び共同の潜在的能力）によって成就していく事と違いはない。そして、富沢賢治氏が現代資本主義社会における生活矛盾（生活問題）を経済的社会構成体（経済的社会構成体は、生産力の一定の発展段階に照応する生産関係の総体を経済的土台として捉え、社会的・政治的・精神的諸関係を、そのような土台の上に必然的に成り立った上部構造として捉え、両者を統一的に総括した概念である[3]）に照応した全社会的生活過程との関連で考察されているように[4]、介護福祉も全社会的生活過程との関連で考察していく事が重要と考える。

　それでは、現代資本主義社会の介護福祉は全社会的生活過程の中でどこに位置づけられるのであろうか。カール・マルクスが指摘されているように、「われわれはあらゆる人間的存在の、したがってまたあらゆる歴史の、第一の前提、すなわち人間たちは『歴史をつくり』うるために生きることができねばならないとう前提を確認することからはじめねばならない[5]」。そして、介護福祉利用の高齢者が人間らしい健康で文化的な生活活動（機能）の基盤である多様な個人及び共同の潜在能力（抽象的人間生活力＝生活力・抽象的人間労働力＝労働力）の維持・

再生産・発達・発揮（機能）を成就する為には、「なにはさておき飲食、住、衣、その他、若干のことがなくてはかなわない。したがって最初の歴史的行為はこれらの必要の充足のための諸手段の産出、物質的生活（介護福祉労働者や介護福祉労働手段等－挿入、筆者）そのものの生産であり、しかもこれは、今日もなお何千何年と同じように人間（高齢者－挿入、筆者）たちをただ生かしておくだけのために日々刻々、果たさなければならぬ一つの歴史的行為であり、あらゆる歴史の根本的条件（介護福祉労働や介護福祉労働手段等を享受して生きること－挿入、筆者）である[6]」。

　とするならば、介護福祉の土台は物質的（生活手段・介護福祉手段も含めた介護福祉労働者等）生産であり、その生産様式（生産様式は、生産力と生産関係との統一で、一定の生産力と一定の生産関係とから成り立つ）である。つまり、富沢賢治氏が指摘されている経済的生活過程であり、その「経済的生活過程は、物質的富の生産、分配、交換、消費の過程から成る。生産諸力を用いて人間が相互に関連しあって自然との資料変換をどのように行うかというその様式に、歴史的な社会構造を問題とする視点から形態規定を与えたものが生産様式であり、資料変換のさいの諸個人間の関連を生産様式という概念装置をとおして整序してとらえかえしたものが生産関係である[7]。」

　この経済的生活過程の土台の上に社会的生活過程[8]、政治的生活過程[9]、精神的生活過程[10] が位置し、国家（市町村も含む）及び国家等の公的あるいは民間の介護福祉は政治的生活過程・社会的生活過程・精神的生活過程に属するが、経済的生活過程が社会的生活過程、政治的生活過程、精神的生活過程を条件づけるのである。言わば、「国家諸形態は……物質的な諸生産関係に根ざしており[11]」、国家等の公的あるいは民間の介護福祉は絶対的に経済的生活過程に規定されるが、相対的に政治的生活過程・社会的生活過程・精神的生活過程が国家等の公的あるいは民間の介護福祉を規定する場合がある[12]。

　かくして結論的には、介護福祉の基本的矛盾を考察していく場合、資本主義社会における介護福祉労働様式（例えば、有料の介護付き老人マンションや民間介護事業所の労働手段の私的所有に基づいて事業者が介護賃労働者［賃金労働者］を搾取する事にある。この労働様式では、剰余価値［利潤］の介護福祉労働が直接的目的であり、介護福祉労働の決定的な動機である。資本主義社会の下では、介護福祉労働の社会的性格と利潤の取得の私的資本主義的形態との矛盾が基本的

矛盾となっている[13])との連関で考察していく事が重要であると言える。そして、経済的生活過程での生産手段の社会化のような変化と共に、国家等の公的あるいは民間の介護福祉が徐々に、あるいは急激に変革されると見る事ができる[14])。

(2) 介護福祉労働の二つの要因の分析

　まず筆者の知人の在宅介護の事例を見てみよう。鹿児島市内で小さなパン工場で従業員として働いたK氏（73歳）は、独居老人（妻は6年前に病気で死亡）で医療の必要性の高い要介護度5の寝たきり状態であり、介護保険によって特別養護老人ホームに入所している。一人娘（42歳）は、結婚して徒歩で30分程度のところに居住している。娘は、共働き（パート労働）と二人の子育て（日中は、保育所に入園させている）で苦闘している為、年に数回しか父が入所している特別養護老人ホームを訪問できない。

　この事例から言える事は、現代資本主義社会の生産関係に生活活動上の阻害（K氏の人間らしい健康で文化的な多様な個人及び共同の潜在能力の維持・再生産・発達・発揮［機能］の阻害）の介護福祉問題が存在していると言う事である。と言うのは、現代資本主義社会においては、労働者階級（78.3%）は自らの労働力の使用権を資本家・企業家等に売り渡し、その報酬として賃金を得る。そして、その賃金等の収入で、市場から生活手段（物質的及びサービスの生活手段）を購入して消費生活を営み、人間らしい健康で文化的な多様な個人及び共同の潜在能力（抽象的人間生活力・抽象的人間労働力）の維持・再生産・発達・発揮（機能）を行う。ところが、高齢・失業・停年・疾病・傷害・虚弱・障害等によって生産関係から脱落する国民大衆が生成する。現代資本主義社会は、生産関係（労働関係）から脱落した高齢者が貧困及び低所得状況に陥り、生活活動上に介護福祉問題が発生する。ここに生活活動上の介護福祉問題があるが、その生活活動上の介護福祉問題の内容と程度は、高齢者の年金・資産等の程度、家族介護の充足、地域の相互支援状況、ボランティアの存在と活動状況、公的な生活手段（老人福祉や介護保険・医療保険等も含む）整備等の実態によって異なる。K氏の場合、寝たきり状態になる前は、多様な生活活動を自らの意志で決定し、自らの労働力の使用権の販売で収入（経済）活動を行ってきた。そして、こうした収入活動の上に、単に生理的な欲求を満たすだけのものではなく、精神的欲求や社会的欲求、さらには文化的欲求を満たす為の活動も行ってきた。つまり、こうした生活活動

の総合の上に生活が成り立っている事から、生活とは高齢者が人間らしく健康で文化的に生きる為の総合活動の過程であると言える。

　ところが、K氏のように身体的精神的な機能低下等を要因として、総合的生活活動が行えない状態（要介護度5と言う寝たきり状態）になる（生理的欲求として挙げられる食事、排泄、清潔、睡眠等の活動が機能しないことは、生命維持の危険に繋がり、精神的欲求、社会的欲求、文化的欲求が充足されない事は、生きる意欲の喪失に結び付く事になる）。この場合、高齢者の人間らしい健康で文化的な多様な個人及び共同の潜在能力の維持・再生産・発達・発揮（機能）ができるように支援を通して、命を護り、生きる意欲を引き出す必要性がでてくる。これが介護保険による介護支援である。K氏の場合、娘の私的な家族介護ができない為、人間らしく生きていく為の生活活動をK氏自身で行う事ができず、深刻な介護福祉問題が発生してきた。そこで特別養護老人ホームに入所する事になった。

　そして、介護福祉は、介護福祉労働（介護福祉労働手段も含む）等を媒介として具現化されるものであり、その介護福祉労働等の内容は、まず「掃除」と言う介護行為を例に挙げると、「ほこりを取り、換気をするというこの行為は、雑菌を除去すること、きれいな空気を部屋の中に取り入れることであり、酸素を体内に送り込むことであり、体内ではその酸素の力で栄養素が活力として働き、細胞が活性化し、生命力をたかめることになる。そして気分は爽快になり、生きる意欲に結びつくという循環になる。さらに、家具や調度品、生活用具の整理整頓にしても、その人の状況に合わせて整理整頓することによって、生活上の危険を防止し、また緊急時の対応を可能にする、……また、『食事』にしても、どのように食事介護をすれば、介護の目標に合うであろうか、その人の好きな食物を、好みの味に調え、状況（咀嚼力、嚥下力、消化力）に合わせた形態に加工し、食べる時期を考え、食べる量を調え、目を楽しませる盛りつけをし、楽しい会話をし、食欲を引き出す。こうして楽しくおいしく食べるための援助として、食事介護を展開しなければならない。『排泄』にしても、遠慮や気兼ねがなく排泄できる条件づくりが必要である。そのためには排泄用具、排泄行為のしやすい衣服、トイレの位置、場所、おむつの種類を考える必要がある。……『入浴』も同様である。入浴介護を行うためには、入浴時、浴室までの移動時の安全確保、浴室の構造、湯の温度、湯量、入浴時間、入浴時期などを考え、入浴のもたらす効果を最大限に引き出さなければならない。『洗濯』にしても、ただ衣類を洗えばいいという

ことではない。洗濯物の量と内容から健康状態や生活上の変化を察しなければならない。例えばケアワーカーの訪問の間隔が短いのに洗濯物が多く出ていたとすれば、何を考えなければならないだろうか。それは汚す身体的な原因がどこかにあるということであり、また、訪問間隔が長いのに洗濯物が少ないことになれば、着替えることが困難になった原因がどこにあるか考えてみなければならない。清潔な衣類に着替えることを通して、生命を縮めたり、生きる意欲を喪失させる原因がないかどうかの観察が必要となる。」（井上千津子「介護福祉の概念」［一番ヶ瀬康子監修『新・介護福祉学とは何か』ミネルヴァ書房、2000 年、14-15 頁］）

さらに、こうした介護福祉労働等の内容の現象の認識に留まるのではなく、介護福祉労働等の内容の現象の内的関連と相互依存性とにおいて、介護福祉労働等に内在している二つの要因を分析していく必要性がある。

ところで、介護福祉は介護福祉の対象（社会問題としての介護福祉問題を担った介護福祉利用の高齢者）、介護福祉の目的（介護福祉利用の高齢者が介護福祉労働及び介護福祉労働手段を享受し、人間らしい健康で文化的な生活活動［機能］の基盤である多様な個人及び共同の潜在能力［抽象的人間生活力＝生活力・抽象的人間労働力＝労働力］の維持・再生産・発達・発揮［機能］を成就する事）、介護福祉の手段（介護福祉労働及び介護福祉労働手段等）を総体的に捉え、そして、介護福祉の政策主体と介護福祉利用の高齢者を媒介しているのも介護福祉労働である。つまり、介護福祉利用の高齢者が実際に日常の生活過程で介護福祉労働を享受し、人間らしい健康で文化的な生活活動［機能］の基盤である多様な個人及び共同の潜在能力［抽象的人間生活力＝生活力・抽象的人間労働力＝労働力］の維持・再生産・発達・発揮（機能）を成就しているのは事実（科学は理念・思弁や仮定等から出発するのではなく、事実から出発するものである）の現象であり、政策主体（総資本・国家等）の目的（価値・剰余価値の支配）を享受しているのも介護福祉労働によるものであり、事実の本質である。筆者はこの事実の現象・本質の仮説から出発する。そして、介護福祉利用の高齢者の介護福祉手段としての現代資本主義社会における介護福祉労働の現象は、国家等の公的あるいは民間企業（特に社会福祉基礎構造改革以降後、企業の商品としての介護福祉労働サービスが増加している）の介護福祉労働以外のボランティア活動や非営利活動が拡大しているとは言え、支配的には介護保険による社会福祉法人あるいは民間の商品としての介護福祉労働が多く見られる。つまり、真田是氏が指摘されているよ

うに、「①金銭給付及び貸し付け、②福祉施設提供、③生活補助設備、器具の提供、④機能回復・発達のための設備、器具の提供、⑤生活の介助・介護、⑥予防・治療のための医療給付、⑦生活指導を含む機能回復・発達のためのリハビリテーション、⑧職業訓練給付、⑨診断・あっせん処置を含む相談などの人的手段を通じた直接的な現物給付、⑩問題発見や解決のための調査活動、⑪問題解決のための社会資源の伝達や社会的認識向上のための広報活動、⑫問題解決のための地域住民や関係団体、関係施設などの組織活動、⑬社会資源の有効活用のための連絡調整活動などの間接手段の提供 15)」等の介護福祉労働（社会福祉労働手段も含む）の事実の現象として見られ、しかも多くの場合、これらの介護福祉労働は複合的に行われ、また、介護福祉の歴史の発展過程においてその介護福祉労働の量と質は相違する。とは言え、これらの介護福祉労働の事実の現象を通して、介護福祉労働の二つの内在的な要因を分析していく事が重要である。

とするならば、介護福祉労働は第一に、介護福祉手段として介護福祉利用の高齢者の何らかの種類の欲望（要求）を部分的あるいは全体的に享受しているのである（つまり、介護福祉利用の高齢者が人間らしい健康で文化的な生活活動［機能］の基盤である多様な個人及び共同の潜在能力［抽象的人間生活力＝生活力・抽象的人間労働力＝労働力］の維持・再生産・発達・発揮［機能］を行う事ができる欲望（要求）を享受する事）。この欲望の享受は、それが例えば物質的生産物（介護福祉施設、介護福祉機器、年金制度や生活保護制度の金銭で生じようと、人的サービス（介護福祉サービス等）あるいは物質的生産物と人的サービスとの併用で生じようと、少しも介護福祉利用の高齢者にとってその使用価値の事柄の性質を変えるものではない。重要なのは、介護福祉労働手段と伴に介護福祉労働が介護福祉利用の高齢者に対象化（介護福祉労働の対象化とは、介護福祉利用の高齢者に介護福祉労働手段と共に介護福祉労働者の抽象的人間労働の凝固の社会関係を意味する）・共同化（介護福祉労働の共同化とは、二宮厚美氏が指摘されているように、介護福祉労働をひとつの労働過程として捉えた場合、介護福祉労働者がその労働主体となるが、介護福祉労働者と介護福祉利用の高齢者とのコミュニケーション過程の面から見ると、介護福祉の必要性・要求の発信主体は介護福祉利用の高齢者であり、介護福祉労働は介護福祉利用の高齢者の了解・合意を前提にして、ひとつの共受関係に入る事を意味する。そして、介護福祉労働者は介護福祉利用の高齢者の生活活動［機能］の基盤である多様な個人及び共同の潜在能

力＝抽象的人間生活力・生活力に非言語及び言語的コミュニケーションを媒介にして働きかけ、その生活活動［機能］の基盤である多様な個人及び共同の潜在能力＝抽象的人間生活力・生活力を顕在化［発揮］させる事によって、介護福祉利用の高齢者は人間らしい健康で文化的な生活活動［機能］の基盤である多様な個人及び共同の潜在能力＝抽象的人間生活力＝生活力・抽象的人間労働力＝労働力の維持・再生産・発達・発揮［機能］を成就しているのである[16]）され、介護福祉利用の高齢者の欲望が享受される事によって、介護福祉利用の高齢者の人間らしい健康で文化的な生活活動（機能）の基盤である多様な個人及び共同の潜在能力＝抽象的人間生活力（生活力）・抽象的人間労働力（労働力）の維持・再生産・発達・発揮（機能）に部分的あるいは全体的に関係していると言う事は二重の観点から、即ち質と量の面から分析していく必要があるが、その具体的有用的労働は介護福祉利用の高齢者にとって使用価値になる。しかもこの使用価値は、介護福祉利用の高齢者の介護福祉労働の使用関係や介護福祉労働の実体（実態）に制約されているので、その使用・享受関係や実体（実態）なしには存在しない。それ故、介護福祉労働における人的サービスの提供そのもの、生活手段提供そのものの使用・享受関係やその実体（実態）が使用価値なのである。そして、使用価値はどれぐらいの人的サービス、どれぐらいの生活手段と言ったような、その量的な規定性が前提とされ、また、実際の使用と享受によってのみ成就される（つまり、実際に使用と享受されていない介護福祉は潜在的介護福祉であり、実際に使用と享受されている介護福祉は顕在的介護福祉である）。さらにこの使用価値は、介護福祉の素材的な内容をなしている。

　使用価値はなによりもまず、多様に異なった量と質でありその具体的有用的労働であるが、その使用価値を捨象するならば、介護福祉労働に残っているものは無差別に抽象的人間労働の、その支出形態（人的サービス提供形態の介護福祉労働、住宅提供形態の介護福祉労働、食物提供形態の介護福祉労働、入浴給付形態の介護福祉労働等）には関わりのない抽象的人間労働の支出の、ただの凝固の社会関係のほかにはなにもない。これらの事が意味しているのは、ただ、その介護福祉利用の高齢者に介護福祉労働手段と共に介護福祉労働者の抽象的人間労働が対象化・共同化され、介護福祉利用の高齢者の体内に抽象的人間労働が積み上げられ享受されていると言う事だけである（介護福祉利用の高齢者の体内に抽象的人間労働力［労働力］が形成される）。このような介護福祉労働の社会関係の結

晶として、これらのものを価値（価値の社会的実体は、抽象的人間労働である）と言う。つまり、抽象的人間労働が価値になるのは人間の存在の根本的要素である自然素材と抽象的人間労働とが結合し、凝固状態の社会関係にあるからである。とするならば、介護福祉利用の高齢者（人間）と雖も自然素材と同次元（人間［高齢者］も自然的存在であり自然の一部であると言う意味）にあり、しかも人間（介護福祉利用の高齢者）に対して介護福祉労働者の抽象的人間労働が介護福祉労働手段とコミュニケーションを媒介として対象化・共同化され、介護福祉利用の高齢者がそれを享受（結合し凝固される事）し、人間らしい健康で文化的な生活活動（機能）の基盤である多様な個人及び共同の潜在能力（抽象的人間労働力・労働力）の維持・再生産・発達・発揮（機能）を部分的あるいは全体的に成就しているのである。

　では、価値の大きさはどのようにして計られるのであろうか。それに含まれている価値を形成する社会的実体の量、すなわち介護福祉労働の量によってである。介護福祉労働の量そのものは、その介護福祉労働の継続時間で計られ、労働時間いわゆる一時間とか一日とかと言うような一定の時間部分をその度量標準としている。そして、価値はその介護福祉労働中に支出される労働量によって規定されると考えられる。そして、ある介護福祉労働者が怠惰または不熟練であればあるほど多くの労働時間を必要とするので、価値が大きいと思われるかも知れない。しかし価値の社会的実体をなしている労働は、同じ抽象的人間労働である。介護福祉労働界の価値となって現れる総労働は、無数の個別的労働から成り立っているが、ここでは一つの同じ抽象的人間労働と見なされるのである。これらの個別的労働のおのおのは、それが社会的平均労働と言う性格を持ち、このような介護的平均労働として作用し、従って介護福祉労働においてもただ平均的に必要な、または社会的に必要な労働時間とは、現在の社会的に正常な介護福祉労働の条件と、介護福祉労働の熟練及び強度の社会的平均度をもって、使用価値・価値の維持・再生産・発達の為に必要な労働時間である。それ故、ある使用価値の価値を規定するものは、ただ社会的に必要な介護福祉労働の量、即ち介護福祉労働を享受している介護福祉利用の高齢者の生活活動（機能）の基盤である多様な個人及び共同の潜在能力（抽象的人間生活力＝生活力・抽象的人間労働力＝労働力）の維持・再生産・発達に社会的に必要な労働時間だけである。また、価値、一定の大きさの凝固した労働時間でしかない。

さらに、単に価値を形成するだけではなく剰余価値も形成する。と言うのは、土台（現代資本主義社会の生産様式）に規定された国家の機関である旧厚生省は、社会福祉等の「『人間投資』は、経済発展の基底（経済発展の基底は利潤であり、利潤の原泉は剰余価値である－挿入、筆者）をなすもの、経済発展がそこから絶えず養分を吸収しなければならないものであり、経済の発展に背くものではなく、その発展とともにあるものである[17]」と考えており、介護福祉労働に必要な労働力商品の価値総額よりも高い事を欲するからである。国家は、国家財政を通して介護福祉労働者に労働力の価格（賃金）を支払うが、介護福祉労働者が一労働日（一日の労働時間）中に福祉利用者に対象化・共同化した価値は、介護福祉労働者自身の労働力の価値とこれを超過する部分とを含む。即ち、一労働日は必要労働＝支払い労働と剰余労働＝不払い労働との二つの部分からなるのである。このように、介護福祉労働過程での剰余労働によって作り出された部分の価値を剰余価値と言う 。介護福祉労働過程（介護福祉労働過程は労働過程と価値増殖過程に分けられる）で剰余価値が形成されている事は、介護福祉労働者は搾取されている事を意味する。そして、物質的生産・サービス企業の資本は、労働者（停年した高齢者の労働者も含む）が生み出した剰余価値を搾取してきたにも拘わらず、現在、富沢賢治氏も指摘されているように、「社会福祉（介護福祉－挿入、筆者）……への国家財政支出の削減による追加搾取がなされ[18]」、さらに消費税の増税を行って国民に介護福祉の財政責任を転嫁している。

　このように介護福祉は、介護福祉利用の高齢者の人間らしい健康で文化的な生活活動（機能）の基盤である多様な個人及び共同の潜在能力（抽象的人間生活力・生活力）の維持・再生産・発達・発揮（機能）の使用価値と現代資本主義社会の資本の為の価値（価値の実体は、抽象的人間労働である）・剰余価値を保障する任務を果たし、介護福祉の基本的矛盾（基本的矛盾は、介護福祉の発展の原動力である）の統一対として存在しているが、しかしだからと言って、国家が自発的に介護福祉を創設したものではない。独占資本の段階において、深刻な介護問題の状況下にいる家族及び介護福祉利用の必要性のある高齢者の介護福祉要求及び労働組合等を初めとする労働者階級等に属する人々等が、介護問題からの解放を求めての介護福祉運動（労働組合運動も含む）等による社会的強制及び譲歩である。と言うのは、現代資本主義社会において介護福祉利用の高齢者のような労働者階級等に属している人々は生産手段・生活手段から疎外されており、介護問題

は必然的である（絶対的貧困）。介護福祉問題の状況下にある家族や高齢者は、自分の非人間化を認識し、それ故に自分自身を止揚する非人間として生みださざるをえない。かくして介護問題の状況下にある家族や高齢者、彼に介護福祉の必要性の認識をもたらしめ、内的必然性を持って、人間としての生存を求めて国家に介護福祉を要求していく介護福祉運動に赴かせざるを得ないのである。つまり、介護問題の介護福祉利用の高齢者の「状態は、現在のあらゆる社会運動の実際の土台であり、出発点である[19]」。そして、こうした介護福祉運動は、「しばしば経済的性格から政治的性格へ移行し、サンディカリズムのいう最高の社会戦争まで発展していく可能性をはらんでいるのであって、このような事態は資本主義制度にとっての構造的危機を意味するものにほかならない[20]」。また、「どこでも政治的支配の基礎には[21]」、介護福祉等のような「社会的な公務活動があったのであり、また政治的支配は、それが自己のこういう社会的な公務活動を果たした場合にだけ長く続いた[22]」のである。

　しかし、現代資本主義社会の生産あるいは再生産過程において、要介護者がその生産・再生産の担い手になる者が殆どいないと思われるが、その場合、生存権的平等としての公的介護福祉権の根拠をどこに求めるかである。筆者は、その根拠を次のような点に求めたい。吉田秀夫氏が指摘されているように、「第1点は、要介護者（殆どの要介護者が労働者階級に所属していたという事を前提に－挿入、筆者）が、過去、労働者時代に搾取された分の一部を、介護福祉サービスの形で還流させるという事である。第2点は、高齢による生活活動上の阻害は個人の責任ではなく、人間社会の共同の責任である。」（吉田秀夫著『社会保障入門』労働旬報社、1967年、39頁）それ故、社会保障によって、「一般国民が、……老齢の原因によって、一時的にせよ、また永久的にせよ、生活が脅かされたときに、労働者や一般国民の基本的な社会的権利として、正常な生活を営めるように、所得の保障あるいは現物のサービスという手段で、国家が措置しなければならないのである。」（吉田、前掲書、35-36頁）第3点は、介護福祉権は憲法第25条が根拠となっていると言う事である。要介護状況で「健康で文化的な最低限度の生活」ができない場合、「健康で文化的な最低限度の生活」ができるような介護福祉サービスが国の責任のもとに保障されなければならない。そして、その介護福祉サービスの具体的内容は、「決して固定的なものではなく、通常は絶えず進展向上しつつあるものと考えられるが、それが人間としての生活の最低限度という

一線を有する以上、理論的には特定の国における特定の時点において、一応客観的に決定すべきものであり、またしうるものであるということができよう。―中略―その２は、その時々の国の予算の配分によって左右されるべきものではないということである。予算を潤沢にすることによって、最低限度以上の水準を保障することは立法政策としては自由であるが、最低限度の水準は決して予算の有無によって決定されるものではなく、むしろこれを指導支配すべきものである。」（高野範城箸『社会福祉と人権』創風社、2001年、50-53頁）と考えるのが妥当である。

　以上のことから介護福祉とは何かを定義するならば、つぎのような定義が可能である。つまり、介護福祉とは、高齢者の失業・停年・疾病・傷害・虚弱・障害等の原因として生成してきた貧困・低所得問題を基底とし、家族介護等の不足・欠如から関係派生的に生成してきた要支援・要介護問題に対し、国民大衆（主に労働者階級）の主体的な介護問題解決への必要性の認識及び価値観の高揚、介護福祉要求運動に影響を受けて顕在化してきた介護福祉問題に向けられた国家・企業主体等の価値・剰余価値を本質的目的とする公私の介護福祉方策・施設の総称であって、その本質の現象的表現は、要介護者の使用価値の介護福祉目的（生存権的平等保障の理念に基づいて、要介護者の人間らしい健康で文化的な多様な個人及び共同の潜在能力の維持・再生産・発達・発揮を成就する為の日常生活活動への支援と指導・訓練と生活財［居住施設、入浴施設、提供される食事等］への関係づけへの支援及び指導・訓練によって、要介護者が人間らしい健康で文化的な多様な個人及び共同の潜在能力の維持・再生産・発達・発揮［機能］の成就の介護福祉を意味する）の成就を、介護福祉手段（地方自治体の老人福祉行政・老人福祉施設・老人保健施設・介護保険制度等）を通して、個別的・集団的・組織的及び総合的に行うところにあると言える。

3. 本源的規定における介護福祉の使用価値の支援（労働）行為

　介護福祉の本源的規定においては、現代資本主義社会という歴史的規定を捨象する事が必要であり、どんな経済的社会構成体にも存在している事に焦点をあてて論じていく。つまり、介護福祉の使用価値を享受する事によって、介護福祉利用の高齢者が人間らしい健康で文化的な生活活動（機能）の基盤である多様な個人及び共同の潜在能力（抽象的人間生活力・生活力）の維持・再生産・発達・発

揮（機能）を成就している事は、人類史の全過程に貫かれている人間にとって永遠のそして根源的な課題である（勿論、その質及び量の程度は、歴史的形態と発展によって異なる）。それ故、介護福祉は第一にどんな特定の経済的社会構成体に関わりなく考察しなければならないのである。

　とするならば、介護福祉は第一に、支援（労働）行為者と支援（労働）対象者との間の支援（労働）過程である。この過程で支援（労働）行為者は、支援（労働）対象者に対して支援（労働）行為者自身の行為（コミュニケーションも含む）によって媒介し、規制し、制御するのである。支援（労働）行為者は、支援（労働）対象者にとっての使用価値に部分的あるいは全体的に関係する為に、支援（労働）行為者の身体に備わる自然力、腕や脚、頭や手を動かす。支援（労働）行為者は、この運動によって支援（労働）対象者にとっての使用価値に部分的あるいは全体的に関係し、そうする事によって、同時に支援（労働）行為者自身をも変化させる（支援・労働行為者自身の人間形成に繋がっていく事）。支援（労働）行為者は、自分自身の自然の内に眠っている潜勢力を発現させ、その諸力の営みを自分自身の統御に従わせる。それ故、支援（労働）行為は合目的的な活動という事である。と言うのは、支援（労働）行為者は支援（労働）対象者を対象として、支援（労働）行為者の目的（支援・労働対象が使用価値を享受するのに部分的あるいは全体的に関係する事）を実現するのである。その目的は、支援（労働）行為者の頭脳の中に存在している。

　また、支援（労働）行為の過程の単純な諸契機は、合目的的な活動または支援（労働）行為そのものとその対象とその手段である。そして、支援（労働）行為の対象は、生活活動（機能）の基盤である人間らしい健康で文化的な多様な個人及び共同の潜在能力（抽象的人間生活力・生活力）の維持・再生産・発達・発揮（機能）の困難な状況下にいる支援（労働）対象者である。さらに支援（労働）行為の手段は、支援（労働）行為者によって支援（労働）行為者と支援（労働）対象者との間に入れられて、支援（労働）対象者への支援（労働）行為者の働きかけの導体として、支援（労働）行為者の為に役立つものまたは色々な物の複合体である。それ故、支援（労働）行為者は、その手段の色々な物的、物理的、科学的、栄養的、医学的、教育的等の性質を利用して、それらの物を、支援（労働）行為者の目的に応じて、他の色々な物に対する力手段として作用させる。土地（例えば、介護福祉施設を建てる場所等）と自然環境（ある介護福祉施設では、桜の自

然環境を利用して桜見会を行っているところもある）も支援（労働）行為の手段
になる。要するに、支援（労働）行為の過程では、支援（労働）行為者が支援（労
働）行為の手段を利用して、支援（労働）対象者の生活活動（機能）の基盤であ
る人間らしい健康で文化的な多様な個人及び共同の潜在能力（抽象的人間生活力・
生活力）の維持・再生産・発達・発揮（機能）に部分的あるいは全体的に関係し
ているのである。

　これまで筆者がその単純な諸契機について述べてきたような支援（労働）行為
の過程は、支援（労働）対象者にとっての使用価値の享受の合目的的な行為であ
り、また生活活動（基盤）の基盤である人間らしい健康で文化的な多様な個人及
び共同の潜在能力（抽象的人間生活力・生活力）の維持・再生産・発達・発揮（機
能）の成就という支援（労働）対象者の欲望（要求）を部分的あるいは全体的に
満足させるものであり、さらに支援（労働）行為者と支援（労働）対象者との一
般的な条件であり、全歴史を貫徹している自然条件である。

4. 歴史的規定における価値・剰余価値の介護福祉

　前述においては、歴史的規定（資本主義社会）の入りこまない使用価値の支援
行為（労働）の考察であった。そこで次に、歴史的規定における価値・剰余価値
の介護福祉を考察して見よう。　現代資本主義社会の生産様式に絶対的に規定さ
れた国家[23]（上部構造）は、介護福祉のもう一つの要因、すなわち総資本が価値・
剰余価値を支配し享受していく事を促進する（例えば、資本主義社会の生産様式
［土台］に規定されている新自由主義（上部構造）改革による介護福祉財政の削減・
抑制策により総資本（企業等）が価値・剰余価値を支配し享受していく事を促進
する）。現に社会福祉基礎構造改革によって「①これまで公立や社会福祉法人運
営を原則にしてきた社会福祉分野への民間営利企業の参入。②社会福祉サービス
提供・給付制度の措置制度から民法上の契約制度への変更。③社会福祉利用にと
もなう費用負担体系の『応能負担』主義から『応益負担』主義への変更。④生存
権の権利保障体系から契約制度を合理的に機能させるための手続き的『権利擁護
制度』に限定された方向への転換[24]」の改革が行われ、総資本が価値・剰余価
値を支配し享受していく事を促進する事が図られている。こうした社会福祉基礎
構造改革後の介護福祉においては、市場原理を導入する事によってますます剰余
価値（利潤及び収益性）の要因が高まっていく事により、以下のような矛盾が深

刻化してくる。

　現代社会における介護福祉は、資本主義経済構造に規定された国家の監督及び規制の下で行われ、しかも官僚制的主導によって行われる（官僚制は、国家の目的「剰余価値の形成」とする福祉施策を合理的・効率的に遂行する為の不可欠な制度として、国家の中心に位置している）。それゆえ、必ずしも要介護者（特に貧困者や低所得者の介護者）の生存権的平等を保障していく福祉行政を行っているものではない。むしろ生存権的平等を形骸化させているが、この点は介護保険制度を例として検証して見よう。

　まず矛盾の第1点は、介護福祉サービス基盤の不整備と言う問題が存在していると言うことである。伊藤周平氏が指摘されているように、「要介護者が介護福祉サービスを十分に選択できるかどうかは、根本的には介護福祉サービスの供給量が十分かどうかに相関しているが、新ゴールドプランの達成状況を見ると、1999年度の新ゴールドプランの予算は8,777億円前年度に比較して292億円増に留まり、1998年度の増加額を下回った。さらに、ケアハウス（介護利用型軽費老人ホーム）は予算定員8万3,400人分の要求に留まり、目標値10万人分に達していない。また、ホームヘルパーは予算人員で17万8,500人で、目標値の17万人を上回ったかに見えるが、1998年度3月末の実績では、全国の約13万人にすぎず（1998年の予算人員は約16万7,908人）、目標値の達成状況も7割程度である。さらに、施設サービスの整備にはばらつきが見られる。特別養護老人ホームは、新ゴールドプランの目標値29万人分を上回る30万人分の予算が確保され、実績もこの目標値が達成可能な見込みだが、一方、老人保健施設は目標値の28万人分に対して、1999年10月末現在で、2,443施設、入所定員は21万3,284人で、達成状況は76％となっている。そして、サービス整備の地方自治体間のばらつきも大きく、各市町村に対する調査では、制度実施時までに必要とされる施設サービスが8割以上整うとした市町村が47％、ホームヘルプサービスも8割以上としたのが48％に留まっている。こうした新ゴールドプランの目標値の達成が難しくなった主要な理由は、国が新ゴールドプランを達成する為の十分な財政支援を怠ったからである。それにもかかわらず、介護福祉サービス量の確保を介護福祉サービス事業者に委ねられている（その為に、介護福祉サービス整備も、民間事業者等の誘致計画が中心となる）。」（伊藤周平著『介護保険と社会福祉』ミネルヴァ書房、2000年、114-115頁）介護福祉の基盤整備や実施・運営は、国家の

公的責任の下で行われなければならない（日本経済新聞、1999年3月28日朝刊）。つまり、江口隆裕氏が指摘されているように、「憲法第25条第2項（国は、すべての生活部面について、社会福祉、社会保障及び公衆衛生の向上及び増進に努めなければならない）、老人福祉法第4条（国及び地方公共団体は、老人の福祉を増進する責務を有する）、介護保険法第5条（国は、介護保険事業の運営が健全かつ円滑に行われるよう保健医療サービス及び福祉サービスを提供する体制の確保に関する施策その他の必要な各般の措置を講じなければならない）を根拠に考えれば、介護福祉の事務・事業が適切に運営されるよう、その組織体制やサービスの実施方法、その財政措置を含めた制度全体の管理運営をおこなう責任が国にあると言える。」（江口隆裕著『社会保障の基本原理を考える』有斐閣、1996年、28-29頁）

　矛盾の第2点は、高齢者以外の障害者を排除しているのは、介護保険制度の最大の欠陥であるという事である。国は財政的理由によって高齢者以外の障害者を排除しているが、それが国民誰もが、身近に、必要な介護福祉を受けることができるという普遍主義の原則に反している。それゆえ、前述したように、健康で文化的な最低限度の介護福祉の対象は、予算の有無によって決定されるのではなく、むしろこれを指導支配すべきものである。

　矛盾の第3点は、貧困者や低所得者を排除しているのも、介護保険制度の最大の欠陥であるという事である。介護保険法では、保険料滞納の場合の保険給付の一部もしくは全部の差し止め、過去に保険料の未納がある場合の9割から7割への保険給付率の引き下げ等、厳しい制裁規定が設けられている。もっとも介護保険法（第142条）には、市町村が条例で保険料の減免や徴収を猶予する事ができる旨の規定がある。しかし、この場合の保険料減免措置は、一般的な低所得を理由とするものではなく、災害や世帯主の失業などで負担能力が一時的に低下した場合に限定されている。また、介護保険法（第132条）は、第1号被保険者本人から保険料を徴収できない場合には、世帯主や配偶者が連帯して納付する義務を負う定めがある（しかし、これは家族責任論の押し付けになる）。したがって、考えられる事は、国民健康保険と同様に、保険料未納・滞納の場合、保険給付の一部もしくは全部の差し止めの可能性が大である[25]。「それゆえ、お金のある人だけを対象にした社会福祉は、憲法第25条に違反する疑いがあります。むしろ福祉が対象とする多くは、……個人の努力ではどうにもならない事故のために貧

困になった人であり、お金のない人であり、障害をもって生活に困窮したり、自立することが困難な人です。……お金のない人に対しても、人間らしい生活を保障しなければならない根拠が憲法第25条にあることを意味します。」（高野、前掲書、46頁）

　矛盾の第4点は、要介護認定に問題が存在しているということである。伊藤周平氏が指摘されているように、「要介護認定の問題の第1点は、要介護認定の認定調査の問題である。この認定調査においては、実際の調査の場面で、どう判断し、記載していいのか、曖昧な質問項目も多く、同じ要介護者を複数の調査員で調査した結果、各調査員の記載項目に幾つかの食い違いが出ているところもあった。第2点は、コンピュータによる一次判定そのものの問題である。つまり、この要介護認定の基準は、住居基盤がバリアフリーをなされており、専門的な介護者がいる特別養護老人ホームや老人保健施設の介護のデータに基づいて要介護認定基準時間を推計したものであって、家族介護者の事情や居住環境等が個別に異なる在宅の要介護者に機械的に適用しているところに問題がある。第3点は、要介護認定が心身の障害のみを判定の基準にし、家族介護者の状況、居住環境のバリアフリー状況等を考慮していないところに問題がある。というのは、デイサービス（通所介護）の利用者も身体的な自立度が高い人が多く、現在、利用している人の約3割が「自立」と判定されている。第4点は、認定作業の物理的な限界から、二次判定がコンピュータの一次判定の機械的な追認となっているという問題である。というのは、現実問題として、申請が多くなった場合、膨大な事務量が予想される認定作業を30日以内と言う限定された期間内に、非常勤の委員で構成されている認定審査会で適切に処理することは物理的に困難である。」（伊藤、前掲書、42-53頁）

　矛盾の第5点は、介護福祉の質の低下と介護福祉労働者等の不安定雇用化の問題が存在していると言うことである。伊藤周平氏が指摘されているように、「現在、在宅福祉サービスの柱であるヘルパーの大半が低賃金で、不安定雇用の非常勤（パート）ヘルパーで占められている。パートのヘルパーは、多くが登録ヘルパー」で、就業形態は直行直帰（直接要介護者宅に行き、事務所によらずに帰る形）であり、時間きざみのパート就業であり、身分保障がきわめて不安定で労働条件も劣悪である（国民生活センターが、1997年に首都圏のヘルパーを対象に行った調査では、月収10万円以下のヘルパーが過半数を占め、中には一晩で20

数軒の家を回る深夜巡回介護を含め、月26日働いて月収が16万円と言う営利企業の社員の事例もあった。）（伊藤、前掲書、113 - 138頁）「特に事業者が営利企業の場合、利潤をあげなければならない為、介護福祉の担い手であるヘルパー等の人件費削減へ向かう。全国展開している営利企業のヘルパーの時給を見ると身体介護で1,500円程度となっている。つまり、1時間4,000円の介護報酬の内、実に3分の2近くの2,500円が事業所の収入になっている（おそらく、多くの事業者では、常勤ヘルパーを最低限の配置ですませ、大半をパートのヘルパーで雇用する形になっていると思われる。パートのヘルパーなら、低賃金で雇用でき、24時間巡回型のような深夜労働にも使え、体をこわしても次から次へと使い捨てにできるからである)。」（伊藤、前掲書、113-138頁）「このように人件費の削減（労働条件の劣悪化）は、当然のことながら、介護福祉士の無資格のヘルパーや短期間の研修で修了証を保持しているヘルパーしか確保できず、介護福祉の質の低下に繋がる。そして、身体が虚弱であり、判断能力が衰えている要介護者が、質の低い介護福祉を拒否するとはかぎらないし、もし事業者と要介護者との間でトラブルが発生した場合、これをどのように解決していくかが重要になってくる。介護保険法では、契約のトラブルは審査請求の対象にはなっていない（これが権利擁護をめぐる混乱の要因になっている)。つまり、介護保険法は、権利擁護の仕組み、紛争解決の方法、機関、権限、費用負担等について、同法第183条の審査請求と同法第176条の国民健康保険法の勧告を除けば、具体的には何ら定めていないのである。」（高野、前掲書、155頁）

　矛盾の第6点は、保険給付の上限（区分支給限度額）によって、介護福祉利用しようとする高齢者にサービス利用の阻害となっている。それ故、区分支給限度額は廃止する必要がある（林康則「介護保障につなぐ制度改革」『老後不安社会からの転換』大月書店、2017年、321頁）。何故なら「現在の介護保険には七段階に区分された保険給付の上限額（区分支給限度額）が設定されており、この額をオーバーした分は100％自己負担（保険外サービス）になるため、利用者にとってサービス利用の障壁となっている。」（林、前掲書、321頁）

　矛盾の第7点は、介護福祉利用者を事業者や介護福祉施設に利益をもたらす消費者として捉えられ、介護福祉利用者が担っている社会問題としての介護問題が看過されると言う矛盾である。介護福祉利用者と言う用語は、一見、介護福祉利用者主体（消費者主体）の意向が反映されているような表現であるが、この用語

を使用する場合、常に念頭に置かなければならない点は、介護福祉利用者が担っている生活問題の介護問題性である（何故ならば、真田是氏が指摘されているように、社会問題としての生活問題の「社会」は、現代資本主義的生産様式に見られるように、経済的必然性によってもたらされる問題という意味である[26]）。人権保障としての生存権的平等が、社会問題としての介護福祉利用者の介護問題を前提条件としているのは言うまでもないが、この点の認識が曖昧なものになってしまうと、国（市町村も含む）の公的責任も曖昧になってしまう。また、社会福祉基礎構造改革後の介護福祉においては、介護福祉利用者を一方的かつ単なる消費者として捉えている。果たしてそのような関係のみに捉えるのが妥当であろうか。介護福祉と分野が違うが、共同作業所における福祉実践（福祉労働）から示されているように、「我々の歴史は当初から『同じ人間としての人格の対等平等』関係を大切にしてきたし、私たちの原点は、『障害者・家族の願いに応え』『障害者を主人公として』『仲間』として表現されているように、共に創る関係、共に困難を切り拓く関係であり、立場の違いや内部矛盾を内包しつつも、協力と共同関係、共感と信頼関係を基本として創られてきた歴史が[27]」が存在しているように、単なる消費者としての関係ではない。

　矛盾の第8点は、利用制度（契約制度）の導入によって、介護福祉利用者と介護福祉施設・介護福祉事業者との対等関係が阻害されているという事である。「社会福祉基礎構造改革では…、措置制度に代わり利用制度に転換することとされた。利用制度では、利用者が自ら自分の好む福祉サービスの種類と事業者を選択することができる。利用者と事業者とが対等の関係になるのである[28]。」と述べているが、果たして対等な関係が成立するのであろうか。小松隆二氏が指摘されているように、「需給どちらの側に立とうと、市場参加者は基本的には自立し、それぞれが任意に参加し、対等の立場に立つ。その反面で、対等性の上に展開される利害の競争を前提にするので、市場で出会う需給両者は、利害がつねに一致するのではなく、むしろしばしば対立する。商品を供給するものは、できるだけ高価に、利益が多く出るように販売しようとするのに対し、需要するものは、できるだけ安価に購入し、コストを低くするように努める。いわば債権・債務関係であり、両者が利害を一つにするというよりも、むしろ利害を異にするのが常である。その結果は、出発点の任意性や対等性の原則を否定するかのように勝ち負け、不平等、差別の発生であった[29]。」（傍点、筆者）つまり、利害の競争によって対

等性は損なわれるという事である。また、福祉利用者と福祉施設・福祉事業者との対等関係という美辞麗句の言葉の裏に隠されている、言わば義務と責任を全て福祉利用者の当事者に負わせる「商品取引モデル」が社会福祉において妥当であるかという問題が存在している。と言うのは、「福祉サービスの提供が、他の消費者問題と決定的に異なるのは、利用者にとって福祉サービスを受ける事が、生存や日常生活の維持に必要不可欠であり、譬えどんなサービスであっても取り敢えずの生存を確保する為に利用をせざるを得ないものである事、しかも施設であれば 24 時間、在宅や通所のサービスでも一定の時間、サービス提供者と継続的な関係を維持しなければならないと言う特殊な関係性を有している事である。この関係性から、そもそも利用者自身が、事業者と対等な関係に立って、自己に適切なサービスを選択して契約を締結したり、サービスの提供内容について要望や苦情を出してサービスの質の改善を求める事には、内在的・本質的な制約があるといってもいいのである[30]。」

　矛盾の第 9 点は、介護福祉政策は本来、使用価値＝公益を高めていくものでありながら、寧ろ使用価値＝公益を阻害しているという矛盾が存在している。つまり、「社会福祉そのものは、資本の論理や営利活動とは原則として相いれず、非営利の公益原理に基づくものである。国・自治体の福祉に関する政策や活動は勿論、民間の団体や個人の福祉に関する処遇やサービスのような事業・活動も、原則として公益原理に沿うものである[31]。」にもかかわらず、市場福祉を促進し、減価償却費の導入など一般企業の会計システムを基本として利益の追求が目指されている。

　矛盾の第 10 点は、市場福祉における競争によって福祉サービスの質の向上が予定されているにも拘わらず、寧ろ福祉サービスの質の低下を招いているという矛盾が存在している。福祉サービスの質を規定しているものは、介護福祉労働手段等もさりながら介護福祉労働者自身の質が大きく規定しているし、また、介護福祉労働者自身の質を規定しているものは訓練（教育や研究も含む）・資格（社会福祉士や介護福祉士等）や労働条件等である。ところが、介護福祉施設・介護福祉事業者が利益を高めていく為には剰余価値を高めていく必要があり、その為には社会福祉士や介護福祉士等の無資格者の採用や低賃金かつ劣悪な労働条件を強いるという矛盾が生成してくる。ゼンセン同盟・日本介護クラフトユニオンの 2000 年 6 月から 7 月にかけての「介護事業従事者の就業実態調査」によれば、「給

与の支給形態は、時間給 45.8%、月の固定給が 45.1% である。時間給制では、1,000円台が 41% と最も多く、1,500 円未満と合わせると 70% に及ぶ。一方、月の固定給制では、金額で最も多い層が 15 万円から 20 万円が 53%、次いで 20 万円から 25 万円が 23.3%、そして 15 万円未満が 14.9% であった。また、通勤費については、一部負担が 13.4%、なしが 20.6% に及ぶ。業務に就く為の移動時間については、有給が 50% 強に留まっている（なお、待機時間については、登録ヘルパーの 91.5%、パートヘルパー 57.3% が無給となっている [32]。」そして、「ヘルパーの雇用形態が、正規・常勤ヘルパーの解雇・非常勤・パート化、有償ボランティア・登録ヘルパーへの転換など、雇用・身分の不安定化が急速に進んでいる [33]。」そして、介護福祉士や社会福祉士訓練も疎かにされている。こうした雇用形態や労働条件等の労働実態から言える事は、実質的な介護福祉サービスの質の低下を招いていると言える。

　矛盾の第 11 点は、民間企業の参入促進等の市場福祉が図られている一方において、国や地方自治体の公的責任の縮小が行われていると言う矛盾が存在している。国や地方自治体の公的責任は、「利用者の尊厳を確立し、費用負担のための費用を工面し、サービスの供給基盤を整備することである [34]。」と述べているが、果たしてどのような公的責任であろうか。社会福祉基礎構造改革後の介護福祉においては、介護福祉利用の高齢者が介護福祉サービスを市場で購入する事を前提に、介護福祉利用の高齢者の購買力を公費や保険給付の形で補完するという利用者補助方式を導入した点にある。そして、伊藤周平氏が指摘されているように、「こうした利用者補助方式では、行政責任として現れる国や地方自治体の公的責任の範囲は、従来の措置制度のもとでのサービスの提供といった直接的なものから利用者の購買力の補完、さらにはサービスの調整などといった間接的なものに縮小、矮小化される。実際、従来の社会福祉事業法第三条では、社会福祉事業の担い手について、社会福祉法人などと並んで『国、地方公共団体』が明記され、同法五条の一では、福祉サービスの実施責任を他者に転嫁することは禁じられていたが、改正社会福祉法では、旧法のこれらの条文が削除され、国や地方自治体の行政責任は、福祉サービスの提供体制の確保、利用促進のための情報提供や相談援助など間接的役割に縮小されている（社会福祉法第六条、第七十五条）[35]。」つまり、「社会福祉基礎構造改革で言われている国や地方自治体の公的責任とは、あくまでも、福祉サービスの直接的な提供責任ではなく、サービスの情報提供や利用援

助といったコーディネイト的な責任にすぎない。福祉サービスの供給は、営利法人も含めた民間事業者に委ねる事を前提に、そうした民間企業の誘致などを行う事が『供給体制の整備』とされているので[36)]」、その結果、基盤整備の不十分さが存在している。こうした基盤整備の不十分さの結果、福祉利用者の福祉サービスの選択も抑制され、選択という言葉の形骸化が生成してくる。

矛盾の第12点は、介護福祉において追加搾取を強めていく為に、不公平税制を強め、その一方において、介護福祉における応益負担（介護福祉の利用の際の利益に応じて費用を負担する事）の強化と老人福祉財政の削減・圧縮（垂直的所得再分配の絶対的な縮小を意味する）・抑制策の強化という矛盾が深刻化する。因みにその不公平税制の実態を見ると、梅原英治氏が指摘されているように、「所得階級別の所得税負担は、高所得層ほど金融所得が多くて分離課税の恩恵を受けるので、合計所得が一億円を超えるほど負担率が低くなっている[37)]。」そして、「法人税の基本税率は1989年度まで40%だったのが、90年度から37.5%、98年度から34.5%、99年度から30%、2012年度から25.5%に引き下げられた。さらに研究開発投資減税の拡充（2003年度）による負担率の引き下げのほか、組織再編成税制の創設・改定（2001、2007年度）、連結納税制度の創設（2002年度）、欠損金繰越期間の延長（2004年度、2001年分から遡及適用）、減価償却制度の抜本見直し（2007、2008年度）、外国子会社配当の益金不算入（2009年度）などによる課税ベースの縮小[38)]」が行われている。「要するに、法人所得が増加しても、法人税負担が増えないようにされてきたのである[39)]。」

5. 統一（総合）規定における介護福祉と課題

以上のように介護福祉の中には対立的な要因、つまり介護福祉利用の高齢者にとっての使用価値の要因と国家・総資本（企業）にとっての価値・剰余価値の要因が存在し、この対立的要因は「一方では、お互いに他を予想しあい、制約しあっているが、しかも同時に他を否定しあい、排除しあっているという関係にある[40)]」という矛盾対として統一（総合）されているが、これが介護福祉に内在している介護福祉の発展の原動力である。では、完全な介護福祉の実現の為に前述の矛盾を打開し、剰余価値としての介護福祉を没落させ、介護福祉利用の高齢者の人間らしい健康で文化的な多様な個人及び共同の潜在能力に適合した公的責任・具体的権利・介護福祉の必要充足の原理に基づいて合法則的に使用価値を高

めていく新しい介護福祉の実践（労働）課題を考察していこう。

　まず第１点の介護福祉実践（介護福祉労働）課題は、介護福祉は現代資本主義
社会の生産様式（特に生産関係、つまり生産手段・生活手段が資本の所有にあり、
その為に生産物［介護福祉に必要とされる財貨及びサービスも含めて］という富
の私的取得が可能になるという仕組）に絶対的に規定されているので、また介護
福祉労働者は介護福祉労働の為に必要な介護福祉労働諸条件（介護福祉施設及び
介護福祉事業所等）から分離されているので（介護福祉労働者の労働力の商品化）、
不破哲三氏が指摘されているように、「生産手段（介護福祉労働手段－挿入、筆者）
を社会の手に移すことが、（現代資本主義社会における介護福祉労働内の使用価
値と価値・剰余価値の矛盾対－挿入、筆者）の解決の合理的な仕方となる[41]」
事が将来の課題となる。つまり、生産手段（介護福祉労働手段）を社会の手に移
す事は、生産手段の社会化[42]である。また聰濤弘氏も指摘されているように、「生
産手段の私的・資本主義的所有を社会的所有に転化することである。これは一過
的な『立法的措置』によって樹立される側面と、生産関係の総体としての社会的
所有を持続的に確立していく側面とがあり、それぞれ区別されなければならない。
前者は法的形態であり、後者は経済的実態である。経済的実態の内容は一過的な
行為によって労働者が生産手段の所有者になるというだけではなく、生産手段を
労働者が管理・運営することができ、労働者が搾取から解放され生産の真の『主
人公』になることを意味する[43]。」そして、「社会主義社会の経済的民主主義を
確立するために、生産手段の社会化の多様な具体的形態が考えられている。国家、
地方自治体、協同組合、株式会社、労働組合、全社員自主管理・労働者協同組合
等を基礎とする多様な所有形態が存在する[44]」。そして、介護福祉労働諸条件（介
護福祉施設及び介護福祉事業所等）の社会化後は、介護福祉労働は賃労働という
疎外された姿態を脱ぎ捨て、大谷禎之介氏が指摘されている事を介護福祉労働に
置き換えて考えてみると次のようなアソーシエイト（共産共生）した介護福祉労
働の特徴を持つ。「①介護福祉労働する諸個人が主体的、能動的、自覚的、自発
的にアソーシエイト（共産共生－挿入、筆者）して行う介護福祉労働である。経
済的に強制される賃労働は消滅している。②介護福祉労働する諸個人が介護福祉
利用の高齢者に直接的に対象化・共同化する社会的な介護福祉労働である。③介
護福祉労働する諸個人が全介護福祉労働を共同して意識的・計画的に制御する行
為である。介護福祉利用の高齢者の生活活動（機能）の基盤である人間らしい健

康で文化的な多様な個人及び共同の潜在能力の維持・再生産・発達の成就を目的意識的に制御するという人間的本質が完全に実現される。④協業・自治として行われる多数の介護福祉労働する諸個人による社会的労働である。社会的労働の持つ介護福祉労働力はそのまま彼かつ彼女らの介護福祉労働の社会的労働力として現れる。⑤介護福祉利用の高齢者を普遍的な対象とし、協働・自治によって介護福祉利用の高齢者を全面的に制御する介護福祉実践的行為、即ち介護福祉労働過程への科学の意識的適用である。⑥力を合わせて介護福祉労働過程と介護福祉従事者とを制御する事、また目的（介護福祉利用の高齢者の人間らしい健康で文化的な多様な個人及び共同の潜在能力の維持・再生産・発達の成就）を達成する事によって、介護福祉実践者に喜びをもたらす人間的実践、類的行動である。だから介護福祉労働は諸個人にとって、しなければならないものではなくなり、逆になによりもしたいもの、即ち第一の生命欲求となっている。⑦介護福祉労働する諸個人が各自の個性と能力を自由に発揮し、全面的に発展させる行為である。介護福祉労働する諸個人が共同的社会的な活動のなかで同時に自己の個性を全面的に発揮し、発展させる事ができる介護福祉労働である事、これこそがアソーシエイト（共産共生−挿入、筆者）した介護福祉労働の決定的な人間的本質である」（基礎経済科学研究所編『未来社会を展望する』大月書店、2010 年、17-18 頁）。それゆえアソーシエイト（共産共生）した介護福祉労働は、介護福祉利用の高齢者にとって介護福祉労働の使用価値を高めていく事になる。しかもアソシエーション（共産共生）社会における社会的総労働生産物のうち次のものが控除されると指摘されている。「第一に、直接的に生産に属さない一般的な管理費用。第二に、学校、衛生設備などのような、諸欲求を共同でみたすためにあてられる部分。第三に、労働不能なものなどのための、要するに、こんにちのいわゆる公的な貧民救済にあたることのための基金」（マルクス／エンゲルス［後藤洋訳］『ゴータ綱領批判／エルフルト綱領批判』新日本出版、2000 年、26 頁）のように、介護福祉に必要な基金を社会的総労働生産物（社会的総生活手段−挿入、筆者）からあらかじめ差し引くとしている。

　第 2 点の介護福祉実践（介護福祉労働）課題は、伊藤周平氏が指摘されているように、「公的責任及び公費負担方式（公費負担方式によって、例外なくすべての国民に、普遍的な権利として介護福祉を提供していくことが可能になるように介護福祉の基盤整備と事業実施を前提として、第 1 は、生活保護と同様に介護の

必要な全ての人に介護請求権を認めた上で要介護者の申請に対する地方自治体行政の応答義務を定め、介護の要否の調査（地方自治体所属のケアマネージャーやケースワーカー等の複数の者が調査を担当する。調査は、要介護者の身体状況の他に、住居の条件や家族の状況等も対象とする）等に関する手続き保障を整備することである。第2は、法に定める客観的要件を充足しさえすれば（地方自治体行政の決定を待つ事なく介護福祉の受給権が発生する）、地方自治体所属のケアマネージャーやケースワーカー等が必要な介護福祉の種類と量を決めケアプランを作成し、その内容が決定される。現物給付は、このケアプランを地方自治体行政に提出してからすぐに可能とし、認定審査会はこのケアプランを審査する機関とする。第3は、健康で文化的な最低限度の介護福祉の水準（要介護度ごとの水準）を現在の生活保護の水準のように、現在の時点において客観的に設定し、その最低限度の水準は決して予算の有無によって決定されるものではなく、むしろこれを指導支配していくものとする。第4は、介護福祉の決定手続過程ないし実施過程における自己決定権、プライバシー等の要介護者の保護、権利侵害の救済方法等を整備していく事が必要である。第5は、地方自治体が介護福祉の事業実施責任主体になるので、民間の介護福祉を買い上げて実施していく事とする（その場合、地方自治体の財政的補助によって、民間の介護福祉労働者の待遇改善と労働条件の向上が重要となってくる。」（伊藤、前掲書、97-98頁）また、「国は、状態や介護の必要性に関する大枠のガイドラインを示すにとどめ、介護の必要性の判定、給付量の『目安』の振り分けは自治体職員、もしくはそれに準じる立場のコーディネーター（ソーシャルワーカー）が利用者、家族との協議を経て決定する。具体的な介護サービスの種類、内容については、利用者とケアマネジャーの協議にもとづき、サービス担当者会議などで決定する仕組みに改める。」（林、前掲書、322頁）

　第3点の介護福祉実践（介護福祉労働）課題は、梅原英治氏が指摘されているように、「消費税がその逆進的負担構造のために所得再分配機能を低め[45]」ているので、「消費税の増税によらず、所得税・法人税・資産課税を再生する[46]」事が課題である。「所得税では、総合・累進課税を追求し、税率については、後退させられてきた累進を少なくとも1998年水準（最高税率75%）には回復する必要がある。2013年度税制改正大綱では、所得税の最高税率について、現行1,800万円超40%を2015年度から400万円超45%に引き上げたが、『所得再分配機能

の回復』と呼ぶには不十分である。とりわけ配当所得・株式譲渡益に対する時限的軽減税率（2013年末まで10%）の適用をただちにやめて本則20%に戻し、高額の配当・譲渡益に対してはさらに高い率を適用すべきである[47]。」「法人税では、2015年からの税率引き下げ（30-25.5%）を中止し、研究開発税、連結内税制度などの大企業優遇措置をやめることが必要である。そして独立課税主義に立脚して、法人の規模・負担能力・受益の度合いにもとづき適正な税負担を求める法人税制を確立すべきである（段階税率の導入や受取配当金不算入制度の廃止など）。移転価格やタックスヘイブン（軽課税国）などを利用した国際的租税回避は徹底的に防止しなければならない[48]。」そして不公平な消費税を上げずに不公平な税制を見直す必要がある。「不公平な税制をただす会」が指摘されているように、不公平税制の是正によって「2017年度の増収資産額は国の税金で27兆3,343億円、地方税で10兆6,967億円、合計38兆310億円になっています。」（不公平な税制をただす会編『消費税を上げずに社会保障財源38兆円を生む税制』大月書店、2018年、100頁）これだけの不公平税制の是正額があれば、介護福祉の財源としては十分であると思われる。さらに介護福祉の財源がないなら富裕税を新設する必要がある。「わが国で富裕税を導入する場合、課税の対象として……、448.9万世帯、保有純金融資産546兆円がさしあたり対象です。全世帯の8.4%、純金融資産総額の35.5%に当たります。税率を緩い累進構造にして、たとえば準富裕層の純金融資産に0.5%、富裕層のそれに1%、超富裕層に2%とすると、約5.1兆円の税収を見込むことができます。」（鶴田廣己・その他編『税金は何のためにあるの』自治体研究社、2019年、100頁）また聽濤弘氏が指摘されているように、「福祉の財源がないなら剰余価値から引き出せば良いのである。……。その上で若干具体的にみると現に大企業は250兆円もの内部留保（2019年10月時点での内部留保〔企業が税引き後利益から配当金や役員賞与等の社外流出額を差し引いて、残余を企業内に留保した金額〕が、475兆161億円に達している－挿入、筆者）を持っている。いま社会保障給付費は94兆849億円である（2008年）。部門別では医療費29兆6,117億円、年金49兆5,443億円、福祉その他14兆9,289億円である。内部留保を引き出せるなら、社会保障の面でも非正規社員問題でも巨大な事ができる事は明瞭である。問題はどのようにして引き出せるかである。賃上げ等の経済的手段で引き出せる方法がある。しかし直接、財源を確保する為には内部留保が違法に蓄えられているものでない以上、内部留保に課税できるよ

うに税制を変える必要がある。」(聽濤弘著『マルクス主義と福祉国家』大月書店、2012年、162-163頁)さらに「福祉財源の確保の為に金融投機を規制する金融取引税(トービン税)の導入も緊急の課題である。トービン税の提唱者であるアメリカのノーベル賞受賞経済学者ジェームス・トービン氏の試算では、1995年時点のアメリカで為替取引に0.1%の税を掛けただけで3,120億ドルの税収が得られるとしている。」(聽濤、前掲書、163頁)また不公平な消費税を上げずに不公平な税制を見直す必要がある。「不公平な税制をただす会」が指摘されているように、不公平税制の是正によって「2017年度の増収資産額は国の税金で27兆3,343億円、地方税で10兆6、967億円、合計38兆310億円になっています。」(不公平な税制をただす会編『消費税を上げずに社会保障財源38兆円を生む税制』大月書店、2018年、100頁)これだけの不公平税制の是正額があれば、少なくとも介護福祉財源としては十分であると思われる。

　第4点の介護福祉実践(介護福祉労働)課題は、具体的権利規定の法制化である。と言うのは、日本弁護士連合会が指摘されているように、社会福祉事業から「社会福祉法への改正による基本的な問題点のひとつとして、この改革が、利用者の権利制を明確にし、選択や自己決定を保障するものとされながら、そしてそのための権利擁護の諸制度を創設したとされながら、社会福祉法上の規定として、福祉サービス利用者の権利性を明確に定めた規定が一切ないという根本的欠陥がある[49]。」それ故、次のような具体的な権利の法制化が課題である。つまり、河野正輝氏が指摘されているように、「(1) 社会福祉(介護福祉−挿入、筆者)の給付請求の権利(給付の要否や程度は、行政庁の一方的な裁量によって左右されるのではなく、社会福祉(介護福祉−挿入、筆者)の必要性の有する人々の請求権に基づいて決定される。そして、給付請求権を権利として受給できるためには、①給付を申請することができること、②適切な基準を満たした給付内容を求めることができること、③いったん決定された給付を合理的な理由なく廃止されないこと等の規範的要素が満たさなければならない)、(2) 社会福祉(介護福祉−挿入、筆者)の支援過程の権利(社会福祉[介護福祉−挿入、筆者]の支援過程で誤ったケアや虐待等が行われないことが重要である。その為には、①福祉サービスの種類・内容及びこれを利用する時の権利と義務について知る権利、②自己の支援方針の決定過程に参加する権利、③福祉(介護福祉−挿入、筆者)施設利用者の場合、自治会活動を行い、それを通じて福祉(介護福祉−挿入、筆者)施設

の管理運営及び苦情解決に参加する権利、④拘束や虐待等の危害・苦役からの自由の権利、⑤通信・表現・信教の自由の権利、⑥プライバシーの権利、⑦貯金・年金など個人の財産の処分について自己決定の権利等が保障されること）、(3)社会福祉（介護福祉－挿入、筆者）の費用負担の免除の権利（社会福祉（介護福祉－挿入、筆者）の必要性によって誰でも普遍的に給付請求権が保障される為には、一定の所得以下で社会福祉（介護福祉－挿入、筆者）を必要としながら、それに要する費用を負担できない人々に対して負担の免除が伴うのでなければならない。したがって、①免除を申請することができること、②免除の決定処分を求めることができること、③あらかじめ定められた徴収基準に反する徴収額に対してはその取り消しを求めることができる等が当然に求められなければならない）、(4) 社会福祉（介護福祉－挿入、筆者）の救済争訟の権利（社会福祉［介護福祉－挿入、筆者］の給付の内容や費用負担の額等を巡って権利が侵害された時、苦情の申し立て、不服申し立てや訴訟を提起して救済を求めることが保障されなければならない。現行では社会福祉法による苦情解決から、社会保険審査官及び社会保険審査会法、行政不服審査法及び行政事件訴訟法等がある。行政処分に対する不服審査や訴訟等の手段は厳格な手続きを必要とするので、支援過程の苦情解決には必ずしも適さない場合もある。そこでオンブズマン方式等の苦情解決の取り組みが広がりつつある。また、独立の救済機関を設置する）の４つの権利[50]」の下に、国及び地方自治体（都道府県、市町村）の財政責任（国 [7割]、都道府県 [2割]、市町村 [1割]）及び官僚的な行政を排除した運営責任の下での公的責任を担保した上で、高齢者の人間らしい健康で文化的な多様な個人及び共同の潜在能力の維持・再生産・発達・発揮（機能）に適合した公的責任及び具体的権利による介護福祉の必要充足（何故ならば、高齢者の多様な個人及び共同の潜在能力の維持・再生産・発達・発揮の阻害状態によって介護福祉［介護福祉手段］の必要性の内容・種類・必要度が異なっているので、高齢者の多様な個人及び共同の潜在能力の維持・再生産・発達・発揮の阻害状態に適合した介護福祉［介護福祉手段］の必要性の内容・種類・必要度が決定され充足される事が重要である）の原理に基づいて市町村が直接、介護福祉を提供していく現物及び現金給付型の仕組みを新たに構築していく事が重要である（民間の介護福祉については、措置委託制度を復活させる事と、「負担は能力に応じて、給付は必要に応じて」を基本原則とする）。

第5点の介護福祉実践（介護福祉労働）課題は、介護福祉利用の高齢者が介護福祉労働（介護福祉労働手段を含む）を効率的に享受し人間らしい健康で文化的な生活を成就する為にも、介護福祉利用の高齢者の生活活動（機能）の基盤である人間らしい健康で文化的な多様な個人及び共同の潜在能力の顕在化（発揮）保障の確立と福祉教育等による機能的潜在能力の発達である。と言うのは、アマルティア・センが前述されているように、介護福祉は介護福祉利用の高齢者が実際に成就するもの─彼/彼女の「状態」（being）はいかに「よい」（well）ものであるか─に関わっているものであるから、介護福祉利用の高齢者の能動的・創造的活動（例えば、特別養護老人ホームで高齢者が短歌や陶芸品を作っている等）の生活活動（機能）の基盤である潜在能力や受動的・享受活動（例えば、施設で出された食事を味わい適切な栄養摂取ができること等）の生活活動（機能）の基盤である個人及び共同の潜在能力が重要となってくる。従って、介護福祉サービス（手段）そのものの不足・欠如のみの評価に固執するのではなく、さらに介護福祉の手段を介護福祉の目的（介護福祉利用の高齢者が介護福祉を使用して人間らしい健康で文化的な生活活動［機能］の基盤である多様な個人及び共同の潜在能力＝抽象的人間生活力・抽象的人間労働力の維持・再生産・発達・発揮［機能］の享受及び成就）に変換する介護福祉利用の高齢者が能動的・創造的活動と受動的・享受活動の生活活動（機能）の基盤である潜在能力の維持・再生産・発達・発揮（機能）の阻害（介護福祉利用の高齢者の多様な個人及び共同の潜在能力の不足・欠如）にも注目していく必要がある。もし介護福祉利用の高齢者にこれらの生活活動（機能）の基盤である人間らしい健康で文化的な多様な個人及び共同の潜在能力に不足・欠如があるならば、これらの機能的潜在能力の発達の為の学習活動や人間らしい健康で文化的な多様な個人及び共同の潜在能力の不足・欠如への支援活動等が必要であり支援していく事が課題であるが、これらの機能的潜在能力の内容はアマルティア・センの共同研究者であるマーサ C. ヌスバウム氏の指摘が参考になる。つまり、マーサ C. ヌスバウム氏は、機能と密接な関係があるケイパビリティ（潜在能力）を次のように指摘している。「①**生命**（正常な長さの人生を最後まで全うできること。人生が生きるに値しなくなる前に早死にしないこと）、②**身体的健康**（健康であること［リプロダクティブ・ヘルスを含む］。適切な栄養を摂取できていること。適切な住居にすめること）、③**身体的保全**（自由に移動できること。主権者として扱われる身体的境界を持つこと。つまり性的

暴力、子どもに対する性的虐待、家庭内暴力を含む暴力の恐れがないこと。性的満足の機会および生殖に関する事項の選択の機会を持つこと）、④**感覚・想像力・思考**（これらの感覚を使えること。想像し、考え、そして判断が下せること。読み書きや基礎的な数学的訓練を含む［もちろん、これだけに限定されるわけではないが］適切な教育によって養われた〝真に人間的な〟方法でこれらのことができること。自己の選択や宗教・文学・音楽などの自己表現の作品や活動を行うに際して想像力と思考力を働かせること。政治や芸術の分野での表現の自由と信仰の自由の保障により護られた形で想像力を用いることができること。自分自身のやり方で人生の究極の意味を追求できること。楽しい経験をし、不必要な痛みを避けられること）、⑤**感情**（自分自身の周りの物や人に対して愛情を持てること。私たちを愛し世話してくれる人々を愛せること。そのような人がいなくなることを嘆くことができること。一般に、愛せること、嘆けること、切望や感謝や正当な怒りを経験できること。極度の恐怖や不安によって、あるいは虐待や無視がトラウマとなって人の感情的発達が妨げられることがないこと［このケイパビリティを擁護することは、その発達にとって決定的に重要である人と人との様々な交わりを擁護することを意味している］）、⑥**実践理性**（良き生活の構想を形作り、人生計画について批判的に熟考することができること［これは、良心の自由に対する擁護を伴う］）、⑦**連帯**（A　他の人々と一緒に、そしてそれらの人々のために生きることができること。他の人々を受け入れ、関心を示すことができること。様々な形の社会的な交わりに参加できること。他の人の立場を想像でき、その立場に同情できること。正義と友情の双方に対するケイパビリティを持てること［このケイパビリティを擁護することは、様々な形の協力関係を形成し育てていく制度を擁護することであり、集会と政治的発言の自由を擁護することを意味する］B　自尊心を持ち屈辱を受けることのない社会的基盤をもつこと。他の人々と等しい価値を持つ尊厳のある存在として扱われること。このことは、人種、性別、性的傾向、宗教、カースト、民族、あるいは出身国に基づく差別から護られることを最低限含意する。労働については、人間らしく働くことができること、実践理性を行使し、他の労働者と相互に認め合う意味のある関係を結ぶことができること）、⑧**自然との共生**（動物、植物、自然界に関心を持ち、それらと拘わって生きること）、⑨**遊び**（笑い、遊び、レクリエーション活動を楽しむこと）。⑩**環境のコントロール**（**A政治的**　自分の生活を左右する政治的選択に効果的に参加

できること。政治的参加の権利を持つこと。言論と結社の自由が護られること。

B 物質的　形式的のみならず真の機会という意味でも、［土地と動産の双方の］資産を持つこと。他の人々と対等の財産権を持つこと。他者と同じ基礎に立って、雇用を求める権利を持つこと。不当な捜索や押収から自由であること）」（Martha C. Nussbaum（池本幸生・その他訳）『女性と人間開発―潜在能力アプローチ―』岩波書店、2005 年、92-95 頁）等であるが、これらの機能的潜在能力の拡大が重要である。そして、介護福祉労働においては、人間らしい健康で文化的な生活活動（機能）の基盤である多様な個人及び共同の潜在能力（抽象的人間生活力・抽象的人間労働力）の維持・再生産・発達・発揮（機能）が享受あるいは成就できる介護福祉の老人福祉法や介護保険制度・施設等の量的及び質的保障の側面（介護福祉政策的実践＝労働）と介護福祉の特性を使用して（使用価値）、介護福祉利用の高齢者が人間らしい健康で文化的な生活活動（機能）の基盤である多様な個人及び共同の潜在能力（抽象的人間生活力・抽象的人間労働力）の維持・再生産・発達・発揮（機能）が成就できる生活活動（介護福祉利用の高齢者の能動的・創造的生活活動と受動的・享受的生活活動の潜在能力の発揮）の支援の側面（介護福祉臨床的実践＝労働）の統一的実践（労働）が課題である。

　第 6 点の介護福祉実践（介護福祉労働）課題は、介護福祉利用の高齢者の能動的・創造的活動（例えば、特別養護老人ホームで高齢者が短歌や陶芸品を作っている等）と受動的・享受活動（例えば、料理を味わい適切な栄養摂取を行う事等）の潜在能力の発揮を促進していく場合、介護福祉労働者は介護福祉利用の高齢者の能動的・創造的活動と受動的・享受活動の潜在能力の認識と支援していく事を介護福祉現場での労働経験によって積み重ね、知的熟練と介護福祉利用の高齢者の能動的・創造的活動と受動的・享受活動の潜在能力を引き出すコミュニケーション能力を向上させていく事が課題である。それには介護福祉労働者の労働・賃金条件の保障と職場での裁量権・自治の確立が必要である。つまり、二宮厚美氏が指摘されているように、前者は「長時間・過密労働に追い込んではならない、生活苦や不安・悩みを抱え込まざるをえない処遇・賃金条件のもとにおいてはならない、ということです。安い賃金で福祉労働者をこき使ってはならない[51]」。後者は、「現在の福祉現場では、新自由主義的改革のもとで、市場化の嵐が吹き荒れる一方で、逆にその内部では、労働のマニュアル化にそった管理主義、福祉施設のトップダウン型リーダーシップの強化などが横行してい[52]」る中で、「福祉

の職場では専門的裁量権にもとづく自治が必要 [53]」であると考える。何故ならば、「社会福祉の職場は社会福祉労働者と福祉利用者が相互のコミュニケーションによって運営していく場だと考えるし [54]」、その方が介護福祉利用の高齢者の能動的・創造的活動と受動的・享受活動の潜在能力を引き出せると考える。

　第7点の介護福祉実践（介護福祉労働）課題は、今後、市町村を中心とした地方主権型福祉社会が重要であるならば、地方主権型福祉社会の財政（財源）的基盤となる地方主権的財政（財源）システムを構築していく事である。それには、神野直彦氏が指摘されているように、次のような方法による地方主権的財政（財源）システムの構築が重要である。例えば、「比例税率で課税される比例所得税を、地方税体系の基幹税に据えることは日本では容易である。つまり、個人住民税を10％の比例税にした結果をシュミレーションして見ると、国税の所得税から地方税の個人住民税に3兆円の税源移譲が実現する（2007年に3兆円の税源委譲が実現した）。しかし、地方税体系としては、比例的所得税を基幹税とするだけでは不十分である。と言うのは、比例的所得税では、所得を受け取った地域でしか課税できないし、他の市町村に居住している人々で、その市町村で事業を営む人々、あるいは事業所に働きに来る人々にも課税できないので不十分である。なぜならば、むしろ居住者よりも事業活動をしている人々や働いている人々の方が、市町村の公共サービスを多く利用している。そこで所得の分配地で分配された所得に比例的に課税するだけでなく、所得の生産局面で課税する地方税として事業税が存在しているので、事業税を所得型付加価値税（IVA「所得型付加価値税」=C「消費」+I「投資」-D「減価償却費」=GNP「国民総生産」-D=NNP「国民純生産」=W「賃金＋利子＋地代」+P「利潤」）に改めることによる「事業税の外形標準化」として実現する。事業税を所得型付加価値税に改めれば、事業税が事業活動に応じた課税となる。そうなると市町村は、公共サービスによって地域社会の事業活動を活発化すればするほど、安定的な財源が確保できる。さらに地方税体系は、こうした所得の生産局面に比例的に課税される地方税を追加しただけでも不十分である。と言うのは、所得の生産局面での課税では、その市町村で生産活動を行う人々にしか課税されないからである。市町村には生産活動だけではなく、観光地や別荘地に見られるように、消費活動を行いに来る人々も市町村の公共サービスを利用しているので、消費に比例した負担を拡充することが必要である。つまり、日本では、現在、こうした地方税としての地方消費税が存在

しているので、この消費税のウエイトを拡充していけばよいことになる[55]。」「このように地方税では所得循環の生産・分配・消費という３つの局面でバランスをとって課税する必要があり、こうした地方税体系を構築していくことが社会福祉の財源の税方式にとって必要であり課題でもある[56]。」そして、こうした地方税体系でもってしても、人間らしい健康で文化的な最低限度の生活保障である社会福祉の推進の財政（財源）に市町村間の格差が発生した場合、国の地方交付税によって是正していく事が必要となる。

　第８点の介護福祉実践（介護福祉労働）課題は、介護福祉財政の削減・圧縮・抑制と介護保険制度等の改悪への反対と介護福祉を改善していく民主統一戦線の結成である。介護福祉の発展を図り介護福祉利用の高齢者にとっての介護福祉の使用価値を高めていく為には、富沢賢治氏が指摘されているように、「国家独占資本主義の手にゆだねて矛盾の増大を許すか、あるいは民主主義的な手続きにもとづいて[57]」介護福祉の歪みを正し、介護福祉利用の高齢者の人間的欲求に見合った介護福祉の発展を図っていく必要がある。民主的な統一戦線を結成する為には、介護福祉利用の高齢者及び介護福祉労働者を中心とする「労働者階級が中心的な社会的勢力として主導的な役割を果たし[58]」、「労働者階級の階級的民主統一戦線が不可欠の条件となる[59]。」が、「第一に、要求にもとづく統一行動の発展が必要である。統一行動発展の基本原則は、①一致点での統一、②自主性の統一、③対等・平等と民主的運営、④統一を妨げる傾向にたいする適切な批判、⑤分裂・挑発分子を参加させないことである。第二に、統一行動の繰り返しだけではなく、政策協定と組織協定にもとづいた全国的規模の統一戦線を結成することが必要である[60]。」社会福祉基礎構造改革後の介護福祉は、国の財政難を理由に新自由主義的（新自由主義の考え方は、社会の資源配分を市場の自由競争で実現しようとする。そして、国家の経済への介入は市場の自由競争を制約するということから、国家の福祉への介入も批判する。しかも市場の自由競争によってもたらされた生活の不安定や貧困を市場の自由競争の強化で解決しようとするので、明らかに生活の不安や貧困を拡大するものである）な市場原理の導入・公的資源の削減等といった構造改革の基調が色濃く影響している。そして、構造改革の基調であった適者生存的な市場原理や公的責任の縮小だけが残るとすれば、国民の求める介護福祉に逆行することは言うまでもない。それ故、生活の場である地域（市町村）から、高齢者の介護福祉の必要性や介護福祉現場の実情を踏まえた議論を積み重

ねて、どのような介護福祉が望ましいのかについての合意を形成する事が求められている。合意形成においては、社会福祉協議会が「地域の社会福祉問題を解決し、住民生活の向上を目的にした地域住民と公私の社会福祉機関・団体より構成された民間組織[61]」であり、しかも社会福祉基本要綱においても「社会福祉協議会を『一定の地域社会において、住民が主体となり、社会福祉、保健衛生その他住民生活の改善向上に関連のある公私関係者の参加、協力を得て、地域の実情に応じ、住民の福祉を増進することを目的とする民間の自主的な組織である』[62]」とするならば、市町村の社会福祉協議会の役割が重要になってくる。また、さらに重要なのは、それぞれの市町村において、高齢者運動の当事者運動等が相互に介護福祉労働者の労働組合や政党等と連携を模索しながら、社会福祉基礎構造改革後の介護福祉に内在している矛盾と介護福祉実践（介護福祉労働）課題を多くの地域住民に知らせ、その矛盾をそれぞれの市町村における政治的争点にしていく運動の広がり、また運動の側から、介護福祉再編の構想を提示していく活動が、介護福祉の普遍化や介護福祉利用の高齢者本位等の介護福祉の形成に連結していくものであり、いま早急に運動側からの介護福祉再編構想の提示と実現運動が求められていると考えられる。

【注】
1）宮本みつ子「生活財の体系」（松村祥子・その他著『現代生活論』有斐閣、1988年、61頁）。
2）宮本、前掲書、62頁。
3）社会科学辞典編集委員会編、前掲書、69頁。
4）富沢賢治氏は、「社会構成体という概念は、社会の基本的な構造とその変動のシステムを明らかにするために、人間の現実的な生活過程の実体的な諸契機を、生産様式・生産関係が社会の土台をなすという観点から、理論的に抽象化・構造化してとらえかえしたものとして理解されうる。」（富沢賢治「社会構造論」『労働と生活』世界書院、1987年、22頁）とし、「さらにまた、全社会的生活過程を内容としてとらえ」（富沢、前掲書、23頁）、「全社会的生活過程は、①経済的生活過程、②社会的生活過程、③政治的生活過程、④精神的生活過程、という四つの側面から成る。」（富沢、前掲書、23頁）とされている。
5）マルクス＝エンゲルス（真下信一訳）『ドイツ・イデオロギー』（大月書店、1992年、54頁）。
6）マルクス＝エンゲルス（真下信一訳）、前掲書、54頁。
7）富沢、前掲書、23頁。
8）富沢賢治氏は、「社会的生活過程で問題とされるのは、全体社会あるいは社会総体ではなく、血縁関係と地縁関係からはじまる種々の人間関係（男女関係、親子関係、家族、地域集団、部族、種族、民族など）あるいは主として人間の再生産（自己保存と種の生産）と人間の社会化（社会学でいうsocialization）に関連する小社会集団といった、全体社会の内部に存在する部分社会に関係する生活過程である。経済的生活過程のもっとも基本的な問題が生活手段の生産だとすれば、社会的生活過程のもっとも基本的な問題は人間の生産だといえる。」（富沢、前掲書、25頁）と述べられている。
9）富沢賢治氏は、「政治的生活過程で問題とされるのは、諸個人、諸集団の政治的諸関連である。これらの関連を階級関係視点から社会構成体のなかに構造化・形態化してとらえかえしたものが『法的・政治的諸関係』『国家形態』である。」（富沢、前掲書、25頁）と述べられている。

10) 富沢賢治氏は、「精神的生活過程は諸個人、諸集団の精神的な生産―コミュニケーション―享受の過程であり、ここで問題とされるのは諸個人、諸集団の精神的諸関連である。精神的生活過程が生み出す産物は、言語、芸術、科学などが数多いが、これらの産物のなかでもとりわけ階級関係に規定されるところが大きい政治理念、哲学、宗教などが、『社会的意識形態』として社会構成体のなかに形態化・構造化される。」（富沢、前掲書、25 頁）と述べられている。

11) カール・マルクス（杉本俊朗訳）『経済学批判』（大月書店、1953 年、15 頁）。

12) 例えば、新自由主義思想（精神的生活過程）により、社会福祉財政の削減・圧縮・抑制が行われているのはもっとも良い例である。

13) 社会科学辞典編集委員会編、前掲書、125 頁。

14) カール・マルクス、前掲書、256 頁。

15) 真田是編『社会福祉労働』（法律文化社、1975 年、42 頁）。

16) 二宮厚美著『公共性と民間委託―保育・給食労働力の公共性と公務労働―』（自治体研究社、2000 年、122 頁）。

17) 1959 年度版『厚生白書』、13 頁。

18) 富沢、前掲書、75－76 頁。

19) フリードリヒ・エンゲルス（全集刊行委員会訳）『イギリスにおける労働者階級の状態』（大月書店、1981 年、9 頁）。

20) 孝橋正一著『全訂社会事業の基本問題』（ミネルヴァ書房、1993 年、165 頁）。

21) 有田光男著『公共性と公務労働の探求』（白石書店、1993 年、165 頁）。

22) 有田、前掲書、165 頁。

23) マルクス＝エンゲルスは、国家について次のように述べている。「国家という形態において支配階級の人々は彼らの共通の利益を押し立て、そしてこの時代の全市民社会はその形態のなかでまとまるものである以上、あらゆる共通の制度は国家の手を介してとりきめられ、何らかの政治的な形態をもたせられることになる。法（『国家意志』の愚見たる―引用者）というものが、あたかも意志、しかもその現実的土台からもはなされた、自由な意志にもとづきでもするかのような幻想はそこからくる」（マルクス＝エンゲルス，真下信一訳、前掲書、118 頁）つまり、現象上は一般的にあたかも超階級的「公共的」的であるかの如き外観をとるが、土台（生産諸関係の総体）に規定された階級国家である。その意味で、国家は総資本が社会福祉の価値・剰余価値を支配し享受していく事を促進する。

24) 真田是「社会福祉の対象」（一番ケ瀬康子・その他編『社会福祉論』有斐閣、1968 年、45 頁）

25) 国民健康保険の滞納世帯も全国で約 350 万世帯にのぼっている。そして、国民健康保険法では、保険料滞納者に対して保険証の返還を求めたり、保険給付を差し止めたりする制裁措置を行う事ができる規定がある。

26) 真田、前掲書、38 頁。

27) 共同作業所全国連絡会編『実践・経営・運動の新たな創造を目指して』（1984 年、8－9 頁）。

28) 炭谷茂編『社会福祉基礎構造改革の視座』（ぎょうせい、2002 年、10 頁）。

29) 小松隆二著『公益学のすすめ』（慶応義塾大学出版、2000 年、76 頁）。

30) 日本弁護士連合会高齢者・障害者の権利に関する委員会編『契約型福祉社会と権利擁護のあり方を考える』（あけび書房、2002 年、108 頁）。

31) 小松、前掲書、161－162 頁。

32) 加藤蘭子「社会福祉政策と福祉労働」（植田章・その他編『社会福祉労働の専門性と現実』かもがわ出版、2002 年、27－28 頁）。

33) 加藤、前掲書、27－28 頁。

34) 炭谷、前掲書、107 頁。

35) 伊藤周平著『社会福祉のゆくえを読む』（大月書店、2003 年、36 頁）。

36) 伊藤、前掲書、37 頁。

37) 梅原英治「財政危機の原因と、打開策としての福祉国家型財政」（二宮厚美・福祉国家構想研究会編『福祉国家型財政への転換』大月書店、2013 年、129 頁）。

38) 梅原、前掲書、129－131 頁。

39) 梅原、前掲書、131 頁。

40) 宮川、前掲書、299 頁。

41) 不破哲三『マルクスは生きている』（平凡社、20001 年、155 頁）。

42) 生産手段の社会化は、「労働者の側が企業を管理し運営していくことであるといえる。最終的に何らかの形態で

生産手段を『自分のもの』にすることが管理・運営権を真に保障するものであるが、この権利を獲得することが生産手の社会化のもっとも重要な部分である。」（聽濤弘著『マルクス主義と福祉国家』大月書店、2012年、150頁）。

43) 聽濤、前掲書、198-199頁。
44) 聽濤、前掲書、149頁。
45) 梅原、前掲書、140頁。
46) 梅原、前掲書、140頁。
47) 梅原、前掲書、140 - 141頁。
48) 梅原、前掲書、141頁。
49) 日本弁護士連合会高齢者・障害者の権利に関する委員会編、前掲書、33頁。
50) 河野正輝「生存権理念の歴史的展開と社会保障・社会福祉」（社会保障・社会福祉大事典刊行委員会編『社会保障・社会福祉大事典』旬報社、2004年、482 - 486頁）。
51) 二宮厚美『発達保障と教育・福祉労働』（全国障害者問題研究会出版部、2005年、96頁）。
52) 二宮、前掲書、96頁。
53) 二宮、前掲書、96頁。
54) 二宮、前掲書、96頁。
55) 神野直彦「三つの福祉政府と公的負担」（神野直彦・その他編『福祉政府への提言』岩波書店、1999年、296 - 301頁）地方税を拡充する事への反対論には、地方税を拡充すれば、財政力の地域間格差が拡大すると言う点にある。しかし、個人住民税の比例税率化で国税から地方税に税源移譲を実施すれば、国税と地方税とを合わせた税負担には変化がないけれでも、地方税だけを見ると、低額所得者は増税となり、高額所得者は減税となる。そうだとすれば、低額所得者が多く居住する貧しい地方の地方税収入がより多く増加し、高額所得者が多く居住する豊かな地方の地方税収がより少なく増加することになる。したがって、地方自治体間の財政力格差をむしろ是正しつつ、自主財源である地方税の拡充が可能なのである（神野、前掲書、298頁）。
56) 神野、前掲書、301頁。
57) 富沢、前掲書、86頁。
58) 富沢、前掲書、89頁。
59) 富沢、前掲書、89頁。
60) 富沢、前掲書、83頁。
61) 社会福祉辞典編集委員会編、前掲辞典、237頁。
62) 社会福祉辞典編集委員会編、前掲辞典、237 - 238頁。

第4節　障害のある人の総合支援法の矛盾と課題

1. はじめに

　現代資本主義社会における生産様式（生産様式は、生産力と生産関係の統一である）の下での障害のある人（ここで「障害者」という用語をしない理由は、「障害者」という用語があたかもその人の全人格を決定づけ、他者と完全に異なる社会的集団であるかのような誤解を与え易いからである[1]）の総合支援法は、2012年6月27日に「障害者の日常生活及び社会生活を総合的に支援する為の法律「以下、総合支援法と言う」）が公布され、2013年4月1日から施行された。そして、

障害のある人の総合支援法に至る経緯は次のような事である。

　障害のある人の社会福祉は、社会福祉基礎構造改革での身体障害者福祉法・知
的障害者福祉法・児童福祉法改正による支援費制度制定を出発点として大きな矛
盾を抱えるようになった。平野方紹氏が指摘されているように、「2003 年（平成
15 年）に施行された支援費制度は、『措置から契約へと』という、障害者福祉サー
ビスシステムの根本的再編であったが、急増した障害者のニードに財政が追いつ
かず、当時の自民党小泉政権による地方財政をめぐる『三位一体改革』の余波を
受けて、国からの補助制度の存続が危うくなるなど、障害福祉制度そのものの存
続が危機的となるなかで、障害者の自立促進を目標に掲げ、『制度の持続可能性』
をうたった障害自立支援法が 2005 年（平成 17 年）に成立し、2006 年（平成 18 年）
度から施行されることとなった[2]。」「しかし、障害者自立支援法は、利用者負担
の応益負担化、障害程度区分の導入などにより障害当事者やその関係者から大き
な反発を招くこととなり、施行直後から特別措置による利用者負担の軽減や施設
経営支援などの対応を余儀なくされた[3]。」しかも「障害者の側では、障害者自
立支援法そのものが、障害者にとって日本国憲法が定めた基本的人権を損なうも
のとして『障害者自立支援法違憲訴訟』が全国各地で提訴されることになった[4]。」
こうした状況に対応する為に、障害者自立支援法の廃止と新たな障害のある人の
総合支援法制定へ向けて検討が進められ、2012 年 6 月 27 日に「障害者の日常生
活及び社会生活を総合的に支援するための法律『以下、総合支援法と言う』」が
公布され、2013 年 4 月 1 日から施行された。

　こうした経緯で制定された障害のある人の総合支援法には矛盾が存在していな
いだろうか。この節では、資本主義社会の生産様式との連関で障害のある人の総
合支援法の分析を行い、そしてそもそも障害のある人の総合支援法とは何かとい
うその定義を行い、しかもその上で、どのような矛盾が存在しているのか、さら
にその矛盾を打開していくための課題は何かについて考察していく。

2. 障害のある人の総合支援法とは何か

　障害のある人の総合支援法による「障害福祉サービスとは、居宅介護、重度訪
問介護、同行支援、行動支援、療養介護、生活介護、児童デイサービス、短期入
所、重度障害者包括支援、共同生活介護、施設入所支援、自立訓練、就労移行支
援、就労継続支援及び共同生活支援を」（障害のある人の総合支援法第 5 条）言う。

そして、障害のある人が人間らしい健康で文化的な最低限度の生活を営んでいくために、自立支援給付・地域生活支援を必要とし利用したいと考える人本人[5]（本人が18歳未満の場合はその保護者）または保護者が市町村に支給申請を行う。申請が受理されると、次のように障害支援区分の判定が行われる。

　自立支援給付では、ここで判定された障害支援区分に応じて、サービス利用に制約が加えられるほか、事業者に支払われる報酬単価が障害支援区分ごとに決定される。自立支援給付では、支援区分ごとの報酬単価の決定とともに、サービス利用の優先順位等を判断する材料とされる。自立支援給付の障害支援区分判定は、訪問調査（調査項目は106である）の聞き取り結果にもとづくコンピュータによる一次判定と、市町村審査会による二次判定を経て決定される（自立支援給付は、一次判定結果で障害支援区分が確定する）。そして、申請者に障害支援区分認定の結果が通知された後、あらためて利用者のサービス利用意向が聴取される。これらの手続きを経て、自立支援給付の支給決定が行われる。この期間中に事業者は、申請を行った障害のある人の個別支援計画案を作成し、自立効果が見込まれるかどうかを判断する（自立効果が見込まれると判断されれば支給決定が行われ、自立効果が見込まれない場合、受けるサービスの見直しや別の事業者での再評価等が求められる）。

　次に障害のある人の総合支援法における自立支援医療を必要とし利用したいと考える障害のある人本人（18歳未満の場合はその保護者）または保護者が、自立支援医療のうち旧育成医療を希望する人は都道府県・政令市・中核市に、申請書に医師の意見書・所得確認書類等を添えて申請を行う。都道府県・政令市・中核市は審査のうえ、支給認定を行う場合は医療券を交付する（不承認の場合は不承認通知を交付する）。また、自立支援医療を必要とし利用したいと考える障害のある人本人または保護者が市町村に、申請書に医師の意見書・所得確認書類等を添えて申請を行う。市町村は必要に応じて身体障害のある人の更生相談所の判定等を受け審査し、支給認定を行う場合は自立支援医療受給者証が交付される（不承認の場合は不承認通知書が交付される。

　さらに障害のある人の総合支援法における補装具を必要とし利用したいと考える障害のある人本人（18歳未満の場合はその保護者）または保護者が、市町村に費用支給の請求を行う。申請を受けた市町村は、更生相談所等の意見をもとに、補装具費の支給を行うことが適切であるかどうかを判断し、交付する場合は種目

と金額を示した費用支給決定を行う。支給決定を受けた障害のある人は、事業者と契約を結び、事業者から補装具購入（修理）のサービス提供を受ける。サービス提供を受けた障害のある人は、事業者に費用全額を支払った上、市町村に補装具費（通常要した費用の90％）を請求し、市町村から支払いを受ける（このように償還払いの方式がとられるため、障害のある人はいったん費用を全額立て替えなければならない）。

　最後に障害のある人の総合支援法における地域生活支援事業サービスを必要とし利用したいと考える障害のある人本人（18歳未満の場合はその保護者）または保護者が市町村に申請を行う。ただし地域生活支援事業サービスは、市町村ごとに事業サービス内容が定められている為、利用手続きについては市町村で異なっている。

　そして、支給決定を受けた障害のある人は、利用するサービス利用計画書の下に居宅介護労働（居宅において、入浴、排尿・排泄及び食事等の支援、調理、洗濯及び掃除等の家事並びに生活等に関する相談及び助言その他の生活全般に亘る支援を行う労働）、同行支援労働（外出時において、当該障害のある人等に同行し、移動に必要な情報を提供するとともに、移動の支援、排尿・排泄及び食事等の支援その他の当該障害のある人等の外出時に必要な支援を行う労働）、行動支援労働（行動する際に生じ得る危険を回避する為に必要な支援、外出時における移動中の支援、排尿・排泄及び食事等の介護その他の当該障害のある人等が行動する際に必要な支援をする労働）、療養介護労働（主として昼間、病院において、機能訓練、療養上の管理、看護、医学的管理下における支援及び日常生活上の世話をする労働）、生活支援労働（主として昼間、障害のある人の支援施設等の施設において、入浴、排尿・排泄及び食事等の介護、調理、洗濯及び掃除等の家事、生活等に関する相談及び助言その他の必要な日常生活上の支援並びに創作的活動及び生産活動の機会の提供その他の身体機能又は生活能力の向上の為に必要な支援を行う労働）、短期入所支援労働（障害のある人の支援施設等の施設に短期間の入所をさせ、入浴、排尿・排泄及び食事の支援その他の必要な支援を行う労働）、共同生活介護労働（主として夜間、共同生活を営むべき住居において、入浴、排尿・排泄又は食事等の支援、調理、洗濯又は掃除等の家事、生活等に関する相談又は助言、就職先その他関係機関との連絡その他の必要な日常生活上の支援を行う労働）、施設入所支援労働（主として夜間において、入浴、排尿・排泄及び食

事等の支援、生活等に関する相談及び助言その他の必要な日常生活上の支援を行う労働）、自立訓練労働（自立訓練労働には、機能訓練労働と生活訓練労働がある。機能訓練労働は、障害のある人の支援施設若しくはサービス事業所又は居宅において、理学療法、作業療法その他必要なリハビリテーション、生活等に関する相談及び助言その他の必要な支援を行う労働。生活訓練労働は、障害のある人の支援施設若しくはサービス事業所又は居宅において、入浴、排尿・排泄及び食事等に関する自立した日常生活を営む為に必要な訓練、生活等に関する相談及び助言その他の必要な支援を行う労働）、就労移行支援労働（生産活動、職場体験その他の活動の機会の提供その他の就労に必要な知識及び能力の向上の為に必要な訓練、就職活動に関する支援、その適性に応じた職場の開拓、就職後における職場への定着の為に必要な支援を行う労働）、就労継続支援労働（雇用契約の締結等による就労の機会の提供及び生産活動の機会の提供その他の就労に必要な知識及び能力の向上の為に必要な訓練その他の必要な支援を行う労働）、共同生活支援労働（主として夜間において、共同生活を営むべき住居において相談その他の日常生活上の支援を行う労働）等[6]を享受し人間らしい健康で文化的な最低限度の生活を成就する。そして多くの場合、障害のある人へのこれらの社会福祉労働（福祉労働手段も含む）は複合的に行われるとはいえ、これらの社会福祉労働の事実の現象の認識に留まらず、これらの社会福祉労働の事実の現象の内的関連性と相互依存性において、これらの社会福祉労働の事実の現象を分析してその本質を剔出していく必要がある（と言うのは、科学は事実の現象を分析して本質を剔出していくものである）。

　とするならば、障害のある人の総合支援法における社会福祉労働の具体的有用的労働は第1に障害のある人にとって使用価値であり、社会福祉労働の使用価値を障害のある人が享受する事によって人間らしい健康で文化的な最低限度の生活を成就する事が必要（重要）である（障害のある人の人間らしい健康で文化的な多様な個人及び共同の潜在能力［抽象的人間生活力＝人間が生活の際に支出する脳髄・神経・筋肉等を意味する］によって、日常の生活過程において福祉手段である社会福祉労働（社会福祉労働手段も含む）を使用＝享受する事によって、障害のある人が人間らしい健康で文化的な最低限度の生活を成就していく事である）。と言うのは、アマルティア・センが指摘されているように、福祉手段を使用して「『福祉』（well-being）はひと（障害のある人－挿入、筆者）が実際に成

就するもの—彼／彼女の『状態』(being) はいかに『よい』(well) ものであるか—に関わっている[7]。」(傍点、筆者) ものであるので、福祉手段のみに注目するのではなく、人の機能（機能とは人が成就しうる事、彼／彼女が行いうる事、なりうる事である）にまで注目しなければならない。「たとえば、あるひとが栄養の摂取を困難にするような寄生虫性の病気をもっていれば、他のひとにとって十分過ぎるほどの食物（福祉手段−挿入、筆者）を消費しえたとしても、彼／彼女は栄養不足に苦しむかもしれないのである。ひとの福祉について判断する際には、彼／彼女が所有する財（福祉手段−挿入、筆者）の特性に分析を限定するわけにはいかない。われわれは、ひとの『機能』(functioning) にまで考察を及ぼさねばならないのである。財の所有、従ってまた財（福祉手段−挿入、筆者）の特性に対する支配権は個人に関わることであるが、財（福祉手段−挿入、筆者）の特性を数量的に把握する方法はその財（福祉手段−挿入、筆者）を所有するひとの個人（障害のある人−挿入、筆者）的特徴に応じて変わるわけではない。自転車（福祉手段−挿入、筆者）は、それをたまたま所有するひとが健康体の持ち主であれ障害者であれ、ひとしく『輸送性』という特性をもつ財として処理されてしまう。ひとの福祉について理解するためには、われわれは明らかにひとの『機能』にまで、すなわち彼／彼女の所有する財（福祉手段−挿入、筆者）とその特性を用いてひとはなにをなしうるかにまで考察をおよぼさねばならないのである。たとえば、同じ財（福祉手段−挿入、筆者）の組み合わせが与えられても、健康なひとならばそれを用いてなしうる多くのことを障害者はなしえないかもしれないという事実に対して、われわれは注意を払うべきである[8]。」(傍点、筆者)

　そして、この人間らしい健康で文化的な最低限度の生活の実現は、それが例えば、物質的生産物（施設や福祉機器等）で生じようと、人的サービス（ホームヘルプサービス等）あるいは物質的生産物と人的サービスとの併用で生じようと、少しでも社会福祉労働の使用価値の事柄の性質を変えるものではない。重要なのは、障害のある人の総合支援法による社会福祉労働がコミュニケーションを媒介として障害のある人に対象化・共同化[9]される事によって、人間らしい健康で文化的な最低限度の生活が成就される事である。この人間らしい健康で文化的な最低限度の生活の成就は、二重の観点から、即ち質と量の面から分析されていく必要があるが、その成就は障害のある人にとっては使用価値にし、総資本及び国家にとっては価値・剰余価値にする。

と言うのは、前章及び前節で叙述したように使用価値（具体的有用的労働）は、障害のある人の人間らしい健康で文化的な多様な個人及び共同の潜在能力（抽象的人間生活力＝生活力［抽象的人間生活力とは、人間が生活の際に支出する脳髄、筋肉、神経、感官等を意味する］）の維持・再生産・発達・発揮の成就に社会福祉労働（社会福祉労働手段も含む）が対象化・共同化したものであり、そのことによる障害のある人の人間らしい健康で文化的な最低限度の生活の成就である。その使用価値を捨象するならば、障害のある人に対する社会福祉労働に残っているものは、無差別に人間労働のその支出の形態（人的サービス提供形態の社会福祉労働、生活手段提供形態の社会福祉労働、金銭給付形態の社会福祉労働等の具体的有用的労働）には関わりのない抽象的人間労働力（抽象的人間労働力とは、人間が労働の際に支出する脳髄、筋肉、神経、感官等を意味する）の支出の、ただの凝固の社会関係のほかには何もない。これらの事が意味している事は、ただその社会福祉労働の利用者である障害のある人の体内に社会福祉労働者の抽象的人間労働が福祉労働手段と伴に支出されており、積み上げられていると言う事だけである（障害のある人の体内に抽象的人間労働力・労働力が形成される）。このようなそれらに共通な社会関係の結晶として、これらのものを価値（価値の実体は抽象的人間労働である）と言う。つまり、抽象的人間労働が価値になるのは、人間の生存の根本的要素である自然素材と抽象的人間労働とが結合し、凝固状態の社会関係にあるからである。とするならば、社会福祉労働の享受者である障害のある人（人間）と雖も自然素材と同次元（人間も自然的存在であり、自然の一部であると言う意味）にあり、しかも人間（障害のある人）の体内に抽象的人間労働（社会福祉労働者の抽象的人間労働）がコミュニケーションを媒介として対象化・共同化（結合し凝固と言う社会関係にある）されているのである。そして、物質的生産におけるどんな労働も、使用価値対象である事なしには価値でありえないように、どんな社会福祉労働も、使用価値である事なしには価値ではありえない。

　また、現代資本主義社会では、単に価値を形成するだけではなく、剰余価値も形成する。と言うのは、国家は社会福祉のような「〝人間投資〟は、経済発展の基底（経済発展の基底は利潤であり、利潤の源泉は剰余価値である－挿入、筆者）をなすもの、経済発展に背くものではなく、その発展とともにあるのである[10]」と考えており、購入した社会福祉労働力の使用価値（賃金）よりも高い価値を欲

するからである。国家は社会福祉労働者に労働力の使用価値（賃金）を支払うが、社会福祉労働者が一労働日（1日の労働時間）中で障害のある人に対象化・共同化した価値は、社会福祉労働力の使用価値（賃金）を超える部分を含む。すなわち一労働日は、必要労働＝支払い労働と剰余労働＝不払い労働との2つの部分からなる。例えば、障害のある人の総合支援法における居宅介護の中の身体介護は30分以上1時間未満が4,020円である。1日の中で30分以上1時間未満の身体介護を行うものとすると、30分以上1時間未満2,010円である必要労働＝支払い労働の価値を超える余分の価値である2,010円の剰余価値が生成すると推定できる。

　現代資本主義社会に存在している障害のある人の総合支援法を研究対象とする場合、以上の点に加えて次のような点に留意する必要がある。第1点は、障害のある人が担っている生活問題（生活手段の不足・欠如と生活手段の不足・欠如から関係派生的に生成してきた障害のある人の多様な個人及び共同の潜在能力［抽象的人間生活力＝生活力・抽象的人間労働力＝労働力］の維持・再生産・発達・発揮の阻害［障害のある人の多様な個人及び共同の潜在能力の不足・欠如］）は現代資本主義社会の法則によって社会的に生み出され、あるいはその生成が促進・助長されているということである。例えば、生活手段である所得を例にして考えると、現代資本主義社会における資本[11]は、物質的生産において剰余価値及び特別剰余価値[12]による独占資本の蓄積を行うのであるが、この資本の蓄積過程はカール・マルクスが次のように指摘している。資本主義社会の下では、生産力が増えるにつれて、「資本の有機的構成や資本の技術的形態の変化はますます速くなり、また、ある時は同時に、ある時は交互に、この変化に襲われる生産部面の範囲は広くなる。だから労働者人口は、それ自身が生み出す資本蓄積につれて、ますます大量にそれ自身の相対的過剰化の手段を生み出すのである[13]。」「社会的な富、現に機能している資本、その増大の規模とエネルギー、したがってまたプロレタリアートの絶対的な大きさとその労働の生産力、これらのものが大きくなればなるほど、産業予備軍も大きくなる。自由に利用されうる労働力は、資本の膨張力を発展させるのと同じ原因によって発展させられる。つまり、産業予備軍の相対的な大きさは富の諸力といっしょに増大する。しかしまた、この予備軍が現役労働者に比べて大きくなればなるほど、固定した人口はますます大量になり、その貧困はその労働苦に正比例する。最後に、労働者階級の極貧層と産業

予備軍とが大きくなればなるほど公認の受救貧民層もますます大きくなる。これが資本主義的蓄積の絶対的な一般法則である¹⁴⁾。」（傍点、筆者）そして、「資本が蓄積されるにつれて、労働者の状態は、彼の受ける支払いがどうであろうと、高かろうと安かろうと、悪化せざるをえないということになるのである。……、相対的過剰人口または産業予備軍をいつでも蓄積の規模およびエネルギーと均衡を保たせておくという法則は、ヘファストスのくさびがプロメテウスを岩に釘づけにしたよりももっと固く労働を資本に釘づけにする。だから、一方の極での富の蓄積は、同時に反対の極での、すなわち自分の生産物を資本として生産する階級の側での、貧困、労働苦、奴隷状態、無知、粗暴、道徳的堕落の蓄積なのである¹⁵⁾。」そして、この相対的過剰人口は、基本的には３つの形態（流動的過剰人口¹⁶⁾、潜在的過剰人口¹⁷⁾、停滞的過剰人口¹⁸⁾）として存在するが、社会問題としての生活問題を担った障害のある人は相対的過剰人口の内に含まれているのであって、障害のある人も含めた労働者階級や中間階級等の生活問題は、相対的過剰人口とともに富の資本主義的な生産及び発展の一つの必須条件となっている。そして国家（地方自治体も含む）による障害のある人の福祉政策における個人的消費は、潜在能力（抽象的人間労働力［人間が労働の際に支出する脳髄・神経・感官・筋肉等を意味する］＝労働力）の維持・再生産である。牧野広義氏が指摘されているように、「労働者（障害のある人－挿入、筆者）はその個人的消費を自分自身のために行うのであって、資本家のために行うのではないということは、事態になんのかかわりもない。……労働者階級（労働者階級に属している障害のある人－挿入、筆者）の不断の維持と再生産は、資本の再生産のための恒常的条件である。資本家はこの条件の実現を、安心して労働者（障害のある人－挿入、筆者）の自己維持本能と生殖本能にゆだねることができる。」（カール・マルクス［資本論翻訳委員会訳］『資本論』第四分冊、新日本出版社、1983年、981頁）このように国家による障害のある人の福祉政策の「労働者（障害のある人－挿入、筆者）の個人的消費は、労働者（障害のある人－挿入、筆者）自身の生命維持のために、また結婚し、子どもを産んで育てるために行われます。しかし、そのことがまさに『労働者階級（労働者階級に属している障害のある人－挿入、筆者）の不断の維持と再生産』なのです。資本家にとって願ってもないことが、労働者（障害のある人－挿入、筆者）自身の『自己維持本能と生殖本能』によって行われるのです。」（牧野広義著『資本論から哲学を学ぶ』学習の友社、2007年、189頁）

まさに「『一石三鳥』だと言ってもいいでしょう。なぜなら、先の①労働力による剰余価値の生産と、②個人的消費による労働力の再生産に加えて、③個人的消費は労働者を労働市場に再出現させるのです。」(牧野、前掲書、189-190頁)それゆえ、労働者(障害のある人－挿入、筆者)の潜在能力(抽象的人間労働力＝労働力)の不断の維持と再生産が、資本主義社会の生産様式(土台)に絶対的規定された国家(上部構造)の障害のある人の福祉政策にもなるのである。

　このように、労働者階級や中間階級等に属している障害のある人の社会問題としての生活問題の生成は、現代資本主義社会の構造的法則そのものの直接的な表現である。そして、障害のある人は、生産手段・生活手段からも自由である。それ故、唯一所有している労働力の使用権の販売によって賃金(所得)を獲得しなければ障害のある人自らの人間らしい健康で文化的な抽象的人間労働力・労働力の維持・再生産・発達・発揮(機能)が不可能であるところに生活問題の根本問題がある(障害のある人は労働力の欠損者として見なされている為に失業率が高く、社会福祉の必要性は高い[19])。第2点は、何らかの解決、緩和、改善等を必要とする障害のある人の生活問題状況が一定の社会的な広がりをもって存在している事である。第3点は、生活問題状況に対して、その解決、緩和、改善等を求める障害のある人の社会福祉実践・運動が伴っているという事である。と言うのは、生活問題状況が存在するだけでは、社会的な関心を集め、解決、緩和、改善の為に社会的エネルギーを動員する事は困難である。障害のある人の社会福祉実践・運動の担い手やその規模は多様でありうるが、障害のある人の生活問題状況は、障害のある人の社会福祉の対象として、生活問題状況が成熟する以前に、その解決、緩和、改善を求める障害のある人の社会福祉実践・運動が先行していた。つまり、障害のある人の生活問題状況に対して、解決、緩和、改善を求める能動的な働きかけが重要であり、また、能動的な働きかけの社会的エネルギーを掘り起こしていく事が重要である。第4点は、生活問題状況に対する解決、緩和、改善が国家(地方自治体も含む)や総資本の目的(前述した価値・剰余価値の形成)と一致する事である。と言うのは、生活問題状況がそれとして成熟し、障害のある人が社会福祉の対象として認知される場合においても、必ずしも生活問題の担い手の全てが、障害のある人の社会福祉の具体的な対象者となるとは言えず、明確に価値・剰余価値形成の担い手でない、あるいはなり得ないと国家及び総資本が認識する障害のある人は、社会福祉から切り捨てられるかあるいは劣悪な水準

の社会福祉の対象者となる。それ故、真田是氏が指摘されているように障害のある人の社会福祉の対象者は、純粋に生活問題からだけ析出される範疇としてあるのではなく、対象の性格と政策主体とで合成された範疇として見るのが妥当である。

　以上の点を要約して障害のある人の総合支援法とは何かを定義するならば、次のような定義が可能である。つまり、障害のある人の総合支援法とは、現代資本主義社会の法則によって生成してきた社会問題としての生活問題（生活手段の不足・欠如と生活手段の不足・欠如から関係派生的に生成してきた障害のある人の人間らしい健康で文化的な多様な個人及び共同の潜在能力［抽象的人間生活力＝生活力・抽象的人間労働力＝労働力］の維持・再生産・発達・発揮［機能］の阻害［人間らしい健康で文化的な多様な個人及び共同の潜在能力の不足・欠如]）の担い手である労働者階級や中間階級等の相対的過剰人口の一員である障害のある人及び保護者・障害のある人の社会福祉労働者等を中心とした人々の生存権的平等保障活動・運動に影響されて、生活問題の担い手に向けられた総資本の為の価値の形成・支配と剰余価値の取得・支配の国・地方自治体の社会福祉の総称であって（本質＝構造的認識）、その本質の現象的表現は、部分的あるいは全体的に福祉利用者の生活問題に対応する精神的・物質的な支援及び保護等の使用価値を、公私の社会福祉労働及び活動・社会福祉労働手段及び活動手段・コミュニケーションを福祉手段として、個別的・集団的・組織的及び総合的に保障し、それらの福祉手段・生活手段を福祉利用の障害のある人が享受し、人間らしい生活（人間らしい健康で文化的な生命・多様な個人及び共同の潜在能力の維持・再生産・発達・発揮［機能]）を日常の生活過程で成就するところにあると言える。

3.　障害のある人の総合支援法の矛盾

　前述においては、障害のある人の総合支援法による社会福祉労働内に使用価値と価値・剰余価値が矛盾（矛盾は、障害のある人の社会福祉の発展の原動力である）対として統一して存在している事を分析した。前者（使用価値）は、現代資本主義社会という歴史性を捨象して障害のある人の総合支援法による社会福祉労働を分析したものである。後者（価値・剰余価値）は、現代資本主義社会という歴史性との連関で障害のある人の総合支援法による社会福祉労働を分析したものである。以下では、剰余価値を高めていく市場福祉を拡大し浸透していけば、次

のような矛盾が顕在化し深刻化してくる。

　まず第1点は、障害のある人の総合支援法による障害福祉サービスを利用する障害のある人を事業者や施設に利益をもたらす消費者として捉えられ、福祉利用者である障害のある人が担っている社会問題としての生活問題が看過されるという矛盾が存在している。福祉利用者という用語は、一見、福祉利用者主体（消費者主体）の意向が反映されているような表現であるが、この用語を使用する場合、常に念頭に置かなければならない点は、障害のある人が担っている生活問題の社会問題性である[20]（何故ならば、社会問題としての生活問題の「社会」は、現代資本主義的生産関係に見られるように、経済的必然性によってもたらされる問題という意味である）。人権保障としての生存権的平等が、社会問題としての生活問題を前提条件としているのは言うまでもないが、この点の認識が曖昧なものになってしまうと、国（地方自治体も含む）の公的責任も曖昧になってしまう。また、障害のある人の総合支援法による障害福祉サービス制度は、障害のある人を一方的かつ単なる消費者として捉えている。果たしてそのような関係のみに捉えるのが妥当であろうか。共同作業所における障害のある人の社会福祉労働の実践から示されているように、「我々の歴史は当初から『同じ人間としての人格の対等平等』関係を大切にしてきたし、私たちの原点は、『障害者・家族の願いに応え』『障害者を主人公として』『仲間』として表現されるように、共に創る関係、共に困難を切り拓く関係であり、立場の違いや内部矛盾を内包しつつも、協力と共同関係、共感と信頼関係を基本として創られてきた歴史[21]」が存在していたように、単なる消費者との関係ではない。

　第2点は、障害のある人は総合支援法による障害福祉サービスを受けたい為に障害のある人になった訳でもないし、また障害のある人の総合支援法による障害福祉サービスを受けて初めて人間らしい健康で文化的な最低限度の生活が成就されるにもかかわらず、応益負担の構造が残っている。障害のある人の総合支援法では、「再び原則として応能負担を採用すること[22]」となったと述べているが、伊藤周平氏が指摘されているように「利用者補助方式を前提とするかぎり、理論的には、利用者負担をなしにするか（つまりは10割給付）、利用者負担を設定した場合には応益負担が原則となる。従って利用者補助方式、直接契約の仕組みを変えないかぎり、応益負担の原則の廃止は、少なくとも論理的にはありえない事になる[23]。」つまり、「障害者及び障害児が基本的人権を享有する個人としての

尊厳にふさわしい日常生活又は社会生活を営むことができる」（障害のある人の総合支援法第1条）事を抑制し障害福祉サービスの使用価値の低下に繋がっているところに矛盾が存在している。

　第3点は、利用者負担は利用者本人が属している世帯の収入等の額に応じて負担する事になっているが、実質的に世帯（多くの場合は扶養義務者）の負担能力が問われるところに矛盾が存在している。と言うのは、障害のある人が福祉サービスを利用するのにあたって扶養義務者の意向を無視する事ができなくなり、また、障害のある人が扶養義務者から自立する事を抑制する事になり、自立した日常生活又は社会生活を営む事ができるようにしていく事と矛盾する事になる。

　第4点は、障害のある人の総合支援法では支給決定前にサービス利用計画を作成して、支給決定の判断にしているが、伊藤周平氏が指摘されているように、「障害支援程度区分にもとづく居宅介護費の国庫負担基準が残されるならば、支給決定に際しての財政的制約は解消されず、支給決定前にサービス利用計画を作成したところで、結局、障害支援程度区分にもとづく国庫負担金を事実上の上限とした範囲内でサービス利用計画が作成され、それにもとづいて支給決定される可能性が高い[24]」という矛盾が存在する。

　第5点は、障害福祉サービスの使用価値を低下せしめる障害支援程度区分認定を障害のある人の総合支援法においても使用しているという矛盾である。伊藤周平氏が指摘されているように、「この障害支援程度区分認定は、時間を基準とした判定ロジック、要介護認定の調査項目の多くを障害支援程度区分認定調査項目（106項目のうち73項目）にそのまま用い、一次判定にコンピュータ判定を導入するなど、介護保険の要介護認定をモデルにしたものである。そのため、介護保険の要介護認定と同様、知的障害者や精神障害者など、身体的自立度は高いが、いわゆる『見守り』などが必要な障害者が低く判定される傾向にあるとの批判が出されている。実際、知的障害者や精神障害者については、二次判定による一次判定結果の変更率が4割から5割以上にのぼっており、地域格差も大きくなっている[25]」

　第6点は、障害のある人が人間らしい健康で文化的な最低限度の生活を行っていく上で必要な、しかも「障害者及び障害児が基本的人権を享有する個人としての尊厳にふさわしい日常生活又は社会生活を営むことができる」（障害のある人の総合支援法第1条）為に必要な福祉サービスを限定し、人間らしい健康で文化

的な最低限度の生活や自立を抑制している点に矛盾が存在している。例えば、居宅支援は身体支援と家事支援とされ、移動支援（いわゆるガイドヘルパー）は給付対象から外され、地域生活支援事業に移行している。相談支援については、障害福祉サービス事業運営基準で「適切な相談及び助言を行う」とされているものの（厚労省令58号32条）、独立の報酬単価は設定されていない（相談支援費はサービス利用計画作成費に包括されている）。そして、居宅支援等の報酬単価は、身体支援が4,020円（30分以上1時間未満）に対して、30分以上45分未満の家事支援は1,510円と半分以下の水準に抑制されている。しかも、短時間での集中的なサービス提供と言う趣旨から、身体支援で3時間、家事支援で1.5時間を超える部分については、市町村が特にやむをえない事情があると判断した場合以外は報酬が支給されず（特にやむをえない場合でも、30分当たり身体支援は2,540円、家事支援は1,440円と低い報酬となっている）、これでは長期滞在型の居宅支援は不可能となる。

　第7点は、「市町村が支弁する費用のうち、障害福祉サービス費等負担対象額の百分の五十」（障害のある人の総合支援法第95条）を負担するという国の経費負担の義務化が明記されたけれども、障害のある人の総合支援法は公的責任を財政的責任に縮小している点に矛盾が存在している。芝田英昭氏が指摘されているように、「事実、公的セクターである『国及び地方自治体は、福祉サービスを利用しようとする者が必要な情報を容易に得られるように、必要な措置を講ずるよう務めなければならない』（社会福祉法「以下、社福法と言う」第75条2項）、『国は、社会福祉事業の経営者が行う福祉サービスの質の向上のための措置を講ずるよう務めなければならない』（社福法第78条2項）として、わずかに社会福祉サービス利用に当たって2つの『努力義務』を課しているにすぎず、措置制度における『積極行政』から大幅に後退し、行政の関わりを消極化しようとしている[26]。」

　第8点は、障害のある人の自立支援法の時代における基盤整備の不十分さが障害のある人の総合支援法実施以降も残存し、必要な福祉サービスが受給できないという矛盾が存在している。2002年3月末日を基準日に実施した「きょうされん」による「障害者のための社会資源の設置状況等についての調査」によれば、施設・事業所をすべて備える市町村は皆無であり、また、これらの施設・事業所がまったくない市町村が14.9％もあるという結果が明らかになっている。さらに施設・事業所別に見ると、通所型施設がない（73.0％）、グループホームがない（73.1％）、

デイサービスがない（86.6％）、ショートステイがない（60.9％）となっている。こうした基盤整備の不十分さの結果、障害のある人の自立支援法と同様に行政的に障害のある人の意向が押さえ込まれる可能性がでてくる。

　第9点は、社会福祉労働者の剰余価値の搾取を高めていく為の「日払い方式」の報酬体系が障害のある人の総合支援法においても見直しされていないという矛盾が存在している。伊藤周平氏が尾上浩二氏の「『障害者自立支援法』見直し動向—今こそ一からの出直しを」（季刊福祉労働122号、2009年、124頁）を引用して指摘されているように、「多くの事業所では、日払い方式に対応するため、開所日数を増やし、利用者を増やすための努力を重ねているものの、減収となるところも多く、職員の賃金カットや退職者の不補充、パート化の促進などで対応せざるをえず、職員の労働条件が悪化している[27]。」また、「障害者及び障害児が基本的人権を享有する個人としての尊厳にふさわしい日常生活又は社会生活を営むことができる」（障害のある人の総合支援法第1条）」福祉サービスが限定あるいは水準の抑制が行われている状況下で、事業者が剰余価値（利潤）を高めていく為には社会福祉労働者に低賃金かつ劣悪な労働条件を強いるという矛盾が存在する。ゼンセン同盟・日本介護クラフトユニオンの2000年6月から7月にかけての「介護事業従事者の就業実態調査」によれば、給与の支給形態は、時間給45.8％、月の固定給が45.1％である。時間給制では、1,000円台が41％ともっとも多く、1,500未満と合わせると70％に及ぶ。一方、月の固定給は、金額でもっとも多い層が150,000円から200,000円が53％、次いで200,000円から250,000円が23.3％、そして150,000未満が14.9％であった。また、通勤費については、一部負担が13.4％、無しが20.6％に及ぶ。業務に就くための移動時間については、有給が50％強に留まっている。待機時間については、有給が64.2％に留まっている（なお、待機時間については、登録ヘルパーの91.5％、パートヘルパーは57.3％が無給となっている）。報告書作成時間については33.5％が無給となっている。打ち合わせ時間については、20.3％が無給となっている。こうした賃金や労働条件の実態から言えることは、移動時間や待機時間などサービスに当然伴う時間について対価が支払われていないことが多く、拘束時間との関係からすると、実質的な給与は著しく劣悪と言わざるを得ない。そして、こうした劣悪な労働条件下では、質の低下した福祉サービスしか提供できないのではなかろうか。

4. 障害のある人の総合支援法の課題

　以上のように障害のある人の総合支援法の中には対立的な要因、つまり総合支援法利用の障害のある人にとっての使用価値の要因と国家・総資本にとっての価値・剰余価値の要因が存在し、この対立的要因は一方では、お互いに他を予想しあい、制約しあっているが、しかも同時に他を否定しあい、排除しあっているという関係にあるという矛盾対として統一（総合）されているが、これが障害のある人の総合支援法に内在している発展の原動力である。では、完全な障害のある人の社会福祉を公的責任・具体的権利・社会福祉の必要充足の原理の実現によって前述の矛盾を打開し、剰余価値としての障害のある人の総合支援法を没落させ、障害のある人の多様な個人及び共同の潜在能力に適合して使用価値を高めていく障害のある人の新しい質の社会福祉の実践（労働）課題を考察していこう。

　第1点の障害のある人の社会福祉実践（障害のある人の社会福祉労働）の課題は、障害のある人の社会福祉は現代資本主義社会の生産様式（特に生産関係、つまり生産手段・生活手段が資本の所有にあり、その為に生産物［障害のある人の社会福祉に必要とされる財貨及びサービスも含めて］という富の私的取得が可能になるという仕組み）に絶対的に規定されているので、また障害のある人の社会福祉労働者は障害のある人の社会福祉労働の為に必要な障害のある人の社会福祉労働諸条件（障害のある人の社会福祉施設及び障害のある人の社会福祉事業所等）から分離されているので（障害のある人の社会福祉労働者の労働力の商品化）、不破哲三氏が指摘されているように、「生産手段（福祉労働手段－挿入、筆者）を社会の手に移すことが、（現代資本主義社会における障害のある人の社会福祉労働内の使用価値と価値・剰余価値の矛盾対－挿入、筆者）の解決の合理的な仕方となる」（不破哲三『マルクスは生きている』平凡社、2001年、155頁）事が将来の課題となる。つまり、生産手段（障害のある人の社会福祉労働手段）を社会の手に移す事は、生産手段の社会化である。また聽濤弘氏も指摘されているように、「生産手段（障害のある人の社会福祉労働手段－挿入、筆者）の私的・資本主義的所有を社会的所有に転化することである。これは一過的な『立法的措置』によって樹立される側面と、生産関係の総体としての社会的所有を持続的に確立していく側面とがあり、それぞれ区別されなければならない。前者は法的形態であり、後者は経済的実態である。経済的実態の内容は一過的な行為によって労働

者が生産手段の所有者になるというだけではなく、生産手段を労働者が管理・運営することができ、労働者が搾取から解放され生産の真の『主人公』になることを意味する。」（聴濤弘『マルクス主義と福祉国家』大月書店、2012年、198－199頁）そして、「社会主義社会の経済的民主主義を確立するために、生産手段の社会化の多様な具体的形態が考えられている。国家、地方自治体、協同組合、株式会社、労働組合、全社員自主管理等を基礎とする多様な所有形態が存在する」（聴濤、前掲書、149頁）。そして、障害のある人の社会福祉労働諸条件（障害のある人の社会福祉施設及び障害のある人の社会福祉事業所等）の社会化後は、障害のある人の社会福祉労働は賃労働と言う疎外された姿態を脱ぎ捨て、大谷禎之介氏が指摘されている事を障害のある人の社会福祉労働に置き換えて考えてみると次のようなアソーシエイト（共産共生）した障害のある人の社会福祉労働の特徴を持つ。「①障害のある人の社会福祉労働する諸個人が主体的、能動的、自覚的、自発的にアソーシエイト（共産共生－挿入、筆者）して行う障害のある人の社会福祉労働である。経済的に強制される賃労働は消滅している。②障害のある人の社会福祉労働する諸個人が社会福祉利用の障害のある人に直接的に対象化・共同化する社会的な障害のある人の社会福祉労働である。③障害のある人の社会福祉労働する諸個人が全障害のある人の社会福祉労働を共同して意識的・計画的に制御する行為である。社会福祉利用の障害のある人の生活活動（機能）の基盤である人間らしい健康で文化的な潜在能力の維持・再生産・発達・発揮の成就を目的意識的に制御するという人間的本質が完全に実現される。④協業・自治として行われる多数の障害のある人の社会福祉労働する諸個人による社会的労働である。社会的労働の持つ障害のある人の社会福祉労働力はそのまま彼かつ彼女らの障害のある人の社会福祉労働の社会的労働力として現れる。⑤社会福祉利用の障害のある人を普遍的な対象とし、協働・自治によって社会福祉利用の障害のある人を全面的に制御する障害のある人の社会福祉実践的行為、即ち障害のある人の社会福祉労働過程への科学の意識的適用である。⑥力を合わせて障害のある人の社会福祉労働過程と障害のある人の社会福祉従事者とを制御する事、また目的（社会福祉利用の障害のある人の人間らしい健康で文化的な潜在能力の維持・再生産・発達・発揮の成就）を達成する事によって、障害のある人の社会福祉実践者に喜びをもたらす人間的実践、類的行動である。だから障害のある人の社会福祉労働は諸個人にとって、しなければならないものではなくなり、逆になによりもした

いもの、即ち第一の生命欲求となっている。⑦障害のある人の社会福祉労働する諸個人が各自の個性と能力を自由に発揮し、全面的に発展させる行為である。障害のある人の社会福祉労働する諸個人が共同的社会的な活動のなかで同時に自己の個性を全面的に発揮し、発展させる事ができる障害のある人の社会福祉労働である事、これこそがアソーシエイト（共産共生−挿入、筆者）した障害のある人の社会福祉労働の決定的な人間的本質である」（基礎経済科学研究所編『未来社会を展望する』大月書店、2010 年、17-18 頁）。それゆえアソーシエイト（共産共生）した障害のある人の社会福祉労働は、社会福祉利用の障害のある人にとって障害のある人の社会福祉労働の使用価値を高めていく事になる。しかもアソシエーション（共産共生）社会における社会的総労働生産物のうち次のものが控除されると指摘されている。「第一に、直接的に生産に属さない一般的な管理費用。第二に、学校、衛生設備などのような、諸欲求を共同でみたすためにあてられる部分。第三に、労働不能なものなどのための、要するに、こんにちのいわゆる公的な貧民救済にあたることのための基金」（マルクス／エンゲルス［後藤洋訳］『ゴータ綱領批判／エルフルト綱領批判』新日本出版、2000 年、26 頁）のように、障害のある人の社会福祉に必要な基金を社会的総労働生産物からあらかじめ差し引くとしている。

　第 2 点の障害のある人の社会福祉実践（障害のある人の社会福祉労働）の課題は、梅原英治氏が指摘されているように、「消費税がその逆進的負担構造のために所得再分配機能を低め」（梅原英治「財政危機の原因と、打開策としての福祉国家型財政」二宮厚美・福祉国家構想研究会編『福祉国家型財政への転換』大月書店、2013 年、140 頁）ているので、「消費税の増税によらず、所得税・法人税・資産課税を再生する」（梅原、前掲書、140 頁）事が課題である。「所得税では、総合・累進課税を追求し、税率については、後退させられてきた累進を少なくとも 1998 年水準（最高税率 75%）には回復する必要がある。2013 年度税制改正大綱では、所得税の最高税率について、現行 1800 万円超 40% を 2015 年度から 400 万円超 45% に引き上げたが、『所得再分配機能の回復』と呼ぶには不十分である。とりわけ配当所得・株式譲渡益に対する時限的軽減税率（2013 年末まで10%）の適用をただちにやめて本則 20% に戻し、高額の配当・譲渡益に対してはさらに高い率を適用すべきである。」（梅原、前掲書、140-141 頁）「法人税では、2015 年からの税率引き下げ（30-25.5%）を中止し、研究開発税、連結内税制度

などの大企業優遇措置をやめることが必要である。そして独立課税主義に立脚して、法人の規模・負担能力・受益の度合いにもとづき適正な税負担を求める法人税制を確立すべきである（段階税率の導入や受取配当金不算入制度の廃止など）。移転価格やタックスヘイブン（軽課税国）などを利用した国際的租税回避は徹底的に防止しなければならない。」（梅原、前掲書、141頁）さらに不公平な消費税を上げずに不公平な税制を見直す必要がある。即ち「不公平な税制をただす会」が指摘されているように、不公平税制の是正によって「2017年度の増収資産額は国の税金で27兆3,343億円、地方税で10兆6,967億円、合計38兆310億円になっています。」（不公平な税制をただす会編『消費税を上げずに社会保障財源38兆円を生む税制』大月書店、2018年、100頁）これだけの不公平税制の是正額があれば、障害のある人の社会福祉の財源としては十分であると思われる。さらに福祉の財源がないなら富裕税を新設する必要がある。「わが国で富裕税を導入する場合、課税の対象として……、448.9万世帯、保有純金融資産546兆円がさしあたり対象です。全世帯の8.4％、純金融資産総額の35.5％に当たります。税率を緩い累進構造にして、たとえば準富裕層の純金融資産に0.5％、富裕層のそれに1％、超富裕層に2％とすると、約5.1兆円の税収を見込むことができます。」（鶴田廣己・その他編『税金は何のためにあるの』自治体研究社、2019年、100頁）また聴濤弘氏が指摘されているように、「福祉の財源がないなら剰余価値から引き出せば良いのである。……。その上で若干具体的にみると現に大企業は250兆円もの内部留保（2019年10月時点での内部留保〔企業が税引き後利益から配当金や役員賞与等の社外流出額を差し引いて、残余を企業内に留保した金額〕が、475兆161億円に達している−挿入、筆者）を持っている。いま社会保障給付費は94兆849億円である（2008年）。部門別では医療費29兆6,117億円、年金49兆5,443億円、福祉その他14兆9,289億円である。内部留保を引き出せるなら、社会保障の面でも非正規社員問題でも巨大な事ができる事は明瞭である。問題はどのようにして引き出せるかである。賃上げ等の経済的手段で引き出せる方法がある。しかし直接、財源を確保する為には内部留保が違法に蓄えられているものでない以上、内部留保に課税できるように税制を変える必要がある。」（聴濤弘著『マルクス主義と福祉国家』大月書店、2012年、162-163頁）さらに「福祉財源の確保の為に金融投機を規制する金融取引税（トービン税）の導入も緊急の課題である。トービン税の提唱者であるアメリカのノーベル賞受賞経済学者ジェーム

ス・トービン氏の試算では、1995年時点のアメリカで為替取引に0.1%の税を掛けただけで3,120億ドルの税収が得られるとしている。」（聴濤、前掲書、163頁）また不公平な消費税を上げずに不公平な税制を見直す必要がある。「不公平な税制をただす会」が指摘されているように、不公平税制の是正によって「2017年度の増収資産額は国の税金で27兆3,343億円、地方税で10兆6,967億円、合計38兆310億円になっています。」（不公平な税制をただす会編『消費税を上げずに社会保障財源38兆円を生む税制』大月書店、2018年、100頁）これだけの不公平税制の是正額があれば、少なくとも障害のある人の社会福祉財源としては十分であると思われる。

　第3点の障害のある人の社会福祉実践（障害のある人の社会福祉労働）の課題は、応益負担の構造の撤廃である。と言うのは、応益負担が導入された背景には国の財政難がある。「最低限度以上の水準を保障することは立法政策としては自由であるが、最低限度の水準は決して予算の有無によって決定されるものではなく、むしろこれを指導支配すべきものである[28]。」（朝日訴訟の1審判決）しかも「その具体的な内容は決して固定的なものではなく通常は絶えず進展向上しつつあるものであると考えられるが、それが人間としての生活の最低限度という一線を有する以上、理論的には特定の国における特定の時点においては一応客観的に決定すべきものであり、またしうるものであるということができよう[29]。」（朝日訴訟の1審判決）

　第4点の障害のある人の社会福祉実践（障害のある人の社会福祉労働）の課題は、障害支援程度区分認定の廃止である。その代替方法は、まず障害福祉サービスの必要な障害のある人に総合支援の具体的権利を認めた上で、総合支援の申請に対する市町村の応答義務を定め、総合支援の要否の認定調査によって障害福祉サービスの必要性の客観的要件を充足さえすれば、市町村行政の支給決定を待つことなく総合支援の受給権が発生し、市町村所属あるいは市町村に委託された指定相談支援事業に所属するケースワーカー、ケアマネージャ、相談支援専門員等が必要な総合支援法による障害福祉サービスの種類と量を決定しサービス利用計画書を作成し、その内容が決定される。支給は、このサービス利用計画書を市町村に提出してからすぐに可能とし、市町村審査会はこのサービス利用計画書を認定及び修正する機関とする。

　第5点の障害のある人の社会福祉実践（障害のある人の社会福祉労働）の課題

は、自立支援給付対象者の拡大である。自立支援給付の行動支援や重度訪問支援、重度障害のある人の包括支援の利用者は、障害支援程度区分が3以上の重度の障害のある人とされ、きわめて限定されている（ただし、市町村が必要と認める場合には、区分が低くても利用できる場合がある）。訓練等給付では、訓練効果が見込めない障害のある人が利用対象から排除されている。また、自立支援医療と補装具の場合には、所得制限が設定されている。自立支援医療では、一定所得以上（市町村民税の所得額が200,000円以上）の場合には「重度かつ継続」に該当しないかぎり、給付の対象外となり医療保険の自己負担（原則3割）が適用される。それゆえ、公費負担医療の趣旨からすれば、所得制限は撤廃すべきであり、この撤廃が課題である。

第6点の障害のある人の社会福祉実践（障害のある人の社会福祉労働）の課題は、国及び市町村による障害のある人の障害福祉サービスの内容のチェックである。国及び市町村は、障害のある人の社会福祉を提供すべき責務を負担する者として、国及び市町村自らがその障害のある人の障害福祉サービスをチェックし、障害のある人の障害福祉サービスの質の確保を図るべきである。また、国及び都道府県知事、政令指定都市の長などは、社会福祉法により、社会福祉法人や社会福祉事業を営む者、または指定施設、事業者に対し、必要と思われる事項について報告を求める等の権限がある。この行政監査は、単に設備及び運営の基準等法令の遵守や、会計の監査に留まる事なく、当該施設・事業者が障害のある人に対して障害福祉サービスを適切に提供しているか否かをも監査する事も求められている。

第7点の障害のある人の社会福祉実践（障害のある人の社会福祉労働）の課題は、障害のある人の総合支援法（第5条17項）では市町村が相談支援事業を適切に実施していく為に「地域自立支援協議会」を設ける事が示されているが、寧ろそれよりも小・中学校校区ごとに基幹相談支援センターの設置が重要であり、その設置である。障害のある人の生活支援の全般に亘って必要なサービスに結びつける為に、情報提供やアセスメント、エンパワーメントやアドボカシーの支援を行う基幹相談支援センターが必要である。この基幹相談支援センターは、国・市町村の責任と負担において、権利擁護の為の基幹相談支援センターを小・中学校校区ごとに設置し、ソーシャルワーカーや相談支援専門員を軸に、弁護士、社会福祉士、介護福祉士、医師・保健師・看護師、ケアマネージャ、建築家等の各

専門家やボランティアが相談に応じ、1カ所で生活支援全般に必要な相談と支援を行う体制を構築する必要がある。

　第8点の障害のある人の社会福祉実践（障害のある人の社会福祉労働）の課題は、アウトリーチ（積極的訪問・介入）による支援体制と措置制度の活用である。障害のある人は、心身の障害によって社会生活上の行動に大きな制限がある為、自ずと情報取得能力に限界が生じ、多様なサービス提供のメニューや手続きについて十分な情報を得る事が難しく、サービス利用から取り残され易い。こうした自らサービス利用を求め、決定する事の困難な利用阻害状況にある障害のある人へのセーフティネットとして、国及び地方自治体は、福祉事務所などの公的機関を中心としたアウトリーチの支援体制を確立すると伴に、積極的な措置制度の活用を図るべきである。

　第9点の障害のある人の社会福祉実践（障害のある人の社会福祉労働）の課題は、契約書締結の義務づけと説明責任の実施である。法令上、サービス利用契約であっても、契約の一般原則どおり口答で足り、特に契約書を作成するまでの義務はない事になっている。しかし、障害のある人の権利は契約によって具体化される事を考えれば、契約書の締結は絶対に必要な事と言うべきである。他方、施設・事業者にとっても、契約書は提供するサービスの内容を明確にし、そのサービスの質を一定基準に維持する役割を果たし、また、サービスの提供内容について障害のある人の誤解を避ける重要な機能を果たす。さらに、障害のある人が契約するにあたって、事業者は障害のある人が事業者に対しどのような権利を有するか、苦情の申し出先や窓口、電話番号等を契約書や重要事項説明書で明記する事及び事業者の説明を義務づける事が必要である。

　第10点の障害のある人の社会福祉実践（障害のある人の社会福祉労働）の課題は、各市町村にサービス利用契約書のチェック権限をもたす事である。障害のある人の総合支援法における契約制度においては、自己選択や自己決定の名の下に判断力の不十分な障害のある人の権利の保障が低下する懸念があり、行政の役割と責任が明確にされなければならない。市町村は、地域福祉推進の責任者として、障害のある人の権利を擁護する為にサポートし、サービス提供事業者を指定し、指導監督する義務があるが、この責務を利用契約書のチェック権限も含むと理解するのが妥当である。

　第11点の障害のある人の社会福祉実践（障害のある人の社会福祉労働）の課

題は、事業者責任の明確化である。と言うのは、社会福祉法は社会福祉事業者に対し、契約に際しての一定の義務を定めている。社会福祉事業者は契約の内容及び履行に関する事項について障害のある人に説明するよう努めなければならない（社会福祉法第76条）。契約が成立した時は、経営者の名称、主たる事務所の所在地、サービスの内容、福祉利用者が支払うべき額、その他厚労省令で定める事項を記載した書面を交付しなければならないとされている（社会福祉法第77条）。従って、障害のある人の総合支援法によるサービス利用契約においても、事業者の義務が生じる事になる。

　第12点の障害のある人の社会福祉実践（障害のある人の社会福祉労働）の課題は、具体的なサービス提供基準の確立である。現在の最低基準の中には、設備・職員配置や抽象的な規定に留まっているものが多い。具体的なサービスの質を確保する為には、具体的なサービスの最低基準を確立する必要がある。この点、イギリスの社会福祉施設運営基準では、かなり具体的な規定がなされている。例えば、「居住者の部屋が居間兼用かどうかに関係なく、すべての部屋には少なくとも快適な安楽椅子がひとつ、整理ダンスがひとつ、1人ひとり別になった洋服かけの場所、多用途のテーブル1つが備えられるべきである」、「必要な場合、電話、テレビを自室につけることが認められるべきであり、壁面を利用して絵や写真などをかけたり、飾りなどをつけたりすることが奨励されるべきである」、「食事を一皿に全部盛って居住者に出すことは避けるべきである」等の具体的な規定がある[30]。

　第13点の障害のある人の社会福祉実践（障害のある人の社会福祉労働）の課題は、障害のある人の社会福祉の供給基盤の早急な整備である。国及び地方自治体は、障害のある人の自己選択や自己決定が可能となる十分な社会福祉の基盤整備を、各市町村の計画に基づき、公的責任と公的負担において行うべきである。また、障害のある人の福祉計画を実効あるものとする為にも、各市町村に障害のある人の福祉計画の具体的数値計画の策定と実施を義務づけ、抜本的な、障害のある人の社会福祉の拡充を図るべきである。

　第14点は、第11点とも関連しているが、障害のある人の社会福祉実践（障害のある人の社会福祉労働）の課題は、社会福祉労働者の量及び質の確保である。アマルティア・センが前述において指摘されているように、福祉は福祉利用の障害のある人が実際に享受し人間らしい健康で文化的な生活を成就するものである

ので、障害福祉サービスを実際に提供するのは、社会福祉労働者である。社会福祉労働者も人間である以上、1人当たり提供できる障害福祉サービスの量には、当然、限界がある。すると、障害福祉サービスの提供の仕方も中途半端になり、提供すらできない障害福祉サービスメニューが生じてしまう事にもなりかねない。また、社会福祉労働者にとっても、不十分な障害福祉サービスの提供を強いられる事により、当初持っていた障害のある人の社会福祉に対する熱意を失い、質の向上に対する意欲まで失ってしまう事も考えられる。このように、社会福祉労働者の量が不足する事は、障害福祉サービスの質の低下に結びついてしまうのである。

第15点の障害のある人の社会福祉実践（障害のある人の社会福祉労働）の課題は、権利擁護のネットワークの確立である。障害福祉サービス利用を中心とした生活支援における権利擁護においては、生活全般を見通した継続的支援が必要になる事から、行政や市民を含む福祉・保健・医療等に、弁護士・弁護士会や家庭裁判所等の司法も加わったネットワークの確立が必要であり、さらに個別の支援における連携と協同が求められている。そこで、各地に動き出しつつある権利擁護ネットワーク活動を全国に広め、地域の実情に合わせ、各地の弁護士・弁護士会と福祉・医療専門職や行政や市民、家庭裁判所等による多様なネットワークの確立と具体的な支援における福祉・医療専門職やNPO、当事者団体、地域住民等との連携と協同を強化すべきである。

第16点の障害のある人の社会福祉実践（障害のある人の社会福祉労働）の課題は、福祉利用の障害のある人が社会福祉労働（社会福祉労働手段を含む）を効率的に享受し人間らしい健康で文化的な生活を成就する為にも、福祉利用の障害のある人の生活活動（機能）の基盤である個人及び共同の潜在能力の顕在化（発揮＝機能）保障の確立と福祉教育等による機能的潜在能力の発達と発揮（機能）の拡大である。と言うのは、アマルティア・センが前述されているように、福祉は福祉利用の障害のある人が実際に成就するもの—彼/彼女の「状態」（being）はいかに「よい」（well）ものであるか—に関わっているものであるから、福祉利用の障害のある人の能動的・創造的活動（例えば、障害のある人の授産施設で一定の労働ができること等）の生活活動（機能）の基盤である多様な個人及び共同の潜在能力や受動的・享受活動（例えば、施設で出された食事を味わい適切な栄養摂取ができること等）の生活活動（機能）の基盤である潜在能力が重要となっ

てくる。従って、福祉サービス（手段）そのものの不足・欠如のみの評価に固執するのではなく、さらに手段を目的（福祉利用の障害のある人が福祉手段を使用して人間らしい健康で文化的な生活活動（機能）の基盤である多様な個人及び共同の潜在能力＝抽象的人間生活力・抽象的人間労働力の維持・再生産・発達・発揮［機能］の享受及び成就）に変換する福祉利用の障害のある人の能動的・創造的活動と受動的・享受活動の生活活動（機能）の基盤である多様な個人及び共同の潜在能力の維持・再生産・発達・発揮（機能）の阻害（多様な個人及び共同の潜在能力の不足・欠如）にも注目していく必要がある。もし福祉利用の障害のある人にこれらの生活活動（機能）の基盤である多様な個人及び共同の潜在能力の維持・再生産・発達・発揮（機能）の阻害（多様な個人及び共同の潜在能力の不足・欠如）があるならば、これらの機能的潜在能力の発達の為の学習活動や多様な個人及び共同の潜在能力の不足・欠如への支援活動等が必要であり支援していく事が課題であるが、これらの機能的潜在能力の内容はアマルティア・センの共同研究者であるマーサ C. ヌスバウム氏の指摘が参考になる。つまり、マーサ C. ヌスバウム氏は、機能（発揮）と密接な関係があるケイパビリティ（潜在能力）を次のように指摘している。「**①生命**（正常な長さの人生を最後まで全うできること。人生が生きるに値しなくなる前に早死にしないこと）、**②身体的健康**（健康であること［リプロダクティブ・ヘルスを含む］。適切な栄養を摂取できていること。適切な住居にすめること）、**③身体的保全**（自由に移動できること。主権者として扱われる身体的境界を持つこと。つまり性的暴力、子どもに対する性的虐待、家庭内暴力を含む暴力の恐れがないこと。性的満足の機会および生殖に関する事項の選択の機会を持つこと）、**④感覚・想像力・思考**（これらの感覚を使えること。想像し、考え、そして判断が下せること。読み書きや基礎的な数学的訓練を含む［もちろん、これだけに限定されるわけではないが］適切な教育によって養われた〝真に人間的な〟方法でこれらのことができること。自己の選択や宗教・文学・音楽などの自己表現の作品や活動を行うに際して想像力と思考力を働かせること。政治や芸術の分野での表現の自由と信仰の自由の保障により護られた形で想像力を用いることができること。自分自身のやり方で人生の究極の意味を追求できること。楽しい経験をし、不必要な痛みを避けられること）、**⑤感情**（自分自身の周りの物や人に対して愛情を持てること。私たちを愛し世話してくれる人々を愛せること。そのような人がいなくなることを嘆くことができること。一般に、愛せ

ること、嘆けること、切望や感謝や正当な怒りを経験できること。極度の恐怖や不安によって、あるいは虐待や無視がトラウマとなって人の感情的発達が妨げられることがないこと［このケイパビリティを擁護することは、その発達にとって決定的に重要である人と人との様々な交わりを擁護することを意味している］)、⑥**実践理性**（良き生活の構想を形作り、人生計画について批判的に熟考することができること［これは、良心の自由に対する擁護を伴う］)、⑦**連帯**（**A** 他の人々と一緒に、そしてそれらの人々のために生きることができること。他の人々を受け入れ、関心を示すことができること。様々な形の社会的な交わりに参加できること。他の人の立場を想像でき、その立場に同情できること。正義と友情の双方に対するケイパビリティを持てること［このケイパビリティを擁護することは、様々な形の協力関係を形成し育てていく制度を擁護することであり、集会と政治的発言の自由を擁護することを意味する］ **B** 自尊心を持ち屈辱を受けることのない社会的基盤をもつこと。他の人々と等しい価値を持つ尊厳のある存在として扱われること。このことは、人種、性別、性的傾向、宗教、カースト、民族、あるいは出身国に基づく差別から護られることを最低限含意する。労働については、人間らしく働くことができること、実践理性を行使し、他の労働者と相互に認め合う意味のある関係を結ぶことができること)、⑧**自然との共生**（動物、植物、自然界に関心を持ち、それらと拘わって生きること)、⑨**遊び**（笑い、遊び、レクリエーション活動を楽しむこと)。⑩**環境のコントロール**（**A 政治的** 自分の生活を左右する政治的選択に効果的に参加できること。政治的参加の権利を持つこと。言論と結社の自由が護られること。**B 物質的** 形式的のみならず真の機会という意味でも、［土地と動産の双方の］資産を持つこと。他の人々と対等の財産権を持つこと。他者と同じ基礎に立って、雇用を求める権利を持つこと。不当な捜索や押収から自由であること)」(Martha C. Nussbaum、池本幸生・その他訳)『女性と人間開発─潜在能力アプローチ─』岩波書店、2005 年、92 - 95 頁) 等の機能的潜在能力の拡大が重要である。そして、機能的潜在能力の発達の学習活動や支援活動等の実践例として次のような障害のある人の福祉施設（社会福祉法人大木会「あざみ寮」）での社会福祉労働が挙げられる。「単に『生きているだけ』ではなく『人間らしく生きる』ことが求められているのはいうまでもありません。人間らしく生きるために、憲法では多くの権利を保障しています。この人間らしく生きる権利の一つに『学ぶ』権利があります。どんなに障害が重くても学ぶ権

利があるのです、……学ぶことは、人間らしく生きること、さらにより豊かに生きることを、障害の重い人たちの分野でも証明しているのです。」（橋本佳博・その他『障害をもった人たちの憲法学習』かもがわ出版、1997年、42頁）つまり、障害のある人の社会福祉労働においては、人間らしい健康で文化的な生活活動（機能）の基盤である多様な個人及び共同の潜在能力（抽象的人間生活力＝生活力・抽象的人間労働力＝労働力）の維持・再生産・発達・発揮（機能）が享受あるいは成就できる総合支援法も含めた社会福祉の法制度・施設等の量的及び質的保障の側面（福祉政策的実践＝労働）と障害のある人の社会福祉の特性（固有価値）を活かして、福祉利用の障害のある人が人間らしい健康で文化的な生活活動（機能）の基盤である多様な個人及び共同の潜在能力（抽象的人間生活力＝生活力・抽象的人間労働力＝労働力）の維持・再生産・発達・発揮（機能）が享受及び成就できる生活活動（福祉利用者の能動的・創造的生活活動と受動的・享受的生活活動の潜在能力の発揮）の支援の側面（福祉臨床的実践＝労働）の統一的実践（労働）が課題である。

　以上の課題を達成していく為にも、障害のある人の社会福祉における具体的権利規定の法制化が課題である。と言うのは、日本弁護士連合会が指摘されているように、社会福祉事業から「社会福祉法への改正による基本的な問題点の一つとして、この改革が、利用者の権利制を明確にし、選択や自己決定を保障するものとされながら、そしてそのための権利擁護の諸制度を創設したとされながら、社会福祉法上の規定として、福祉サービス利用者の権利性を明確に定めた規定が一切ないという根本的欠陥がある[31]。」また、障害のある人の総合支援法を初めとした障害のある人の福祉関連諸法にも、福祉利用の障害のある人の権利性を規定する規定が盛り込まれなかったという問題がある。それ故、次のような具体的権利の法制化が課題である。つまり、河野正輝氏が指摘されているように、「(1)給付請求の権利（給付の要否や程度は、行政庁の一方的な裁量によって左右されるのではなく、社会福祉の必要性の有する人々の請求権に基づいて決定される。そして、給付請求権を権利として受給できるためには、①給付を申請することができる事、②適切な基準を満たした給付内容を求めることができる事、③いったん決定された給付を合理的な理由なく廃止されないこと等の規範的要素が満たさなければならない）、(2) 支援過程の権利（社会福祉の支援過程で誤ったケアや虐待等が行われない事が重要である。その為には、①福祉サービスの種類・内容

及びこれを利用する時の権利と義務について知る権利、②自己の支援方針の決定過程に参加する権利、③福祉施設利用者の場合、自治会活動を行い、それを通じて福祉施設の管理運営及び苦情解決に参加する権利、④拘束や虐待等の危害・苦役からの自由の権利、⑤通信・表現・信教の自由の権利、⑥プライバシーの権利、⑦貯金・年金など個人の財産の処分について自己決定の権利等が保障される事）、(3) 費用負担の免除の権利（社会福祉の必要性によって誰でも普遍的に給付請求権が保障される為には、一定の所得以下で社会福祉を必要としながら、それに要する費用を負担できない人々に対して負担の免除が伴うのでなければならない。従って、①免除を申請する事ができる事、②免除の決定処分を求める事ができる事、③予め定められた徴収基準に反する徴収額に対してはその取り消しを求める事ができる等が当然に求められなければならない）、(4) 救済争訟の権利（社会福祉の給付の内容や費用負担の額等を巡って権利が侵害された時、苦情の申し立て、不服申し立てや訴訟を提起して救済を求める事が保障されなければならない。現行では社会福祉法による苦情解決から、社会保険審査官及び社会保険審査会法、行政不服審査法及び行政事件訴訟法等がある。行政処分に対する不服審査や訴訟等の手段は厳格な手続きを必要とするので、支援過程の苦情解決には必ずしも適さない場合もある。そこでオンブズマン方式等の苦情解決の取り組みが広がりつつある）の4つの権利[32]」の下に、国及び地方自治体（都道府県、市町村）の財政責任（国［7割］、都道府県［2割］、市町村［1割］）及び官僚的行政を排除した運営責任の下での公的責任を担保した上で、障害のある人の人間らしい健康で文化的な多様な個人及び共同の潜在能力の維持・再生産・発達・発揮（機能）に適合した公的責任及び具体的権利による社会福祉の必要充足（何故ならば、障害のある人の多様な個人及び共同の潜在能力の維持・再生産・発達・発揮の阻害状態によって障害のある人の社会福祉［福祉手段］の必要性の内容・種類・必要度が異なっているので、障害のある人の多様な個人及び共同の潜在能力の維持・再生産・発達・発揮の阻害状態に適合した障害のある人の社会福祉［福祉手段］の必要性の内容・種類・必要度が決定され充足される事が重要である）の原理に基づいて市町村が直接、障害のある人の社会福祉を提供していく現物及び現金給付型の仕組みを新たに構築していく事が重要である（民間の障害のある人の福祉については、措置委託制度を復活させる事と、「負担は能力に応じて、給付は必要に応じて」を基本原則とする）。

そして、今後、市町村を中心とした地方主権型福祉社会が重要であるならば、地方主権型福祉社会の財政（財源）的基盤となる地方主権的財政（財源）システムを構築していく事が課題となる。それには、次のような方法による地方主権的財政（財源）システムの構築が可能である[33]。

　例えば、神野直彦氏が指摘されているように、「比例税率で課税される比例所得税を、地方税体系の基幹税に据える事は日本では容易である。つまり、個人住民税を10%の比例税にした結果をシュミレーションして見ると、国税の所得税から地方税の個人住民税に3兆円の税源移譲が実現する。しかし、地方税体系としては、比例的所得税を基幹税とするだけでは不十分である。と言うのは、比例的所得税では、所得を受け取った地域でしか課税できないし、他の市町村に居住している人々で、その市町村で事業を営む人々、あるいは事業所に働きに来る人々にも課税できないので不十分である。なぜならば、むしろ居住者よりも事業活動をしている人々や働いている人々の方が、市町村の公共サービスを多く利用している。そこで所得の分配地で分配された所得に比例的に課税するだけでなく、所得の生産局面で課税する地方税として事業税が存在しているので、事業税を所得型付加価値税（IVA「所得型付加価値税」=C「消費」+I「投資」-D「減価償却費」=GNP「国民総生産」-D=NNP「国民純生産」=W「賃金＋利子＋地代」+P「利潤」）に改めることによる「事業税の外形標準化」として実現する。事業税を所得型付加価値税に改めれば、事業税が事業活動に応じた課税となる。そうなると市町村は、公共サービスによって地域社会の事業活動を活発化すればするほど、安定的な財源が確保できる。

　さらに地方税体系は、こうした所得の生産局面に比例的に課税される地方税を追加しただけでも不十分である。と言うのは、所得の生産局面での課税では、その市町村で生産活動を行う人々にしか課税されないからである。市町村には生産活動だけではなく、観光地や別荘地に見られるように、消費活動を行いに来る人々も市町村の公共サービスを利用しているので、消費に比例した負担を拡充することが必要である。つまり、日本では、現在、こうした地方税としての地方消費税が存在しているので、この消費税のウエイトを拡充することが必要である[34]。」

　このように「地方税では所得循環の生産・分配・消費と言う3つの局面でバランスをとって課税する必要があり[35]」、こうした地方税体系を構築していく事が障害のある人の社会福祉の財源の税方式にとって必要であり課題でもある。そし

て、こうした地方税体系でもってしても、人間らしい健康で文化的な最低限度の生活保障である社会福祉の推進の財政（財源）に市町村間の格差が発生した場合、国の地方交付税によって是正していく事が必要となる。

　そして、障害のある人の社会福祉サービス財政の削減・圧縮・抑制と障害のある人の社会福祉法制度の改悪の反対と改善への民主統一戦線の結成である。障害のある人の社会福祉の発展を図り障害のある人にとっての社会福祉の使用価値を高めていく為には、富沢賢治氏が指摘されているように、「国家独占資本主義の手にゆだねて矛盾の増大を許すか、あるいは民主主義的な手続きにもとづいて[36)]障害のある人の社会福祉の歪みを正し、障害のある人の人間的欲求に見合った障害のある人の社会福祉の発展を図っていく必要がある。民主的な統一戦線を結成する為には、障害のある人及び社会福祉労働者を中心とする「労働者階級が中心的な社会的勢力として主導的な役割を果たし[37)]」、「労働者階級の階級的民主統一戦線が不可欠の条件となる[38)]。」が、「第一に、要求にもとづく統一行動の発展が必要である。統一行動発展の基本原則は、①一致点での統一、②自主性の統一、③対等・平等と民主的運営、④統一を妨げる傾向にたいする適切な批判、⑤分裂・挑発分子を参加させないことである。第二に、統一行動の繰り返しだけではなく、政策協定と組織協定にもとづいた全国的規模の統一戦線を結成することが必要である[39)]。」

【注】
1）日本弁護士連合会人権擁護委員会編『障害のある人の人権と差別禁止法』明石書店、2002年、5—6頁。
2）平野方紹「障害者自立支援法から障害者総合支援法までの経緯」（大島巌・その他編『障害者に対する支援と障害者自立支援制度』ミネルヴァ書房、2013年、106頁）。
3）平野、前掲書、106頁。
4）平野、前掲書、107頁。
5）本人による申請が困難な場合、第三者の代行や代理人の申請も可能となる。したがって成年後見制度の活用なども視野に入れておくことが重要である。
6）『社会保障の手引き』（平成24年版）中央法規出版、2012年、112-114頁。
7）アマルティア・セン（鈴村興太郎訳）『福祉の経済学』岩波書店、1988年、15頁。
8）セン、前掲書、21-22頁。
9）社会福祉労働における共同化を考える場合、次のような指摘に留意することが重要である。「保育労働は子どもの人権・発達保障をテーマにした精神代謝労働のひとつであり、コミュニケーション労働の一種です。保育をひとつの労働過程としてとらえれば、保育士がその労働主体となってあらわれますが、保育士と子どもたちとのコミュニケーション過程の面からみると、発達・保育ニーズの発信主体は子どもたちであり、保育士は子どもたちとの了解・合意を前提にして、ひとつの共受関係に入ります。共受関係とは、保育士が子どもたちの発達を担うと同時に自ら発達するという関係、お互いがお互いの発達を受け合い、共に享受するという関係のことです。これは看護の労働に似ています。看護の看という字はしばしば指摘されてきたように、手と目という文字を結びつけたもので、看護師は手と目によって患者に働きかける、すなわちコミュニケーションを媒

介にして患者に接します。看護師は、その動作や表情や言葉で働きかけ、患者を励まし、その潜在的な能力を引き出して病気を克服する手助けをします。これと同様に、保育士も子どもたちの潜在的な能力に非言語および言語的コミュニケーションを媒介にして働きかけ、その能力を顕在化させる仕事に従事しているわけです。」（二宮厚美著『自治体の公共性と民間委託―保育・給食労働の公共性と公務労働―』自治体研究社、2000年、122頁）。

10) 1959年度版『厚生白書』、13頁。国家（地方自治体も含む）による障害のある人の福祉政策における個的消費は、潜在能力（抽象的人間労働力［人間が労働の際に支出する脳髄・神経・感官・筋肉等を意味する］＝労働力）の維持・再生産である。牧野広義氏が指摘為れているように、「労働者（障害のある人－挿入、筆者）はその個人的消費を自分自身のために行うのであって、資本家のために行うのではないということは、事態になんのかかわりもない。……労働者階級（労働者階級に属している障害のある人－挿入、筆者）の不断の維持と再生産は、資本の再生産のための恒常的条件である。資本家はこの条件の実現を、安心して労働者（障害のある人－挿入、筆者）の自己維持本能と生殖本能にゆだねることができる」（カール・マルクス［資本論翻訳委員会訳］『資本論』第四分冊、新日本出版社、1983年、981頁）。このように国家による障害のある人の福祉政策の「労働者（障害のある人－挿入、筆者）の個人的消費は、労働者（障害のある人－挿入、筆者）自身の生命維持のために、また結婚し、子どもを産んで育てるために行われます。しかし、そのことがまさに『労働者階級（労働者階級に属している障害のある人－挿入、筆者）の不断の維持と再生産』なのです。資本家にとって願ってもないことが、労働者（障害のある人－挿入、筆者）自身の『自己維持本能と生殖本能』によって行われるのです」（牧野広義著『資本論から哲学を学ぶ』学習の友社、2007年、189頁）。まさに「『一石三鳥』だと言ってもいいでしょう。なぜなら、先の①労働力による剰余価値の生産と、②個人的消費による労働力の再生産に加えて、③個人的消費は労働者を労働市場に再出現させるのです。」（牧野、前掲書、189-190頁）それゆえ、労働者（障害のある人）の潜在能力（抽象的人間労働力＝労働力）の不断の維持と再生産が、資本主義社会の生産様式（土台）に絶対的規定された国家（上部構造）の障害のある人の福祉政策にもなるのである。

11) 一定の運動のなかで自己を増殖する価値。資本の基本的形態は産業資本であり、生産手段の私的所有にもとづいて資本家が賃労働者を搾取する生産関係である（社会科学辞典編集委員会編『社会科学辞典』新日本出版社、1967年、123-124頁）。

12) 新しい機械の採用などによって平均水準以上の生産力をもつようになった資本家が手にいれる、ふつうより多い剰余価値のこと。この資本家の商品の個別価値は社会的価値より低いが、資本家はその商品を社会的価値を基準にして売ることができるから、ふつうより多くの剰余価値（特別剰余価値）をえる（社会科学辞典編集委員会編、前掲書、233頁）。

13) カール・マルクス、岡崎次郎訳、前掲書③、217頁。

14) カール・マルクス、岡崎次郎訳、前掲書③、239-240頁。

15) カール・マルクス、岡崎次郎訳、前掲書③、241頁。

16) 流動的過剰人口は、一時的失業者である（宮川実著『マルクス経済学辞典』青木書店、1965年、190頁）。

17) 潜在的過剰人口は、没落していく小生産者ことに農民である（宮川実著『マルクス経済学辞典』青木書店、1965年、190頁）。

18) 停滞的過剰人口は、定職を失いきわめて不規則につけるだけの者である（宮川実著『マルクス経済学辞典』青木書店、1965年、190頁）。

19) 特に障害のある人の雇用率（労働力の使用権を販売できない人々の率）が低い。ちなみにその雇用率を見ると、「2011年6月1日の障害者雇用状況は、民間企業の法定雇用率達成企業の割合は45.3％であり、54.7％が達成していない（財団法人厚生統計協会編『国民の福祉と介護の動向・厚生の指標』増刊・第59巻第10号・通巻925号、2010年、135頁）。このために、生活保護を受給しなければ、障害のある人々の人間らしい健康で文化的な生命・抽象的人間労働力の維持・再生産・発達は不可能である。ちなみに生活保護の受給実態を見ると、「生活保護を受けている傷病・障害者世帯は全体の33.1％にあたる。」（財団法人厚生統計協会編『国民の福祉と介護の動向・厚生の指標』増刊・第59巻第10号・通巻925号、2010年、188-190頁）。

20) 拙稿「社会福祉政策の対象論」（『岐阜大学地域科学部研究報告』第11号、2002年）。

21) 鈴木清覚「社会福祉法人制度の『規制緩和』と支援費制度」（障害者問題研究編集委員会編『障害者問題研究』第30巻第4号、2003年、26頁）。

22) 福祉行政法令研究会著『障害者総合支援法がよ～くわかる本』株式会社秀和システム、2012年、88頁。

23) 伊藤周平著『保険化する社会福祉と対抗構想』山吹書店、2011年、27-28頁。

24) 伊藤、前掲書、34頁。

25) 伊藤、前掲書、35-36頁。

26) 芝田英昭「福祉サービスの公的責任」（日本社会保障学会編『社会福祉サービス法』第3巻、法律文化社、2001年、46頁）。

27) 伊藤、前掲書、38頁。

28) 高野範城著『社会福祉と人権』創風社、2001年、51頁。

29) 高野、前掲書、51頁。

30) 英国・保健社会保障省老齢問題政策センター編（松井二郎訳）『施設ケアの実践綱領―英国の社会福祉施設運営基準―』響文社、1985年、51-54頁。

31) 高野範城著『人間らしく生きる権利の保障』創風社、2002年、77頁。

32) 河野正輝「生存権理念の歴史的展開と社会保障・社会福祉」（社会保障・社会福祉大事典刊行委員会編『社会保障・社会福祉大事典』旬報社、2004年、482-486頁）。

33) 地方税を拡充することへの反対論には、地方税を拡充すれば、財政力の地域間格差が拡大すると言う点にある。しかし、個人住民税の比例税率化で国税から地方税に税源移譲を実施すれば、国税と地方税とを合わせた税負担には変化がないけれども、地方税だけを見ると、低額所得者は増税となり、高額所得者は減税となる。そうだとすれば、低額所得者が多く居住する貧しい地方の地方税収入がより多く増加し、高額所得者が多く居住する豊かな地方の地方税収入がより少なく増加することになる。したがって、地方自治体間の財政力格差をむしろ是正しつつ、自主財源である地方税の拡充が可能なのである（神野直彦「3つの福祉政府と公的負担」（神野直彦・その他編『福祉政府への提言』岩波書店、1999年、298頁）。

34) 神野直彦「3つの福祉政府と公的負担」（神野直彦・その他編『福祉政府への提言』岩波書店、1999年、266-314頁）。

35) 神野、前掲書、301頁。

36) 富沢賢治「社会変革論」（富沢賢治編『労働と生活』株式会社世界書院、1987年、86頁）。

37) 富沢、前掲書、89頁。

38) 富沢、前掲書、89頁。

39) 富沢、前掲書、83頁。

第5節　福祉財政の矛盾と課題

1. はじめに

　社会保障の政府間財政関係は、大きな制度改革が行われた。つまりその第1点は、社会障害関係国庫負担金・負担率が高率補助金の見直しの一環として削減され、市町村社会福祉行政における地方財源比率が高まった事である。これに続き第2点は、第二次機関委任事務整理法により社会福祉関係の多くの事務が団体委任事務化された事である。そして第3点は、社会保障関係諸法改正により、在宅福祉サービスの法定化、高齢者・障害のある人の福祉入所施設の措置権の町村委譲、市町村での高齢者福祉サービスの一元的実施、老人保健福祉計画・障害者計画・地域福祉計画の策定等の制度改革、障害のある人の総合支援法の創設が行われた。

こうした一連の改革は、財源における市町村主義と言う地方分権的内容を伴わなければならない。ところが、中央（政府）・地方（市町村）の財源面での委譲がなされていない為（2007 年に国税の所得税から地方税の個人住民税に 3 兆円の税源委譲が実現した）、次のような社会福祉の財政問題等が発生している。つまり、武田宏氏が指摘されているように、「その財政問題の第 1 点は、市町村が担う在宅福祉サービスの財源が不明確な事である。と言うのは、ショートステイ、デイサービス、ホームヘルプ等の在宅サービス（居宅生活支援事業）は法定化されたけれども、国庫負担化はなされず、随意事務に留まった。その為に、老人保健福祉計画実施にあたり各市町村における財政上の障害となった。第 2 点は、在宅福祉サービスの超過負担構造がある。と言うのは、ホームヘルパーの国庫補助金の手当の水準は、地方公務員の賃金水準と比較すると、不足する基準である。その為、市町村が常勤ヘルパーを雇用すると超過負担が生じる。第 3 点は、福祉施設建設費における超過負担の構造が存在していることである。と言うのは、福祉施設を建設する場の土地代、用地整備費は国庫負担金の対象外であり、しかも福祉施設建設費も基準当りの単価が実額より低いため、市町村の持ち出し費用がよぎなくされる [1]。」

　本節では、こうした問題点を解決し、地方主権型福祉財政を考察していく。考察の手順としては、まず福祉財政とは何かを考察していく。次に現代社会における福祉財政の矛盾を考察していく。最後に、福祉財政の矛盾を改善していく為の地方主権型福祉財政論の課題を考察していく。

2. 福祉財政とは何か

　福祉財政とは何かを整理すると、里見賢治氏が指摘されているように、狭義の意味と広義の意味がある。前者は、「福祉六（生活保護法、児童福祉法、身体障害者福祉法、知的障害者福祉法、老人福祉法、母子及び寡婦福祉法）を中心とする社会福祉の財政問題として理解される [2]。」一方、後者は、「社会保障の財政問題として理解される [3]。」そして、福祉財政は、社会問題としての生活問題（生活手段［貨幣や教育制度等］の不足・欠如と生活手段の不足・欠如から関係派生的に生成してきた福祉利用者の人間らしい健康で文化的な生活活動の基盤である多様な個人及び共同の潜在能力［抽象的人間生活力＝生活力・抽象的人間労働力＝労働力］の維持・再生産・発達・発揮［機能］の阻害［福祉利用者の多様な個

人及び共同の潜在能力の不足・欠如］の生活問題）を担った福祉等の利用者に対して、人間らしい健康で文化的なの生活（福祉利用者の人間らしい健康で文化的な生活活動の基盤である多様な個人及び共同の潜在能力［抽象的人間生活力＝生活力・抽象的人間労働力＝労働力］の維持・再生産・発達・発揮［機能］の成就）ができるように、公的な責任で行う財政システムであると言える。

　さらに、こうした福祉財政の認識に留まるのではなく、福祉財政に内在している二つの要因を分析していく必要がある。とするならば、福祉財政は第一に、外的対象であり、その特性（使用価値）によって福祉利用者の何らかの種類の必要性（要求）を満たす（例えば、貧困状況にある障害のある人が、生活保護財政で人間らしい健康で文化的な生活を成就した場合、必要性を満たした事になる）。この必要性の性質は、それが例えば福祉財政によって建築された物質的生産物（福祉施設等）で生じようと、福祉財政で雇用されたホームヘルパーによる人的サービスで生じようと、あるいは物質的生産物と人的サービスの併用で生じようと、少しも福祉財政の使用価値の事柄を変えるものではない。重要なのは、福祉財政によって雇用された社会福祉労働者が福祉等の利用者に対象化・共同化[4]。される事によって福祉利用者にとって人間らしい健康で文化的な生活（人間らしい健康で文化的な生活活動［機能］の基盤である多様な個人及び共同の潜在能力＝抽象的人間生活力・生活力［抽象的人間生活力とは、人間が生活の際に支出する脳髄、筋肉、神経、感官等を意味する］・抽象的人間労働力・労働力［抽象的人間労働力とは、人間が労働の際に支出する脳髄、筋肉、神経、感官等を意味する］の維持・再生産・発達・発揮［機能］の成就）の享受の支援に部分的あるいは全体的に関係していると言う事である。そして、福祉利用者の人間らしい健康で文化的な生活（福祉利用者の人間らしい健康で文化的な生活活動の基盤である多様な個人及び共同の潜在能力［抽象的人間生活力・生活力］の維持・再生産・発達・発揮［機能］の成就）の享受の支援に部分的あるいは全体的に関係していると言う事は、二重の観点から、即ち量と質の面から分析されていく必要があるが、その有用性は使用価値にし、福祉財政における社会福祉の素材的な内容になっている。

　このように使用価値は、なによりもまず多様に異なった質であり、その有用性であるが、その使用価値を捨象するならば、福祉財政で雇用された社会福祉労働等に残っているのは、無差別に人間労働の、その支出の形態（人的サービス提供形態の社会福祉労働等、生活手段提供形態の社会福祉労働等）には関わりのない

人間の肉体的及び精神的な総体の抽象的人間労働の支出の、ただの凝固物の社会関係のほかにはなにもない。これらの事が意味しているのは、ただ、その福祉利用者の体内に社会福祉労働者等の人間の肉体的及び精神的な総体の抽象的人間労働が支出されており、抽象的人間労働と社会福祉労働手段が積み上げられていると言う事だけである。これを価値（価値の実体は抽象的人間労働である）と言う。人間の肉体的及び精神的な総体の抽象的人間労働が価値になるのは、人間の生存の根本的要素である自然素材と人間の肉体的及び精神的な総体の抽象的人間労働とが結合関係にあり、凝固状態の社会関係にあるからである。とするならば、福祉利用者（人間）と雖も自然素材と同次元（人間も自然的存在であり自然の一部であると言う意味）にあり、しかも福祉利用者に対して社会福祉労働者の肉体的及び精神的な総体の抽象的人間労働が対象化・共同化（結合し凝固されている事）されているのである。それ故、ある使用価値が価値を持つのは、ただ人間（社会福祉労働者）の肉体的及び精神的な総体の抽象的人間労働が福祉利用者の体内に対象化・共同化されているからでしかないと言える（福祉利用者の体内に抽象的人間労働力・労働力が維持・再生産される）。

　さらに、単に価値を形成するだけでなく、剰余価値も次のように形成する。つまり、国家[5]は福祉財政によって、社会福祉労働者に労働力の価値（賃金）を支払うが、社会福祉労働者が一労働日（1日の労働時間）中に福祉等の利用者に対象化・共同化した価値は、社会福祉労働者自身の労働力の価値とこれを超過する部分を含む。即ち、一労働日は、必要労働＝支払い労働と剰余労働＝不払い労働との二つの部分からなる。例えば、福祉財政で運営されている身体障害者授産施設の例でみると、1997年時点での定員30名の身体障害者授産施設における措置費の中の人件費は、特別が月額62,100円であるので、1日約2,400円で、それは4時間分の必要労働＝支払い労働に相当する。しかし、国家は、福祉財政によって1日8時間の福祉労働者の抽象的人間労働力・労働力の使用権を買ったのであるから、福祉労働者を8時間労働させる。すると福祉労働者が新しくつくりだした価値は、8時間＝48,00円となるから、4時間＝24,00円である必要労働＝支払い労働の価値を越える4時間＝24,00円の価値、すなわち剰余価値が生まれる。こうして福祉財政には、福祉利用者にとっての使用価値の要因と国家及び総資本にとっての価値・剰余価値の要因が矛盾（矛盾は、福祉財政の発展の原動力である）対として統一し、しかも排斥（使用価値を高めていく福祉財政への社

会福祉運動が発生し高揚していくこと）しあっていると言える。

　以上の事から福祉財政とは何かの定義を行うならば、次のような定義が可能である。つまり、福祉財政とは、現代資本主義社会の土台である生産様式（経済的生活過程）の経済的必然性によって生成してきた社会問題としての生活問題の担い手である労働者階級や中間階級等の相対的過剰人口の一員を中心とした福祉利用者や社会福祉労働者等の生存権的平等保障活動・運動・労働に影響されて、生活問題の担い手に向けられた階級的な価値の形成と剰余価値の取得・支配の国・地方自治体の福祉方策・福祉施設・福祉サービスにおける福祉財政の総称であって（本質＝構造的認識）、その本質の現象的表現は、部分的あるいは全体的に福祉利用者の生活問題に対応する精神的・物質的な支援、保護及び福祉（人間らしい健康で文化的な生活（福祉利用者の人間らしい健康で文化的な生活活動［機能］の基盤である潜在能力［抽象的人間生活力＝生活力・抽象的人間労働力＝労働力］の維持・再生産・発達・発揮［機能］の成就）の享受の使用価値＝公共性（公益）を、公・私の社会福祉労働（社会福祉労働手段も含む）・コミュニケーションを媒介として、個別的・集団的・組織的及び総合的に行っていく福祉財政システムであると言える（機能的認識）。

3.　福祉財政の矛盾

　前述においては、福祉財政の二つの要因、つまり使用価値の要因と価値・剰余価値の要因の矛盾（矛盾は、福祉財政の発展の原動力である）対を分析した。そして、福祉財政における個人の応益負担を強化し市場福祉を拡大していく事は、総資本（企業）や福祉事業者等にとっての剰余価値を高めていく事であり、その一方において、福祉利用者にとっての使用価値を低下していくと言う次のような矛盾が発生する（特に生活保護の福祉財政においては、人権侵害の福祉行政が行われている [6)]。

　1990年の「地方財政白書」によれば、「市町村民生費は6兆円2,436億円になっており、地方自治体民生費の実際の支出と言う点では4分の3は市町村と言う事になる。」これは、福祉行政が地方自治体の財政力に左右されないようナショナル・ミニマム行政として中央政府が責任を持つと言う理念に立ちつつも、実際の福祉行政は住民にもっと身近な市町村を通じて実施される傾向が強まった事を意味する。

また、1990年の「地方財政白書」によって市町村民生費の目的別推移を見ると、「第1に児童福祉費は最大の費目であり、1980年において35.3%増大している。しかし民生費に占める構成比は1980年度に比べると1989年度では2.6ポイント低下している。第2に、社会福祉費は1980年度と比べると1989年度には110%増と伸びが著しい。第3に生活保護費1989年度の1兆3,237億円をピークに以降毎年減少している。生活保護費は①第三次『適正化』（別名「水際作戦[7]」と言う）政策による、保護世帯・人員数減少とともに、②国庫負担金負担率削減があいまって、経費的にも抑制・削減がすすんだといえる。第4に、老人福祉費の民生費にしめる構成比が1989年度において21.4%となっており、1980年度の23.2%に比べると1.8ポイント低くなっている。これは1983年2月からの老人保健医療事業特別会計の発足により、老人医療費部分が移管しているためである。同国庫負担金（1兆797億円）を加えて計算すると、1989年度には老人福祉費は2兆3,227億円となる。これは児童福祉費の1兆86,134億円を大きく上回るものであると同時に1980年度に対して151%増となっており、『伸び率』の点でも社会福祉費を上回る[8]。」

　以上の点を要約すると次のように要約できる。つまり、生活保護費が減少している以外は、他の社会保障費は増加している。特に老人福祉費は、分離された老人医療特別会計への支出分を加えて考えると増加は著しい事が明らかに示されている。

　しかし、1980年代から国庫負担金削減が進行する。つまり、「1985年の国庫負担金「一括削減法」が社会福祉を中心に生活保護の国庫補助率の1割削減の切捨てに拍車をかけてくる。この生活保護の削減策は、不況下の失業者増大期のものだけに反福祉的特色を端的に示すと同時に、中央政府の財政責任においてのナショナル・ミニマムとしての社会福祉に対する国庫負担を排除し、福祉財政における負担を市町村・個人に押しつけようとする財源抜きの「地方分権」を露骨に示している[9]。」

　また、「老人保健制度は、老人訪問・看護療養費をも含めた医療給付を、医療保険からの移転的収入を主要な財源にして公費負担と患者の一部負担で賄うと言うものであった。したがってこの老人保健制度は、生活保護水準の切り下げと患者一部負担制度の導入と言う福祉サービスの削減を補完しながら、医療保障の保険化への傾斜を円滑に媒介することにより福祉財政の再編に寄与していったので

ある。ちなみに年金保険・老人保健・老人福祉の三者中の高齢者関係給付の比重を見ると、1973年の25%から1980年の43%、1990年の60%へと増大傾向にあった。要するに老人医療問題への中央政府の対応は、国庫負担の削減を契機に保険化を伴った福祉財政の削減で応えるものであった[10]。」

ところが、福祉財政における国庫負担の削減は、市町村の福祉行政の実施に影響を与えざるを得ない。と言うのは、「1984年から1990年までの市町村の民生関係公務員の削減（4,813人）を通じた福祉サービスの貧困化（福祉利用者にとっての社会福祉等の使用価値の低下及び阻害）の最大原因となっている[11]。」

また、福祉財政の例として、介護保険制度の財政構造を見てみよう。介護保険制度の財政構造を見ると、「財源は介護サービスの利用者からの利用料及び公費としての保険料（1/2）及び中央政府（2/3）、県（1/8）、市町村（1/8）となっている。つまり、市町村負担はこれまでの1/6から1/8となり市町村負担は軽減されているように見える[12]。」しかし、現実の介護サービスの実施過程では、次のような問題点が発生している。

まずその問題の「第1点は、各市町村で第1号保険料を中心に保険料徴収をめぐる格差が発生している。市町村が直接徴収すべき保険料も第1号被保険者のうち年金から天引きされない分と第2号被保険者のうち市町村国民健康保険分の1/2とを合わせると、国庫負担の増加により国民健康保険の負担減を差し引いても徴収分は増額する。そして、介護サービスの必要性が高いわりに保険料を十分徴収できない市町村ほど、給付水準を引き下げるかあるいは保険率を引き上げる（個人負担が高くなる）かの問題が発生する。第2点は、財政力指数の低い市町村ほど大きな財政負担となり財政赤字を促進させる問題が発生する[13]。」

以上のように市町村における福祉財政を考えていく場合、社会保障の民営化、社会保険化、中央政府の国庫負担の削減、企業の社会保障の低負担は看過する事ができない。と言うのは、社会保障の民営化、社会保険化、中央政府の国庫負担の削減、企業の社会保障の低負担の状況下（剰余価値を高めていく）の一方において、市町村負担や個人負担が強化されている（個人負担が強化されほど、福祉利用者にとっての社会福祉等の使用価値は阻害される）。これは、「中央政府の国庫負担率が1984年度まで8割であったのが1985年度から7割に、1986年度からは6割に削減された結果であり、国庫負担率の削減と費用徴収の強化を意図とした社会保障構造改革が、市町村と個人の負担増をもたらしたことは言うまでも

ない¹⁴⁾。」因みに京都市を例にして、負担増加の実態を見てみよう¹⁵⁾。「京都市の 1981 年度の歳入決算額は約 3,900 億円で、1992 年度には 6,400 億円、したがって 8 年間に 1.6 倍になっているが、民生費負担金は約 2 倍、そのうち障害のある人の福祉施設の費用徴収金を示す障害のある人の福祉費負担金は 7.2 倍になり、老人ホームの費用徴収金を示す老人福祉費負担金は 12 倍にまで跳ね上がっている¹⁶⁾。」

さらに、具体的に共同作業所の福祉財政を例にして費用徴収制度の問題点を見てみよう。「共同作業所に通い、仲間と一緒に生き甲斐として働く喜びを得ながら、わずかな工賃を得ている障害者に対し、障害年金と工賃をプラスして収入があったものと認定され、費用徴収が行われた。その費用徴収金が、工賃を上回ればどうなるか。残念ながら作業所に通うことをあきらめる場合が出てくる。そうなると、また在宅に逆戻りとなる。しかも、施設に措置された人数が減るのだから、施設運営に対する公的補助は減額され、施設経営は難しくなる。指導員など職員の給料が払えなくなる。関係者の努力でせっかく作られた福祉施設も、このままでは閉所に追いやられる、という事態である¹⁷⁾。」

4. 福祉財政の課題

では、社会福祉の公的責任・具体的権利・社会福祉の必要充足の原理を実現し、個人の負担増及び強化なしに使用価値の高い公的福祉を発展させていく福祉財政はどうあるべきであろうか。そして、地方主権型福祉を実施していく場合、地方主権型福祉財政が欠かせないが、これらの点を考えると次のような課題が考えられる。

つまりその第 1 点は、公共事業費（特に生産手段型公共事業費）の削減による社会保障給付費への充当である。と言うのは、「1995 年度の社会保障公費負担額は 21 兆円であった。それに対して公共事業費は 51 兆円であった。社会保障給付費を 10 年間に約 2 割拡大しながら、国民負担率を現行水準に保つためには、2004 年時点で社会保障公費負担額を 17 兆円増やさなければならない。そのうち 10 兆円は税収の増大を充てる事ができるので、残りの 7 兆円を確保する必要がある。仮にその全額を公共事業（特に生産手段型公共事業）によって確保しようとすれば、公共事業費を 23 兆円削減する必要がある。つまり、2004 年度の公共事業費を 28 兆円に抑え、それによって捻出された一般財源を社会保障給付費の

増額に充てれば、国民負担率は増やさずに、社会保障給付費の水準を2割引き上げる事ができる[18]。」そして不公平な消費税を上げずに不公平な税制を見直す必要がある。「不公平な税制をただす会」が指摘されているように、不公平税制の是正によって「2017年度の増収資産額は国の税金で27兆3,343億円、地方税で10兆6,967億円、合計38兆310億円になっています。」（不公平な税制をただす会編『消費税を上げずに社会保障財源38兆円を生む税制』大月書店、2018年、100頁）これだけの不公平税制の是正額があれば、社会福祉の財源としては十分であると思われる。さらに福祉の財源がないなら富裕税を新設する必要がある。「わが国で富裕税を導入する場合、課税の対象として……、448.9万世帯、保有純金融資産546兆円がさしあたり対象です。全世帯の8.4％、純金融資産総額の35.5％に当たります。税率を緩い累進構造にして、たとえば準富裕層の純金融資産に0.5％、富裕層のそれに1％、超富裕層に2％とすると、約5.1兆円の税収を見込むことができます。」（鶴田廣已・その他編『税金は何のためにあるの』自治体研究社、2019年、100頁）また聽濤弘氏が指摘されているように、「福祉の財源がないなら剰余価値から引き出せば良いのである。……。その上で若干具体的にみると現に大企業は250兆円もの内部留保（2019年10月時点での内部留保〔企業が税引き後利益から配当金や役員賞与等の社外流出額を差し引いて、残余を企業内に留保した金額〕が、475兆161億円に達している－挿入、筆者）を持っている。いま社会保障給付費は94兆849億円である（2008年）。部門別では医療費29兆6,117億円、年金49兆5,443億円、福祉その他14兆9,289億円である。内部留保を引き出せるなら、社会保障の面でも非正規社員問題でも巨大な事ができる事は明瞭である。問題はどのようにして引き出せるかである。賃上げ等の経済的手段で引き出せる方法がある。しかし直接、財源を確保する為には内部留保が違法に蓄えられているものでない以上、内部留保に課税できるように税制を変える必要がある。」（聽濤弘著『マルクス主義と福祉国家』大月書店、2012年、162-163頁）さらに「福祉財源の確保の為に金融投機を規制する金融取引税（トービン税）の導入も緊急の課題である。トービン税の提唱者であるアメリカのノーベル賞受賞経済学者ジェームス・トービン氏の試算では、1995年時点のアメリカで為替取引に0.1％の税を掛けただけで3,120億ドルの税収が得られるとしている。」（聽濤、前掲書、163頁）

　第2点は、生産手段型公共事業から生活関連型公共事業への転換である[19]。

と言うのは、日本の生活関連型公共事業は貧困である。例えば、「日本の下水道普及率は、全国で54%である。それに対してイギリスは96%、ドイツは90%である。また公園を見ても、日本の1人当たりの公園面積は、全国平均で7平方メートル、東京や大阪等の大都市は、約3平方メートルである。それに対してニューヨークは23平方メートル、ロンドンは26平方メートル、ボンは37平方メートルである。こうした実態からすれば、生活型公共事業への転換（生産手段型公共事業を49兆円8,880億円削る）が急がれるし、特に公費負担方式の福祉主導施策の重点化（生産手段型公共事業の削減分を福祉施策の拡充に振り向ける）は、経済波及効果で6兆円のプラス、雇用効果で187万人のプラス、GDP額で10兆円のプラスとなり、すべての面で差し引きプラスとなる[20]。」

　第3点は、具体的権利規定の法制化である。と言うのは、日本弁護士連合会が指摘されているように、社会福祉事業から「社会福祉法への改正による基本的な問題点のひとつとして、この改革が、利用者の権利制を明確にし、選択や自己決定を保障するものとされながら、そしてそのための権利擁護の諸制度を創設したとされながら、社会福祉法上の規定として、福祉サービス利用者の権利性を明確に定めた規定が一切ないという根本的欠陥がある。」（日本弁護士連合会高齢者・障害者の権利に関する委員会編『契約型福祉社会と権利擁護のあり方を考える』あけび書房、2002年、33頁）また、障害のある人の総合支援法をはじめとした福祉関連諸法にも、福祉利用者の権利性を規定する規定が盛り込まれなかったという問題がある。それ故、次のような具体的な権利の法制化が重要である。つまり、河野正輝氏が指摘されているように、「(1) 社会福祉の給付請求の権利（給付の要否や程度は、行政庁の一方的な裁量によって左右されるのではなく、社会福祉の必要性の有する人々の請求権に基づいて決定される。そして、給付請求権を権利として受給できるためには、①給付を申請することができること、②適切な基準を満たした給付内容を求めることができること、③いったん決定された給付を合理的な理由なく廃止されないこと等の規範的要素が満たさなければならない）、(2) 社会福祉の支援過程の権利（社会福祉の支援過程で誤ったケアや虐待等が行われないことが重要である。その為には、①福祉サービスの種類・内容及びこれを利用する時の権利と義務について知る権利、②自己の支援方針の決定過程に参加する権利、③福祉施設利用者の場合、自治会活動を行い、それを通じて福祉施設の管理運営及び苦情解決に参加する権利、④拘束や虐待等の危害・苦役

からの自由の権利、⑤通信・表現・信教の自由の権利、⑥プライバシーの権利、⑦貯金・年金など個人の財産の処分について自己決定の権利等が保障されること）、（3）社会福祉の費用負担の免除の権利（社会福祉の必要性によって誰でも普遍的に給付請求権が保障される為には、一定の所得以下で社会福祉を必要としながら、それに要する費用を負担できない人々に対して負担の免除が伴うのでなければならない。したがって、①免除を申請することができること、②免除の決定処分を求めることができること、③あらかじめ定められた徴収基準に反する徴収額に対してはその取り消しを求めることができる等が当然に求められなければならない）、（4）社会福祉の救済争訟の権利（社会福祉の給付の内容や費用負担の額等を巡って権利が侵害された時、苦情の申し立て、不服申し立てや訴訟を提起して救済を求めることが保障されなければならない。現行では社会福祉法による苦情解決から、社会保険審査官及び社会保険審査会法、行政不服審査法及び行政事件訴訟法等がある。行政処分に対する不服審査や訴訟等の手段は厳格な手続きを必要とするので、支援過程の苦情解決には必ずしも適さない場合もある。そこでオンブズマン方式等の苦情解決の取り組みが広がりつつある。また、独立の救済機関を設置する）の4つの権利」（河野正輝「生存権理念の歴史的展開と社会保障・社会福祉」社会保障・社会福祉大事典刊行委員会編『社会保障・社会福祉大事典』旬報社、2004年、482-486頁）の下に、国及び地方自治体（都道府県、市町村）の財政責任（国［7割］、都道府県［2割］、市町村［1割］）及び官僚的行政を排除した運営責任の下での公的責任を担保した上で、福祉利用者の人間らしい健康で文化的な多様な個人及び共同の潜在能力の維持・再生産・発達・発揮（機能）に適合した公的責任及び具体的権利による社会福祉の必要充足（何故ならば、福祉利用者の多様な個人及び共同の潜在能力の維持・再生産・発達・発揮の阻害状態によって社会福祉［福祉手段］の必要性の内容・種類・必要度が異なっているので、福祉利用者の多様な個人及び共同の潜在能力の維持・再生産・発達・発揮の阻害状態に適合した社会福祉［福祉手段］の必要性の内容・種類・必要度が決定され充足される事が重要である）の原理に基づいて市町村が直接、社会福祉を提供していく現物及び現金給付型の仕組みを新たに構築していく事が重要である（民間の福祉については、措置委託制度を復活させる事と、「負担は能力に応じて、給付は必要に応じて」を基本原則とする）。

　第4点は、地方主権型福祉財政の土台となる地方主権的税財政システムをどの

ように構築していくかである。神野直彦氏が指摘される次のような地方税を拡充する地方主権的税財政システムに対して、「地方自治体の自主財源を拡充する方策としてはすぐれており、一定の実現可能性もある。しかし、これらの方策では、『富裕団体』の自主財源は確保されるものの、他方で『貧困団体』に回るはずの地方交付税の財源が縮小し、地域間の格差が拡大するという問題がある[21]。」と言う懸念がある。しかし、「個人住民税の比例税率化で国税から地方税に税源委譲を実施すれば、国税と地方税とを合わせた税負担には変化がないけれども、地方税だけで見ると、低額所得者は増税となり、高額所得者は減税となる。そうだとすれば、低額所得者の多く居住する貧しい地方の地方税収入がより多く増加し、高額所得者の多く居住する豊かな地方の地方税収入がより少なく増加する事になる。したがって、地方自治体間の財政力格差はむしろ是正しつつ、自主財源である地方税の拡充が可能なのである[22]。」

とするならば、次のような地方税を拡充する地方主権的財政システムが必要である。つまり、神野直彦氏が指摘されているように、「比例税率で課税される比例所得税を、地方税体系の基幹税に据えることは日本では容易である。つまり、個人住民税を 10% の比例税にした結果をシミュレーションして見ると、国税の所得税から地方税の個人住民税に 3 兆円の税源委譲が実現する（2007 年に 3 兆円の税源委譲が実現した）。しかし、地方税体系としては、比例的所得税を基幹税とするだけでは不十分である。と言うのは、比例的所得税では、所得を受け取った地域でしか課税できないし、他の市町村に居住している人々で、その地域社会で事業を営む人々、あるいは事業所に働きに来る人々にも課税できないので不十分である。ところが、むしろ居住者よりも事業活動をしている人々や働いている人々の方が、市町村の公共サービスを多く利用している。そこで所得の分配地で配分された所得に比例的に課税するだけでなく、所得の生産局面で発生した所得に比例的に課税する必要がでてくる。日本ではすでに所得の生産局面で課税する地方税として事業税が存在しているので、事業税を所得型付加価値税（IVA「所得型付加価値税」＝ C「消費」＋ I「投資」－D「減価償却費」＝ GNP「国民総生産」－D ＝ NNP「国民純生産」＝ W「賃金＋地代」＋ P「利潤」）に改めることによる「事業税の外形標準化」として実現する。事業税を所得型付加価値税に改めれば、事業税が事業活動に応じた課税となる。そうなると地方自治体は、公共サービスによって地域社会の事業活動を活発化すればするほど、安定的な財源が確保

できる（逆に安定的な財源が確保できれば、地方自治体は地域社会の事業活動を活発化させる公共サービスも増大させることができる）。さらに地方税体系は、こうした所得の生産局面で比例的に課税される地方税を追加しただけでも不十分である。と言うのは、所得の生産局面での課税では、その市町村で生産活動を行う人々にしか課税されないからである。市町村には生産活動だけでなく、観光地や別荘地に見られるように、消費活動を行うために来る人々も市町村の公共サービスを利用しているので、消費に比例した負担を拡充することが必要である（日本では、現在、こうした地方税としての地方消費税が存在しているので、この地方消費税のウエイトを高めることが必要である）[23]。」

このように、「地方税では所得循環の生産・分配・消費と言う三つの局面でバランスをとって課税する必要があり[24]」、こうした地方税体系を構築していく事が公費負担方式の福祉財政にとって必要であり課題でもある。そして、こうした地方税体系でもってしても、人間らしい健康で文化的な社会福祉（社会保障）の推進の際に、地方自治体間の福祉財政の格差が発生した場合、中央政府の地方交付税によって是正していく事が必要になってくる。

以上の課題を達成していく事は、新自由主義的な考え方に基づく社会福祉（社会保障）、つまり公的責任の縮小及び放棄、公的福祉の解体と民営化・営利化（商品化）と言う方向に向かう現在の社会福祉（社会保障）を転換させ、公的責任と公費負担方式による福祉利用者の為の福祉財政を実現する事にもなると思われる。

【注】
1) 武田宏「社会福祉の政府間財政関係」（坂本忠次・その他編『分権時代の福祉財政』敬文堂、1999年、134-135頁）。
2) 里見賢治「福祉財政論の課題と本書の枠組み」（右田紀久恵・その他編『福祉財政論』ミネルヴァ書房、1989年、4-6頁）。
3) 里見、前掲書、4-6頁
4) 物的生産と異なって、人間を対象とした社会福祉労働等においては、コミュニケーションを媒介とした福祉利用者との共同関係が重要となってくる。と言うのは、コミュニケーションを媒介として、社会福祉労働者と福祉利用者が対等な地平から出発すればするほど、福祉利用者の主体的な社会福祉等の使用価値を高めていく為のケイパビリティを引き出していく事に繋がる。
5) 現代資本主義社会の土台である生産様式に絶対的に規定された国家は、資本主義秩序を絶対的に発展させる。しかしその一方において、現象上は一般的にあたかも超階級的「公共」的であるかのごとき外観をとる。所謂、福祉利用者の使用価値を高めていく社会福祉などの公共性を国家の本質とみなす国家観が現象として見られる。マルクス＝エンゲルス（真下信一訳）『ドイツ・イデオロギー』大月書店、1992年、118頁。
6) 例えば、生活保護の必要性（要求）が高いのにもかかわらず、「言葉に障害がある一人暮らしの女性（63）は今月初め、福祉事務所の面接室でファイルに挟まれた見本を見せられた。この通りに『辞退します』と書いてくれと紙とボールペンを渡され、生活保護の辞退を迫られたという」（朝日新聞朝刊、2003年2月19日水曜

日）。

7) 「水際作戦」の意味は、保護申請の手前の段階で「相談」として処理し、申請の岸辺に手をかける前に水中に落としてしまう事である。つまり、申請の抑制により、生活保護が必要であるのにもかかわらず、生活保護が受けられないという人権侵害の事例である。

8) 武田、前掲書、126-127頁。

9) 竹内良夫「日本の地方福祉財政の行方」（坂本・その他編、前掲書、156-159頁）。

10) 社会保障研究所編『社会保障費統計の基礎と展望』（有斐閣、1995年、43頁）。

11) 『地方財政統計年報』（1985年版、618-619頁;1994年版、616-617頁）。

12) 坂本忠次「『福祉国家』の分権化と財政改革」（坂本・その他編、115-118頁）。

13) 坂本、前掲書、115-118頁。

14) 各国の国民経済計算を用いて、法人・準法人企業部門が生産した所得（付加価値）を分母により、それに対する賃金、社会保険料、法人税の合計額の比率を企業負担率として、それらの国際比較を行うと、日本の企業負担率は、アメリカとほぼ等しく、ドイツ、フランス、イギリス等ヨーロッパ諸国の企業負担率に比べて大幅に低い。比較基準を法人税率に限定したグローバルスタダード論に基づき、日本の企業負担は高いとする議論、企業負担抑制論が一面的、恣意的である（福田泰雄著『現代日本の分配構造』青木書店2002年、200頁）。

15) 小沢修司著『福祉社会と社会保障改革』（高菅出版、2002年、78頁）。

16) 小沢、前掲書、79頁。

17) 小沢、前掲書、76頁。

18) 中山徹著『地域経済は再生できるか—自治体のあり方を考える』（新日本出版、1999年頁）。

19) 中山、前掲書を参考にする。

20) 中山、前掲書、83-86頁。

21) 重森暁著『分権社会の政策と財政』（桜井書房、2001年、228頁）。

22) 神野直彦「三つの福祉政府と公的負担」（神野直彦・その他編『福祉政府への提言』岩波書店、1999年、298頁）。

23) 神野、前掲書、298-302頁。

24) 神野、前掲書、298頁。298-302頁。

第Ⅲ部

福祉利用者の使用価値を高めていく
社会福祉の検討

資本主義社会の生産様式における古い社会福祉に対する弁証法的発展（弁証法的発展とは、社会福祉の低いレベルから高いレベルへ、単純なものから複雑なものへと言う前進過程であり、その前進過程で以前にはなかった新しい社会福祉が法則的に生成してくるような変化である）の観点から「労働者が自らの手でつくりだした富である社会的総労働生産物（社会的総生活手段－挿入、筆者）を、福祉と国民生活のために控除（充当－挿入、筆者）することができるようになる」（聴濤弘著『マルクス主義と福祉国家』大月書店、2012年、149頁）ために、福祉利用者にとっての使用価値を高めていく及び構造的に福祉を第一義的に実現する高い段階のアソシエーション（共産共生）社会（アソシエーション［共産共生］社会においては、共同の生産手段及び労働者の民主的［民主主義の主たる属性は、基本的人権・自由・平等・多数決原理・法治主義である］自治による生産手段の管理・運営の下で、各自の生産者の多様な潜在能力［抽象的人間労働力・労働力］に応じて労働する自由で平等な協同団体［協同団体以外に、国家・地方自治体・労働組合・株式会社・会社員自主管理・労働者協同組合等を基礎とする生産手段の多様な所有形態が考えられる－挿入、筆者］を基礎にして生産を行い、生産された生産物［生活手段］は各自の必要に応じて分配を受け各自の所有物となる社会）における新しい質の社会福祉（アソシエーション［共産共生］社会おける新しい質の社会福祉は、社会福祉労働者の労働力の商品化を廃止し、社会福祉労働手段〔福祉施設や福祉事業所等〕の共同占有の下で、協同組合・国家・地方自治体・労働組合・社会福祉法人等の社会福祉労働者の徹底した民主的自治による管理・運営＝当事者主権［福祉利用者や社会福祉労働者］による社会福祉労働者の個人的所有［所得］を再建する協同組合・国家・地方自治体・労働組合・労働者協同組合・社会福祉法人等の連合社会福祉の事である）の条件の下で、福祉利用者の多様な個人及び共同の潜在能力の開発（発達）、福祉利用者の福祉の成就を支援していく社会福祉労働手段も含めた社会福祉労働（福祉手段）の発展、福祉利用者の福祉の成就を支援していく福祉専門職の発展、従来の自立（自律）観の克服と共同的自己管理の自立（自律）観の確立と発展、福祉利用者の主体性の発揮の機会的平等の保障、社会福祉労働者及び福祉利用者等への使用価値としての福祉の文化の確立と発展が重要である。以下では、これらの課題について考察していく。

第8章　福祉利用者の開発（発達）と社会福祉

1. はじめに

　今日、人間（福祉利用者－挿入、筆者）開発＝発達（社会福祉における人間開発の事業というのは、社会福祉を合法則的に発展させる事を通じて実現されるものである。その為には、社会福祉の法則性を洞察し、社会福祉を科学的［マルクス経済学・弁証法的唯物論及び史的唯物論・変革運動論・潜在能力アプローチ、福祉観察や福祉労働などの経験的手続きによって実証していく法則的・体系的知識］に考察する事が重要である）が、国連開発計画[1] など国連機関の場で提起され、これが21世紀に向けての社会福祉の新しい理念となりつつある。そして、福祉利用者の人間開発（潜在能力の発達・発揮）によって、福祉利用者が社会福祉労働（施設の建物や施設内で提供される食事等の社会福祉労働手段も含む）を能動的・創造的かつ受動的に享受し、人間らしい健康で文化的な生活（必要な生活手段に適合して人間らしい健康で文化的な生活活動［機能］の基盤である潜在能力の発達・発揮の成就すること）の享受を向上させていく（福祉利用者が社会福祉労働の享受の使用価値を高めていくこと）と言う点において福祉利用者の開発＝発達（潜在能力の発達・発揮）の思想は重要である。

　ここでは、この人間開発（潜在能力の発達・発揮）の思想的淵源の一つに成っているアマルティア・セン（ノーベル経済学賞の受賞者）の福祉を弁証法的否定によって検討し、その人間開発（潜在能力の発達・発揮）に対するセンの理論がどのような意義を持ち、そして同時にどのような問題点（限界）があるのかを考察していきたい。

　まず第1に福祉の特徴を整理し、次に国連開発計画による人間開発（潜在能力の発達・発揮）論がどのように提起され、それが人間開発（潜在能力の発達・発揮）政策にどのような方向転換を意味しているのか、またそれが人間開発（潜在能力の発達・発揮）指標の開発・利用においてどのような変化を導いたかについて考察する。第2にセンの福祉の根幹と言うべきケイパビリティ（capability［潜在能力］）論は、経済学の主流派の価値論を形づくっている効用論（効用論は、快楽・幸福・欲望等といった心理的特性によって定義される個人の効用のみに究

極的な価値を見いだす論である）に対してのもう一つの価値論を展開していると言う事である。つまり、人間の多様な基礎的生活活動（機能［functioning］）の組み合わせ間の自己選択・自己決定の自由の拡大と言う要因を強調する事によって（こうした点を強調するのは、前述したように、次のような点にある。つまり、人が生きている事を実感できるのは、日常の生活活動や社会活動を十分に行っている時の方が多い。そうすると、福祉を考える時、福祉サービスや所得等の福祉手段のみに注目するのではなく、実際の人の生活活動と生活状態の状況を詳しく見た方が良い事になる）、新しい人間開発（潜在能力の発達・発達・発揮［機能］）思想の基礎となる事ができる。

　以上の２点を検討する事によって、人間開発（潜在能力の発達・発揮［機能］）がいかに福祉利用者にとって社会福祉の使用価値を高めていく事に連結していくかが認識され、社会福祉学のパラダイム（paradigm）転換に寄与できればと思う。

2. 人間（福祉利用者）の欲求及び要求と社会福祉の特徴

(1) 人間（福祉利用者）の欲求及び要求と経済学

　我々が生きている限り続けなければならない人間の生活（人間らしい健康で文化的な生活活動［機能］の基盤である潜在能力［抽象的人間生活力＝人間が生活の際に支出する脳髄、神経、筋肉等を意味する・抽象的人間労働力＝人間が労働の際に支出する脳髄、神経、筋肉等を意味する］の維持・再生産・発達・発揮［機能］の成就）は、人間が労働において自然に働きかけると同時に、人間相互にも働きかけて、人間の種々の欲求（要求）を満たす為に必要な物質的なものやサービスを生産し、分配し、消費（享受）する事によって成り立っている。経済学と言う学問は、こうした人間生活の諸法則を、人間が種々の欲求（要求）の充足手段を獲得し享受するに際しての、人間と自然との相互関係及び人間と人間との相互関係に則しての研究を行う学問である（社会福祉学の学問も同様である）。このように考えられた経済学は、それ自体の内に人間開発（潜在能力の維持・再生産・発達・発揮［機能］）の経済学が含まれていると思われる（社会福祉学の学問も同様である）。

　まず経済学の原点に位置する人間の欲求（要求）と言う契機に注目し、欲求（要求）と人間開発（潜在能力の維持・再生産・発達・発揮［機能］）との関連について考えてみる。森岡孝二氏が指摘されているように、「人間の日々の生活を見

ると理解できるように、飲食、衣着、住居、保育、福祉、医療、娯楽等の多種多様な生活手段に対する欲求（要求）を持っている。これらの内、所謂衣食住に関係する生理的及び身体的欲求（要求）の最小範囲は、人間の生物的生存の為に絶対的に必要である（また、この種の欲求は、気象や風土等の自然的条件によって違いがある）。しかし、どんな種類の欲求（要求）であれ、人間の欲求（要求）のありよう、その種類、その範囲、その享受の仕方等は、第1に、人間とその社会の歴史的発展段階、特に文化段階によって条件づけられている。第2に、人間の欲求（要求）は、生産関係や家族・地域社会・社会集団の地域全体及び社会全体の共同的・社会的生活諸関係によって規定されている。第3に、人間の欲求（要求）は、その享受の手段（住居等の生活手段）の量と質、種類と範囲によって制約されており、欲求（要求）の享受手段の発展につれて発展していく [2]。」

　こうした人間の欲求（要求）を満たすには、身体的・自然的欲求（要求）であれ、精神的・文化的な欲求（要求）であれ、身体器官の外に、種々の物質的及びサービスの生活手段が必要である。筆者自身の日常生活に則して述べるならば、朝はまず時計の音に目を覚まし、布団から抜け出してトイレにいく。歯ブラシに練り歯磨きをつけて歯を磨く。水道の水で顔を洗い、タオルで拭く。朝食の食事をしながら新聞を読む。出勤前に衣類をクリーニング屋に依頼（洗濯のサービスの依頼）する。そこでようやくバスで外出する。

　これら全て筆者が朝起きて外出するまでの生活上の欲求（要求）を満たす為に必要とする物質的及びサービスの生活手段である。サービスや財（生活手段）には空気や日光等のように自然の状態のままで人間の欲求（要求）を満たすものもあるが、殆どは人間が自然や人間に働きかけて、自然の物質を生活で使用できる形態に変化させたものだと言う意味において、労働の生産物である。

　しかし、労働の生産物である生活手段は現代資本主義社会においては殆ど商品形態をとっている。商品を取得（購買）するのには、一定の生活手段である所得（貨幣）が必要である。ところが労働者が停年・失業・疾病・傷害・障害等によって低所得や貧困に陥った場合、生活手段（商品）の購買力に不足・欠如が生じてくる。この場合、生存権（憲法第25条）としての社会福祉や社会保障が必要となってくる。つまり、経済学とは本来、福祉（well-being）の増進・向上を追求する学問 [3] であると言う見解を肯定するならば、福祉と経済の合成語である福祉経済は、社会問題としての社会福祉（生活）問題を担った福祉利用者に対する福祉

サービス・所得（生活手段）の再分配・機能 [4] 及び消費（享受）の支援 [5] を研究対象とする社会科学の学問（学問とは、一定の理論［理論とは、科学［科学とは、福祉観察や福祉実践・福祉労働等の経験的手続きによって実証された法則─法則とは、いつでも、またどこでも、資本主義社会の生産様式の条件の下で成立する社会問題としての社会福祉問題と社会福祉労働との普遍的・必然的関係を意味する─的・体系──一定の概念に基づいて系統的に論を展開していくこと─的知識を意味する］において社会問題としての社会福祉［生活］問題と社会福祉労働の事実［科学は理念・思弁や仮定等から出発するのではなく、事実から出発するのである］や認識を統一的に説明し、予測する事のできる普遍性を持つ体系的知識を意味する」に基づいた法則的・体系的知識・方法を意味する）になる。

(2) 社会福祉の特徴

　従来の経済学による生活評価は、人の持っている財や所得等の手段の程度を基準にするものと、本人の主観的な幸福感に注目するものとに分かれている。従来、社会福祉の生活評価も社会福祉の法制度・福祉政策の手段そのものの整備程度や水準のみを基準あるいは視点としていた（社会福祉の法制度・福祉政策［生活手段］等そのものの整備程度や水準は重要であるが、社会福祉の法制度・福祉政策等そのものの整備程度や水準は直接的に福祉ではない。と言うのは、社会福祉の法制度・福祉政策等を福祉利用者の多様な個人及び共同の潜在能力によって使用して、人間らしい健康で文化的な潜在能力［抽象的人間生活力・抽象的人間労働力］の維持・再生産・発達・発揮［機能］を実際に成就して初めて社会福祉となると考えている）。つまり、社会福祉は、生存権保障として福祉利用者に社会福祉の法制度・福祉政策等の福祉手段の保障と供に社会福祉の法制度・福祉政策等の福祉手段そのものを使用して現実に何をなしうるかあるいは福祉利用者は現実にどのような存在でありうるかと言う点が焦点となる。福祉利用者を中心に置き、しかも人間らしい健康で文化的な潜在能力［抽象的人間生活力・抽象的人間労働力］の維持・再生産・発達・発揮（機能）の成就の実現（福祉＝well-being）の際に、社会福祉の法制度・福祉政策等の福祉手段そのものの固有価値だけに注目するだけでなく、福祉利用者のケイパビリティ（潜在能力）の多様性に注目していく必要性をアマルティア・センは次のように指摘する。

　「一例としてパンという財を考えよう。この財は多くの特性をもつが、栄養素

を与えるというのもそのひとつである。この特性は、カロリー・蛋白質など、さまざまなタイプの栄養素に分解できるし、そうすることはしばしば有用である。栄養素を与えるという特性に加え、パンはその他の特性、例えば一緒に飲食する集まりを可能にするとか、社交的な会合や祝宴の要請に応えるといった特性をもっている。ある特定時点における特定の個人は、より多くのパンをもつことにより、ある限度内でこれらの仕方（すなわちカロリー不足なしに生存すること・他人をもてなすことなど）で機能する能力を高めることができる。しかし、二人の異なる個人を比較する際には、ただ単に二人の個人がそれぞれに享受するパン（あるいはそれに類した財）の量をしるだけでは、十分な情報を得たことにはならない。財の特性を機能の実現へと移す変換は、個人的・社会的なさまざまな要因に依存する。栄養摂取の達成という場合にはこの変換は（一）代謝率、（二）体のサイズ、（三）年齢、（四）性（そして女性の場合には妊娠しているか否か）、（五）活動水準、（六）（寄生虫の存在・非存在を含む）医学的諸条件、（七）医療サービスへのアクセスとそれを利用する能力、（八）栄養学的な知識と教育、（九）気候上の諸条件、などの諸要因に依存する [6)]。」

　つまり、アマルティア・センが指摘されているように、人（福祉利用者）の福祉＝ well-being を考えていく場合、ひと（福祉利用者）の前述した多様なケイパビリティを踏まえて、人（福祉利用者）が現実になしうること（doing）と現実になりうること（being）に注目していく事が重要であると言う事である。またアマルティア・センによれば、「福祉（well-being)」の評価を富裕つまり実質所得（生活手段）のみに焦点を合わせたり、効用や満足のみに焦点を合わせるのではなくて、人（福祉利用者）が機能するケイパビリティ、即ち人（福祉利用者）は現実になにをなしうるか、あるいは人（福祉利用者）は現実にどのような存在でありうるかと言う点にこそ関心を寄せるべきであると言う事になる。福祉サービス・財貨は特性（固有価値）を備えているが、福祉サービス・財貨の特性（固有価値）は、人（福祉利用者）がそれを使用して何をなしうるかを教えてくれない。人（福祉利用者）の「福祉について判断する際には、彼／彼女（福祉利用者－挿入、筆者）が所有する財の特性に分析を限定するわけにはいかない。われわれは、ひとの『機能』（functioning）にまで考察を及ぼさねばならないのである。財の所有、従ってまた財の特性に対する支配権は個人（福祉利用者－挿入、筆者）に関わることであるが、財の特性を数量的に把握する方法はその財を所有するひ

との個人（福祉利用者−挿入、筆者）的特徴に応じて変わるわけではない。自転車は、それをたまたま所有するひとが健康体の持主であれ、ひとしく『輸送性』という特性をもつ財として処理されてしまう。ひとの福祉について理解するためには、われわれは明らかにひとの『機能』にまで、すなわち彼／彼女（福祉利用者−挿入、筆者）の所有する財とその特性を用いてひとは（現実に−挿入、筆者）なにをなしうるかにまで考察を及ぼさねばならないのである。例えば、同じ財の組み合わせが与えられても、健康なひとならばそれを用いてなしうる多くのことを障害者はなしえないかもしれないという事実に対して、われわれは注意を払うべきである[7]。」（傍点、筆者）とするならば、社会福祉の法制度・福祉政策の手段そのものの整備程度や水準等の福祉手段の不足・欠如の側面と福祉手段の不足・欠如から関係派生的に生成してきた福祉利用者の多様なケイパビリティ及びそのケイパビリティの維持・再生産・発達・発揮（機能）の阻害の側面を統一的に捉え、さらに両者の関係（機能）にも注目していく事が重要であると言う事である。そして、こうした捉え方は、福祉利用者を中心においた考え方であり、福祉利用者が人間らしい健康で文化的な生活の享受に成功する多様な機能（機能とは人が成就しうる事—彼／彼女［福祉利用者］が行いうる事、なりうる事—である。それは言わば人［福祉利用者］の「福祉状況」の一部を反映するものであって、これらの機能を実現する為に使用される社会福祉の法制度・福祉政策等の福祉手段そのものとは区別されなくてはならない。自転車［生活手段］を乗り回すことが自転車［生活手段］を所有することから区別されなくてはならないというのは、その一例である[8]）と福祉利用者がこれらの機能を達成する生活活動（機能）の基盤であるケイパビリティの多様性及びその不足・欠如にも注目していく事が重要である。

　従って、社会福祉学は、社会福祉の法制度等によるサービスの再分配の社会福祉政策のあり方（福祉手段のあり方）、再分配された社会福祉の法制度・福祉政策等の福祉手段そのものを福祉利用者が人間らしい健康で文化的な生活に変換していく、あるいは人間らしい健康で文化的な生活活動（機能）の基盤である潜在能力（抽象的人間生活力・抽象的人間労働力）の維持・再生産・発達・発揮（機能）の成就を研究していく学問である。つまり、生存権保障として福祉利用者の潜在能力の多様性を踏まえた福祉手段（社会福祉の法制度・福祉政策等）の保障と福祉利用者の生活活動（機能）の基盤である潜在能力の維持・再生産・開発＝

発達・発揮を行っていく機能、福祉利用者の機能に対する社会福祉労働・社会福祉実践のあり方等を研究対象とするところに特徴がある。

3. 人間（福祉利用者）開発及び発達の社会福祉学

(1) 国連開発計画による人間開発及び発達論[9)]

　今日、開発は経済開発（例えば、国民総生産＝GNPの向上等）から人間開発（潜在能力の発達・発揮）に重点が移ってきている（勿論、生活手段として国民総生産の向上が重要であると言う事は言うまでもない）。国連開発計画による人間開発（潜在能力の発達・発揮）を見ると、次のように指摘している。国連開発計画による人間開発（潜在能力の発達・発揮［機能］）とは、「人間の役割と能力を拡大することにより、人々の選択の幅を拡大する過程である。よって、人間開発とはこうした役割や能力の人間へ及ぼす結果を反映することにもなる。人間開発は、過程でありまた目的でもある[10)]。」そして、「すべての開発段階での三つの基本的な能力とは、人々が長命で健康な生活を送り、知識をもち、人間らしい生活水準に必要な経済的資源を得られることである。しかし、人間開発の守備範囲はこれ以上に拡大している。その他、人々が非常に大切だとしている選択肢には、参加、安全保障、持続可能性、人権保障などがあり、これらはすべて創造的、生産的であるために、また、自尊心や能力向上、地域社会への帰属意識をもって生きるために、必要なものである[11)]。」ここでは、人間開発（潜在能力の発達・発揮［機能］）が所得・富（手段）の成長以上のことを示し、即ち人間による選択の拡大を意味すると定義されている。ここで、人間の多様な選択の中でも重要なものとして、保健、教育、人間らしい生活を維持できる収入、政治的自由、人権、人間の尊厳が挙げられている事に留意する事が重要である。これらの指摘は、収入の点を除いて、これまでの主流派経済学にとって「市場の外部」とみなされていた要因である。人間開発（潜在能力の発達・発揮［機能］）の社会福祉学が従来の社会福祉学のスコープ（scope）を大きく広げている。

　また、この国連開発計画では、人間開発（潜在能力の発達・発揮［機能］）過程が個人の選択・能力の拡大に留まらず、国家の義務を次のように指摘している。「国家には、主たる義務者として適切な政策を採用、実施し、最善を尽くして貧困を根絶する責任がある。そして政策の実施に関し、国家の説明責任を明確にする必要がある[12)]。」国家の公共政策の義務を指摘している点は、国家の社会

福祉も含めた公共政策の責任領域を縮小していこうとする資本主義社会の生産様式（土台）の上部構造に位置する新自由主義（新自由主義の考え方は、社会の資源配分を市場の自由競争で実現しようとする。そして、国家の経済への介入は市場の自由競争を制約すると言う事から、国家の福祉への介入も批判する。しかも市場の自由競争によってもたらされた生活の不安定や貧困を市場の自由競争の強化で解決しようとするもので、明らかに生活の不安定や貧困を拡大するものである）に対して貧困の社会福祉の批判の根拠となる。

　そして、人間開発（潜在能力の発達・発揮［機能］）の基礎概念として前述したケイパビリティと言う用語が出てくる。西川潤氏が指摘されているように、「開発の過程は少なくとも人々に対して、個人的にも集団的にも、彼らの持つ資性を完全に発揮させることを可能とし、また、同時に彼らの必要や利害に応じた生産的、また創造的生活を営ませるに相当の機会を与える事を可能とさせるような政策環境を、つくり出さなければならない。人間開発は従って、人間のケイパビリティー保健や知識の改善—を形成するという事以上に、これらのケイパビリティをいかに利用し、発揮していくか、という事に関連している。ケイパビリティの利用とは、仕事、余暇、政治活動、文化活動などいろいろな面で現れる。もし、人間開発の度合の中で、人間のケイパビリティの形成とその利用との間にずれが見出される時、人間の潜在能力の大きな部分は浪費されてしまうことになろう[13]」。西川潤氏が指摘されているように、このケイパビリティの用語は、後述するようにアマルティア・センの概念である。ケイパビリティは能力及び潜在能力の双方を指し、キャパシティ（capacity）と言う言葉とは異なる[14]。つまり、キャパシティはあるもの（こと）を生み出す力（例えば、米を生産する能力そのもの等）を指しているが、ケイパビリティ・アプローチは、「『機能を可能にする能力』も含めた『達成するための自由』に対する幅広い関心の上に立脚しているのである[15]。」そして、西川潤氏が指摘されているように、ケイパビリティの形成及び利用は個人の能力であると同時に、公共政策の責任でもある[16]（ここで、福祉の公共政策の責任とは、能力の形成及び発揮［機能］を保障していくような政策環境形成の責任である。ここに、近年、注目されている政策環境の問題が現れる[17]）。

(2) 人間開発及び発達指標 [18]

　今日までの経済学では、厚生または福祉の指標を一人当たりの国民総生産＝

GNP（マクロ経済学）等で示されてきた。しかし、開発理念が経済成長から人間開発（潜在能力の発達・発揮［機能］）へと転回する時、人間らしい健康で文化的な生活＝福祉（well-being）を示す為の新しい指標が必要となる。国連開発計画では、人間開発（潜在能力の発達・発揮［機能］）を測定する指標として人間開発（潜在能力の発達・発揮［機能］）指標を設定した。HDI（Human Development Indicators）は、前述した人間開発（潜在能力の発達・発揮［機能］）の定義に沿い、保健、教育、一人当たりの実質所得に関してそれぞれ指標を作成し、これらを合成したものである。その意味で、これは GNP 指標と異なり、社会指標である言ってよい。

　HDI は、比較的簡単な操作可能な指標を用いる事によって、国際間の人間開発（潜在能力の発達・発揮［機能］）・社会開発度を比較する事を可能にした。HDI は国内総生産＝GDP（Gross Domestic Product）と同じマクロ・レベルの数字である為に、国内の所得分配の歪みを表示するものではない。また、一人当たりの実質所得は GNP を基盤としており、その為、経済成長を批判すると言うよりは、人間開発（潜在能力の発達・発揮［機能］）と経済成長の相関関係を肯定的に見て、また一方で、人間開発（潜在能力の発達・発揮［機能］）のもう一つの定義として挙げられた自由や人権をどのように測定するかと言う問題があったが、個人の安全、法の支配、表現の自由等について 4 つの指標を集め、これを合成した政治的自由指標（Political Freedom Indicators）を発表した（しかし、PFI が低いとされた発展途上国からの厳しい批判に晒され、その後放棄された）。

4. センの福祉論 [19)]

　アマルティア・センは効用主義（帰結の望ましさを判断する際に、個々の人の厚生、効用、満足だけを判断の材料にする立場が効用主義と呼ばれている）を批判し、社会行動の基礎としての共感（共感とは、他人が虐待を受けている事実を知って心を痛める事）に発しながらも、さらに個人の選択としての要因を強調するコミットメント（commitment）と言う概念を提起しているが、この概念の意味は次のような事である。つまり、自分の正義感に照らして不正な事に抗議する事は私たちの日常生活にある事は言うまでもない。譬えそれが自分の生活に直接関わらなくても、また時には自分の利益を損なうとしても、また自分の福祉（well-being）が下がる事を知った上であえて自分の価値を認める行動を選択す

る事をコミットメントと呼んでいる。人間の行動が、単に自己利益ばかりではなく、同時にコミットメントにも依存していると考える時、アマルティア・センの、ロールズの「正義の二原理（第一の原理は、基本的な権利と義務の割り当ての平等を求め、第二の原理は、社会的・経済的不平等は全ての人、とりわけ最も不遇な立場にある社会構成員の便益を結果的に補償する場合のみ、正義にかなうと主張する[20]）」に対する批判点が明らかになる。

　ロールズは、西川潤氏が指摘されているように、基本的自由を基礎として社会的不遇者に対する「最大の利益」の保障は、基本財（権利、自由と機会、所得と富、自尊等の社会的基礎としての「合理的な人間ならばだれでも望むであろうと推定される」財）の配分として現れると考えている[21]。しかしアマルティア・センは、西川潤氏が指摘されているように、この見方を物神崇拝的（物神崇拝とは、現代資本主義社会の商品生産社会にあっては、人と人との関係はものとものとの交換関係を通じてのみ成立する。つまり、物的依存の社会であり、これを物神崇拝的と呼ぶ）であると批判し、人間のベイシック・ケイパビリティの平等を認める事によって、初めて財に対する主観的効用とも、基本財の配分の平等とも異なった福祉の柱が構築できると考えた[22]。ケイパビリティ論の基礎として、エンタイトルメント（entitlement）の考え方がある。エンタイトルメントとは、社会や他人から与えられた権利（社会保障等の受給権など）や機会を使用して、ある個人が自由に使用できる財貨の様々な組み合わせの事である。実際に人々の間で所有されかつ交換されるかは、このエンタイトルメントのあり方によって決まる。例えば、高齢者の場合、年金制度や生活保護制度等によってどのくらいの財貨が得られるかがその人のエンタイトルメントを決める事になる。つまり、西川潤氏が指摘されているようにエンタイトルメントは、権利の行使によって獲得された財貨・サービスの支配、またそれらに対するアクセス情況であって、あるいは人間の権利に基づいて、生存権等の人権を保障する財貨・サービス基盤を指す概念であって、単なる規範的な概念ではない[23]。

　ある人間の基本的生活活動（機能）とは、西川潤氏が指摘されているように、十分な栄養を摂取すること、早死にを防いだり、病気の際に適切な医療を受けたりする事等、生に関する基本的な諸生活活動から、自尊心を持ったり、幸福であったり、地域生活に積極的に参加したり、他人に認められたりする、より複雑な生活活動まで、多様なものを含むが、重要な事は、これらの諸生活活動の組み合わ

せを選択していく事によって、人間の生活活動（機能）の基盤であるケイパビリティが明らかになってくる事である[24]。

　従って、生活活動（機能）の基盤であるケイパビリティとは、西川潤氏が指摘されているように、人間（福祉利用者）が基本的生活活動（機能）の選択を通じて、多様な可能な生の間に選択を行っていく事を指す[25]。人間（福祉利用者）が基本的生活活動（機能）を実現していく生活活動（機能）の基盤であるケイパビリティは人間（福祉利用者）にとっての社会福祉（well-being）に密接に関係があり、またより良い社会福祉（well-being）が達成されるかどうかは、基本的生活活動（機能）を自己選択・自己決定し実現する人間（福祉利用者）の生活活動（機能）の基盤であるケイパビリティにかかっていると言っても過言ではない。何故ならば、社会福祉の法制度・福祉政策等の福祉手段そのものの特性（使用価値）を活用する能動的・創造的活動と受動的・享受的活動のケイパビリティに不足・欠如があったならば、社会福祉の法制度等の福祉手段そのものの特性（使用価値）を福祉目的（人間らしい健康で文化的な生活あるいは人間らしい健康で文化的な潜在能力［抽象的人間生活力＝生活力・抽象的人間労働力＝労働力］の維持・再生産・発達・発揮［機能］の実現［成就］）に変換していく事が不十分あるいは不可能となる。つまり、福祉（well-being）は福祉利用者の生活活動（機能）の基盤であるケイパビリティを基礎とした日常の生活活動を通して、社会福祉の法制度・福祉政策等の福祉手段そのものを福祉（well-being）目的に変換していく必要があるから、社会福祉の法制度・福祉政策等の福祉手段そのもののみに焦点を合わせるのではなく、社会福祉の法制度・福祉政策等の福祉手段そのものの量的及び質的保障（福祉政策的労働・実践）の側面と同時に、福祉利用者は社会福祉の法制度・福祉政策等の福祉手段そのものを活用して現実に何をなしうるか、あるいは福祉利用者は現実にどのような存在でありうるかと言う機能（機能への福祉臨床的労働・実践による支援）の側面の統一的視点が重要となる。

　以上のように、福祉利用者の生活活動（機能）の基盤であるケイパビリティ、基本的生活活動、エンタイトルメントとの関係を理解するならば、社会福祉における人間開発（潜在能力の発達・発揮［機能］）の重要性が明らかになってくる。

5．おわりに

　西川潤氏が指摘されているように、このアマルティア・センのケイパビリティ

論が国連人間開発報告書の基礎となったのはそれなりの意義がある。と言うのは、国際開発の分野で、人間開発（潜在能力の発達・発揮［機能］）が経済開発と同時に、人間の自己選択・自己決定の生活活動（機能）の基盤であるケイパビリティの拡大として捉えられるようになってきたからである[26]（それと供に、開発指標もGNP［国民総生産］指標に代わって社会指標が重視されるようになり、福祉、保健、教育、実質購買力等に基づく人間開発指標が作られ、用いられるようになった[27]）。

　ケイパビリティ論は、西川潤氏が指摘されているように、人間の福祉（well-being）を基本的生活活動の組み合わせを自己選択・自己決定し、福祉（well-being）を実現（成就）していく生活活動（機能）の基盤であるケイパビリティの拡大にあると見る[28]。この場合に、基本的生活活動を保障する福祉サービス・財貨（生活手段）の保有状況、またそれに対する具体的な権利（entitlement）が社会的に保障されているかどうかは、生活活動（機能）の基盤であるケイパビリティの実現（成就）にとって重要な条件となる[29]。このように考えれば、社会問題としての社会福祉（生活）問題とは、エンタイトルメントの剥奪による福祉手段（実質所得など）の不足・欠如のみではなく、福祉手段の不足・欠如から関係派生的に生成してきた生活活動（機能）の基盤である潜在能力の維持・再生産・発達・発揮（機能）の阻害（ケイパビリティの不足・欠如）の為に、基本的生活活動の阻害（機能の阻害）も意味する。自由及び人権（生存権など）に基づいた自己選択・自己決定としての多様な生活活動（機能）の基盤であるケイパビリティによる福祉利用者及び労働組合・政党等による社会福祉の法制度・福祉政策等の改善運動の不断の努力による基本的生活活動の組み合わせの拡大の幸福追求こそが、憲法第12条（この憲法が国民に保障する自由及び権利〔生存権－挿入、筆者〕は国民の不断の努力によってこれを保持しなければならない）・憲法第13条（すべて国民は、個人として尊重される。生命、自由及び幸福追求に対する国民の権利については最大の尊重を必要とする）の理念に適合したより良い福祉（well-being）を実現する土台（基礎）をつくる事にもなる。それは同時に、社会開発の中心である人間開発（潜在能力の維持・再生産・発達・発揮［機能］）の課題と考える新しい社会福祉学の到来を意味するものである。

　しかし、アマルティア・センの福祉体系と今日の人間開発（潜在能力の発達・発揮［機能］）論を弁証法的に否定するならば、個人レベルのケイパビリティの

福祉論及び人間開発論である為、共同レベルの生活活動（機能）の基盤であるケイパビリティについては考察さられていない。共同レベルの生活活動（機能）の基盤であるケイパビリティを地域福祉との関連で考えるならば、既存の地域福祉（既存の地域福祉は、地域住民の自助・相互扶助活動・ボランティア活動が強調されている一方において、公的な福祉手段の不足・欠如［例えば、公的な所得保障の不足・欠如や公的責任及び具体的権利としての社会福祉の法制度・福祉政策の不整備等］が看過されているように思われる）の批判的検討も含めた地域住民の共同レベルのケイパビリティによって地域福祉を発展させていく事は、地域住民の共同の幸福追求と言う国民の不断の努力を実践する事にもなり、憲法第12条（この憲法が国民に保障する自由及び権利〔生存権－挿入、筆者〕は国民の不断の努力によってこれを保持しなければならない）・憲法第13条（すべて国民は、生命、自由及び幸福追求に対する国民の権利については最大の尊重を必要とする）の理念にも適合したより良い福祉（well-being）に合致する事にもなる。また、アマルティア・センは現代資本主義社会の生産様式（土台）との連関で、社会問題としての社会福祉（生活）問題（必需的な福祉手段［所得・社会福祉サービス等］の不足・欠如と福祉手段の不足・欠如から関係派生的に生成してきた福祉利用者の人間らしい健康で文化的な多様な個人及び共同の潜在能力［抽象的人間生活力＝生活力・抽象的人間労働力＝労働力］の維持・再生産・発達・発揮の阻害の生活問題）がどのようにして資本主義社会の生産様式の下で法則的に生成してくるかについても考察されていないが、この点を考察していく必要がある。何故ならば、この点の認識が欠けると、福祉利用者の社会問題としての社会福祉（生活）問題を私的な個人の問題あるいは私的な家族の問題にしてしまいがちであり、社会福祉が生活問題に対する社会的人権（生存権など）保障策であると言う認識が欠けてしまう。つまり、社会的人権保障策やエンタイトルメントの発展の為には、社会問題としての社会福祉（生活）問題の認識は重要である。さらに、アマルティア・センは、福祉の使用価値（人間らしい健康で文化的な多様な個人及び共同の潜在能力［抽象的人間生活力＝生活力・抽象的人間労働力＝労働力］の維持・再生産・発達・発揮［機能］の実現［成就］）を高めていく生活活動（機能）の基盤であるケイパビリティに焦点をあてた事は重要であるが、価値・剰余価値の要因を看過している。この要因を看過すると、社会福祉に内在している発展の原動力である矛盾対（使用価値と価値・剰余価値の矛盾対）を認識する事ができ

ないし、使用価値の高いアソシエーション（共産共生）社会（アソシエーション社会［共産共生］においては、共同の生産手段及び労働者の民主的自治による生産手段の管理・運営の下で、各自の生産者の多様な潜在能力［抽象的人間労働力・労働力］に応じて労働する自由で平等な協同団体［協同団体以外に、国家・地方自治体・労働組合・会社員自主管理・労働者協同組合等を基礎とする生産手段の多様な所有形態が考えられる－挿入、筆者］を基礎にして生産を行い、生産された生産物［生活手段］は各自の必要に応じて分配を受け各自の所有物になる社会）における新しい質の社会福祉（アソシエーション［共産共生］社会おける新しい質の社会福祉は、社会福祉労働者の労働力の商品化を廃止し、協同組合・国家・地方自治体・労働組合・社会福祉法人等の社会福祉労働手段［福祉施設や福祉事業所等］の共同占有の下で、個々の協同組合等、さらには、個々の社会福祉労働者の徹底した民主的自治による管理・運営＝当事者主権［福祉利用者や社会福祉労働者］による社会福祉労働者の個人的所有［所得］を再建する協同組合・国家・地方自治体・労働組合・労働者協同組合・社会福祉法人等の連合社会福祉の事である）における新しい社会福祉も展望できない。

【注】
1) 横田洋三・その他監修『人間開発報告書2000─人権と人間開発─』（国際協力出版会、2000年）。
2) 森岡孝二「経済学の基礎概念と人間の発達」（基礎経済科学研究所編『人間発達の経済学』青木書店、1982年、28-30頁）。
3) 社会福祉辞典編集委員会編『社会福祉辞典』（大月書店、2002年、456頁）。
4) 機能は次のような意味である。人が生きている事を実感できるのは、日常の生活や社会活動を十分におこなっている時の方が多い。そうすると、福祉（well-being）を見るときには所得（福祉手段）等のみを見るだけでなく、福祉手段を活用して、福祉利用者が現実になしえる事、あるいは現実になりうる事にも注目する必要がある。このように、福祉利用者が現実になしえる事、あるいは現実になりうる事を機能と呼ぶ。そして、アマルティア・センの共同研究者であるマーサC. ヌスバウムは、機能と密接な関係があるケイパビリティ（潜在能力）を次のように指摘している。「①生命（正常な長さの人生を最後まで全うできること。人生が生きるに値しなくなる前に早死にしないこと）、②身体的健康（健康であること［リプロダクティブ・ヘルスを含む］。適切な栄養を摂取できていること。適切な住居にすめること）、③身体的保全（自由に移動できること。主権者として扱われる身体的境界を持つこと。つまり性的暴力、家庭内暴力を含む暴力の恐れがないこと。性的満足の機会および生殖に関する事項の選択の機会を持つこと）、④感覚・想像力・思考（これらの感覚を使えること。想像し、考え、そして判断が下せること。読み書きや基礎的な数学的訓練を含む［もちろん、これだけに限定されるわけではないが］適切な教育によって養われた〝真に人間的な〟方法でこれらのことができること。自己の選択や宗教・文学・音楽などの自己表現の作品や活動を行うに際して想像力と思考力を働かせること。政治や芸術の分野での表現の自由と信仰の自由の保障により護られた形で想像力を用いることができること。自分自身のやり方で人生の究極の意味を追求できること。楽しい経験をし、不必要な痛みを避けられること）、⑤感情（自分自身の周りの物や人に対して愛情を持てること。私たちを愛し世話してくれる人々を愛せること。そのような人がいなくなることを嘆くことができること。一般に、愛せること、嘆けること、志望や感謝や正当な怒りを経験できること。極度の恐怖や不安によって、あるいは虐待や無視がトラウマとなって人の感情的発達が妨げられるこ

とがないこと［このケイパビリティを擁護することは、その発達にとって決定的に重要である人と人との様々な交わりを擁護することを意味している］）、⑥実践理性（良き生活の構想を形作り、人生計画について批判的に熟考することができること［これは、良心の自由に対する擁護を伴う］）、⑦連帯（A　他の人々と一緒に、そしてそれらの人々のために生きることができること。他の人々を受け入れ、関心を示すことができること。様々な形の社会的な交わりに参加できること。他の人の立場を想像でき、その立場に同情できること。正義と友情の双方に対するケイパビリティを持てること［このケイパビリティを擁護することは、様々な形の協力関係を形成し育てていく制度を擁護することであり、集会と政治的発言の自由を擁護することを意味する］　B　自尊心を持ち屈辱を受けることのない社会的基盤をもつこと。他の人々と等しい価値を持つ尊厳のある存在として扱われること。このことは、人種、性別、性的傾向、宗教、カースト、民族、あるいは出身国に基づく差別から護られることを最低限含意する。労働については、人間らしく働くことができること、実践理性を行使し、他の労働者と相互に認め合う意味のある関係を結ぶことができること）、⑧自然との共生（動物、植物、自然界に関心を持ち、それらと拘わって生きること）、⑨遊び（笑い、遊び、レクリエーション活動を楽しむこと）。⑩環境のコントロール（A政治的　自分の生活を左右する政治的選択に効果的に参加できること。政治的参加の権利を持つこと。言論と結社の自由が護られること。B物質的　形式的のみならず真の機会という意味でも、［土地と動産の双方の］資産を持つこと。他の人々と対等の財産権を持つこと。他者と同じ基礎に立って、雇用を求める権利を持つこと。不当な捜索や押収から自由であること）」（Martha C. Nussbaum（池本幸生・その他訳）『女性と人間開発―潜在能力アプローチ―』岩波書店、2005年、92-95頁）。これらの機能の拡大が重要である。

5）ここでは、援助と支援の意味の違いを考慮して、支援の言葉を使用する。つまり、福祉利用者を物事の中心に据えたとき、「援助」という概念には、援助者側からの一方的で上から福祉利用者を見下す上下関係としての（たすけ「援け、助け」）の構造がある。一方、「支援」という概念には、福祉利用者の意志を尊重し支え、その上で協力を行うという、福祉利用者主体の考え方が内在している。Bill, worrel（河東田博・その他訳）『ピープル・ファースト：支援者のための手引き』（現代書館、1996年、92頁）。

6）アマルティア・セン（鈴村興太郎訳）『福祉の経済学』（岩波書店、1988年、41-42頁）。

7）セン、前掲書、21-22頁。

8）セン、前掲書、22頁。

9）横田、前掲書。西川潤著『人間のための経済学』（岩波書店、2000年、288-309頁）。

10）横田、前掲書、23頁。

11）横田、前掲書、24頁。

12）横田、前掲書、99頁。

13）西川、前掲書、291頁。横田洋三・その他監修『人間開発報告書1990―人間開発の概念と測定―』（国際協力出版会、1990年、8頁）。

14）西川、前掲書、291頁。

15）セン（池本幸生・その他訳）『不平等の再検討』（岩波書店、1999年、210頁）。

16）西川、前掲書、292頁。

17）西川、前掲書、292頁。

18）人間開発指標については、西川の説明に依拠している（西川、前掲書、293－296頁）。

19）セン、前掲書。

20）セン（池本幸生・その他訳）、前掲書、117－133頁。川本隆史著『ロールズ』（講談社、2005年、128－129頁）。

21）西川、前掲書、302頁。セン（池本・その他訳）、前掲書、117－133頁。

22）西川、前掲書、302頁。セン（池本・その他訳）、前掲書、17－46頁。

23）西川、前掲書、303頁。

24）西川、前掲書、303頁。

25）西川、前掲書、303頁。

26）西川、前掲書、307頁。

27）西川、前掲書、307頁。

28）西川、前掲書、308頁。

29）西川、前掲書、308頁。

第9章　社会福祉労働論

1. はじめに

　社会問題としての生活問題（生活手段［所得や教育制度等］の不足・欠如と生活手段の不足・欠如から関係派生的に生成してきた人間らしい健康で文化的な生活活動（機能）の基盤である多様な個人及び共同の潜在能力［抽象的人間生活力・生活力＝人間が生活の際に支出する脳髄・筋肉・神経・感官等を意味する・抽象的人間労働力・労働力＝人間が労働の際に支出する脳髄・筋肉・神経・感官等を意味する］の維持・再生産・発達・発揮［機能］の阻害［福祉利用者の人間らしい健康で文化的な多様な個人及び共同の潜在能力の不足・欠如］の生活問題）を担った福祉利用者にとって最も重要なのは、福祉手段（社会福祉労働［社会福祉労働手段も含む］・社会福祉の法制度・福祉政策等）の保障と生活及び人間らしい健康で文化的な生活活動（機能）の基盤である多様な個人及び共同の潜在能力（抽象的人間生活力＝生活力・抽象的人間労働力＝労働力）の維持・再生産・発達・発揮（機能）の成就である。と言うのは、社会問題としての生活問題を担った福祉利用者の誰でもが、たった一つしかない人間らしい健康で文化的な生活活動（機能）の基盤である多様な個人及び共同の潜在能力（抽象的人間生活力＝生活力・抽象的人間労働力＝労働力）を持つ権利があり、このたった一度しか享受しえない人生を有意義に生きる権利を持つ。この人間らしく健康で文化的に生きる権利、つまり、生存権的平等（憲法第25条・憲法第14条等）が保障されてこそ、社会問題としての生活問題を担った人々は、他の色々な基本的人権を行使できるのであり、また、この生存権的平等が保障されないのでは、他の全ての権利は無に帰するほかはない。ところで、この生存権的平等の保障と言う点で、社会問題としての生活問題を担った人々も含めた大多数の人間は生まれた時から死ぬまで、何らかの社会福祉労働を享受しなければならない。この点で、人間らしい健康で文化的な生活活動（機能）の基盤である多様な個人及び共同の潜在能力（抽象的人間生活力＝生活力・抽象的人間労働力＝労働力）の維持・再生産・発達・発揮（機能）を保障する精神代謝労働及び物質代謝労働の中で、この社会福祉労働ほど、全ての人間らしい健康で文化的な生活活動（機能）の基盤である多様な個人及び

共同の潜在能力（抽象的人間生活力＝生活力・抽象的人間労働力＝労働力）の維持・再生産・発達・発揮（機能）の成就に関わる貴重な仕事、重要な労働はないと言っても過言ではない。

　ところが、このように全ての人間にとって不可欠の役割を果たす人々の社会福祉（例えば、介護福祉等）は危機的な状態にある。つまり、真田是氏が指摘されているように、「社会保障『構造改革』の内容と目指すものは、ありのままに示せば国民の利益に反する社会保障にしていくものであり、社会保障を社会保障でないものにしていくものである[1]。」また、西岡幸泰氏が指摘されているように、「『95年勧告』が描き、かつ60年代には一定の現実性をも帯びたところの『社会保障の三層システム―（筆者挿入)]』を全面的に解体し、これを『強制加入の私的保険』と『再版救貧法』へと再編することが社会保障『構造改革』の目指すゴールではなかろうかということである[2]。」前述したように全ての人間にとって不可欠の役割を果たす社会福祉は、危機的な状態にある。そして、この危機的な状態を克服していく為の社会福祉労働・運動の発展の為にも、社会福祉労働の理論的諸問題が研究されなければならない[3]。

　本章では、以上の課題意識の下に、社会福祉の危機を打開する方向をも提示する福祉利用者にとって使用価値の高い社会福祉労働の理論的考察を行っていく。

2. 労働と社会福祉労働

　人間の生存にとって自然に働きかけて物質的富を生産及び再生産する物質代謝労働が、あらゆる社会形態（原始共同体社会、奴隷制社会、封建制社会、資本主義社会、社会主義社会）から独立した人間生活の永久的な自然条件であると同時に、それは、人間それ自身の生産の為にも、社会問題としての生活問題を担った福祉利用者の人間的な発達の為にも必要だったのである。カール・マルクスが指摘されているように、人間は、労働過程で「彼の肉体にそなわる自然力、腕や脚、頭や手を動かす。人間は、この運動によって自分の外の自然に働きかけてそれを変化させ、そうすることによって同時に自分自身の自然（天性）を変化させる。彼は、彼自身の自然のうちに眠っている潜勢力を発現させ、その諸力の営みを彼自身の統御に従わせる[4]。」まさに、フリードリヒ・エンゲルスが指摘されているように、「労働は、人間生活全体の第一の基本条件であって、しかも、ある意味では、労働が人間そのものをつくりだした、と言わなければならないくらいに

そうなのである[5]。」

　こうした意味をもつ人間の労働過程を本質的に特徴づけているものは何であろうか。それは、なによりもまず、目的意識的で計画的な活動であると言う点にある。と言うのは、カール・マルクスが「蜘蛛は、織匠の作業にも似た作業をするし、蜜蜂はその蝋房の構造によって多くの人間の建築士を赤面させる。しかし、もともと、最悪の建築士でさえ最良の蜜蜂にまさっているというのは、建築士は蜜房を蝋で築く前にすでに頭のなかで築いているからである。労働過程の終わりには、その始めにすでに労働者の心像のなかには存在していた、つまり観念的にはすでに存在していた結果が出てくるのである。労働者は、自然的なものの形態変化をひき起こすだけではない。彼は、自然的なもののうちに、同時に彼の目的を実現するのである。その目的は、彼の知っているものであり、法則として彼の行動の仕方を規定するものであって、彼は自分の意志をこれにしたがわせねばならないのである[6]。」と言われているように、人間の労働（動物の行動とは違って）においては、目的意識的で計画的な活動に注目しなければならない。つまり、社会福祉労働の目的（社会問題としての生活問題を担った福祉利用者の人間らしい健康で文化的な多様な個人及び共同の潜在能力［抽象的人間生活力＝生活力・抽象的人間労働力＝労働力］の維持・再生産・発達・発揮［機能］に部分的あるいは全体的に関係していく事）が社会問題としての生活問題を担った福祉利用者（人間的自然）の内に実現されうる為には、社会福祉労働者が福祉利用者の担っている社会問題としての生活問題と社会福祉労働の客観的合法則がその目的観念の内に近似的に正しく反映されていなければならない、という事である。そうでなければ、その目的は法則として社会福祉労働者の労働の仕方を規定するものとはなりえないであろう。従って、社会福祉労働者が予め自分の社会福祉労働の目的とその実現の仕方とを意識する能力は、福祉利用者が担っている社会問題としての生活問題の客観的世界の合法則を意識の内に反映する能力、即ち認識能力と深く関わっているし、また、この認識能力と社会福祉労働者の人格形成とも深く関わっている。

　ところで、福祉利用者の社会福祉労働は社会的分業としてどのような過程を経て発展してきたのであろうか。高島進氏が指摘されているように、「第一段階は、19世紀末までの社会問題としての生活問題を担った人々に対する慈善活動と救貧法の段階である。慈善活動は個人的動機に基づいて、貧困の人々に対して補足

的かつ恩恵的に行っていたのであるが、しかし、貧困の人々の増加が治安の側面から政治問題になるほど深刻化し、相互扶助活動及び慈善活動よりも社会化された救貧法の救済活動が確立した。しかし、救貧法は、貧困の人々を自助の不足と労働能力の欠損者と考えられていたので、貧困の人々への救済は治安政策と結びついて、実質的には自助努力の不足と労働能力の欠損者に対する懲罰と見せしめとされ、救済活動は最低限に抑えられた。第二段階は、20世紀初頭を画期とするもので、救貧法よりも社会化された社会事業の段階の施策である。独占資本の形成の中で貧困の人々等は増大し、労働組合運動の量的質的発展、普通選挙権要求等の政治的民主主義運動の発展、労働者政党の結成等の労働者階級の力量の発展が、貧困の人々等の生活問題の社会性（貧困の人々等の生活問題が資本主義経済・社会の所産であること）の認識と防貧の制度化を国家に強いた。そうした関係は、慈善活動と救貧による救済活動をも文字通りの貧困の人々等の救済を社会事業の社会福祉労働に転化させるものであった。第三段階は、第二次世界大戦の戦中・戦後40年代の改革によってもたらされたいわゆる社会事業よりも社会化された福祉国家の段階である。1942年のベヴァリッジの社会保障報告は、欠乏、疾病、無知、怠惰、不潔の五つの巨人悪の克服を提起し、それらが私的には解決しえない、国家的政策課題であると主張した。生活問題を担った人々の人間らしい暮らしの保障、つまり、社会福祉の観点から所得保障の社会福祉労働ばかりではなく、医療の社会福祉労働、教育の社会福祉労働、雇用の社会福祉労働、住宅・環境の社会福祉労働の保障が捉えられたのである。福祉国家とはそれらへの政策的対応をまともに行う国家を意味するが、福祉国家の建設への取り組みの中で、社会福祉労働の社会化が促進される。そして、社会福祉労働の社会化を促した要因は、第一に、多くの生活問題を担った人々が労働者階級に属し、自営業等の中間階級の生活問題を担った人々も労働者階級と同様な生活状態に陥り、社会福祉等なしには生活費も医療の充足もままならなくなった。第二に、独占資本の地域支配が強まった段階では、産業のスクラップ・アンド・ビルドは地域のそれに連動するようになった。それに伴う労働力の流動化は都市問題（住宅難、交通難、公害）と過疎の地域問題を引き起こし、その双方で生活問題を担った人々の生活条件は悪化する。第三に、独占資本の利潤追求が生活の隅々に浸透し、お金のかかる生活様式の生活問題を担った人々に強制するようになって、その結果、生活問題を担った人々の生活上のアンバランスの広がりを引き起こした。社会福祉労

働の社会化が国家によって促進されなければ、生活問題の矛盾を深刻化させる。第四に、資本主義的発展の結果、貧困を原因とする家庭崩壊のみならず、共働き世帯の増加、核家族の増加による介護機能の低下が広がった[7)]。」

こうした要因により福祉利用者の社会福祉労働（労働過程と価値増殖過程＝使用価値と価値増殖＝価値・剰余価値）をますます社会化させる事によって、福祉利用者の社会福祉そのものを揚棄する矛盾とその矛盾を打開していく大衆、社会問題としての生活問題を担った福祉利用者、社会福祉労働者等の要求・運動も形成され発展していく。

3. 社会福祉労働の特殊性

福祉利用者を対象とする社会福祉労働とは何か、どんな特殊性を持っているのかは極めて重要な問題である。と言うのは、従来の福祉利用者の社会福祉現場の実践研究の殆どが教育及び心理等を基礎としたプラグマティズム的(実用主義的)な社会福祉実践論であり、社会科学的な社会福祉労働論の実践研究（勿論、真田是氏等の社会科学的な社会福祉労働論を看過してはならない）が看過されていたように思われる。それ故、まずその前提として、社会科学的な福祉利用者の社会福祉労働の特殊性について考察する。

(1) 社会福祉労働の特殊性

ところで、福祉利用者を対象とする社会福祉労働は他の労働（例えば、教育労働や看護労働・医療労働等）から分化した特殊な労働である。そして、福祉利用者を対象とする社会福祉労働は、福祉利用者にとって社会的に有用な使用価値の労働であり、福祉利用者が社会福祉労働を享受して人間らしい健康で文化的な生活（人間らしい健康で文化的な生活活動［機能］の基盤である多様な個人及び共同の潜在能力［抽象的人間生活力＝生活力・抽象的人間労働力＝労働力］の維持・再生産・発達・発揮［機能］の成就）が可能となるサービス労働の一形態である。ではサービスとは何か。それはカール・マルクスが指摘されているように、「一般に、ただ物としてではなく活動として有用であるかぎりでの労働の特殊な使用価値の表現[8)]」にほかならない。つまり、物件的形態を執らないが、活動そのものとして他の人に有用である使用価値の労働である。では、社会福祉労働はどのようなサービス労働であろうか。

それは、加藤薗子氏が指摘されているように、「現代資本主義が生み出す多様な生活・人格問題に関わる社会問題対策としての労働であり、それは社会問題を担う人びとの人間らしい生存・生活と人間的発達・自立を保障する労働という固有の性格と意義をもつものである[9)]。」「したがって社会福祉労働の具体的な展開過程では、多くの場合、生活問題を解決し克服する手段・諸能力を喪失し、その結果さまざまな権利侵害の状態におかれている人びとを直接その労働対象とする。生存・発達保障労働としての社会福祉労働は、貧困・社会問題が人間・人格に及ぼす影響とあらわれを総合的に把握する社会問題認識を基礎に、問題をより具体的かつ効果的に解決するための専門性及び技術（技能－筆者、挿入）性をそなえた労働である[10)]。」

　では、このような特殊性を持った福祉利用者に対する社会福祉労働は、社会福祉労働手段を用いて生活問題を担った福祉利用者にどのように客体化・対象化されるのであろうか。福祉利用者を対象とする社会福祉労働は、物質的生産と異なって一方的な客体化・対象化ではない。例えば、福祉利用者の福祉施設の指導員が、「簡易便器を用いて排尿・排泄の指導に際し、できるだけコミュニケーションをした方が有効です。そういう形でもっと知的障害児を理解して、いい処遇をしたい[11)]」と述べられているように、福祉利用者を対象とする社会福祉労働は社会福祉労働者が福祉利用者の社会福祉労働の享受能力を引き出し、社会福祉労働者と福祉利用者（人間的自然）間における人間らしい健康で文化的な生活（人間らしい健康で文化的な生活活動［機能］の基盤である多様な個人及び共同の潜在能力［抽象的人間生活力＝生活力・抽象的人間労働力＝労働力］の維持・再生産・発達・発揮［機能］の成就）に向けての共同化活動・労働と言えるし、それが社会福祉労働の特殊性をさらに濃厚にする。さらに、福祉利用者を対象とする社会福祉労働と物質的生産労働の関係を規定しておかなければならない。かつてカール・マルクスは、「労働能力を形成、維持、変化などさせるような、要するに労働能力に特殊性を与えたり、またそれを維持するにとどまるようなサービスの購入、つまり、たとえば『産業的に必要』または有用なかぎりでの教師のサービス、健康を維持し従ってあらゆる価値の源泉である労働能力そのものを保有するかぎりでの医師のサービスなどは、だから、その代わりに『ひとが買いうる一商品』。すなわち労働能力そのものを生みだすサービスであって、この労働能力の生産＝または再生産費にこれらのサービスは入りこむのである[12)]。」と述べた。この規定と関連して、

しかも敷衍して考えれば、福祉利用者を対象とする社会福祉労働とは、次のように言う事が可能であろう。

　つまり、芝田進午氏の医療労働に関する指摘を社会福祉労働に置き換えて述べるならば、福祉利用者を対象とする社会福祉労働とは、「生活問題を担った福祉利用者の人間らしい健康で文化的な生活活動［機能］の基盤である多様な個人及び共同の潜在能力［抽象的人間生活力＝生活力・抽象的人間労働力＝労働力］の維持・再生産・発達・発揮［機能］の成就に寄与し保障していくサービスであると規定する事ができる。ここで、筆者が人間らしい健康で文化的な生活活動［機能］の基盤である多様な個人及び共同の潜在能力［抽象的人間生活力＝生活力・抽象的人間労働力＝労働力］と言う時、それは『商品としての労働力』とは明確に区別されかつ対立する概念であり、精神的・肉体的な生活・労働能力の総体、すなわち人格を表す概念である事、そして自立しうる、全面的に発達した人間らしい健康で文化的な多様な個人及び共同の潜在能力［抽象的人間生活力＝生活力・抽象的人間労働力＝労働力］を持つ事こそが、生活問題を担った人々にとって真に人間らしい健康で文化的な生存者になる事であり、自由の不可欠の条件である事を想起する。この点で、福祉利用者に対する社会福祉労働を人間らしい健康で文化的な生活活動［機能］の基盤である多様な個人及び共同の潜在能力［抽象的人間生活力＝生活力・抽象的人間労働力＝労働力］の維持・再生産・発達・発揮［機能］の保障の視点から規定する事は、積極的意義を持つ。社会福祉労働も生活問題を担った人々が人間らしい健康で文化的な生活活動［機能］の基盤である多様な個人及び共同の潜在能力［抽象的人間生活力＝生活力・抽象的人間労働力＝労働力］を獲得し、自立（自律）できる条件を保障する事を目標とすべきであり、またその為の可能性を追求する事こそ、社会福祉労働の特殊性にほかならない。そして、社会福祉労働は、前述のように、人間らしい健康で文化的な生活活動［機能］である多様な個人及び共同の潜在能力［抽象的人間生活力＝生活力・抽象的人間労働力＝労働力］の維持・再生産・発達・発揮［機能］を保障するサービスとして、社会的生産の発展にとっても有益かつ不可欠な労働であり、またそれゆえにこそ物質的生産労働がつくりだした国民所得からの社会福祉費の控除を正当な理由をもって要求する事ができるのである [13]。」（傍点、筆者）

(2) 社会福祉労働の労働過程 [14)]

　芝田進午氏が指摘されているように、物質的生産の労働過程には、技術的過程（人間による自然の加工）と組織的過程（人間による人間の加工）と言う二つの側面があるが、同様に社会福祉労働の労働過程においても、技能（社会福祉技術論で述べられている労働方式あるいは労働方法は技能範疇である）・技術（福祉技術は介護ロボット・福祉器具・装置・道具等の労働手段の範疇である）的過程（社会福祉労働者の抽象的人間労働力・労働手段による福祉利用者への共同化・対象化）と組織的過程（福祉職場での組織化）と言う二つの側面が区別される。

①社会福祉労働の技能・技術的過程

　社会福祉労働の技能・技術的過程は、社会福祉労働そのもの、社会福祉労働の労働対象、社会福祉労働の労働手段と言う三つの契機から成り立っている。社会福祉労働者は、その社会福祉労働によって福祉利用者との間のコミュニケーションを媒介として共同化・対象化を行うのであるが、この場合、社会福祉労働そのものとは、福祉利用者が担っている社会問題としての生活問題を社会科学的に分析し総合し（第3章「社会科学的視点の生活問題」での分析と総合のように）、福祉利用者の社会福祉労働の享受能力を引き出しながら、社会福祉労働を共同化・対象化していく事である。そして、社会福祉労働そのものには、相談、調査、介護、介助、看護、治療、保健指導、訓練、組織化等があるが、高度の社会科学的な分析と総合の能力が要求される複雑で多様な人間的自然を対象とする精神代謝労働及び物質代謝労働である。

　しかし、社会福祉労働そのものは労働過程の原動力ではあるが、唯一の契機ではない。つまり、如何なる労働も労働対象なしにはありえないように福祉利用者なき社会福祉労働は存在しない事は言うまでもない。そして、個人としての福祉利用者は、心理学的・調査論的・介護論的・看護論的・医学的・教育学的・社会科学的に見て、無数の個性、複雑な及び多様性な個人及び共同の潜在能力（抽象的人間生活力＝生活力・抽象的人間労働力＝労働力）を持った生きた人間かつ社会問題としての生活問題を担った人間である。また、芝田進午氏が指摘されているように、「集団としても、地域及び環境等に規定された一定の個性をもつ人間集団である。それは人間個人としても、人間集団としても、それぞれ一定のシステムをもっており、また一定の範囲内で一定の法則性に規定された生理的・社会的存在である [15)]。」この福祉利用者は、本質的に、人間らしい健康で文化的な生

活の回復をめざす生活活動（機能）の基盤である多様な個人及び共同の潜在能力（抽象的人間生活力＝生活力・抽象的人間労働力＝労働力）を内在させており、社会福祉労働の目的は、この生活活動（機能）の基盤である多様な個人及び共同の潜在能力（抽象的人間生活力＝生活力・抽象的人間労働力＝労働力）を引き出して社会福祉労働の享受能力を顕在化させ、また促進させ人間らしい健康で文化的な生活を成就させるところにある。

　そして、福祉利用者の社会福祉労働の享受能力を顕在化させる為に、社会福祉労働者は、自分と福祉利用者の間に、一つの労働手段（福祉施設、福祉機関、福祉機器、リハビリテーション器具等）、あるいはいくつかの労働手段からなる複合体、そしてコミュニケーションを媒介として労働を行う。労働手段（例えば、介護ロボット）は社会福祉労働者の肉体的な労働等を軽減していくのであるが、同時にこの事によって、社会福祉労働者の労働力を増大させる。

　ところで、物質的生産における労働手段（技術）においては、道具→機械→機械体系→自動機械体系→人工ロボット体系と言う発展段階が考えられるが、社会福祉における労働手段（技術）においてもこのような発展段階を考えるのも可能であるが、しかし社会福祉労働の場合、社会福祉労働者と福祉利用者との直接的接触による情緒的共感の重要性及び福祉利用者との共同労働の重要性の点から考えれば、どこまでの発展段階が望ましいのかは人類的な研究が必要であると思われるが（例えば、将来、人間の感情を識別する人工ロボットが開発され介護福祉等に導入されるならば、役に立つ労働手段［技術］になる）、実態としては自動機械体系の段階であると思われる。

②社会福祉労働の組織的過程

　芝田進午氏の指摘を社会福祉労働に置き換えて述べるならば、社会福祉の労働過程は一面からみれば技能・技術的過程であるが、他の側面からみれば組織的過程である[16]。社会福祉の労働過程は、社会福祉労働手段と社会福祉の規則及び社会福祉法等の全体系の内に先行する世代の社会福祉労働と研究の経験が蓄積されていると言う意味で組織的過程であるだけでなく、社会福祉労働手段の使用が社会福祉労働組織によって媒介されなくては行われないと言う意味でも組織的過程である。

　そして、社会福祉労働手段の発展によって社会福祉労働組織が規定されると同様に、社会福祉労働手段の発展に規定されて社会福祉労働の組織的過程も発展し、

拡大してくる。社会福祉労働手段の分化と専門化に照応して、社会福祉労働の内にも分化と専門化が生成し、生活指導員、児童指導員、寮母、保母、職業指導員、心理判定員、職能判定員、身体障害者福祉司、知的障害者福祉司、作業療法士、理学療法士、社会福祉士、精神保健福祉士、介護福祉士等の職種が分化した。

　このようにして社会福祉労働手段の発展過程は、同時に社会福祉労働の職種の多様化、分業と協業の発展過程を規定し、後者はさらに前者の発展を促した。これと共に、社会福祉は個々の社会福祉労働者によってではなく、多様な職種の連携からなる社会福祉労働者のチームあるいは組織によって行われるようになった。それ故、官僚的指揮命令による社会福祉労働ではなく、組織的かつ民主的自治と個々の社会福祉労働者の専門的自由裁量による社会福祉労働が重要になってくる。

4.　社会福祉労働の矛盾

　現代資本主義社会は、労働者階級等に属している人々の人間らしい健康で文化的な生活（人間らしい健康で文化的な生活活動［機能］の基盤である多様な個人及び共同の潜在能力［抽象的人間生活力＝生活力・抽象的人間労働力＝労働力］の維持・再生産・発達・発揮［機能］の成就）を必然的に困難にして社会問題としての生活問題を生成せしめると同時に、その反面において、社会問題としての生活問題を担った人々の人間らしい健康で文化的な生活（人間らしい健康で文化的な生活活動［機能］の基盤である多様な個人及び共同の潜在能力［抽象的人間生活力＝生活力・抽象的人間労働力＝労働力］の維持・再生産・発達・発揮［機能］の成就）の為の社会福祉運動をも生成せしめる。だが現代資本主義社会は、この社会福祉の発展に対して本来、敵対的な性格を持っている。と言うのは、社会福祉の向上の為には国民総福祉費の増大が必要であるが、国民総福祉費の増大は社会福祉労働力の価値を高めざるをえず、従ってまた賃金を高めざるをえない。しかし言うまでもなく、資本は社会福祉における剰余価値を高める為に賃金等の労働諸条件を劣悪させようとする衝動を持っており、資本にとって国民総福祉費は生産の「空費」としてあらわれる。そこで国民総福祉費を高めるか、引き下げるかという対立は、社会福祉労働力の価値を高めるか、引き下げるかという対立に繋がり、社会福祉を巡る社会福祉運動は高揚せざるをえない。

　こうした状況下での資本は、国民総福祉費を引き下げるかあるいはその増大を

抑制しようと努めるが、社会福祉運動の高揚の結果、国民総福祉費は増大せざるをえない。そこで資本は、国民総福祉費の負担をできるだけ多くの大衆に転嫁しようとする（その最も良い例が、消費税の増税である）。とりわけ現代資本主義社会においては、資本は国家機構を利用して、国民総福祉費の負担を大衆に転嫁している現実がこの事を如実に示している[17]。そして、このような状況に対して、障害のある人の生活と権利を守る全国連絡協議会は次のような談話を発表している。

　中央社会福祉審議会の社会福祉基礎構造改革分科会による「社会福祉基礎構造改革の中間まとめ」は、「社会福祉施設等利用者（障害のある人）が選択できる仕組みにするといっています[18]。」そして、「多様な施設を提供して選択できるようにするため、民間企業を導入して社会福祉法人と競わせ、利用料を支払うという有料制を導入し、措置制度の廃止の方向を明らかにしています。措置制度は、国や地方公共団体が施設の入所を決定し、そのかわり国と地方公共団体が施設運営の費用を負担する『行政処分』であるから、根本的に見直すとしています。そして、『介護保険制度における負担の考え方との整合性』をはかるために、『社会福祉のための費用を公正に負担する』とし、有料福祉の導入を提言しています。ようやく授産施設の利用料を扶養家族が負担しなくてもよくなったばかりなのに、ふたたび施設の利用料を本人と家族負担を法・制度で固定化することは絶対的に認められません。また、2000年に実施が予定されている介護保険法は、40才以上になると年金だけで生活している障害者であっても、月額2,600円（予定）の保険料を徴収されますが、この方式を社会福祉事業全体に持ち込もうとしているのです[19]。」また、全国福祉保育労働組合は次のように談話を発表している。「『サービスの利用』について、『行政処分である措置制度から、個人が自ら選択し、それを提供者との契約により利用する制度への転換を基本』とした措置制度の廃止と契約利用制度導入、その転換を軸として措置費にかわる『サービスの内容に応じた利用者に着目した公的助成』を打ち出したことは極めて重大である。これを民間企業も念頭においた『多様なサービス主体の参入促進』や『より快適な環境や付加的サービス』を『利用者自身の負担で利用する』システムと結びつけることによって、社会福祉を国民の権利保障の制度から切り離し、サービスの提供を通じた利潤追及も認める『市場原理』のもとに開放することこそが、『改革』の最大のねらいであることがいっそう明らかになった[20]。」

このように「中間まとめ」は、社会問題としての生活問題を担った人々の暮らしに重大な負担と犠牲を法・制度で縛りつけようとしているし、また、現に実質上の国民大衆の負担分の比率は高い。つまり、国民総福祉費の内の非常に多くの部分は、大衆からの収奪によって賄われている。しかも資本は、このようにして増大した国民総福祉費の分配過程にも介入し、これを資本の利潤（利潤の源泉は剰余価値）追及の源泉にしようと努めているのである。そして、社会福祉労働者の剰余価値の搾取を高めていく為に劣悪な労働諸条件の矛盾が存在している。例えば、「日払い方式」の報酬体系が障害のある人の総合支援法においても見直しされていないと言う矛盾が存在している。伊藤周平氏が尾上浩二氏の「『障害者自立支援法』見直し動向―今こそいちからの出直しを」（季刊福祉労働122号、2009年、124頁）を引用して指摘されているように、「多くの事業所では、日払い方式に対応するため、開所日数を増やしたり、利用者を増やすための努力を重ねているものの、減収となるところも多く、職員の賃金カットや退職者の不補充、パート化の促進などで対応せざるをえず、職員の労働条件が悪化している[21]。」そして、福祉サービスが限定あるいは水準の抑制が行われている状況下で、事業者が剰余価値（利潤）を高めていく為には社会福祉労働者に低賃金かつ劣悪な労働条件を強いると言う矛盾が存在する。ゼンセン同盟・日本介護クラフトユニオンの2000年6月から7月にかけての「介護事業従事者の就業実態調査」によれば、給与の支給形態は、時間給45.8％、月の固定給が45.1％である。時間給制では、1,000円台が41％ともっとも多く、1,500未満と合わせると70％に及ぶ。一方、月の固定給は、金額でもっとも多い層が150,000円から200,000円が53％、次いで200,000円から250,000円が23.3％、そして150,000未満が14.9％であった。また、通勤費については、一部負担が13.4％、無しが20.6％に及ぶ。業務に就くための移動時間については、有給が50％強に留まっている。待機時間については、有給が64.2％に留まっている（なお、待機時間については、登録ヘルパーの91.5％、パートヘルパーは57.3％が無給となっている）。報告書作成時間については33.5％が無給となっている。打ち合わせ時間については、20.3％が無給となっている。こうした賃金や労働条件の実態から言えることは、移動時間や待機時間などサービスに当然伴う時間について対価が支払われていない事が多く、拘束時間との関係からすると、実質的な給与は著しく劣悪と言わざるを得ない。そして、こうした劣悪な労働条件下では、質の低下した福祉サービスしか提

供できないのではなかろうか。

5. 社会福祉労働の課題

　前述の社会福祉労働の矛盾に対して、どのような課題が考えられるだろうか。

　まず第1点は、社会福祉労働は現代資本主義社会の生産様式（特に生産関係、つまり生産手段が資本の所有にあり、その為に生産物［社会福祉に必要とされる財貨及びサービスも含めて］と言う富の私的取得が可能になると言う仕組）に絶対的に規定されているので、また社会福祉労働者は社会福祉労働の為に必要な社会福祉労働諸条件（福祉施設及び福祉事業所等）から分離されているので（社会福祉労働者の労働力の商品化）、社会福祉労働諸条件（福祉施設及び福祉事業所等）の社会化が必要である。社会福祉労働諸条件（福祉施設及び福祉事業所等）の社会化後は、福祉労働は賃労働と言う疎外された姿態を脱ぎ捨て、大谷禎之介氏が指摘されている事を福祉労働に置き換えて考えてみると次のようなアソーシエイト（共産共生）した福祉労働の特徴を持つ。「①福祉労働する諸個人が主体的、能動的、自覚的、自発的にアソーシエイト（共産共生）して行う福祉労働である。経済的に強制される賃労働は消滅している。②福祉労働する諸個人が福祉利用者に直接的に対象化・共同化する社会的な福祉労働である。③福祉労働する諸個人が全福祉労働を共同して意識的・計画的に制御する行為である。福祉利用者の生活活動（機能）の基盤である人間らしい健康で文化的な潜在能力の維持・再生産・発達の成就を目的意識的に制御すると言う人間的本質が完全に実現される。④協業・自治として行われる多数の福祉労働する諸個人による社会的労働である。社会的労働の持つ福祉労働力はそのまま彼かつ彼女らの福祉労働の社会的労働力として現れる。⑤福祉利用者を普遍的な対象とし、協働・自治によって福祉利用者を全面的に制御する福祉実践的行為、即ち福祉労働過程への科学の意識的適用である。⑥力を合わせて福祉労働過程と福祉従事者とを制御する事、また目的（福祉利用者の人間らしい健康で文化的な潜在能力の維持・再生産・発達の成就）を達成する事によって、福祉実践者に喜びをもたらす人間的実践、人類的行動である。だから福祉労働は諸個人にとって、しなければならないものではなくなり、逆になによりもしたいもの、即ち第一の生命欲求となっている。⑦福祉労働する諸個人が各自の個性と能力を自由に発揮し、全面的に発展させる行為である。福祉労働する諸個人が共同的社会的な活動のなかで同時に自己の個性を全面的に発

揮し、発展させる事ができる福祉労働である事、これこそがアソーシエイト（共産共生）した福祉労働の決定的な人間的本質である」（基礎経済科学研究所編『未来社会を展望する』大月書店、2010年、17-18頁）。それゆえアソーシエイト（共産共生）した福祉労働は、福祉利用者にとって社会福祉労働の使用価値を高めていく事になり、しかも社会福祉労働者の生存権・発達権も社会的に保障される事になる。

　第2点は、社会問題としての生活問題を担った人々の要求に応えて、使用価値を高めていく為に社会福祉労働内容そのものを改善していく運動をより発展させていく事である。これまでも全国福祉保育労働組合等が中心となり、労働条件も含めた労働内容そのものを改善していく運動を展開してきた。こうした運動は、社会問題としての生活問題を担った人々の基本的人権の掠奪にも関わる問題でもあり、職場や地域、地方での学習を強めると共に、矛盾を広く関係者、国民に伝え、社会福祉労働の発展を促進する国民的共同運動を発展させていかなければならない。

　第3点は、社会福祉労働が社会の共同の事業として行われる公務労働である事を実践的に証明していく事によって、契約福祉や市場福祉を批判していく事である。社会福祉労働には使用価値としての社会福祉労働と価値・剰余価値としての社会福祉労働の側面が区別される[22]。使用価値としての社会福祉労働の側面から見れば、社会福祉労働者が社会問題としての生活問題を担った人々に対して、まず応急措置を提供し、ついで生活条件を保障し、生活能力（潜在能力［抽象的人間生活力＝生活力・抽象的人間労働力＝労働力］－挿入、筆者）の形成と発達を援助する等のサービスを提供する過程である[23]。また一方、価値・剰余価値としての社会福祉労働の側面からみれば、「社会福祉労働者という公務労働者は、現実的には階級国家（地方自治体も含む）に雇用されており、国家権力の意思を代行し、社会福祉を必要とする国民にたいして社会福止を押しつける役割を果たさせられている。その結果、社会福祉労働者は、社会福祉労働についての前述の諸規定、その諸契機のすべてを否定され、官僚主義的な疎外された労働を行わせられる[24]」。（傍点、筆者）このように、社会福祉労働の現実態は、福祉利用者にとっての使用価値としての社会福祉労働と国家（地方自治体も含む）・総資本にとっての価値・剰余価値としての社会福祉労働と言う二つの側面の対立の統一にほかならない。前者（使用価値）の側面を発展させ、後者（価値・剰余価値）を克服

する事、これが社会福祉労働の課題にほかならない。

　第4点は、社会問題としての生活問題を担った人々の「労働の権利」「労働の自由」の保障の発展を図っていかなければならない。「というのは、労働の権利と労働の自由こそ、（一）人間の生きる権利、自由、幸福を追求する権利を保障し、自己実現を可能にし、社会福祉の理念を実現するからであり、（二）社会福祉がおこなわれる物質的前提、その源泉をつくりだすからである。それゆえ、労働の権利の実現が制限されているかぎり、社会福祉への権利も制限されたものにとどまる[25]。」のである。

　第5点は、労働手段（技術）の発展と導入の促進である。労働手段には福祉機器等があるが、今までのところ、これらの労働手段の導入は科学＝技術の発展と比較して、極めてたち遅れており、この分野での科学＝技術革命の導入は緊急の課題であると同時に、人間の感情の識別可能な介護ロボットや高性能な福祉機器等を社会福祉の現場に公的資金で導入し必要な福祉利用者及び福祉施設等に無料で貸与していく事も課題である。

　第6点は、二宮厚美氏が指摘されているように、「①コミュニケーション労働としての福祉労働にふさわしい専門的裁量権を福祉現場に保障すること、②定型・非定型の知的（技能－筆者挿入）熟練を福祉労働者に保障するための雇用保障を確立すること、③専門職としての福祉労働にはその職務にふさわしい最低賃金・給与体系を確立すること、④コミュニケーションを核心にした福祉労働に必要なコミュニケーション・ネットを地域単位に整備すること、⑤人権・発達保障の視点から福祉自治を確立する[26]」事である。

　第7点は、具体的権利規定の法制化である。と言うのは、日本弁護士連合会が指摘されているように、社会福祉事業から「社会福祉法への改正による基本的な問題点のひとつとして、この改革が、利用者の権利制を明確にし、選択や自己決定を保障するものとされながら、そしてそのための権利擁護の諸制度を創設したとされながら、社会福祉法上の規定として、福祉サービス利用者の権利性を明確に定めた規定が一切ないという根本的欠陥がある。」（日本弁護士連合会高齢者・障害者の権利に関する委員会編『契約型福祉社会と権利擁護のあり方を考える』あけび書房、2002年、33頁）また、障害のある人の総合支援法をはじめとした福祉関連諸法にも、福祉利用者の権利性を規定する規定が盛り込まれなかったという問題がある。それ故、次のような具体的な権利の法制化が重要である。つ

まり、河野正輝氏が指摘されているように、「(1) 社会福祉の給付請求の権利（給付の要否や程度は、行政庁の一方的な裁量によって左右されるのではなく、社会福祉の必要性の有する人々の請求権に基づいて決定される。そして、給付請求権を権利として受給できるためには、①給付を申請することができること、②適切な基準を満たした給付内容を求めることができること、③いったん決定された給付を合理的な理由なく廃止されないこと等の規範的要素が満たされなければならない）、(2) 社会福祉の支援過程の権利（社会福祉の支援過程で誤ったケアや虐待等が行われないことが重要である。その為には、①福祉サービスの種類・内容及びこれを利用する時の権利と義務について知る権利、②自己の支援方針の決定過程に参加する権利、③福祉施設利用者の場合、自治会活動を行い、それを通じて福祉施設の管理運営及び苦情解決に参加する権利、④拘束や虐待等の危害・苦役からの自由の権利、⑤通信・表現・信教の自由の権利、⑥プライバシーの権利、⑦貯金・年金など個人の財産の処分について自己決定の権利等が保障されること）、(3) 社会福祉の費用負担の免除の権利（社会福祉の必要性によって誰でも普遍的に給付請求権が保障される為には、一定の所得以下で社会福祉を必要としながら、それに要する費用を負担できない人々に対して負担の免除が伴うのでなければならない。したがって、①免除を申請することができること、②免除の決定処分を求めることができること、③あらかじめ定められた徴収基準に反する徴収額に対してはその取り消しを求めることができる等が当然に求められなければならない）、(4) 社会福祉の救済争訟の権利（社会福祉の給付の内容や費用負担の額等を巡って権利が侵害された時、苦情の申し立て、不服申し立てや訴訟を提起して救済を求めることが保障されなければならない。現行では社会福祉法による苦情解決から、社会保険審査官及び社会保険審査会法、行政不服審査法及び行政事件訴訟法等がある。行政処分に対する不服審査や訴訟等の手段は厳格な手続きを必要とするので、支援過程の苦情解決には必ずしも適さない場合もある。そこでオンブズマン方式等の苦情解決の取り組みが広がりつつある。また、独立の救済機関を設置する）の４つの権利」（河野正輝「生存権理念の歴史的展開と社会保障・社会福祉」社会保障・社会福祉大事典刊行委員会編『社会保障・社会福祉大事典』旬報社、2004年、482-486頁）の下に、国及び地方自治体（都道府県、市町村）の財政責任（国［7割］、都道府県［2割］、市町村［1割］）及び官僚的行政を排除した運営責任の下での公的責任を担保した上で、福祉利用者の人間ら

しい健康で文化的な多様な個人及び共同の潜在能力の維持・再生産・発達・発揮（機能）に適合した公的責任及び具体的権利による社会福祉の必要充足（何故ならば、福祉利用者の多様な個人及び共同の潜在能力の維持・再生産・発達・発揮の阻害状態によって社会福祉［福祉手段］の必要性の内容・種類・必要度が異なっているので、福祉利用者の多様な個人及び共同の潜在能力の維持・再生産・発達・発揮の阻害状態に適合した社会福祉［福祉手段］の必要性の内容・種類・必要度が決定され充足される事が重要である）の原理に基づいて市町村が直接、社会福祉を提供していく現物及び現金給付型の仕組みを新たに構築していく事が重要である（民間の福祉については、措置委託制度を復活させる事と、「負担は能力に応じて、給付は必要に応じて」を基本原則とする）。

　第8点は、社会福祉財政の削減・圧縮・抑制と社会福祉法制度の改悪に反対する民主統一戦線の結成である[27]。社会福祉の発展を図り福祉利用者にとっての社会福祉の使用価値を高めていく事と社会福祉労働者の生存権・発達権を保障していく為には、富沢賢治氏が指摘されているように、「国家独占資本主義の手にゆだねて矛盾の増大を許すか、あるいは民主義的な手続きにもとづいて[28]」社会福祉の歪みを正し、福祉利用者の人間的欲求に見合った社会福祉の発展を図っていく必要がある。民主的な統一戦線を結成する為には、福祉利用者及び社会福祉労働者を中心とする「労働者階級が中心的な社会的勢力として主導的な役割を果たし、労働者階級の階級的民主統一戦線が不可欠の条件となる[29]。」が、「第一に、要求にもとづく統一行動の発展が必要である。統一行動発展の基本原則は、①一致点での統一、②自主性の統一、③対等・平等と民主的運営、④統一を妨げる傾向にたいする適切な批判、⑤分裂・挑発分子を参加させないことである。第二に、統一行動の繰り返しだけではなく、政策協定と組織協定にもとづいた全国的規模の統一戦線を結成することが必要である[30]。」

　こうした課題が成し遂げられる事によって、社会問題としての生活問題を担った福祉利用者は人間らしく生きていける為の社会福祉労働の享受と福祉利用者及び社会福祉労働者の生存権・発達権保障が可能となり、またその事によって、社会問題としての生活問題を担った福祉利用者及び社会福祉労働者の人間的富も飛躍的に発展し、社会の精神的・物質的富も無限に発展する事になる。その時、国家（地方自治体も含む）・総資本にとっての価値・剰余価値としての社会福祉労働と言う社会福祉の前史は終わり、福祉利用者にとっての使用価値としての社会

福祉労働と言う社会福祉と福祉利用者及び社会福祉労働者の生存権・発達権の実現の可能な本史が始まり、社会福祉労働がより発展していくのである。

【注】
1) 真田是「社会保障『構造改革』とは何か」（総合社会福祉研究所編『総合社会福祉研究』第12号、1997年12月、8頁）。
2) 西岡幸泰「社会保障『構造改革』」（総合社会福祉研究所編『総合社会福祉研究』第12号、1997年12月、22頁）。
3) 理論は、一定の対象領域について一定の方法にもとづいて獲得された情報の集積であって、論理的に加工整序され、かつ批判的検証に耐えるものとして一般的に公示された知識の体系を意味する。とするならば、経験主義（理論の重要性を理解せず、自分の個別的、断片的な経験から得た知識を、そのまま普遍的で、どこにでも適用できる真理と考える一種の主観主義）の社会福祉労働を克服していかなければならない。K・マルクス（大内兵衛・その他監訳）『資本論』第1巻第1分冊（大月書店、968年2月、234頁）。
5) 大月書店編集部編『猿が人間になるについての労働の役割』（大月書店、1965年4月、7頁）。
6) K・マルクス、前掲書、234頁。
7) 高島進「社会福祉とは」（坂寄俊雄編『日本の社会保障』法律分化社、1996年2月、145-148頁）を参考にする。
8) K・マルクス（岡崎次郎訳）『直接的生産過程の諸結果』（大月書店、1970年8月、123頁）。
9) 加藤薗子「社会福祉援助技術研究における『社会福祉労働』視点の意義－技術主義の克服の為に－」（総合社会福祉研究所編『総合社会福祉研究』第3号、1991年7月、19頁）。
10) 加藤、前掲論文、19頁。
11) 1998年7月19日（日曜日）に鹿児島市に所在する知的障害のある児童施設「明星学園」を視察した時、指導員が日常の処遇について教示してくれた。
12) K・マルクス（長谷部文雄訳）『剰余価値学説史』第1分冊（青木書店、1957年12月、231頁）。
13) 芝田進午「医療労働の理論」（芝田進午編『医療労働の理論』青木書店、1976年10月、19頁）を参考にする。
14) 芝田進午『人間性と人格の理論』（青木書店、1961年11月、63-68頁）を参考にする。
15) 芝田、前掲書を参考にする。
16) 芝田、前掲書を参考にする。
17) 拙稿「福祉国家の国家財政論」（社会福祉研究センター編『草の根福祉』第21号、1993年12月）にて、国民総福祉費の負担を大衆に転嫁している事を論じている。
18) 第4回社会福祉研究交流集会実行委員会事務局編『社会保障・社会福祉「改革」資料集4』（総合社会福祉研究所、1998年7月、186頁）。
19) 第4回社会福祉研究交流集会実行委員会事務局編、前掲資料集、190頁。
20) 第4回社会福祉研究交流集会実行委員会事務局編、前掲資料集、190頁。
21) 伊藤周平著『保険化する社会福祉と対抗構想』（山吹書店、2011年、38頁）。
22) 芝田進午「社会福祉労働」（芝田進午編『公務労働の理論』青木書店、1977年11月、312頁）。
23) 芝田、前掲書、313頁。
24) 芝田、前掲書、314頁。
25) 芝田、前掲書、314頁。
26) 二宮厚美著『日本経済の危機と新福祉国家への道』（新日本出版社、2002年、214-215頁）。
27) 富沢賢治編『労働と生活』（世界書院、1987年、86頁）。
28) 富沢、前掲書、89頁。
29) 富沢、前掲書、89頁。
30) 富沢、前掲書、83頁。

第10章　福祉利用者の福祉の成就を支援していく福祉専門職論

1. はじめに

　社会福祉職の労働条件（特に賃金）の向上を目標として、社会福祉士及・介護福祉士・精神保健福祉士の国家資格制度が創設された。当然、資格取得者は労働条件も向上し、福祉利用者にとっての社会福祉労働（社会福祉労働手段も含む）の使用価値（具体的有用労働）を高めていく為に専門性を発揮し、優れた社会福祉労働の実践が可能であり、専門職の確立も時間の問題であるというように理解をされている福祉現場の人達が多い（筆者も障害のある人の福祉施設や県社会福祉協議会等に約10年間、働いた経験を持っているので、資格制度の創設が労働条件の改善に繋がるとの宣伝には矛盾を持っていなかった）。しかし、資格制度の創設以後も賃金等の労働条件の改善がなされていない（そして、劣悪な賃金等の労働条件を無視して、介護労働者の資格条件を緩和して、外国人を採用する計画を立てている）。そして、そもそも今回の社会福祉士・介護福祉士・精神保健福祉士の国家資格制度の創設過程において、末端の福祉現場には情報が全く提供されなかった上に、論議もなく、唐突さと異例のスピードで法制化された点に矛盾を持っている。またその後、社会福祉基礎構造改革により、社会福祉現場での劣悪な労働条件の実態、職員の必置規制の緩和や、資格基準の緩和、直接処遇職員においても非常勤化が図られる等、前述の国家資格制度の創設との関連で考えると矛盾なく受け止められず、大きな戸惑いを持っている。

　さらに述べるならば、社会福祉現場の多くの人達の専門職論は、専門技能（技術の本質的な意味については、後述する）や専門資格を中核として、特にアメリカ流の専門技能・技術を基礎としたものである（このアメリカ流の専門技能・技術は、人間らしい健康で文化的な生活・発達の困難に苦悩している福祉利用者を社会に適応させる調整技能・技術として、福祉利用者が担っている生活問題〔必需的な生活手段＝所得や教育制度等の不足・欠如と生活手段の不足・欠如から関係派生的に生成してきた福祉利用者の人間らしい健康で文化的な生活活動＝機能の基盤である多様な個人及び共同の潜在能力＝抽象的人間生活力・生活力「人間が生活の際に支出する脳髄・神経・筋肉等を意味する」・抽象的人間労働力・労

働力「人間が生活の際に支出する脳髄・神経・筋肉等を意味する」の維持・再生産・発達・発揮（機能）の阻害＝福祉利用者の潜在能力の不足・欠如の生活問題]の社会問題認識の欠如下におけるその情緒的・内面的な支援[1]過程の強調に特徴を持つ）。

このように社会福祉現場においては、専門技能・技術や専門資格を中核として専門職を理解している為、社会福祉現場の研修内容の多くが社会福祉サービスの具体的な提供方法・支援技能・技術の熟練や資格取得の学習に中心がおかれ（最近では、大学の社会福祉学科の授業においても資格取得の為の授業に厚生労働省の教科シラバスに沿った講義を優先させているが、この点については関家新助氏が著書『社会福祉の哲学』[新中央法規出版、2011 年、168 頁]において、「大学にとって重要なことは、本来、大学教育は、担当教員の研究成果をその方法論も含め、学生に教授することにある」[傍点、筆者]という指摘はよく理解できる）、専門技能・技術の熟練や専門資格の取得が恰も専門職の十分条件であるかのように理解され、その一方において、多くの社会福祉労働者が、福祉利用者が担っている生活問題に対する社会問題認識の看過と社会福祉労働の目的（福祉利用者の人間らしい健康で文化的な生活手段の保障と生活活動＝機能の基盤である多様な個人及び共同の潜在能力＝抽象的人間生活力＝生活力・抽象的人間労働力＝労働力の維持・再生産・発達・発揮［機能］の保障）の意識の弱化、福祉利用者の生存権的平等を発展させていく労働組合運動・社会福祉運動等の弱化が存在していると思われる。

以上のような現状において、福祉利用者及び社会福祉労働者の人間らしい健康で文化的な生活（人間らしい健康で文化的な福祉手段（社会福祉労働手段等）の保障と生活活動［機能］の基盤である多様な個人及び共同の潜在能力［抽象的人間生活力＝生活力・抽象的人間労働力＝労働力］の維持・再生産・発達・発揮［機能］の成就）を発展させていく為に、改めて社会福祉における専門職とは何かを考察していく事は重要であると思われる。何故ならば、福祉利用者は人間らしい健康で文化的な生活活動［機能］の基盤である多様な個人及び共同の潜在能力［抽象的人間生活力＝生活力・抽象的人間労働力＝労働力］の維持・再生産・発達・発揮［機能］の成就を阻害されている人達であり、また、多くの社会福祉労働者は一般労働者と比較すると劣悪な労働条件の下で働いているので、アメリカ流の専門技能・技能の熟練や専門資格の取得のみでは十分でなく、常に社会福祉労働過

程において、誰の為に、そしてどう言う目的（人間らしい健康で文化的な生活活動［機能］の基盤である多様な個人及び共同の潜在能力［抽象的人間生活力・抽象的人間労働力］の維持・再生産・発達・発揮［機能］の成就）の為に社会福祉労働を行うのかと言う社会福祉労働の在り方を社会福祉労働者一人ひとりが常に自覚的に探求しなければならないからである。

　従って、本稿では以上のような問題意識を持ち、まず従来の社会福祉における専門職論の到達点と問題点を考察し。次に福祉利用者にとって社会福祉労働の使用価値（具体的有用労働）を高めていく為の専門職論、つまり筆者の新しい観点からの専門職論を考察していく。最後に今後の専門職の課題を考察する。

2. 従来の社会福祉における専門職論の到達点と問題点

　従来の社会福祉における専門職論は、大別すると三つに分類できる。まず一つは、体系的理論、専門的権威、コミュニティの承認、規制的な倫理綱領、専門的文化を持って労働者一般と区別され、特別階層として捉えた専門職論である[2]。次に二つは、社会福祉労働の対象が人間、特に人間らしい生活と人間の潜在能力の全面発達・成長・発揮を阻害された人間である為、倫理性が強いという側面を強調して捉えた聖職論としての専門職論である[3]。さらに三つは、社会福祉労働者の機能的側面を捉えて、彼／彼女が使用する知識・技能・技術の体系としての専門職論である[4]。以下では、これら三つの型の専門職論を批判的に検討し、到達点と問題点を明らかにしていく。

(1) 特別階層としての専門職論

　この類型に属すると思われる専門職論の例として、アーネスト・グリーンウッド（Ernest Greenwood）の「専門職業の特質」という論文が挙げられる[5]。この論文においては、専門職に関する一般的な共通属性を分析し、次のような五つの属性を抽出している。つまり彼は、①組織的あるいは体系的な専門的理論を持っている事、②専門職としての権威がある事、③地域社会によって、この権威が承認されている事、④専門職員とクライエント及び同僚との関係を規制する倫理綱領がある事、⑤専門的文化を持っている事の共通属性を示し、五つの属性は社会福祉における専門職にも適用できると指摘している。

　彼の見解の独自の視点は、他のものと比較して次の三点に特徴がある。第一点

は、専門職的権威が存在しているとの指摘である。次に第二点は、専門職的文化が存在しているとの指摘である。さらに第三点は、地域社会の承認が必要であるとの指摘である。これら三つの特徴と関連して、彼がどのように専門職論を展開しているか見てみよう。

彼は専門職的権威の説明のところで、「素人（the layman）が比較的に無知であるということをきわだたせるような一種の知識を、専門家（the professional）に対して賦与する。このことは専門的権威の基礎である[6]」と述べ、さらに、「専門的な関係では、専門家がクライエントにとって何が善く、何が悪いかを指示するが、クライエントは選択をせず、専門的な判定に同意するだけである[7]。」「彼は自分自身のニードを診断したり、それらを満たす可能性の範囲を弁別したりすることができないし、彼が受ける専門的サービスの力量（caliber）を評価することができるとも考えられない[8]。」と述べている。

近年、インフォームドチョイス（インフォームドチョイスとは、複数の福祉サービスについて福祉利用者が十分に説明を受け、その中から任意の福祉サービスを福祉利用者自身によって選択する事）や自己決定権（生活に関わる自己決定権は、福祉サービスの選択権という側面だけでなく、日常生活のあらゆる側面において確保及び実現されなければならない）が強調され、福祉サービスの享受過程における対等関係が模索されている時、専門家にこのような特権を賦与しても良いのだろうかと言う素朴な疑問が生じる。ともあれ、ここでは専門的権威と言う属性を賦与する事によって、特別階層としての専門職を意図としているのである。

次に彼は専門的文化の説明のところで、「もし専門職業と他の職業をもっとも効果的に区別する特質が一つだけ選択されるべきだとしたら、それはこの文化なのである[9]。」と述べ、そして、「専門職業の文化はその価値、規範、象徴から成っているのである[10]。」と述べる。ここで言う価値は、専門家がサービスの判定権の特権を持っている事が不可避的に社会的進歩をもたらすと言う価値観（こうした価値観は、前述したインフォームドチョイスや自己決定権の観点から疑問を持つ）であり、また、専門家のサービスは合理的であると言う価値観を意味し、さらに規範は、サービスの過程において、標準的な行動規範を意味している。そして象徴は、紋章、特殊な服装等を意味する。

さらに進めて専門的文化について述べるならば、専門的文化がどのような社会体制（現代資本主義社会体制においては、福祉利用者にとっての使用価値[11]を

低下させ、総資本及び国家にとっての剰余価値 [12] を高めていく市場福祉や受益者負担を拡大させていく専門的文化であるのが濃厚であるが）に規定されたものであるかを不問にした上で、その専門的文化に徹底的に適応しているワーカーが理想的であると述べているのはやや言葉足らずではなかろうか。

　また彼は地域社会の承認の説明のところで、「いかなる専門職でも、ある範囲内で専門職に一連の権力と特権を与えることによって生まれるその権威を、コミュニティにすすんで認めさせるべく努力をする [13]。」と述べた上で、専門職に対する地域社会の承認は、権力と特権を独占的に専門家に保障し、それによって地域社会が大きな利益を得ると述べている。つまり、言葉を変えて言えば、福祉利用者の利益と交換に、特別階層としての専門職の地位を社会的に保障していくという事であり、やはりここでも、特別階層としての専門職を意図としているのである。

　以上、専門的権威、専門的文化、地域社会の承認の三つの属性と関連して、アーネスト・グリーンウッドが意図としている専門職論を批判的に検討してきたが、結論として言える事は次のような点である。つまり、社会福祉における専門職性を高める事は、社会福祉労働者が最大の威光と権威を享受できるようにする為であり、福祉利用者が社会福祉労働（福祉労働手段も含む）の享受能力を高め、その社会福祉労働の具体的有用性（使用価値）を高めていくものではない特別階層としての専門職を主要目的としているところに彼の専門職論の特徴があると言える。

(2) 聖職としての専門職論

　この類型に属する専門職論として、政策主体や多くの福祉施設の理事長・園長及び福祉事業の経営者等の主張が挙げられる。政策主体や多くの福祉施設の理事長・園長及び福祉事業の経営者の専門職論は、社会福祉従事者の労働者性を否定するか、あるいは消極的に認めた上で、福祉利用者に対しての愛と公僕を一面的に強調する、いわば聖職としての専門職論である。

　社会福祉従事者は聖職者で労働者ではないとする考え方は、従来ややもすると社会福祉従事者の労働基本権や組合運動、政治活動の制限を肯定する場合が多いが、それでも社会福祉従事者は聖職者だと考えるならば、聖職者に相応しい労働条件を保障しなければならない。つまり、聖職者に相応しい労働条件を保障する

為には、現在の劣悪な労働条件 14) と比較にならないほどの高い賃金等の労働条件を保障しなければならないし、さらに自治的労働等を認めなければならないと考える。

ところが政策主体や多くの福祉施設の理事長・園長及び福祉事業の経営者はこのような事は認めず、寧ろ逆に官僚的規制による職階制を厳しくし、縦割り的な命令系統により、専門職の内容を政策主体や福祉施設の理事長・園長及び福祉事業の経営者の意図に副ったものに統制しているのが現状である。つまり、「組織目標に副った手続きや規則への同調、職階制による指導・管理を重視する官僚制の原理は、専門職業の正当な技能・技術と倫理性を重視する、専門職員の主張との間に矛盾が生じる。それはまた権利主体としての福祉利用者の要求と、専門家としての自己貫徹要求との間に矛盾及び葛藤を生じる事でもある。社会福祉の国家責任・公的責任のもとにおける社会福祉機関・施設は、その本質的な位置づけないし特質として上部構造である国家の公権力や規制＝行政支配の強化により、一般的な官僚制度の権威関係や行政の監査・指導を増大し、あるいは財政的、助成報償の側面で現れる。……厚生省による第1期～第3期にわたる生活保護ひき締めにあたる、いわゆる『適正化政策』における監査・通達・指導が、実際に認められた事実がその証左といえよう 15)。」

このように、政策主体等は、社会福祉労働者の専門性の発揮や福祉利用者の生存権を制限するものであって、社会福祉労働者が生き生きと社会福祉労働に専念できるように専門職の現場の条件を整備していこうとするものではない。しかし、だからと言って福祉利用者に対する愛（倫理性）や公僕性を否定するものではない。寧ろ社会福祉労働の専門職性を確立し福祉利用者にとっての社会福祉の使用価値を高めていく為には、福祉利用者に対する愛（倫理性）や公僕性を高めていかなければならない。何故ならば、社会福祉労働は人間らしい健康で文化的な抽象的人間生活力・抽象的人間労働力の維持・再生産・発達を阻害されている福祉利用者を対象としている為、極めて精神的・文化的な労働であり、人間の人格形成の発展にも重要な影響を持っていると言う意味において、社会福祉労働は聖職と言っても過言ではない。

ところで、一方において社会福祉従事者の労働者性を一面的に主張し、前述の聖職としての専門職性を否定する社会福祉労働者もいる。この社会福祉労働者の主張の主要な内容は、人間の生存権と発展権を保障していく労働と雖も、社会福

祉従事者の労働者性によって初めて可能となると言うものである。即ち、社会福祉従事者が労働者として団結し、闘い学ぶ事を通じてのみ保障されるものであると主張する。これは一面的に正しい主張である。しかし、他面においては、前述の考え方には賛成できない面もある。何故ならば、それぞれの福祉の現場における労働組合運動においては、社会福祉労働者の専門職の確立の追求と労働条件の向上の追求は必ずしも同一ではなく、それぞれ独自の課題があると考える。その点で、労働者性を一面的に主張している社会福祉労働者は、専門職性を労働者性に一方的に還元していると思われる。つまり、社会福祉労働者が専門職性を高めていく事と、社会福祉労働者が労働者階級として執るべき社会的立場とを混同したものにほかならないのではなかろうか。

(3) 専門技能・技術としての専門職論

　この類型に属すると思われる専門職論の例として、1971年11月に中央社会福祉審議会職員問題専門分科会起草委員会より発表された「社会福祉士法」（以下、試案と言う）制定試案を挙げることができる。

　この試案は、専門職の発展経過を「一般に福祉の先進国においては、十九世紀以降の社会問題の発生、これに対する個人的主観的対応としての慈善行為、篤志ワーカーの増大と組織化、経験を踏まえた問題の客体化と、それに接近する共通の方法論の必要性の認識、体系的な知識の整理と教育訓練の開始、有給ワーカーの登場、彼等の実績に対する評価と認知、自らの倫理綱領をもち高い意識と誇りに結ばれた自立的な専門家集団の形成、社会的地位の確立と、ふさわしい待遇の確保と言う経過で、社会福祉の専門化とワーカーの専門職化が進んできた[16]」と述べた上で、社会福祉における専門職を次のように述べている。「個人が環境とかかわる接点に生ずる生活上の諸問題を、社会的機能の強化という視点から、単独又は他の臨床専門家（医師または臨床心理学者）と協働して解決に当たる専門職者として考えられるに至った[17]」。つまり、試案では、社会福祉における専門職を、人間関係調整技能という技能・技術論体系を主軸として規定している。従って、ここでの問題点は、専門職を生活問題に悩む福祉利用者を社会に適応させる調整技能・技術として、その情緒的・内面的な支援過程の強調に特徴があり、専門職の一つの属性である技能・技術とほぼ同類のものとして捉えている。

　さらに進めて試案の意図としている専門職の問題点を述べるならば、まず第一

点に、試案は一方で社会福祉労働者の劣悪な労働条件と質的向上の阻害の実態を指摘していながら、その劣悪の本質的原因の究明を避け、本質的原因を専門技能・技術に対する国民の認識不足に転嫁させ、労働条件の改善と質的向上の道を、国民の専門技能・技術に対する認識不足の解消によって実現できると言う論理に問題があると言う事である。なぜならば、劣悪な労働条件と質的向上の阻害は、専門技能・技術に対する国民の側の認識不足にあるのではなく、本質的には今日の官僚的な福祉行政や福祉政策の貧困に原因があるからである。第二点は、試案は社会福祉労働者に専門職者として相応しい労働条件を保障する為に、まず公務員制度の中に専門職の正しい位置づけを行えば、民間社会福祉の中にも必然的に反映されて、専門職の正しい位置づけが行えると安易に考えているところに問題がある。なぜならば、今日の公務員制度の中で、必ずしも社会福祉士等の資格を持った人達が採用されるとは確定できないし、また、社会福祉士等の資格を持っている社会福祉労働者が専門外の部局に配置されたり、専門外の人達が社会福祉の専門職に配置されたりして、公務員制度の中に社会福祉の専門職の正しい位置づけが全くなされていなのである。

　以上、従来の社会福祉における専門職論を批判的に検討してきたが、従来の専門職論の共通した問題点は、専門技能（福祉労働主体）と専門技術（福祉労働主体と福祉労働手段の連関構造）の混同の上に、専門技能・技術を高める事は社会福祉労働者の専門職を確立する為の十分条件であると認識していると同時に、他の専門職者（非専門職者）との協働の自治的労働及び福祉利用者との共同労働等の社会福祉労働そのものの在り方や専門職に相応しい労働条件の保障を看過したところにある。

3．福祉利用者・社会福祉労働者の生存権・発達権保障の専門職論

　社会福祉労働は現代資本主義社会の生産様式（特に生産関係、つまり生産手段が資本の所有にあり、その為に生産物［社会福祉に必要とされる財貨及びサービスも含めて］と言う富の私的取得が可能になるという仕組み）に絶対的に規定されているので、また社会福祉労働者は社会福祉労働の為に必要な社会福祉労働諸条件（福祉施設及び福祉事業所等）から分離されているので（社会福祉労働者の労働力の商品化）、専門職の発展及び専門性の発揮の為には社会福祉労働諸条件（福祉施設及び福祉事業所等）の社会化が必要である。社会福祉労働諸条件（福

祉施設及び福祉事業所等）の社会化後は、福祉労働は賃労働という疎外された姿態を脱ぎ捨て、大谷禎之介氏が指摘されている事を福祉労働に置き換えて考えてみると次のようなアソーシエイト（共産共生）した福祉労働の特徴を持つ。「①福祉労働する諸個人が主体的、能動的、自覚的、自発的にアソーシエイト（共産共生－挿入、筆者）して行う福祉労働である。経済的に強制される賃労働は消滅している。②福祉労働する諸個人が福祉利用者に直接的に対象化・共同化する社会的な福祉労働である。③福祉労働する諸個人が全福祉労働を共同して意識的・計画的に制御する行為である。福祉利用者の生活活動（機能）の基盤である人間らしい健康で文化的な潜在能力の維持・再生産・発達の成就を目的意識的に制御するという人間的本質が完全に実現される。④協働・自治として行われる多数の福祉労働する諸個人による社会的労働である。社会的労働の持つ福祉労働力はそのまま彼かつ彼女らの福祉労働の社会的労働力として現れる。⑤福祉利用者を普遍的な対象とし、協働・自治によって福祉利用者を全面的に制御する福祉実践的行為、即ち福祉労働過程への科学の意識的適用である。⑥力を合わせて福祉労働過程と福祉従事者とを制御する事、また目的（福祉利用者の人間らしい健康で文化的な潜在能力の維持・再生産・発達・発揮［機能］の成就）を達成する事によって、福祉実践者に喜びをもたらす人間的実践、類的行動である。だから福祉労働は諸個人にとって、しなければならないものではなくなり、逆になによりもしたいもの、即ち第一の生命欲求となっている。⑦福祉労働する諸個人が各自の個性と能力を自由に発揮し、全面的に発展させる行為である。福祉労働する諸個人が共同的社会的な活動のなかで同時に自己の個性を全面的に発揮し、発展させる事ができる福祉労働である事、これこそがアソーシエイト（共産共生－挿入、筆者）した福祉労働の決定的な人間的本質である」（基礎経済科学研究所編『未来社会を展望する』大月書店、2010年、17-18頁）。それゆえアソーシエイト（共産共生）した福祉労働は、福祉利用者にとって社会福祉労働の使用価値（具体的有用労働）を高めていく事になる。

　以上のような福祉労働諸条件の下で筆者の新しい観点からの専門職論（福祉利用者・社会福祉従事者の生存権・発達権保障としての専門職論）においては、社会福祉労働者の労働条件の向上は言うまでもなく、福祉利用者への支援の専門技能・技術を高めていく必要がある（つまり、社会福祉労働者の専門的技能・技術によって福祉利用者の人間らしい健康で文化的な生活［人間らしい健康で文化的な生活活動

＝機能の基盤である多様な個人及び共同の潜在能力「抽象的人間生活力＝生活力・抽象的人間労働力＝労働力」の維持・再生産・発達・発揮＝機能の成就を効率的に成就していく事］ができ、その結果、福祉利用者にとっての社会福祉労働の使用価値（具体的有用労働）を高めていく事になる）。そして、専門技能・技術の発展を考えていく場合、技術の概念を明確にしておく必要があるが、二宮厚美も指摘しているように、社会福祉における技術に関する文献を見ると、些か混乱した状態に陥る [18]。つまり、例えば次のような社会福祉における技術についての説明が一例である。

「『技術』（skill）は『方法（論）』（method）の一要素として、明確に位置づけられ、その援助過程（process）に用いられる技術とされ、さらに個人的な工夫の加わったテクニック（technique）や、価値観の加わった技能（art）に発展する基本的な地位におかれている [19]。」ここで技術とされているものは方法の一部であるか、もしくは殆ど方法と同義であり、また技能とどこが違うのかも明確ではない。さらに別の論者は次のように技術を説明している。「社会福祉実践における技術とは、英語で一般に skill と表現されている。知識、訓練、才能などから生じる手腕、力量、腕前などを意味していると言える [20]。」「技術とは、クライエントを認識し、洞察することであるといえるし、クライエントの特質を把握することであり、理解することだといえる [21]。」ここで skill と言う言葉が使用されているが、英文で skill と言う言葉の意味内容は労働者の内部に蓄積された特殊な労働能力、つまり熟練や技巧の意味で使用されている [22]。また、「クライエントを認識し、洞察すること」は技術に属する事ではなく、文字どおり認識（認識とは、人間の意識内に客観的対象が反映される事を意味する）に関連する事であり、認識・洞察の課題は福祉労働能力の形成や福祉労働＝福祉実践の一部に関連する事である。

このように、社会福祉における技術の概念規定においては、社会福祉労働の方法や技能、社会福祉労働者の認識から洞察までそっくり技術の概念に包摂され、社会福祉労働主体、社会福祉労働手段の厳密な区別の上にたった技術の概念規定がなされていない。社会福祉労働が人間を対象とするものであり、また社会福祉労働主体の労働能力に規定されやすいものであり、さらに現在のところ社会福祉労働手段の持つ意味が相対的に低いと言う点において、技術とは社会福祉労働手段の客観的体系であるという認識が看過されているのは理解できる。

しかし筆者は、社会福祉における技術を次のように捉える。つまり筆者は、社

会福祉労働手段の客観的体系であるという点を受容しつつ、これを社会福祉労働主体と社会福祉労働手段の連関構造において理解するのが妥当であると思われる。なぜならば、福祉労働過程の三契機は福祉労働そのものと福祉労働、福祉労働手段、福祉労働対象であり、三契機を結合させ、社会福祉労働を現実化させる主体はあくまでも社会福祉労働者であり、そして社会福祉労働は社会福祉労働者の福祉労働能力を使用する事である以上、社会福祉労働の実践力の発展は総体としての社会福祉労働者の社会福祉労働能力の向上・発達の結果である。そしてこうした社会的福祉労働過程において、社会的に編成された社会福祉労働者集団は、社会福祉労働手段を駆使して福祉利用者に立ち向かうのであるが、その場合の社会福祉労働手段の体系が本来の意味での技術である。そして、社会福祉労働手段と言う概念は、福祉施設と言う建物、福祉施設内の設備、送迎用の車、ギャッジベッド、ストレッチャー、特殊浴槽、車イス等の物的体系を福祉労働過程と言う場におき、主体である社会福祉労働者の福祉労働＝福祉実践の為の手段として把握したものである。つまり、社会福祉労働手段という概念にはすでに社会福祉労働者による駆使・運用という福祉労働＝福祉実践が前提とされているのであり、それが含まれているのである（勿論それ自体としての福祉労働手段は客観的存在であり、それ故技術という概念は、社会福祉労働手段という客体を、それを駆使する社会福祉労働者という主体の側から捉えた概念でもあると言える）。

　筆者は、こうした技術の捉えかたを前提として、次のように専門職論を職業の在り方ないし社会福祉労働者自らの社会福祉労働の統制の在り方を示す概念として展開していきたい。では、どうして社会福祉における専門職において、職業の在り方ないし社会福祉労働者自らの福祉労働の統制の在り方が重要なのであろうか。この点を福祉労働の対象と関連させて述べる必要がある。

　ところで前述したように、福祉労働過程は福祉労働そのものと福祉労働、福祉労働手段、福祉労働対象の三契機から成っており、福祉労働対象は人間らしい健康で文化的な生活活動（機能）の基盤である多様な個人及び共同の潜在能力（抽象的人間生活力・抽象的人間労働力）の維持・再生産・発達・発揮（機能）に困難を担い、生存権・発達権を侵された諸個人であり、政策・制度・法律によって福祉利用者として対象化された諸個人である。それ故、生存権・発達権を阻害する種々の困難を取り除いて、人間らしい健康で文化的な生活活動（機能）の基盤である多様な個人及び共同の潜在能力（抽象的人間生活力＝生活力・抽象的人間

労働力＝労働力）の維持・再生産・発達・発揮（機能）を成就するものでなければならない。そして、福祉労働過程において、社会福祉労働者が社会福祉労働手段・コミュニケーションを媒介として福祉利用者に対象化（社会福祉労働の対象化とは、福祉利用者に社会福祉労働手段と伴に社会福祉労働者の抽象的人間労働力・労働力の支出労働の凝固の社会関係を意味する）・共同化（社会福祉労働の共同化とは、社会福祉労働を一つの福祉労働過程として捉えた場合、社会福祉労働者がその福祉労働主体となるが、社会福祉労働者と福祉利用者とのコミュニケーション過程の面から見ると、社会福祉の必要性・要求の発信主体は福祉利用者であり、社会福祉労働者は福祉利用者の了解・合意を前提にして、一つの共受関係に入る。そして共授関係とは、社会福祉労働者が福祉利用者の人間らしい健康で文化的な生活活動［機能］の基盤である多様な個人及び共同の潜在能力［抽象的人間生活力＝生活力・抽象的人間労働力＝労働力］の維持・再生産・発達・発揮［機能］の支援を担うと同時に、社会福祉労働者自ら発達すると言う関係、お互いがお互いの発達を受け合い、共に享受すると言う関係を意味する）を行っているのであるが、社会福祉労働における共同化を考える場合、次のような指摘に留意する事が重要である。つまり、二宮厚美氏が指摘されているように、「保育労働は子供の人権・発達保障をテーマにした精神代謝労働の一つであり、コミュニケーション労働の一種です。保育を一つの労働過程としてとらえた場合、保育士がその労働主体となってあらわれますが、保育士と子供たちとのコミュニケーション過程の面からみると、発達・保育ニーズの発信主体は子供たちであり、保育士は子供たちとの了解・合意を前提にして、一つの共受関係に入ります。共受関係とは、保育士が子供たちの発達を担うと同時に自ら発達するという関係、お互いがお互いの発達を受け合い、共に享受するという関係のことです。これは看護の労働に似ています。看護の看という字はしばしば指摘されてきたように、手と目という文字を結びつけたもので、看護婦は手と目によって患者に働きかける、すなわちコミュニケーションを媒介にして患者に接します。看護婦は、その動作や表情や言葉で働きかけ、患者を励まし、その潜在的な能力を引き出して病気を克服する手助けをします。これと同様に、保育士も子供たちの潜在的な能力に非言語及び言語的コミュニケーションを媒介にして働きかけ、その能力を顕在化させる仕事に従事しているわけです[23]。」

　さらにアマルティア・センが指摘されているように、「『福祉』（well-being）

はひと（福祉利用者 – 挿入、筆者）が実際に成就するもの—彼／彼女の『状態』
（being）はいかに『よい』（well）のものであるか—に関わっている[24]。」（傍点、
筆者）ものであるならば、二宮厚美氏が指摘されているように、福祉利用者の能
動的・創造的能力への注目は言うまでもなく、受動的・享受的能力にも注目して
いくことが重要である[25]。つまり、福祉利用者の受動的・享受的能力を福祉の
現場での社会福祉労働を例として考えると、良く理解ができる。それは、「特別
養護老人ホームでの行事の時であった。ある寮母は歌手のように衣装をまとい、
高齢者たちを前に歌を唄った。それを聞いている高齢者たちは、満面に笑いを浮
かべて、さかんに拍手を送り、口々に『上手や、上手や』と褒め、『人間、やは
り長生きしているもんですな』と述懐していた。寮母も、高齢者から送られる拍
手に上機嫌だった表情をしていた。これは、高齢者と寮母との、ささやかなりと
雖も、一つのコミュニケーションの場を物語っている。高齢者と寮母が触れ合い、
結びついて、コミュニケーション的関係を切り結んでいる。そこで発揮された高
齢者の力とは何か、これが実は寮母の歌を楽しむ受動的・享受能力である。高齢
者は寮母の歌声を享受して生きる力を持つようになる。寮母は高齢者が歌を楽し
む表情に接して、次はもっとうまく唄ってやろうと言う意欲に駆り立てられる。
これがコミュニケーションの場が持つ独特の力である[26]。」

　このように社会福祉労働が適切に展開されればされるほど福祉利用者の社会問
題としての生活問題は緩和され、あるいは取り除かれ、福祉利用者は人間らしい
健康で文化的な生活（人間らしい健康で文化的な生活活動［機能］の基盤である
多様な個人及び共同の潜在能力［抽象的人間生活力＝生活力・抽象的人間労働力
＝労働力］の維持・再生産・発達・発揮［機能］の成就）を享受する。もし官僚
的な職階制の下で福祉利用者との共同的労働あるいは他の社会福祉労働者等との
自治的労働（個々の社会福祉労働者等の専門的労働を尊重しながら、民主的討議
を基礎とした自治的決定による協働的労働を意味する）が損なわれ、社会福祉労
働が当をえていないならば、福祉利用者の社会問題としての生活問題は緩和ある
いは取り除く事はできず、人間らしい健康で文化的な生活の享受は不可能となる。
つまり、社会福祉労働をいかに実践していくかについての職業の在り方ないし社
会福祉労働者自らの社会福祉労働の統制の在り方を常に考えていかなければなら
ないのではなかろうか。
　以上、考察してきたように、社会福祉労働の労働対象及び目的は、「人間を対

象とし、人間らしい生活と人間の全面的な発達・成長を阻むさまざまな障害を取り除いて人間本来の全面発達を可能にしようとするところにある[27]。」まさにこの使用価値（具体的有用労働）の点こそ社会福祉労働そのものの専門職が厳密に確認されなくてはならないのであって、資格の有無が専門職の十分条件ではないと思われる。そして、だからこそ専門職としての社会福祉職には、資格の有無の側面のみが追求されるのではなく、社会福祉労働そのものの在り方ないし社会福祉労働者自らの労働の統制の在り方についての日々の実践や探求がより切実に要求されると伴に、社会福祉労働者が専門職の属性の総体(専門的知識、専門的技能、専門的技術、他の社会福祉従事者等との自治的労働、福祉利用者との共同労働、価値観・倫理性、専門職として相応しい労働条件、資格等）を日々の社会福祉労働を通して自己点検し改善していく事が切実に要求される事にもなるのである。

4. 今後の課題

　本稿では、従来の社会福祉における専門職論を批判的に検討し、どうして事あらためて社会福祉における専門職が論究されなければならないのかを、少々、言葉足らずであったが考察してきた。しかしそれにもかかわらず、社会福祉における専門職に関しての課題は山積していると思われるし、また、その課題を解決していくのは容易ではないと思われる。例えば、社会福祉士・介護福祉士・精神保健福祉士等の資格制度の内容を福祉利用者・社会福祉労働者の生存権・発達権保障の為に、どのように充実させていくかが当面の課題の一つである。従来、政策主体によって進められてきた資格制度の確立の意図には次のような問題点があった。第一点は、資格制度によって特権意識を持たせ、福祉利用者及び同じ職場の非資格者との分断及び対立を意図とするものであった。第二点は、歪曲された聖職思想に基づいた資格制度によって、劣悪な労働条件を押しつけ、さらには職場内外の仲間との労働組合等における団結及び連帯を困難にさせようとする意図を持ったものであった。第三点は、資格所得者には当然のごとく適切な賃金等の労働条件が保障されるかのような幻想を抱かせる意図を持ったものであった。

　以上のような問題点を克服して、真に福祉利用者・社会福祉労働者の生存権・発達権保障の為の資格制度の内容に改善していくかは、重要な課題である。つまり、この改善の基本点は、誰の為に、そしてどのような目的の為に資格制度の内容を改善していくのかという事である。これは、資格制度の内容の改善が福祉利

用者・社会福祉労働者の生存権・発達権を保障していく事に連結していくという認識を必要とするものである。そして、資格制度と関連して今後の専門職の課題を述べるならば、福祉利用者と協同で福祉利用者・社会福祉労働者の生存権・発達権保障の為の専門職の属性の総体を具体的に発展させていく労働組合運動・社会福祉運動等の発展・拡大が今後の課題でもある。

【注】
1) 本稿では、援助と支援の意味の違いを考慮して、支援の言葉を使用する。つまり、福祉利用者を物事の中心に据えたとき、「援助」と言う概念には、援助者側からの一方的で上から福祉利用者を見下す上下関係としての「たすけ（援け、助け）」がある。一方、「支援」と言う概念には、福祉利用者の意思を尊重し支え、その上で協力を行うと言う、福祉利用者主体の考え方が内在している。Bill,Worrel（河東田博・その他訳）『ピープル・ファースト：支援者のための手引き』現代書館、1996年、92頁。
2) アーネスト・グリーンウッド（高沢武司訳）「専門職業の特質」（財団法人鉄道弘済会編『社会福祉の専門職とは何か』財団法人鉄道弘済会、181-195頁）。
3) 筆者は、福祉施設の理事長や園長の研修会の講師を依頼される場合が多いが、その席上で、福祉施設の理事長や園長が社会福祉従事者の聖職性を強調する事が多い。
4) 中央社会福祉審議会職員問題専門分科会起委員会編『社会福祉専門職化への道』（全国社会福祉協議会、1972年）。
5) アーネスト・グリーンウッド、前掲論文、181-192頁。
6) アーネスト・グリーンウッド、前掲論文、184頁。
7) アーネスト・グリーンウッド、前掲論文、184頁。
8) アーネスト・グリーンウッド、前掲論文、184頁。
9) アーネスト・グリーンウッド、前掲論文、190頁。
10) アーネスト・グリーンウッド、前掲論文、190頁。
11) 現代資本主義社会における社会福祉の現象は、社会福祉労働（社会福祉労働手段も含む）以外のボランティア活動や非営利活動が拡大しているとは言え、支配的には多様な社会福祉労働の分野に分かれ、多様な社会福祉労働を媒介として行われている。つまり、福祉利用者は、社会福祉労働を享受して、人間らしい健康で文化的な生活を成就している。そして、社会福祉労働は、「①金銭給付及び貸付、②福祉施設提供、③生活補助設備、器具の提供、④機能回復・発達のための設備、器具の提供、⑤生活の介助・介護、⑥予防・治療のための医療給付、⑦生活指導を含む機能回復・発達のためのリハビリテーション給付、⑧職業訓練給付、⑨診断・あっせん処置を含む相談などの人的手段を通じた直接的な現物給付、⑩問題発見や解決のための調査活動、⑪問題解決のための社会資源の媒介・調整や社会的認識向上のための広報活動、⑫問題解決のための地域住民や関係団体、関係施設などの組織活動、⑬社会資源の有効活用のための連絡調整活動などの間接手段の提供」（真田是編『社会福祉労働』法律文化社、1975年、42頁）の事実の現象として見られ、しかも多くの場合、これらの社会福祉労働は複合的に行われ、また、歴史の発展過程においてその社会福祉労働の量と質は相違する。とは言え、これらの事実の現象の認識に留まるのではなく、これらの事実の現象の内的関連と相互依存性とにおいて、社会福祉労働の二つの要因を分析していく必要がある。とするならば、社会福祉労働は第一に、外的対象であり、その社会福祉労働が福祉労働手段とともに福祉利用者に対象化・共同化される事によって、福祉利用者の何らかの種類の欲望を満足させるものである（つまり、福祉利用者が人間らしい健康で文化的な抽象的人間生活力［抽象的人間生活力とは、人間が生活の際に支出する脳髄、神経、筋肉、感官等の生活力を意味する］・抽象的人間労働力［抽象的人間労働力とは、人間が労働の際に支出する脳髄、神経、筋肉、感官等の労働力を意味する］の維持・再生産・発達を行うことができる欲望を満たすこと）。この欲望の性質は、それが例えば物質的な生産物（福祉施設、福祉機器、生活保護制度の金銭給付等）で生じようと、人的サービス（ホームヘルプサービス等）あるいは物質的生産物と人的サービスとの併用で生じようと、少しも社会福祉労働の使用価値の事柄を変えるものではない。重要なのは、社会福祉労働が福祉労働手段とともに福祉利用者に対象化・共同化される事によって、福祉利用者の人間らしい健康で文化的な抽象的人間生活力・抽象的人間労

働力の維持・再生産・発達・発揮に部分的あるいは全体的に関係しているという事実である。そして、福祉利用者の人間らしい健康で文化的な抽象的人間生活力・抽象的人間労働力の維持・再生産・発達・発揮に部分的あるいは全体的に関係しているという事は、二重の観点から、すなわち質と量の面から分析されていく必要があるが、その有用性は使用価値にする。しかし、この使用価値は空中に浮いているのではない。この使用価値は、社会福祉労働の実体（実態）の所属性に制約されているので、その実体（実態）なしには存在しない。それ故、社会福祉労働における人的サービスの提供そのもの、生活手段提供そのもの、金銭給付そのもの等が使用価値なのである。そして、使用価値は、どれぐらいの人的サービス、どれぐらいの生活手段、どれぐらいの金銭といったような、その量的な規定性が前提とされ、また、実際の使用によってのみ実現される。さらに使用価値は、どんな社会体制の福祉活動・労働（原始共同体の相互扶助活動、奴隷社会における都市国家の救済制度、封建社会における農村の荘園の相互扶助活動及び年のギルドの相互扶助活動・慈善活動と絶対王制下の救貧制度、現代資本主義社会の社会福祉）にも存在しており、社会福祉労働の素材的な内容をなしている。

12) 使用価値は、なによりもまず、多様に異なった質でありその有用性であるが、その使用価値を捨象するならば、社会福祉労働に残っているものは、無差別に人間労働の、その支出の形態（人的サービス提供形態の社会福祉労働、生活手段提供形態の社会福祉労働、金銭給付形態の社会福祉労働等）には関わりのない抽象的人間労働力の支出の、ただの凝固物のほかにはなにもない。これらの事が意味しているのは、ただ、その社会福祉労働の利用者の体内に社会福祉労働者の抽象的人間労働力支出されており、抽象的人間労働力が積み上げられているという事だけである。このようなそれらに共通な抽象的人間労働力の結晶体として、これらのものを価値（価値の実体は抽象的人間労働力である）と言う。つまり、抽象的人間労働が価値になるのは、人間の生存の根本的要素である自然素材と抽象的人間労働とが結合し、凝固状態にあるからである。とするならば、社会福祉労働の利用者（人間）と雖も自然素材と同次元（人間も自然的存在であり自然の一部であるという意味）にあり、しかも人間（社会福祉労働の利用者）に対して抽象的人間労働力（社会福祉労働者の労働力）がコミュニケーションを媒介として対象化・共同化（結合し凝固されている事）されているからである。それ故、おる使用価値が価値を持つのは、ただ社会福祉労働者の抽象的人間労働力が福祉利用者に対象化・共同化されているからでしかない。また、社会福祉労働者は、物質的生産者である福祉労働手段（生活手段）を用いる。これは価値を形成する流動的な力がそこに固定すべき素材を提供するだけにすぎないが、価値形成に全く無関係ではない。こうして社会福祉労働には、福祉利用者にとっては使用価値であり、資本及び国家にとっては価値であるという二つの要因が矛盾の統一体として存在している。しかし、資本は、ややもすると福祉利用者（特に障害のある人達等）を抽象的人間労働力の欠損あるいは無能力者として認識しがちであり、価値形成には無関係と見なしがちである。この認識は事実と反する。というのは、例えば、身体障害者福祉や知的障害者福祉の利用者が授産施設で物質的生産と自らの抽象的人間生活力・抽象的人間労働力の維持・再生産・発達・発揮を行っているのは最もよい例である。では、価値の大きさはどのようにして計られるのであろうか。それに含まれている価値を形成する実体の量、すなわち社会福祉労働の量によってである。社会福祉労働の量そのものは、その社会福祉労働の継続時間で計られ、労働時間はまた一時間とか一日というような一定の時間部分をその度量標準としている。そして、価値は、その社会福祉労働中に支出される労働量によって規定されると考えられる。しかし、ある社会福祉労働者が怠惰または不熟練であればあるほど、多くの労働時間を必要とするので、価値が大きいというように思われるかもしれない。しかし、価値の実体をなしている抽象的人間労働力は、同じ人間の抽象的人間労働力である。社会福祉労働界の価値となって現れる総労働は、無数の個別的労働から成り立っているのであるが、ここでは一つの同じ人間の抽象的人間労働力と見なされるのである。これらの個別的労働のおのおのは、それが社会的平均労働という性格を持ち、このような社会的平均労働として作用し、従って社会福祉労働においてもただ平均的に必要な、または社会的に必要な労働時間とは、現在の社会的に正常な社会福祉労働の条件と、労働の熟練及び強度の社会的平均度をもって、使用価値・価値を形成する為に必要な労働時間である。それ故、ある使用価値の価値を規定するものは、ただ、社会的に必要な社会福祉労働の量、即ち、その使用価値を享受している福祉利用者の生命・抽象的人間労働力の維持・再生産・発達に社会的に必要な労働時間だけである。個々の福祉利用者は、ここでは、一般的に、平均として見られる。また、価値は、一定の大きさの凝固した労働時間でしかない。そして、物質的生産におけるどんな労働も、使用価値対象である事なしには、価値でありえないように、どんな社会福祉労働（人的サービス提供の社会福祉労働であれ）も、使用価値対象である事なしには、価値ではありえない。社会福祉労働が無用であれば、それに含まれている労働も無用であり、労働の中にはいらず、従って価値おも形成しないのである。そして、単に価値を形成するだけでなく、剰余価値も形成する。というのは、土台（資本主義的経済構造）に規定された国家は、社会福祉のような「『人間投資』は、経済発展の基底（経済発展の基底

は利潤で在り、利潤の源泉は剰余価値である—挿入、筆者）をなすもの、経済発展がそこから絶えず養分を吸収しなければならないものであり、経済の発展に背くものではなく、その発展とともにあるものである」(1959年度版『厚生白書』、13頁）と考えており、購入した価値（社会福祉労働者の抽象的人間労働力）が、剰余価値の福祉労働の為に必要な労働力商品の価値総額よりも高い事を欲するからである。国家は、社会福祉労働者に労働力の価値（賃金）を支払うが、社会福祉労働者が一労働日（一日の労働時間）中に福祉利用者に対象化・共同化した価値は、社会福祉労働者自身の労働力の価値とこれを超過する部分とを含む。すなわち一労働日は、必要労働＝支払い労働と剰余労働＝不払い労働との二つの部分から成るのである。このように、価値増殖過程での剰余労働によってつくりだされた部分の価値を剰余価値と言う。

13) アーネスト・グリーンウッド、前掲論文、185頁。

14) 劣悪な労働条件の実態は次の通りである。ゼンセン同盟・日本介護クラフトユニオンの2000年6月から7月にかけての「介護事業従事者の就業実態調査」によれば、給与の支給形態は、時間給45.8％、月の固定給が45.1％である。時間給制では、1,000円台が41％と最も多く、1,500円未満と合わせると70％に及ぶ。一方、月の固定給では、金額で最も多い層が15万円から20万円が53％、次いで20万円から25万円が23.3％、そして15万円未満が14.9％であった。また、通勤費については、一部負担が13.4％、無しが20.6％に及ぶ。業務に就く為の移動時間については、有給が50％強に留まっている（なお、待機時間については、登録ヘルパーの91.5％、パートヘルパー57.3％が無給となっている）。そして、「ヘルパーの雇用形態が、正規・常勤ヘルパーの解雇・非常勤・パート化、有償ボランティア・登録ヘルパーへの転換など、雇用・身分の不安定化が急速に進んでいる。」(植田章・その他編『社会福祉労働の専門性と現実』かもがわ出版、2002年、27-28頁）。

15) 小野哲郎著『新・ケースワー要論』(ミネルヴァ書房、2005年、219頁）。

16) 中央社会福祉審議会職員問題専門分科会起委員会編、前掲書、7頁。

17) 中央社会福祉審議会職員問題専門分科会起委員会編、前掲書、7-8頁。

18) 二宮厚美「福祉マンパワー政策と福祉労働の専門性」(総合社会福祉研究所編『総合社会福祉研究』第5号、1992年、10-11頁）。

19) 秋山智久「社会福祉技術の社会的基盤」(仲村優一・その他編『講座社会福祉⑤社会福祉実践の方法と技術』有斐閣、1984年、61頁）。

20) 太田義弘「社会福祉実践の過程展開と方法・技術」(仲村、前掲書、146頁）。

21) 太田、前掲書、146頁。

22) ここでは、N & R. Times, Dictionary of Social Welfare, 1982, を参照した。

23) 二宮厚美著『自治体の公共性と民間委託—保育・給食労働の公共性と公務労働—』(自治体研究社、2000年、122頁）。

24) アマルティア・セン（鈴木興太郎訳）『福祉の経済学』(岩波書店、1988年、15頁）。

25) 能動的・創造的能力とは、障害のある人の授産施設で、障害のある人が作業活動をうまくできること等である。また、受動的・享受的能力とは、福祉施設の利用者が、食事を美味しく食べ、しかも適切な栄養摂取ができること等である。福祉倶楽部・福井典子編『未来の日本へ、未来の福祉へ』(2003年、90-91頁）。

26) 二宮、前掲書、94-95頁。

27) 真田是「福祉労働の意味と現状」(山本阿母里編『ジュリスト』有斐閣、1974年、52頁）。

第11章 社会福祉と自立（自律）

1. はじめに

　福祉利用者の自立（自律）的な人間らしい健康で文化的な多様な個人及び共同の潜在能力（抽象的人間生活力・生活力＝人間が生活する際に支出する脳髄、神経、筋肉等を意味する・抽象的人間労働力・労働力＝人間が労働する際に支出する脳髄、神経、筋肉等を意味する）の発揮（機能）は福祉手段（ボランティア活動・社会福祉労働・社会福祉の法制度・福祉政策等の福祉手段）の使用価値を高めていくものであり、社会福祉と自立（自律）の関係は重要である。特に重度の障害のある人（本章で「障害者」という用語を使用しない理由は、「障害者」と言う用語が恰もその人の全人格を決定づけ、他者と完全に異なる社会的集団であるかのような誤解を与え易いからである）になればなるほど、障害のある人の自立（自律）とは何かという事が問われてくる。そして自立（自律）は、全ての障害のある人の人間らしい健康で文化的なの生活過程（人間らしい健康で文化的な生活活動［機能］の基盤である多様な個人及び共同の潜在能力［抽象的人間生活力・抽象的人間労働力］の維持・再生産・発達・発揮［機能］の成就と生産手段・生活手段の生産の全ての過程）と関係が深い事は言うまでもないが、従来、障害のある人の社会福祉等は自立（自律）と対立概念として捉えられていた。特に重度の障害のある人は社会福祉や介護等に依存する現実性及び可能性が高く、自立（自律）がなされていないと見られていた。例えば、経済的自立（自律）を重視する自立（自律）論が、経済的に自立困難な障害のある人を〝半人前の人間〟として切り捨てる論理として存在してきた事は、その端的な例である。しかし、こうした自立（自律）論は、自立（自律）と社会福祉（福祉手段）等の重要な関係を否定するものである。筆者は、人間誰もが生活手段なしの自立（自律）は不可能であり、社会福祉（福祉手段）なしの自立（自律）は不可能であると考えている。また上田敏氏は、自立（自律）と社会福祉（福祉手段）との重要な関係を次のように述べている。「〝自立〟は基本的人権の重要な構成要素であり、……〝自立〟と〝福祉〟とは本来不可分のものであり、自立を欠いた福祉は、しばしば上からの恩恵として与えられた福祉すなわちそれ自体が支配の一手段たるものに堕して

しまう[1]。」

　こうした考えからすれば、自立（自律）においては、障害のある人が人間らしい健康で文化的な生活（人間らしい健康で文化的な生活活動［機能］の基盤である多様な個人及び共同の潜在能力［抽象的人間生活力＝生活力・抽象的人間労働力＝労働力］の維持・再生産・発達・発揮［機能］の成就）を成就する際に、使用価値としての社会福祉労働・社会福祉の法制度・福祉政策等は重要な福祉手段であると言ってよい（前述したように人間は誰も生活手段なしでは人間らしい健康で文化的な生活を成就できない）。そして、最近の障害のある人に対する人権保障の国際的な高揚の中で、このような意味での自立（自律）の重要性がより一層強調されなければならない。

　本章では、障害のある人の自立（自律）を例として、まず従来の自立（自律）に関する諸見解の整理と問題点を考察する。そして次に、福祉利用者にとって社会福祉（福祉手段）の使用価値を高めていく自立（自律）論、つまり筆者の新しい自立（自律）論（共同的自律論）を考察する。最後に、自立（自律）の課題について考察する。

2．従来の自立（自律）の諸見解と問題点

　従来の自立の諸見解は多様である。しかしここでは、政策主体の自立の見解と運動体の自律の見解を整理し、問題点を考察していく。

（1）政策主体の自立の見解

　政策主体に見られる自立論の第一の特徴は、仲村優一氏が指摘されているように、自立の捉え方が「経済的な意味で自らの力で生計をたてること」、「働いて経済的に自活すること」にある[2]。つまり、自立を個々の独力的な経済的自立更生として捉えている。例えば、障害者基本法第6条では、「障害者は、その有する能力を活用することにより、進んで社会経済活動に参加するよう努めなければならない。」と規定し、また、身体障害者福祉法第2条においても、「すべて身体障害者は、自ら進んでその障害を克服し、その有する能力を活用することにより、社会経済活動に参加することができるように努めなければならない。」と規定されているように、障害のある人の社会福祉等においての自立の中心的な意味は、個々の障害のある人がその能力を活用して独力的に職業的及び経済的に自立更生

する事と解釈されている。

　確かに、全ての障害のある人が職業的及び経済的に自立更生する事は望ましい事であり、労働権（憲法第27条）は基本的人権の一つとして保障されなければならない。しかし、現実には多くの障害のある人が労働能力の欠損者として見なされ、労働の機会から阻害されている。そして、労働能力の欠損者は、社会的存在の価値のない人間として障害のある人の差別の根拠ともなっている。さらに職業的及び経済的更生を促す自立論は、障害のある人の社会福祉等からの依存の脱皮を自立と捉える考えと表裏の関係にあると言う問題点である。例えば、生活保護法が健康で文化的な最低限度の生活保障と同様にその目的に掲げる「自立助長」が、「惰眠養成」の排除を目指して、被保護者の保護への依存からの脱却を意味しているのと同じく、障害のある人の社会福祉等も障害のある人が「国家による福祉サービスの受給の必要性がなくなること」を自立と考えている[3]。

　そしてその一方において、労働能力のある障害のある人は、使い方により国家や企業に貢献も可能だから、彼らに対して労働能力を開発し利用していく方向で、一定の障害のある人の社会福祉等を行うべきであると言う考え方がある。つまり、この考え方は、障害のある人が税金消費者の立場から税金納税者になっていく事にある。確かに障害のある人が税金納税者になる事は社会の構成員として望ましい事であるが、この考え方の行きつく先は、障害のある人の社会福祉等の投資効果のない職業的及び経済的更生の不可能な重度の障害のある人の切り捨てや劣等処遇的扱いの正当化に繋がり易いし、繋がっている。

　ところで、こうした個々の独力的な職業的及び経済的更生の自立の他に、個々の独力的な身辺自立を自立と考える見解がある。この見解は1954年の身体障害者福祉法の付則の別表の全面改正に見られるように、「相当に生活訓練が行われ、それまで日常の起居に他人の手をかりなければならなかった者が、自分の力で日常生活を送ることができるようになっただけでも更生である[4]」との見解が示されている。また、精神薄弱者福祉法も「重度の精神薄弱者で身辺の世話一切を他人の介助によっていたものが施設における指導訓練を受けた結果、着脱衣や食事を一人でできるようになること」も更生にあるとして、同様の見解を示している[5]。確かにこれらの自立論の考え方は、職業的及び経済的更生が不可能な障害のある人が身辺自立でもって自立範囲に含めたのには評価できるし、また、個々の自力でできる事の生活範囲を増やしていくこと自体（潜在能力の発揮［機能］の拡大）、

人間にとって望ましい事である。しかし、精神薄弱者福祉法の立案者が猪見軸も言っているように、身辺自立の不可能な「精神薄弱者をそのまま放置しておいたならば、逆に経済生活より脱落して〝生活保護法による援助を終生受けざるを得なくなる〟結果受けるであろう〝国の経済〟上の〝不利〟が解決できる[6]」のである。つまり、身辺自立能力の獲得が国の経済的扶養からの脱皮や職業的及び経済的更生の不可欠の前提になっている。ともあれ、政策主体の職業的及び経済的自立論と身辺自立論は、個々の障害のある人が独力で職業的及び経済的自立と身辺自立を行っていく事が強調されている。そしてこれらの自立論からすれば、職業的及び経済的自立と身辺的自立が困難な重度の障害のある人は、自立の対象から除外される事になり、これを筆者は「独力的自立論」と呼ぶ。

(2) 運動体の自律の見解

　運動体の自律論の一つとして、IL（independent living）運動の考え方がある。そして、IL 運動に触発されて、アメリカでは 1978 年に改正リハビリテーション法が成立したが、法の骨子の一つである「自立生活包括計画」は IL 運動の自律思想を具体化したものである。このIL運動の自律論は、従来の職業的及び経済的自立や身辺自立だけを意味するのではなく、むしろ職業的及び経済的自立の可能性がなく身辺の自立にも他人の介護を要するような重度の障害のある人をも自律の対象に入れているのである。つまり、その自律の基本的な思想の第一点は、必要なサービスを活用しつつ、自由な責任主体として自らの生活を計画し、独力で自らの生活を管理していく事である。この自律論においては、生活における自己決定権、即ち他者から拘束されず、自らの生活のあり方を自ら独力で決定していく権利を尊重し、自己決定権を行使する事を自律論の特徴としている[7]。この自律論の生成の背景には、従来、介護の必要な重度の障害のある人が施設や病院で他人の管理の下に置かれ、人間として自由に生き、何をするにしても自主的決定をする権利が著しく制約されてきたという問題状況が存在していた。それ故、全面介護の必要な重度の障害のある人であっても、自らの生活のあり方について自己決定をする意志のある障害のある人は全て自律の対象とされ、精神的自律に重点が置かれているのである。と同時に、この自律を保障していく為には、介護者ケア等が不可欠である。と言うのは、自己決定権は何よりも介護者ケアの場で行使されるからである。それ故、要介護者である障害のある人には介護が恩恵

的に行われるのではなく、障害のある人が自らの意志で自己に必要な介護を、公的な介護手当等の支給でもって購入し享受する事が保障されなければならない。第二点は、自己決定権と表裏の関係にある自己選択権の行使を自立と見なしている。つまり、自らの生活のあり方を自らの責任において決定して生きる事は、生活のあり方を規定する多様な生活目標や生活様式が存在する中で、自らの責任において自らが望む生活目標や生活様式を選択して生きる事を意味するが故に、そのような自由な選択の行為自体も自律の重要な要件の一つとなるのである。従って、「自立（自律－挿入、筆者）生活とは、どこに住むか、いかに住むか、自分で生活をまかなえるかを選択する自由をいう[8]」と規定されるのは、このような意味からである。 これらの点を要約すると、この自律論は、障害のある人が職業的及び経済的自立や身辺自立等が困難でも、独力で必要な福祉サービス等を自己選択しかつ決定し活用しつつ、自由な責任主体として自らの生活を計画し管理していく事が重要視され、その意味でのいわゆる「独力的自律論」であると言える。

3. 筆者の共同的自律論

　従来の自立（自律）論の一つは「独力的自律論」であり、その論拠の特徴として、他者（生活主体者にとって他者は生活手段である）等の援助を受けずに個人の独力で何事も行う事が強調され、他者及び生活手段等との関係が看過されたものであった。一方、「独力的自律論」も個人の独力で自律に必要な社会福祉サービス等を選択し決定する事によって、自らの生活を計画し管理する事が強調され、他者及び生活手段等との関係が看過されたものであった。両者の自立（自律）論に共通している事は、一人の人間の社会生活における自立を考える場合において、その人間を孤立した存在と捉え、他者及び生活手段等との関係を看過している事である（しかし、人間は他者や生活手段との関係を保たないと、誰も人間らしい健康で文化的な自立的な生活は成就できない）。そしてまた、従来の自立（自律）論は、主体的側面のみに注目し、後述するように三つの側面から論じられていないと言う事である。筆者は、障害のある人の自立を考えていく場合、他者及び社会福祉（福祉手段）等との社会関係は重要であり看過できないものであると思っている。前述したように、「『自立（自律－挿入、筆者）』と『福祉（福祉手段－挿入、筆者）』とは本来不可分のものであり、自立（自律－挿入、筆者）を欠いた福祉は、しばしば上からの、恩恵として与えられる福祉……たるものに堕して

しまいがちであろうし、逆に福祉を欠いた自立（自律－挿入、筆者）の強要は、……多数の人々にとっては福祉自体の不在に堕してしまうからである[9)]」。そして、人間社会において、他者及び生活手段と社会関係なしで生活している人は誰も居ないし、出来るものではない。

(1) 新しい意味における共同的自律論

　生活手段として他者及び社会福祉等との社会関係が重要であり看過できない事は前述した。と言うのは、生活手段として他者及び社会福祉等の前提を欠いた自立（自律－挿入、筆者）論は、他者及び社会福祉等を必要とするものを「自助努力の足りない怠け者」と言うように考え、人間らしい生活を送る為の「生存権としての社会福祉（福祉手段）」を否定しがちである。それ故に、新しい意味における共同的自律論は、三つの側面から論じる必要がある。何故ならば、我々の社会生活は他者も含めた社会関係を結び行われているが、岡村重夫氏が指摘されているように、三つの側面がある。つまり、一つは主体的側面（生活主体者）、二つは客体的側面（他者及び生活手段・福祉手段）、三つは主体的側面と客体的側面との関係（連関）の側面である[10)]。従って、社会生活上の自立を考えていく場合、三つの側面から考えていかなければならないと思われる。

①主体的側面（生活主体者）

　この世に存在し社会生活を営んでいる全ての人間は、人間らしく生きていく為の基本的要求を持っているものであり、障害のある人も例外ではない。その基本的要求は、「①経済的安定、②職業的安定、③家族的安定、④保健・医療の保障、⑤教育の保障、⑥社会参加ないし社会的協同の機会、⑦文化・娯楽の機会[11)]」

②客体的側面（他者及び生活手段・福祉手段）

　社会的生活の自立（自律）が可能になる為には、社会福祉制度も含めた社会制度等の組織的機構（生活手段・福祉手段）及び他者等が存在している事が必要である。そして、その社会福祉制度も含めた社会制度等の組織的機構及び他者等は、障害のある人が自立（自律）的な生活をしていく上で、最低必要条件である。その社会福祉制度も含めた社会制度等の組織的機構及び他者等には、「①産業・経済及び職業安定に関する制度（職業の機会の確保を促すような法律あるいは生活を保障するような制度等）、②家族安定に関する制度（家族の維持を促進する家族法等）、③保健・医療に関する制度（必要に応じて医療を受ける機会を保障し

た医療制度等）、④教育に関する制度、⑤社会参加及び社会的協同に関する制度、⑥文化・娯楽に関する制度[12]」、社会福祉制度等があり、他者には社会福祉労働者やボランティア等が居る。

③主体的側面と客体的側面の関係（連関）[13]

　基本的要求を持つ障害のある人は、それぞれの基本的要求に関連する社会制度等と社会関係を結ぶ事によって、その基本的要求を成就しているのであり、その過程が自立（自律）的な社会生活過程にほかならない。例えば、義務教育の機会の要求を満たす為には、義務教育制度と社会関係を結ばなければならない。同様に介護の必要性の要求を満たす為には、介護福祉制度と社会関係を結ばなければならない。さらに、自分自身で自己決定し選択できない障害者は、他者の助言及び社会関係を結ばなければならない。このように、障害のある人が自立（自律）的な社会生活を営んでいく為には、社会福祉制度も含めた社会制度等の組織的機構及び他者等との間にそれぞれ性質の異なる多様な社会関係を持たざるをえないのである。つまり、社会生活上の自立（自律）とは、社会福祉制度も含めた社会制度等の組織的機構及び他者等との社会関係であり、そして、その社会関係の質的向上は自立（自律）の質的向上をもたらすものであると結論づける事ができる。障害のある人が自立（自律）して生活していく為には、基本的要求の成就に向けられて動機づけられるのであるが、まず、客体的側面を認知しなければならない。これを認知的場面と呼ぶ。次に、認知された客体的側面を自己の基本的要求の意義との関連で識別しなければならない。これを識別的場面と呼ぶ。さらに、先の認知的場面と識別的場面によって提示された選択肢を統合し、最終的に何らかの選択及び決定を行う事が必要となる。これを評価的場面と呼ぶ。

　一般的に、こうした段階の場面を経て客体的側面との社会関係が成立するのであるが、ここでの社会関係の成立という意味は、障害のある人が言語及び非言語等のコミュニケーションを通して社会福祉制度も含めた社会制度等の組織的機構及び他者等の意図や考え方を理解し、自我の一部に内面化された価値や規範に照らしながら社会関係の内容を識別し、最終的に関係を結んでいくかどうかを選択し決定していくという事である。そして、それぞれの段階の場面において、障害のある人が自らの基本的要求の具現化を目的として、客体的側面に対して主体的に働きかけていく必要がある。さらに、この障害のある人の主体的な働きかけと言う場合、障害のある人個人が独力で選択及び決定を行っていく場合もあろうし、

また、他者を通して選択及び決定を行っていく事もあろう。特に重度の障害のある人の場合、後者の働きかけが重要になってくると思われるが、これを共同的自律と呼ぶ。

以上の事を従来の自立（自律）論と比較して要約すると、新しい意味における自律は、他者からの支援という社会関係及び社会福祉制度（福祉手段）等との社会関係を前提条件とし、これら客体的側面との社会関係の選択及び決定の行為は、共同＝集団の中で他者を通して障害のある人が主体的に行うというものである。

（2）新しい意味における共同的自律論の例証

新しい意味の自律が、客体的側面との社会関係の選択及び決定の行為を共同＝集団の中で他者を通して障害のある人が行うというところに特徴があるならば、これの例証を行ってみる[14]。　福岡市内に居住しているF氏（重度の障害のある人・36歳）は、87歳になる母と生活していた。その母が病気で亡くなって、これからの生活をどのようにしていくのか、F氏の兄弟及び今までF氏の生活を援助してくれたボランティアが集まり、検討する事になった。以下の場面は、この検討会議の時の模様である。

「F氏の姉が『今日は、弟のために態々集まっていただき有り難うございます』と最初に述べる。その後に兄が、『弟は自分が住んでいる神戸に連れて行こうと思い、弟に話したら、今の所から離れるのは嫌だと言うのです』。『今の所から離れたくない気持ちは良く分かる』とボランティアEが述べる。『でも、これから一人で生活をやって往けるだろうか』とF氏の姉は疑問を投げかける。F氏は言語障害も伴っている為、自己の考え方を言葉で表現できないので、じっと他者の意見を聞いている。ボランティアWが、『今の所から離れないで生活していく為には、どのような具体策が必要なのだろうか』と述べると、F氏の兄は、『もし仮に、今の所で生活していく事ができるならば、生活費等の経済的援助は兄弟で責任を持って往きたいと』と述べる。ボランティアHが、『それでは、このような事はどうであろうか。生活費については兄弟で責任を持って貰う事とし、介護については、ホーム・ヘルパーや有料の介護者、そして我々ボランティアでやっていく事にしてはどうであろうか』と述べる。『しかし、それでは生活費が相当かかるけれども、兄弟の方々の援助が可能なのだろうか』とボランティアAは疑問を投げかける。『生活費については、ボランティアの人達には迷惑をかけない』

とＦ氏の兄は強調して述べる。そして、ボランティアＨが、『ボランティアの方も、できるだけ介護費等がかからないように援助して往こう』と述べると、咄嗟にＦ氏が足で畳みを叩き、兄弟及びボランティア等の援助により今の所で生活していく事の選択及び決意（決定）を表明する。Ｆ氏の決意の表明後、約５分ほど沈黙が続いた。Ｆ氏の兄が、『皆さんの援助がなければ、弟はここで生活していけませんが、協力して下さるようお願いします』と述べると、『それじゃ、今まで以上に仲間同士で助け合って往こう』とボランティアＨが述べる」。

　この検討会議の模様から次のような事が言える。つまり、個人の独力で客体的側面（この例証では、兄弟及びボランティア等の他者と身体障害者福祉法によるホーム・ヘルパー制度等）との関係の選択及び決定の行為が出来ないＦ氏は、共同＝集団の中で他者（兄弟及びボランティア等）との社会関係を通して（他者の発言の内容を主体的に受けとめ把握する事によって）、客体的側面との社会関係の選択及び決定の行為を行っている。これは障害者の自律生活についての考え方を他者の発言の内容に適合させた（Ｆ氏が足で畳みを叩く事によって他者の発言の内容に適合させている事）ものであると同時に、共同＝集団における相互作用の一つである同調の生成を実証している。

　それでは、同調の生成をどのように理解すべきであろうか。この点を考えていく場合、示唆を受けるものとしてヘーゲルの自立思想が挙げられる[15]。ヘーゲルは、「自己意識は他の自己意識から承認されたものとしてのみ存在する」と述べる。と言うのは、「自己意識は……、他者のうちに自己自身をみるからである」。そして、「自己意識のこの運動は……、一方のものの行為と考えられていた。とはいえ、一方のものの行為は、それ自身、自己の行為でありまた他者の行為であるという、二重の意味をもっている。なぜならば、他方もやはり独立であり、自分で完結しており、自己自身によらないであるようなものは、他方のなかには何もないからである」と述べている。要するに、自己意識は、自分の外に自分と関係の深い対象をもち、これに働きかけ、あらたな自己を生みだして往くものである。所謂、働きかける者が働きかけられて自己を生みだすという事であり、自律は他者への依存とお互いの承認によって可能であるという事である。この点を先の例証と関連して考えてみると、次のように理解する事が妥当である。

　Ｆ氏は検討会議という共同＝集団の中で、働きかける主体として存在している。そして、働きかけ（兄弟及びボランティア等の意見を聞く事）、また他者（兄弟

及びボランティア等）に対して働きかけている自分の姿を見いだす（F氏が兄弟及びボランティア等の他者の意見を聞いた上で、兄弟及びボランティアの援助の下に、今の所で生活していく事の選択及び決定を、足で畳を叩く事によって表現している事）。これは、F氏が共同＝集団の中で他者との社会関係を通して自己自身による選択及び決定の行為を行っているものと言える。

以上の事を踏まえて共同的自律とは何か、その定義を試みるならば、以下のように定義を行う事ができる。共同的自律とは、社会福祉及び他者（客体的側面）等との社会関係を前提条件として、障害のある人の主体的側面（自律主体者）が共同＝集団の中で主体的に客体的側面に働きかけ、自律に必要な社会福祉（福祉手段）及び他者等を選択し決定する事によって、共同的自己責任に基づいて自らの生活を計画し管理する事であると言える（共同的自己責任による生活の計画・管理の例として、パーソナルアシスタントサービスが挙げられる）。

4. 自立（自律）の課題

自立（自律）においては、障害のある人（主体的側面＝自律主体者）と社会福祉制度も含めた社会制度等の組織機構及び他者等の客体的側面＝他者及び生活手段・福祉手段との間の社会関係であるならば、その社会関係（連関）を豊かにしていく為の課題はどのような事が考えられるだろうか。

まず主体的側面（自律主体者）の第1点の課題は、福祉教育等によって共同（集団）の社会関係中で生きていく人間らしい健康で文化的及び多様な個人及び共同の自律的な潜在能力（抽象的人間生活力＝生活力・抽象的人間労働力＝労働力）を向上及び拡大させていく事であり（マーサC. ヌスバウム氏は、潜在能力を次のように指摘している。「①**生命**（正常な長さの人生を最後まで全うできること。人生が生きるに値しなくなる前に早死にしないこと）、②**身体的健康**（健康であること［リプロダクティブ・ヘルスを含む］。適切な栄養を摂取できていること。適切な住居にすめること）、③**身体的保全**（自由に移動できること。主権者として扱われる身体的境界を持つこと。つまり性的暴力、子どもに対する性的虐待、家庭内暴力を含む暴力の恐れがないこと。性的満足の機会および生殖に関する事項の選択の機会を持つこと）、④**感覚・想像力・思考**（これらの感覚を使えること。想像し、考え、そして判断が下せること。読み書きや基礎的な数学の訓練を含む［もちろん、これだけに限定されるわけではないが］適切な教育によって養われた〝真

に人間的な、方法でこれらのことができること。自己の選択や宗教・文学・音楽などの自己表現の作品や活動を行うに際して想像力と思考力を働かせること。政治や芸術の分野での表現の自由と信仰の自由の保障により護られた形で想像力を用いることができること。自分自身のやり方で人生の究極の意味を追求できること。楽しい経験をし、不必要な痛みを避けられること）、⑤**感情**（自分自身の周りの物や人に対して愛情を持てること。私たちを愛し世話してくれる人々を愛せること。そのような人がいなくなることを嘆くことができること。一般に、愛せること、嘆けること、切望や感謝や正当な怒りを経験できること。極度の恐怖や不安によって、あるいは虐待や無視がトラウマとなって人の感情的発達が妨げられることがないこと［このケイパビリティを擁護することは、その発達にとって決定的に重要である人と人との様々な交わりを擁護することを意味している］）、⑥**実践理性**（良き生活の構想を形作り、人生計画について批判的に熟考することができること［これは、良心の自由に対する擁護を伴う］）、⑦**連帯**（**A**　他の人々と一緒に、そしてそれらの人々のために生きることができること。他の人々を受け入れ、関心を示すことができること。様々な形の社会的な交わりに参加できること。他の人の立場を想像でき、その立場に同情できること。正義と友情の双方に対するケイパビリティを持てること［このケイパビリティを擁護することは、様々な形の協力関係を形成し育てていく制度を擁護することであり、集会と政治的発言の自由を擁護することを意味する］　**B**　自尊心を持ち屈辱を受けることのない社会的基盤をもつこと。他の人々と等しい価値を持つ尊厳のある存在として扱われること。このことは、人種、性別、性的傾向、宗教、カースト、民族、あるいは出身国に基づく差別から護られることを最低限含意する。労働については、人間らしく働くことができること、実践理性を行使し、他の労働者と相互に認め合う意味のある関係を結ぶことができること）、⑧**自然との共生**（動物、植物、自然界に関心を持ち、それらと拘わって生きること）、⑨**遊び**（笑い、遊び、レクリエーション活動を楽しむこと）。⑩**環境のコントロール**（**A政治的**　自分の生活を左右する政治的選択に効果的に参加できること。政治的参加の権利を持つこと。言論と結社の自由が護られること。**B物質的**　形式的のみならず真の機会という意味でも、［土地と動産の双方の］資産を持つこと。他の人々と対等の財産権を持つこと。他者と同じ基礎に立って、雇用を求める権利を持つこと。不当な捜索や押収から自由であること）」（Martha C. Nussbaum［池本幸生・その

他訳］『女性と人間開発─潜在能力アプローチ─』岩波書店、2005年、92-95頁）、必要に応じて共同（集団）の社会関係を結び（例えば、パーソナルアシスタントとの社会関係を結び）、実践していく事である。第2点の課題は、福祉教育等によって社会福祉制度も含めた社会制度等の組織機構及び他者等の客体的側面との間に社会関係を結ぶ事によって障害のある人の客体的側面に関する認知・識別・評価の能力を向上させ、障害のある人自らの社会生活を管理する人間らしい健康で文化的な生活活動（基盤）の基盤である多様な個人及び共同の自律的な潜在能力（抽象的人間生活力・抽象的人間人間労働力）の発揮（機能）を拡大させる事である（これを自己管理能力と言う）。

　次に客体的側面（他者及び生活手段・福祉手段）であるが、次のような課題がある。まず第1点の課題は、具体的権利規定の法制化である。と言うのは、日本弁護士連合会が指摘されているように、社会福祉事業から「社会福祉法への改正による基本的な問題点のひとつとして、この改革が、利用者の権利制を明確にし、選択や自己決定を保障するものとされながら、そしてそのための権利擁護の諸制度を創設したとされながら、社会福祉法上の規定として、福祉サービス利用者の権利性を明確に定めた規定が一切ないという根本的欠陥がある。」（日本弁護士連合会高齢者・障害者の権利に関する委員会編『契約型福祉社会と権利擁護のあり方を考える』あけび書房、2002年、33頁）また、障害のある人の総合支援法をはじめとした福祉関連諸法にも、福祉利用者の権利性を規定する規定が盛り込められなかったという問題がある。それ故、次のような具体的な権利の法制化が重要である。つまり、河野正輝氏が指摘されているように、「(1) 社会福祉の給付請求の権利（給付の要否や程度は、行政庁の一方的な裁量によって左右されるのではなく、社会福祉の必要性の有する人々の請求権に基づいて決定される。そして、給付請求権を権利として受給できるためには、①給付を申請することができること、②適切な基準を満たした給付内容を求めることができること、③いったん決定された給付を合理的な理由なく廃止されないこと等の規範的要素が満たさなければならない)、(2) 社会福祉の支援過程の権利（社会福祉の支援過程で誤ったケアや虐待等が行われないことが重要である。その為には、①福祉サービスの種類・内容及びこれを利用する時の権利と義務について知る権利、②自己の支援方針の決定過程に参加する権利、③福祉施設利用者の場合、自治会活動を行い、それを通じて福祉施設の管理運営及び苦情解決に参加する権利、④拘束や虐待等

の危害・苦役からの自由の権利、⑤通信・表現・信教の自由の権利、⑥プライバシーの権利、⑦貯金・年金など個人の財産の処分について自己決定の権利等が保障されること）、(3) 社会福祉の費用負担の免除の権利（社会福祉の必要性によって誰でも普遍的に給付請求権が保障される為には、一定の所得以下で社会福祉を必要としながら、それに要する費用を負担できない人々に対して負担の免除が伴うのでなければならない。したがって、①免除を申請することができること、②免除の決定処分を求めることができること、③あらかじめ定められた徴収基準に反する徴収額に対してはその取り消しを求めることができる等が当然に求められなければならない）、(4) 社会福祉の救済争訟の権利（社会福祉の給付の内容や費用負担の額等を巡って権利が侵害された時、苦情の申し立て、不服申し立てや訴訟を提起して救済を求めることが保障されなければならない。現行では社会福祉法による苦情解決から、社会保険審査官及び社会保険審査会法、行政不服審査法及び行政事件訴訟法等がある。行政処分に対する不服審査や訴訟等の手段は厳格な手続きを必要とするので、支援過程の苦情解決には必ずしも適さない場合もある。そこでオンブズマン方式等の苦情解決の取り組みが広がりつつある。また、独立の救済機関を設置する）の4つの権利」（河野正輝「生存権理念の歴史的展開と社会保障・社会福祉」社会保障・社会福祉大事典刊行委員会編『社会保障・社会福祉大事典』旬報社、2004年、482-486頁）の下に、国及び地方自治体（都道府県、市町村）の財政責任（国［7割］、都道府県［2割］、市町村［1割］）及び官僚的の行政を排除した運営責任の下での公的責任を担保した上で、福祉利用者の人間らしい健康で文化的な多様な個人及び共同の潜在能力の維持・再生産・発達・発揮（機能）に適合した公的責任及び具体的権利による社会福祉の必要充足（何故ならば、福祉利用者の多様な個人及び共同の潜在能力の維持・再生産・発達・発揮の阻害状態によって社会福祉［福祉手段］の必要性の内容・種類・必要度が異なっているので、福祉利用者の多様な個人及び共同の潜在能力の維持・再生産・発達・発揮の阻害状態に適合した社会福祉［福祉手段］の必要性の内容・種類・必要度が決定され充足される事が重要である）の原理に基づいて市町村が直接、社会福祉を提供していく現物及び現金給付型の仕組みを新たに構築していく事が重要である（民間の福祉については、措置委託制度を復活させる事と、「負担は能力に応じて、給付は必要に応じて」を基本原則とする）。

　第2点の課題は、雇用保障と所得保障の改善である。障害のある人が社会的自

立を行っていく上で、雇用保障は重要な問題である。現在、法定雇用率を設定し障害のある人の雇用の促進を図っているが、この雇用率はあくまでも目標値としての努力規定的な意味で何ら強制力がない為、雇用率未達成事業所が多い。また、法定雇用の適用対象（法定雇用率への算入も身体障害のある人と精神薄弱のある人に限定されている）となる障害のある人の枠の拡大や、現行法定雇用率そのものの引き上げ及び最低賃金制度の適用と伴に、より軽度の障害者に雇用が傾斜しがちな現状を考慮し、1〜2級の重度の障害のある人の一定割合の雇用を法的に義務づける措置が早急に検討される必要があると同時に、保護工場、企業内保護雇用、障害のある人の生産協同組合と言った保護制度の本格的な導入も、重度の障害のある人の雇用保障を促進する為の不可欠な課題である。また、当面する雇用の改善策[16]の第1点は、公共職業安定所の改善である。と言うのは、公共職業安定所の窓口職員の異動が頻繁で専門性が保持されない面があり、業務分担が分かれ過ぎていて機能的ではない。それ故、公共職業安定所においては、一時的な担当ではなく専門性を備え、また権限をもたせ、企業への立入調査、障害のある人を雇用する為の職務再計画の指導等を協力に行わせる事が必要である。第2は、職業センターを改善する事である。と言うのは、職業センターの中には、評価のみに埋没したり、手帳を持った障害のある人のみしか扱わない所がある。それ故、全国的に職業センターの水準を統一し、レベルの高いサービスが望まれる。第3点は、職業訓練機関の充実である。職業訓練機関の中には、訓練内容が障害者のニーズと企業の要請両面から時代にマッチしないものも残っている。それ故、訓練内容が時代にマッチしないものは、検討が望まれる。第4点は、雇用律未達成企業名の公表制度の活用である。と言うのは、雇用率未達成企業名の公表によって、雇用率を改善する企業が多くなってきている。それ故、雇用率未達成企業名の公表による世論形成によって、企業の社会的責任を追及していく必要がある等である。

　一方、所得保障については、現在、生活保護、年金、手当等があるが、これらの所得保障が障害により失われた稼得能力の補填と重度障害により特に必要となる費用の補填の双方の観点を踏まえて行われていない。それ故、障害のある人が地域で自立生活を営むのには、経済的に自活するに足りる所得保障が必要である。従って、この点で求められるのは、現行の生活保護等の所得施策の改善である。と言うのは、「障害者への年金や手当が不十分な中で、自立生活を確保するには、

現在では生活保護に頼らざるをえないが、その生活保護の運用には、依然として〝自立助長〟や〝資産調査〟の名によるプライバシーへの介入[17]」が後を起たず、また、「補足性の原理に基づく民法上の扶養義務者による扶養の優先と世帯単位の原則は、親兄弟からの自立という障害のある人の基本的要求と対立[18]」するからである。そこで障害のある人にとって自立を具現化していく事に値する所得保障制度の確立が要請される。それは具体的には、全ての障害のある人が人間らしい生活を営み得るに足りる所得保障制度に改善していく事である。

　第3点の課題は、介護保障の整備である。重度の障害のある人が社会的に自立して生活を営んでいく為には、介護保障が重要な条件となる。我が国では公的な介護として、「所得制限をはずし応能負担を拡大し、派遣回数と時間数を1日4時間1週6日、延べ18時間までに増加した。1988年には、ガイドヘルパー派遣事業を統合した制度に、そして1989年には実施主体の拡大、ヘルパーの増員が図られた。サービスの内容も、従来の家事援助、相談・助言に、身体の介護、外出時の付き添いが加えられた[19]。」また、「日常生活において常時特別の介護を要する在宅の重度障害者に支給されている特別障害者手当は、国が1986年に創設した介助手当で、月額2万4,630円（1993年度）である[20]。」しかし、「現実には、ヘルパーの絶対数の不足から、派遣の申請があっても即時に対応することは困難で、1年以上待機させられている例も少なくない。派遣回数、時間数も1日2～3時間、1週2日程度では、家族の過重な負担の軽減、地域での自立生活への移行には程遠い状況であるといわざるをえない[21]。」また、「国の特別障害者手当を真に実効性のある介助手当に拡充していくことが今後の課題であるといえる[22]。」この点で、IL運動の介護理念から学ぶべき事が多い。と言うのは、IL運動の中で、介護なくしては「学校、仕事、遊び、政治生活、社会活動などに参加することが出来ないという観点から、個々人の身体的生存に必要な利益、生存の権利であると見なされている。その特質において介助は公民権と同等の重みをもった、奪うことのできない性格を持っている[23]。」と重要な条件として位置付けている。つまり、介護の必要度の高い障害のある人が社会的に自立して生活を営んでいく為には、人間らしい健康で文化的な生活に必要な生活費の保障と同時に、必要な時必要なだけの介護を公的かつ社会的に保障していくシステムの整備も不可欠であると言える。

　第4点の課題は、居住福祉の整備と保障である。1995年7月4日の社会保障

制度審議会は次のような勧告を行っている。「住宅及びまちづくりは、従来、社会保障制度に密接に関連するとの視点が欠けていた。このため、高齢者、障害のある人等の住みやすいという点からみると、諸外国に比べて極めて立ち遅れている分野である[24]。」「我が国の住宅は社会における豊かな生活を送るためのものとしては余りにもその水準が低く、これが高齢者や障害者などに対する社会福祉や医療の負担を重くしている一つの要因である[25]。」この勧告のように、障害のある人用の公的住宅の量的不足や質的水準の低さ、高金利の民間融資等の対策の不備に加えて、重度の障害のある人の自立生活に必要な住宅対策は基本的に欠落している。また、障害者用の公的住宅の量的不足の為、民間の住宅を賃貸せざるをえないが、その場合、障害のある人用の住宅に改造希望を示せば、賃貸を拒否される場合が多い。ともあれ、「自立生活を支える基盤となりうる住宅には、個人のプライバシーと最低限の快適な生活空間を保障し、できるかぎり身辺動作の自立に必要な諸設備を備えた『住宅性』、必要なときに必要なだけの介護が得られる『介護性』、緊急連絡、通報、防犯のシステムなどを備えた『保護性』、住民との日常的、社会的交流を可能にする『社会性』を配慮した内容のものが求められる[26]。」また、「障害者が一般の非障害者と同様な条件で、自ら選ぶ場に居住しうるには、住宅の相談、斡旋機関が各地域社会に配備されることも必要である[27]。」と言うのは、「障害者個人が家主や不動産屋に直接賃貸を交渉すると、偏見のため意志疎通上のトラブルが起こったり、不利な立場にたたされ、利用困難となる場合も多いからである[28]。」つまり、福祉との連携を重視した障害のある人用の住宅政策の促進が不可欠である。

　第5点の課題は、移動の保障である。我が国では、生活圏の拡大の為の方策として、福祉のまちづくり、障害のある人の施設送迎、鉄道等の運賃割引制度、スペシャル・トランスポート・サービス（例えば、リフト付き車両のドア・ツー・ドアサービス等の障害者専用の交通システム、盲人ガイドヘルパー、重度肢体不自由者移動介助サービス等）が講じられてきたが、重度の障害のある人の移動保障と言う点ではまだ不十分な状況である。　この不十分な状況を打開していく為には、障害のある人が住宅から外に出て、地域で参加し、活動しうる為の生活環境の整備と重度の障害のある人が「安全に移動し、利用できるような公共輸送機関の整備と、その生活圏拡大に柔軟に対応しうる公私の人的な移動介助サービスの充実が急務の課題である。と同時に、『公共輸送機関としてのバスなどを利用

できないすべての障害者に証明書が与えられ、タクシー利用には一般的なバス代程度を支払えばよく、その差額を公費で補助する』といった交通特別サービスや、障害者用の公共輸送車の配置といった移送サービスが整備されてはじめて、重度障害者の日常的な移動保障が可能となるのである[29]。」

【注】
1) 上田敏著『リハビリテーションを考える』（青木書店、1983年、23頁）。
2) 仲村優一「社会福祉行政における自立の意味」（小沼正編『社会福祉の課題と展望』川島書店、1982年、114頁）。
3) 仲村、前掲論文、114-115頁。
4) 笛木俊一「法における「障害者」概念の展開－社会保障法領域を中心とする試論的考察―」（『ジュリスト』No.744、有斐閣、1981年、144頁）。
5) 笛木、前掲論文、145頁。
6) 笛木、前掲論文、144頁。
7) 石川准「米国における障害者の『自立生活』概念の転回」（『海外社会保障情報』No.65、社会保障研修所、1984年）を参考にする。
8) マイケル・ウィンター・その他著「自立生活・選択する権利」（障害者自立生活セミナー実行委員会編『障害者の自立生活』、1982年、114頁）。
9) 上田、前掲論文、23頁。
10) 岡村重夫著『社会福祉原論』（全国社会福祉協議会、1984年、68-92頁）。
11) 岡村、前掲書、82頁。
12) 岡村、前掲書、85頁。
13) 岡村、前掲書、84〜92頁。
14) この事例は、話し合いの日（1986年6月15日）に筆者がF氏の自宅を訪問し記録を行う。
15) ヘーゲル（堅山欽四郎訳）『精神現象学』（河出書房、1973年、115頁）。
16) 加納正「障害者雇用の拡充」（障害者の生活と権利を守る全国連絡協議会・その他編『障害者の人権20の課題』全国障害者問題研究会、1992年、120-121頁）を参考にする。
17) 寺田純一「障害者にとって自立とは何か」（『季刊労働法・現代の社会福祉』別冊第8号、総合労働研究所、1981年、170頁）。
18) 寺田、前掲論文、169-170頁。
19) 三ツ木任一「地域生活への援助」（障害者の生活と権利を守る全国連絡協議会・その他、前掲書、191頁）。
20) 三ツ木、前掲書、192頁。
21) 三ツ木、前掲書、191頁。
22) 三ツ木、前掲書、192頁。
23) ガベン・デジョング・その他「自立生活サービスの原型としての介助」（障害者自立生活セミナー実行委員会編『障害者の自立生活』障害者自立生活セミナー実行委員会、1983年、96頁）。
24) 早川和男著『居住福祉』（岩波書店、1997年、135頁）。
25) 早川、前掲書、135頁。
26) 定藤丈弘「障害者の自立と地域福祉の課題」（岡田武世編著『人間発達と障害者福祉』川島書店、1986年、167頁）。
27) 定藤、前掲書、167頁。
28) 定藤、前掲書、168頁。
29) 定藤、前掲書、168頁。

第12章　福祉利用者の主体性

1. はじめに

　従来、「人間らしい健康で文化的な生活」保障の社会福祉のあり方が、社会福祉の法制度・福祉政策等（福祉手段）そのものの量的及び質的な点に視点を置いて把握されてきた。例えば、「福祉政策（福祉手段－挿入、筆者）を考える場合、最も重要な理念として、平等をあげることができるが、それは、社会的資源（福祉手段－挿入、筆者）の分配、その利益配分に関するもので、資源と機会をいかに平等化するかということを意味する[1]。」と述べられているように、福祉手段の側面（客体的側面）に視点を置いた社会福祉の捉え方である（社会福祉の法制度・福祉政策等そのものは福祉目的ではない。福祉利用者が実際に社会福祉の法制度・福祉政策等を使用して人間らしい健康で文化的な生活活動＝機能の基盤である多様な個人及び共同の潜在能力［抽象的人間生活力・生活力＝人間が生活の際に支出する頭脳・神経・筋肉等を意味する・抽象的人間労働力・労働力＝人間が労働の際に支出する頭脳・神経・筋肉等を意味する］の維持・再生産・発達・発揮［機能］を成就して初めて福祉目的となる）。

　筆者は、福祉利用者が社会福祉労働（社会福祉労働手段も含む）の福祉手段を享受し、人間らしい健康で文化的な生活（人間らしい健康で文化的な生活活動［機能］の基盤である多様な個人及び共同の潜在能力［抽象的人間生活力＝生活力・抽象的人間労働力＝労働力］の維持・再生産・発達・発揮［機能］の成就）を享受（目的）している事実に注目し、社会福祉労働を現代資本主義社会の土台である生産様式（経済的生活過程）との連関で分析し、2つの要因（使用価値と価値・剰余価値）の存在を示した[2]。そして、そこでは次のように考察した。つまり、社会福祉労働の使用価値の要因はまず第1に、外的対象であり、その特性（使用価値）によって福祉利用者の何らかの種類の欲望（要求）を満足させるものである（福祉利用者が人間らしい健康で文化的な生活を営む事ができる欲望［要求］を満たす事）。そして、この欲望（要求）の性質は、それが例えば、物質的生産物（福祉施設そのもの及び福祉施設での食事や福祉機器等）で生じようと、対人的福祉サービス（ホームヘルプサービス等）あるいは物質的生産物と対人的福祉

サービスとの併用で生じようと、少しも社会福祉労働の事柄を変えるものではない。重要なのは、社会福祉労働が福祉利用者に対象化・共同化される事によって、福祉利用者の人間らしい健康で文化的な多様な個人及び共同の潜在能力の維持・再生産・発達・発揮（機能）に部分的あるいは全体的に関係しているという事実である。

　さらに、福祉利用者の人間らしい健康で文化的な生活活動（機能）の基盤である多様な個人及び共同の潜在能力（抽象的人間生活力＝生活力・抽象的人間労働力＝労働力）の維持・再生産・発達・発揮（機能）の成就に部分的あるいは全体的に関係しているという事は、二重の観点から、即ち量と質の面から分析される必要があるが、その有用性は使用価値（使用価値は、社会福祉における活動・労働の実体［実態］の特性に制約されているので、その実体［実態］なしには存在しない。つまり、その実体［実態］は、客体的側面である社会福祉における対人福祉サービス労働そのもの、福祉施設そのもの及び福祉施設での食事サービスそのもの等である）にするのである。

　本章では、こうした福祉利用者の社会福祉の使用価値を高めていく為に、福祉利用者の多様な個人及び共同のケイパビリティ（潜在能力）の主体性発揮（機能）の機会的平等に重点を置いて考察していくものである（マーサ C. ヌスバウム氏は、潜在能力を次のように指摘している。「①**生命**（正常な長さの人生を最後まで全うできること。人生が生きるに値しなくなる前に早死にしないこと）、②**身体的健康**（健康であること［リプロダクティブ・ヘルスを含む］。適切な栄養を摂取できていること。適切な住居にすめること）、③**身体的保全**（自由に移動できること。主権者として扱われる身体的境界を持つこと。つまり性的暴力、子どもに対する性的虐待、家庭内暴力を含む暴力の恐れがないこと。性的満足の機会および生殖に関する事項の選択の機会を持つこと）、④**感覚・想像力・思考**（これらの感覚を使えること。想像し、考え、そして判断が下せること。読み書きや基礎的な数学の訓練を含む［もちろん、これだけに限定されるわけではないが］適切な教育によって養われた〝真に人間的な〟方法でこれらのことができること。自己の選択や宗教・文学・音楽などの自己表現の作品や活動を行うに際して想像力と思考力を働かせること。政治や芸術の分野での表現の自由と信仰の自由の保障により護られた形で想像力を用いることができること。自分自身のやり方で人生の究極の意味を追求できること。楽しい経験をし、不必要な痛みを避けられる

こと）、⑤**感情**（自分自身の周りの物や人に対して愛情を持てること。私たちを愛し世話してくれる人々を愛せること。そのような人がいなくなることを嘆くことができること。一般に、愛せること、嘆けること、切望や感謝や正当な怒りを経験できること。極度の恐怖や不安によって、あるいは虐待や無視がトラウマとなって人の感情的発達が妨げられることがないこと［このケイパビリティを擁護することは、その発達にとって決定的に重要である人と人との様々な交わりを擁護することを意味している]）、⑥**実践理性**（良き生活の構想を形作り、人生計画について批判的に熟考することができること［これは、良心の自由に対する擁護を伴う]）、⑦**連帯**（**A**　他の人々と一緒に、そしてそれらの人々のために生きることができること。他の人々を受け入れ、関心を示すことができること。様々な形の社会的な交わりに参加できること。他の人の立場を想像でき、その立場に同情できること。正義と友情の双方に対するケイパビリティを持てること［このケイパビリティを擁護することは、様々な形の協力関係を形成し育てていく制度を擁護することであり、集会と政治的発言の自由を擁護することを意味する]　**B**自尊心を持ち屈辱を受けることのない社会的基盤をもつこと。他の人々と等しい価値を持つ尊厳のある存在として扱われること。このことは、人種、性別、性的傾向、宗教、カースト、民族、あるいは出身国に基づく差別から護られることを最低限含意する。労働については、人間らしく働くことができること、実践理性を行使し、他の労働者と相互に認め合う意味のある関係を結ぶことができること）、⑧**自然との共生**（動物、植物、自然界に関心を持ち、それらと拘わって生きること）、⑨**遊び**（笑い、遊び、レクリエーション活動を楽しむこと）。⑩**環境のコントロール**（**A政治的**　自分の生活を左右する政治的選択に効果的に参加できること。政治的参加の権利を持つこと。言論と結社の自由が護られること。**B物質的**　形式的のみならず真の機会という意味でも、［土地と動産の双方の］資産を持つこと。他の人々と対等の財産権を持つこと。他者と同じ基礎に立って、雇用を求める権利を持つこと。不当な捜索や押収から自由であること）」Martha C. Nussbaum［池本幸生・その他訳］『女性と人間開発—潜在能力アプローチ—』［岩波書店、2005 年、92-95 頁］等の機能の拡大が重要である）。考察の手順としては、まず従来の主体性論の到達点を考察する。次に、介護保険制度を例として、介護保険制度に内在している介護保険の利用者の多様な個人及び共同のケイパビリティの主体性発揮（機能）の機会的平等の阻害の実態を考察する。最後に、介

護保険制度の利用者の多様な個人及び共同のケイパビリティの主体性発揮（機能）の機会的平等の阻害の打開の課題を考察する。

2. 社会福祉における主体性論の到達点

福祉利用者（主体的側面）の主体性論の到達点を整理していく場合、岡村重夫氏及びアマルティア・センの論等が手掛かりとなる[3]。

岡村重夫氏は、「社会生活上の基本的要求とは、だれも避けることのできない社会生活上の要求である。それは社会的存在としての人間にとって必然的な要求であって、児童から老人にいたるまで、障害者から健常者にいたるまで、すべての人々の避けることのできない生活要求である。それゆえに、これを『基本的要求』というのである[4]。」と福祉利用者の社会生活上の基本的要求から分析を行っている。そして、福祉利用者の社会生活上の基本的要求の内容として、「①経済的安定の要求（この要求は、今日の生活手段の殆どが商品となっている現実から考えて、それを購入するに足りる経済的収入の要求にほかならない）、②職業的安定の要求（この要求は、経済的安定すなわち継続的な収入を確保する為に、常に労働または職業の機会を持つか、経済的に保障されるような社会制度に参加する事を意味する）、③家族的安定の要求（この要求は、社会が長く幾世代にもわたって存続しうる為に、将来の社会成員が継続的に家族の中から出生し、そこで効果的に保護及び育成される事が必要である。特に人類の子供がすべて未熟児として生まれてくるという事実があるかぎり、この家族における出生、保護、育成の安定が必要である）、④保健・医療の保障の要求（この要求は、人間が精神的かつ身体的健康を維持する為に、必要に応じて保健・医療を受ける機会が保障される事を意味する）、⑤教育の保障の要求（この要求は、全ての社会成員が社会的協同組織の一員として一定の役割を果たしていく為に、また文化への参加の為にも、教育の機会が保障されなければならない事を意味する）、⑥社会参加ないし社会的協同の機会保障の要求（この要求は、社会秩序維持の為に、社会的協同及び参加は社会にとって基本的な制度である事を意味する）、⑦文化・娯楽の機会保障の要求（この要求は、社会自体の健全な存続の為に、社会成員個人の内面的成長の要求であり、この内面的成長を促進していくのが文化・娯楽の機会の保障である）[5]」を導きだしている。

そして岡村重夫氏は、こうした社会生活上の基本的要求そのものを、社会制度

（客体的側面）等と無関係に捉えず、社会制度等と関係づけて捉える必要性を次のように述べている。「われわれの生活というのは、生活者たる個人と生活環境としての社会制度との相互関連の体系である。生活は、生活主体者たる個人ないし人間だけでもなく、生活環境たる社会制度でもなく、両者が交渉しあい、関連しあう相互作用そのものである。『社会生活上の基本的要求』をもつ個人が、それぞれの要求に関連する社会制度を利用することによって、その基本的要求を充足する過程が、われわれの社会生活にほかならない[6]。」と。つまり、岡村重夫氏は、「各種の社会制度等と結び付く（主体的な－挿入、筆者）社会関係なしには、生活の営みは不可能であると考えたのである。社会関係こそ生活の本質的な条件であると言うのである。例えば衣食住の要求にしても、それは『経済的安定の要求』、『職業安定の要求』、『家族的安定の要求』として『経済・産業制度』、『職業安定制度』、『住宅制度』を利用しなければ充足する事ができない。病気になったとき、医療を受けたいという要求は『医療制度』を利用しなければならない。現在の社会文化を次の世代へ伝えたいという時、教育の要求は不可欠であり、『教育制度』がなければならない。したがって、社会福祉はこの（主体的な－挿入、筆者）社会関係の主体的側面に独自固有の視点を据えて、新しい生活問題と援助対策を提起することができる[7]。」と岡村重夫氏は結論づけている。

　このように、岡村重夫氏は、福祉利用者の主体的側面に重点を置いて、客体的側面との関係性の下に、社会福祉を機能的に捉えている点に到達点がある（主体的側面、客体的側面、主体的側面と客体的側面との関係の側面を総体的に捉えている事）。そして、残された課題としては、福祉利用者との間のパートナーシップの前提条件とコミュニケーションを媒介とした社会福祉労働等との連関で、より発展的に主体的側面と客体的側面との関係の側面を考察していくべきであると思われる（と言うのは、福祉利用者の要求を充足していく過程において、社会福祉労働者等が媒介者となり、福祉利用者と社会福祉労働者等との共同化過程が重要になってくるが、その共同化過程において社会福祉労働者等のコミュニケーションのあり方が重要になってくる）。

　さらに、福祉利用者の多様な個人の主体的側面（ケイパビリティ＝潜在能力）に重点を置いて、社会福祉論を発展的に展開したのがアマルティア・センである。彼によれば、「ひとの福祉について判断する際には、彼／彼女が所有する財（福祉手段－挿入、筆者）の特性に分析を限定するわけにはいかない。われわれは、

ひと（福祉利用者−挿入、筆者）の『機能』（functioning）にまで考察を及ぼさねばならないのである。財（福祉手段−挿入、筆者）の所有、従ってまた財（福祉手段−挿入、筆者）の特性に対する支配権は個人に関わることであるが、財（福祉手段−挿入、筆者）の特性を数量的に把握する方法はその財（福祉手段−挿入、筆者）を所有するひとの個人（福祉利用者−挿入、筆者）的特徴に応じて変わるわけではない。自転車は、それをたまたま所有するひとが健康体の持ち主であれ障害者の持ち主であれ、ひとしく『輸送性』という特性をもつ財（福祉手段−挿入、筆者）として処理されてしまう。ひとの福祉について理解するためには、われわれはあきらかにひとの『機能』にまで、すなわち彼／彼女の所有する財（福祉手段−挿入、筆者）とその特性を用いてひとはなにをなしうるかにまで考察を及ぼさねばならないのである。例えば、同じ財（福祉手段−挿入、筆者）の組み合わせが与えられても、健康なひとならばそれを用いてなしうる多くのことを障害者はなしえないかもしれないという事実に対して、注意を払うべきなのである[8]。」（傍点、筆者）

　つまり、福祉利用者は、福祉サービス・財貨（福祉手段＝客体的側面）との関係において、それを使用して人間らしい健康で文化的な生活（人間らしい健康で文化的な生活活動［機能］の基盤である多様な個人及び共同の潜在能力［抽象的人間生活力＝生活力・抽象的人間労働力＝労働力］の維持・再生産・発達・発揮［機能］の成就）を享受しうるには、福祉利用者の側に福祉サービス・財貨についての主体的な積極的・創造的能力（例えば、料理をつくる事ができる事）と受動的・享受的能力（例えば、料理を味わい、適切な栄養摂取ができる事）が形成され、それが引き出されなければならない事を示唆している。また、人間らしい健康で文化的な生活を享受しうる為には、福祉利用者が「なしうる事」や「なりうる事」を達成する為の福祉サービス・財貨、その他の諸条件とならんで、必要なケイパビリティが備わっており（ケイパビリティに欠けている場合は、欠けている部分を支援・社会福祉労働によって補填する）、それらが福祉（well-being）の目的の為に引き出されうる事が必要である。そして、ケイパビリティが福祉（well-being）目的の為に引き出される機会が、個人的・共同的・社会的・文化的・歴史的等の多様な要素の影響を受けて、個性的で多様なあり方を作りだすという事である。

　つまり、アマルティア・センは、福祉（well-being）の質を高めていく為の福

祉利用者の主体性を考えていく場合、単に福祉（well-being）の評価を富裕や実質所得（福祉手段）のみに焦点を合わせたり、効用や満足のみに焦点を合わせるだけではなく、ひとが機能するケイパビリティ、すなわちひとはなにをなしうるか、あるいはひとはどのような存在でありうるかと言う点にこそ関心を寄せるべきだと言うのである。このように、アマルティア・センは、主体的側面そのものをより発展的に展開した点に到達点があるが、岡村重夫と同様、残された課題としては、福祉利用者との間のパートナーシップの前提条件とコミュニケーションを媒介とした社会福祉労働等との関連で、より発展的に主体的側面と客体的側面との関係の側面を論究していくべきであると思われる。

3. 福祉利用者の主体性の阻害

　福祉利用者は「個人として尊重される。」（憲法第13条）そして、福祉利用者の「生命、自由及び幸福追求に対する国民の権利」（憲法第13条）については、福祉利用者の「不断の努力によって、これを保持しなければならない。」（憲法第12条）とするならば、福祉利用者の多様な個人及び共同のケイパビリティの主体的な発揮（機能）に重点を置いた社会福祉のあり方を考えていかなければならない。つまり、福祉サービス・財貨（福祉手段）を利用する福祉利用者が、その福祉サービス・財貨の特性（使用価値）を引き出して、人間らしい健康で文化的な生活（人間らしい健康で文化的な生活活動（機能）の基盤である多様な個人及び共同の潜在能力［抽象的人間生活力＝生活力・抽象的人間労働力＝労働力］の維持・再生産・発達・発揮［機能］の成就の達成）を行っているかどうかである。そして、多様な個人及び共同のケイパビリティの主体的な発揮（機能）による人間的発達とは、「人びとが選択を拡大するプロセスである。原理的には、選択は無限であり、時とともに変化しうる。しかし、発展のすべてのレベルにおいて三つの本質的なものがあり、それらは人びとが長寿で健康な生活を過ごすことであり、知識を獲得することであり、かなりの生活水準のために必要な財貨（福祉手段−挿入、筆者）へのアクセスをもっていることである。……しかし、人間発達はこれらを最終目標とするのではない。さらなる選択は、多くの人びとによって高い価値を与えられており、政治的・経済的・社会的自由から創造的で、生産的でありうる機会や個人的な自尊や保障された人権を享受する機会までの範囲をもっている[9]。」のであるが、以下では福祉サービス・財貨の一つである介護保険制度[10]（福祉手

段）を例として、多様な個人及び共同のケイパビリティの主体的な発揮（機能）の機会的平等の阻害の実態を分析してみる[11]。

　ところで、介護保険は強制加入である。そして、第1号被保険者（65歳以上の高齢者）のうち、一定水準以上の年金額の人の保険料は、年金から天引きする形で徴収する（特別徴収）[12]。それ以外の低年金や無年金の人も、保険料を支払う必要があり、市町村が個別に徴収する（普通徴収）。また、遺族年金や障害年金の受給者からも市町村が普通徴収する。第2号被保険者（40歳以上の成人）の保険料は、医療保険料に上乗せして徴収する（健康保険や共済組合に加入しているサラリーマンや公務員の場合は、それぞれの医療保険料に介護保険料を上乗せして徴収し、給与から天引きを行う。市町村国民健康保険に加入している自営業者の場合には、国民健康保険料に介護保険料を上乗せして、市町村が一括して徴収を行う）。

　こうした介護保険料徴収の仕組みによって、保険料が徴収されるが、また、第1号被保険者の保険料は所得段階別の定額保険料[13]とされているが、例えば鹿児島県の平均月額の保険料は3,113円である。しかし、例えば、鹿児島市等のように保険料の滞納を2.7%[14]見込んでおり、これらの滞納の第1号被保険者は、介護保険制度による介護サービスを利用してのケイパビリティの主体的な発揮（機能）の機会的平等から阻害される事になる（保険料滞納者は、生活保護基準以下の生活状態にある人々であるが、最低生活費非課税の原則や人間らしい健康で文化的な最低生活を保障する憲法第25条にも違反し、社会福祉としての介護サービスの存在価値が問われる事になる）。と言うのは、伊藤周平氏が指摘されているように、「介護保険制度には介護保険料滞納の場合の保険給付の一部もしくは全部の差し止め、過去に保険料の未納がある場合は9割から7割への保険給付率の引き下げ等、従来の社会保障制度には見られない厳しい制裁規定が設けられているからである[15]。」

　このような福祉利用者の多様な個人及び共同のケイパビリティの主体的な発揮（機能）の機会的平等の阻害は、保険料滞納者だけではなく、要介護認定の段階及び利用者負担・保険外負担においても次のように発生している。

　まず要介護認定段階での問題の第1点は、伊藤周平氏が指摘されているように、「要介護認定の申請と認定調査である。介護保険制度の要介護認定は、申請主義をとっており、申請は任意で強制できないが、要介護認定を申請しないかぎり介

護保険の給付もない（勿論、要介護認定の申請は代行でも可能であるが、利用者本人がひとり暮らしで病弱な場合とか、認知症があるような場合には、申請自体に困難が伴う）[16]。」従って、要介護認定を申請しない人々はケイパビリティの主体的な発揮（機能）の機会から阻害される事になる。また、「要介護認定の申請を行った後に行われる認定調査にも問題がある。と言うのは、1時間程度の調査時間で、しかも調査員が調査対象者を知らない場合、不十分な調査に終わってしまう事が多い。その為に、現在、介護サービスを受けている人々が、『自立』と認定されたら介護サービスが受けられなくなって[17]」、多様な個人及び共同のケイパビリティの主体的な発揮（機能）の機会から阻害される事になる。問題の第2点は、心身の障害のみを基準に要介護判定を行っている事である。と言うのは、伊藤周平氏が指摘されているように、「要介護度の判定がその人の置かれている生活環境（家庭内の介護者の有無、住環境の状況等）を無視して行われるのでは、不適切な判定になってしまう。つまり、介護サービス提供の基準が利用者の心身状況のみの為に、身体的な自立度は高いが、生活支援の必要があり、現在、家事支援サービスや福祉施設サービスを利用している人が介護保険制度では『自立』や『要支援』とされ、給付対象から除外され[18,19]」、利用者の多様な個人及び共同のケイパビリティの主体的な発揮の機会的平等から阻害される事になる。

　次に、福祉利用者の負担での問題点は、貧困者や低所得者の負担の増大である。介護保険制度では、介護サービスを利用する場合、利用者の所得に無関係に定率1割の負担が必要となる。その為に、これまで老人福祉制度や老人保健制度で無料や低額で介護サービスを利用できた人々の負担が、大幅に増大する（ただし、生活保護受給者は、介護扶助によって実質的に利用料は無料となる）。因みに鹿児島県での利用者の意見を見ると、「介護保険のサービス利用者が挙げた制度の悪い点（複数回答）のトップは『利用料や保険料を払わなければならない点』（174人）だった。自由意見のなかでも、自己負担に関するものが目立つ。要介護5の妻を同じように在宅介護をしている曽於郡内の60歳代の男性は『保険料は天引きされ、サービスを利用するだけ負担が増える。年金だけでは負担が重くてどうしようもない』[20]」と訴えている。結果的に介護保険制度の下では、低所得の人々を中心にサービス利用の抑制や辞退が続出しているが、これらの人々の多様な個人及び共同のケイパビリティの主体的な発揮（機能）の機会が阻害される事になる。

　さらに、保険外負担での問題点は、保険のきかないサービスが大量に発生し、

特に介護度が高い人々が、人間らしい健康で文化的な生活（人間らしい健康で文化的な生活活動［機能］の基盤である潜在能力［抽象的人間生活力＝生活力・抽象的人間労働力＝労働力］の維持・再生産・発達・発揮の成就）を維持する為に必要なサービスを利用する場合、膨大な保険外負担が必要となる事である。と言うのは、介護保険制度では要介護度ごとに保険給付に支給限度額が設定され、それを越えた部分のサービスは、保険がきかず、全額自己負担となる。その為に、「年金が頼りのお年寄りからは『もっとサービスを受けたいが、削らざるをえない』といった嘆きも聞かれる。所得によって受けられる介護サービスに格差が出ており[21]、」低所得ほど利用者のケイパビリティの主体的な発揮に制限が設けられる。これでは、利用者の介護サービスの選択権どころか、生存権すらも保障されない事になり、正に人間の生命に関わる人権問題と言える。

4. 福祉利用者の主体性の課題

　社会福祉基礎構造改革においても示されているように、「これからの社会福祉の目的が、従来のような限られた者の保護・救済にとどまらず、国民全体を対象として、このような問題が発生した場合に社会連帯の考え方に立った支援を行い、個人が人としての尊厳をもって、家庭や地域の中で、障害の有無や年齢にかかわらず、その人らしい安心のある生活が送れるよう自立を支援することにある[22]。」とするならば、個々の福祉利用者の主体的な生活活動（機能）の基盤である多様な個人及び共同のケイパビリティの維持・再生産・発達の成就と発揮（機能）の機会的平等が課題となる。そして、その課題は、3つの側面から考察していく必要がある（1つは主体的側面、2つは客体的側面、3つは主体的側面と客体的側面との関係の側面である）。

　まず主体的側面の課題であるが、福祉利用者は、福祉サービス・財貨（福祉手段）を使用して人間らしい健康で文化的な生活＝人間らしい健康で文化的な生活活動（機能）の基盤である潜在能力（抽象的人間生活力＝生活力・抽象的人間労働力＝労働力）の維持・再生産・発達・発揮（機能）の成就を達成しうる為には、彼の中に福祉サービス・財貨（福祉手段）についての受動的・享受的能力その他の多様な個人及び共同のケイパビリティが形成され、それが引き出されなければならない。そして、福祉利用者の多様な個人及び共同のケイパビリティの形成と発達の実践例として、福祉教育が挙げられる[23]。福祉教育が「日常的な生活課題

や福祉課題などについて、個人レベル、家族レベル、地域レベルでの生活・福祉課題の解決力を醸成していくための主体的な学習活動である。また、共生の思想と社会的に疎外されることが多い社会福祉問題との連携から、地域問題、家庭問題などの解決を個人の自助から社会的、意図的な対応・活動としてとらえ、参加と協働を促す過程である[24]」とするならば、福祉教育は福祉利用者の主体的及び多様な個人及び共同のケイパビリティの形成と発達の実践として重要な支援[25]・社会福祉労働の方法となりうる。

　そして、福祉利用者の主体的及び多様な個人及び共同のケイパビリティの形成と発達の支援においては、「要援護者が主体的に福祉課題を解決できるよう条件整備し、問題解決できるように学習を援助し、必要とされるサービスを提供・開発する過程において、主体形成や権利擁護を意識したソーシャルワークが重要となっている[26]。」が、その中心的な支援団体としては市区町村社会福祉協議会（以下、社協と言う）が好ましい。と言うのは、都道府県社会福祉協議会が「地域福祉権利擁護制度」と「苦情相談委員会」の実施主体になっているが、これでは、それぞれの市区町村で生成している福祉利用者の主体的及び多様な個人及び共同のケイパビリティの発揮（機能）の機会的平等の阻害問題に対して、日常的に即応的かつ綿密に対応できないのではないかと危惧するからである[27]。さらに言えば、市町村の条例でこの権利擁護を行う為の委員会を設置し、地域住民の立場に立ってサービス提供の事業者に勧告できる等の制度は必要ではなかろうか。

　次に客体的側面の課題であるが、個々の福祉利用者が主体的及び多様な個人及び共同のケイパビリティを発揮（機能）して、人間らしく生きていく上での介護サービスも含めた、生活基盤の国（地方自治体も含む）の公的責任（財政的責任も含めて）による整備をどのように図っていくかである[28]。と言うのは、我々は日々、人間らしい健康で文化的な生活を行い、多様な個人及び共同のケイパビリティを高め、人間らしい生活を現実のものとして、それぞれが生きがいある人生や自由な社会生活を送っていく事ができる為には、それを可能としてくれるような介護サービスも含めた生活基盤の手段を共同して作り出し、適切にそれを維持し、運営していかなければならない。

　こうした視点から介護保険制度を例として考えてみると、いくつかの課題が考えられる。まず第1点は、介護福祉の具体的権利規定の法制化である。と言うのは、日本弁護士連合会が指摘されているように、社会福祉事業から「社会福祉法への

改正による基本的な問題点のひとつとして、この改革が、利用者の権利制を明確にし、選択や自己決定を保障するものとされながら、そしてそのための権利擁護の諸制度を創設したとされながら、社会福祉法上の規定として、福祉サービス利用者の権利性を明確に定めた規定が一切ないという根本的欠陥がある。」（日本弁護士連合会高齢者・障害者の権利に関する委員会編『契約型福祉社会と権利擁護のあり方を考える』あけび書房、2002年、33頁）また、障害のある人の総合支援法をはじめとした福祉関連諸法にも、福祉利用者の権利性を規定する規定が盛り込められなかったという問題がある。それ故、次のような具体的な権利の法制化が重要である。つまり、河野正輝氏が指摘されているように、「(1) 社会福祉の給付請求の権利（給付の要否や程度は、行政庁の一方的な裁量によって左右されるのではなく、社会福祉の必要性の有する人々の請求権に基づいて決定される。そして、給付請求権を権利として受給できるためには、①給付を申請することができること、②適切な基準を満たした給付内容を求めることができること、③いったん決定された給付を合理的な理由なく廃止されないこと等の規範的要素が満たさなければならない）、(2)社会福祉の支援過程の権利（社会福祉の支援過程で誤ったケアや虐待等が行われないことが重要である。その為には、①福祉サービスの種類・内容及びこれを利用する時の権利と義務について知る権利、②自己の支援方針の決定過程に参加する権利、③福祉施設利用者の場合、自治会活動を行い、それを通じて福祉施設の管理運営及び苦情解決に参加する権利、④拘束や虐待等の危害・苦役からの自由の権利、⑤通信・表現・信教の自由の権利、⑥プライバシーの権利、⑦貯金・年金など個人の財産の処分について自己決定の権利等が保障されること）、(3) 社会福祉の費用負担の免除の権利（社会福祉の必要性によって誰でも普遍的に給付請求権が保障される為には、一定の所得以下で社会福祉を必要としながら、それに要する費用を負担できない人々に対して負担の免除が伴うのでなければならない。したがって、①免除を申請することができること、②免除の決定処分を求めることができること、③あらかじめ定められた徴収基準に反する徴収額に対してはその取り消しを求めることができる等が当然に求められなければならない）、(4) 社会福祉の救済争訟の権利（社会福祉の給付の内容や費用負担の額等を巡って権利が侵害された時、苦情の申し立て、不服申し立てや訴訟を提起して救済を求めることが保障されなければならない。現行では社会福祉法による苦情解決から、社会保険審査官及び社会保険審査会法、行政不服審査

法及び行政事件訴訟法等がある。行政処分に対する不服審査や訴訟等の手段は厳格な手続きを必要とするので、支援過程の苦情解決には必ずしも適さない場合もある。そこでオンブズマン方式等の苦情解決の取り組みが広がりつつある。また、独立の救済機関を設置する）の４つの権利」（河野正輝「生存権理念の歴史的展開と社会保障・社会福祉」社会保障・社会福祉大事典刊行委員会編『社会保障・社会福祉大事典』旬報社、2004年、482-486頁）の下に、国及び地方自治体（都道府県、市町村）の財政責任（国［7割］、都道府県［2割］、市町村［1割]）及び官僚的行政を排除した運営責任の下での公的責任を担保した上で、福祉利用者の人間らしい健康で文化的な多様な個人及び共同の潜在能力の維持・再生産・発達・発揮（機能）に適合した公的責任及び具体的権利による社会福祉の必要充足（何故ならば、福祉利用者の多様な個人及び共同の潜在能力の維持・再生産・発達・発揮の阻害状態によって社会福祉［福祉手段］の必要性の内容・種類・必要度が異なっているので、福祉利用者の多様な個人及び共同の潜在能力の維持・再生産・発達・発揮の阻害状態に適合した社会福祉［福祉手段］の必要性の内容・種類・必要度が決定され充足される事が重要である）の原理に基づいて市町村が直接、社会福祉を提供していく現物及び現金給付型の仕組みを新たに構築していく事が重要である（民間の福祉については、措置委託制度を復活させる事と、「負担は能力に応じて、給付は必要に応じて」を基本原則とする）。

　第２点は、保険料滞納・未納の貧困者・低所得者の保険料をどのようにして賄うかが課題である。福祉利用者が拡大しているとは言え、社会福祉にとって重要なのは、個々の福祉利用者の負担能力に応じた負担の公平（応能負担）と言う観点とその実行である。とするならば、次のような介護保険制度の改善が必要である。つまり、第１号被保険者の保険料は定額保険料ではなく、ドイツと同様、所得に応じた定率負担とし、住民税非課税の人の保険料は免除すべきである。また、保険料の減免は法律事項とし、減免分の補填も第１号被保険者の保険料から賄うのではなく、国庫負担で賄うべきである。第２点は、利用者負担・保険外負担をどのようにしていくかが課題である。前述したように、介護保険制度では、定率１割の利用者負担や要介護度ごとの保険給付の上限設定と低い給付水準の為に、特に貧困や低所得利用者を中心に、介護サービス利用の抑制が広がり、また、家族が居る場合には家族介護者への負担が増大しているが、利用者負担・保険外負担の問題を解決していく為には、次のような改善が必要である。つまり、利用

者負担の廃止と要介護度ごとの保険給付の支給限度額の設定の廃止を行い、個々の利用者の負担能力に応じた負担の公平（応能負担）を実現していく事が必要である。第3点は、要介護認定手続きの簡素化、区分認定と保険給付の支給限度額の廃止、簡易及び迅速な不服申し立て制度の整備をどのように図っていくかが課題である。保険給付が「被保険者の心身の状況、その置かれている環境等に応じて、被保険者の選択」（介護保険法第2条）に基づいて行わなければならないとするならば、少なくとも要介護認定をケアマネージメントに組み込んでいく次のような改善が必要である。つまり、ケアマネージャーが、一定の基準[29]に基づいて、伊藤周平氏が指摘されているように、「主治医の意見書と利用者自身や家族の意見を聞きながら、必要なサービスの種類と量を決め、ケアプランを作成する。現物給付は、このケアプランを市町村に提出してからすぐに可能とし、認定審査会はケアプランを審査する機関とするのが望ましい。このように、認定調査も含めて要介護認定をケアマネージメントのなかに組み込んでいく事が必要である。次に区分認定と保険給付の支給限度額の廃止であるが、区分認定の線引きが曖昧のままでコンピュータ判定を行うのでは、不服申し立てに十分に対応できない。よって区分認定の廃止が望ましい。また、要介護度ごとの支給限度額の廃止については、要介護者と協議の上、要介護者にとって必要とケアマネージャーが判断し、ケアプランに書き込まれたサービスについては介護認定審査会の審査を受けたうえで、すべて保険給付の対象としていくのが必要である。さらに迅速な不服申し立て制度の整備であるが、都道府県レベルでの介護保険審査会での対応には、即応的かつ綿密な対応等で限界があると思われる。よって要介護認定への不服申し立ては、認定を行った市町村への異議申し立てとし、直接市町村に不服申し立てができるようにしていく事が望ましい[30]。」

　最後に主体的側面と客体的側面との関係性の側面の課題であるが、社会福祉を例にして考えれば、社会福祉は社会福祉労働者等が福祉利用者にサービスを対象化・共同化していくものであるので、社会福祉労働者等と福祉利用者との間のコミュニケーションを発展させて福祉利用者の多様な個人及び共同のケイパビリティの主体的な発揮（機能）を促進していく事が重要である[31]。つまり、社会福祉は対人コミュニケーションを基本としており、直接に福祉利用者に働きかけていく事に重要性がある。また、コミュニケーションは、「あるものとあるものとの間をお互いに移動して、両者の間に共通なものをつくりあげていく活動、行

為[32]」を意味し、それはコミュニケーションを行う社会福祉労働者等と福祉利用者が対等な地平から出発すればするほど、福祉利用者の主体的及び多様な個人及び共同のケイパビリティを引き出し、福祉利用者の人間らしい健康で文化的な生活＝人間らしい健康で文化的な生活活動（機能）の基盤である多様な個人及び共同の潜在能力（抽象的人間生活力・抽象的人間労働力）の維持・再生産・発達・発揮（機能）の成就を可能とし、社会福祉の使用価値が高まるのである。

　さらに、コミュニケーションの基本構造に目を向けて述べると、例えば介護サービスにおける支援関係を想定してみれば明かのように、「コミュニケーションの主体（ホームヘルパー）が相手・対象とするのは利用者（寝たきり老人等）である。すなわち、話し手（ホームヘルパー）には聴き手（寝たきり老人等）が対応する。そして、相手（聴き手）である福祉利用者に働きかける媒介手段はさしあたり言語・情報である。働きかけを受ける側の福祉利用者はその言語・情報を受け取り、その享受を通じて、コミュニケーションの主体（話し手）との共同関係をとり結ぶ。それと同時に、ホームヘルパーの側も利用者の側の応答・対応に接して、それを享受する。したがって、コミュニケーションはその両極を構成するホームヘルパーと福祉利用者相互の共同化を通じたお互いの共受の場となる（ここでの共受とは、ホームヘルパーと福祉利用者とが言語・情報活動を媒介にしてお互いが相手を享受しあう関係を意味する）[33]。」つまり、コミュニケーションとは、前述のような基本構造を前提にして言えば、福祉利用者の多様な個人及び共同のケイパビリティの中の共受能力を引き出し、社会福祉の使用価値を高める場であると言って良い。そして、このような共受能力が福祉利用者の福祉サービス・財貨に対する評価能力の形成にとって重要である事は言うまでもない。と言うのは、福祉利用者の福祉サービス・財貨に対する評価能力は地域や福祉施設等の場において形成され、従って地域内や福祉施設内等のコミュニケーションを媒介にして高められるのである。そして、福祉サービス・財貨の有する特性（使用価値）は福祉利用者の享受＝評価能力を通じて可変的に顕在化すると見なす事ができる。福祉利用者の福祉サービス・財貨に対する享受＝評価能力が高い場合と低い場合とでは、同じ福祉サービス・財貨でも福祉利用者の多様な個人及び共同の潜在能力の発揮の仕方に違いがでてくるのは明らかであって、福祉サービス・財貨の潜在的な使用価値（潜在的な使用価値とは、人間の働きかけを受けてその顕在化を待機している潜在的な使用価値を意味する）の顕在化に違いが生じる。

とするならば、社会福祉労働過程や福祉教育過程等におけるコミュニケーション
を媒介とした福祉利用者の福祉サービス財貨に対する享受＝評価能力の発達も課
題となる。

【注】
1) 三重野卓「福祉政策の公平・効率性と社会計画」（三重野卓・その他編『福祉政策の理論と実際』東信堂、
　2000年3月、17-18頁）。
2) 他の一つの要因は、価値・剰余価値である。前述の使用価値は、何よりもまず、多様に異なった社会福祉労働
　の質でありその有用性であるが、その使用価値を捨象するならば、社会福祉労働に残っているものは、無差別
　に人間労働の具体的形態（人的サービス提供形態の社会福祉労働、生活手段提供形態の社会福祉労働等）には
　関わりのない抽象的人間労働力（抽象的人間労働力とは、人間が労働の際に支出する脳髄、筋肉、神経、感官
　等を意味する）の支出の、ただの凝固物の社会関係のほかには何もない。これらの事が意味しているのは、た
　だ、その福祉利用者の体内に社会福祉労働者の抽象的人間労働力が支出されており、抽象的人間労働力が社会
　福祉労働手段と伴に積み上げられているという事だけである。このようなそれらに共通な社会実体の結晶関係
　として、これらのものを価値（価値の実体は、抽象的人間労働力である）と言う（従って、福祉利用者の体内
　に抽象的人間労働力が形成される）。つまり、抽象的人間労働力が価値になるのは、人間の生存の根本的要素
　である自然的素材と抽象的人間労働力とが結合し凝固状態の社会関係にあるからである。とするならば、福祉
　利用者（人間）と雖も自然素材と同次元（人間も自然的存在であり、自然の一部であるという意味）にあり、
　しかも人間（福祉利用者）に対して抽象的人間労働力（社会福祉労働者の抽象的人間労働力）が対象化・共同
　化（結合し凝固されている事）されているのである。それゆえ、ある使用価値が価値を持つのは、ただ社会福
　祉労働者の抽象的人間労働力が社会福祉労働手段と共に福祉利用者の体内に対象化・共同化されているからで
　しかない。
　　そして、単に価値を形成するだけでなく、剰余価値も増殖する。と言うのは、現代資本主義経済社会の土台
　である生産様式（経済的生活過程）に規定された国家（地方自治体も含む）は、社会福祉のような「〝人間投
　資〟は、経済発展（経済発展の源は利潤である。利潤の原泉は剰余価値である―挿入、筆者）の基底をなすも
　の、経済発展がそこからたえず養分を吸収しなければならないものであり、経済の発展に背くものではなく、
　その発展とともにあるものである」と考えており、購入した価値（社会福祉労働者の労働力の価値）が、価値
　総額よりも高い事を欲するからである。それ故に社会福祉基礎構造改革では、社会福祉分野に多様なサービス
　供給体参入の促進の名の下に、本格的に民間企業など営利を目的とする資本の導入に道を開いた。
　　では、どのようにして社会福祉労働は剰余価値を増殖させるのであろうか。国家は社会福祉労働者に委託事
　業・補助金等を通して、名目としては労働力の価値と同等な賃金（実態は、労働力の価値以下の低賃金であ
　る）を支払うが、社会福祉労働者が一労働日（一日の労働時間）中に福祉利用者に対象化・共同化した価値
　は、社会福祉労働者自身の労働力の価値とこれを超過する部分を含む。すなわち一労働日は、必要労働＝支払
　い労働と剰余労働＝不払い労働との二つの部分からなるものである。つまり、社会福祉労働（不払い労働）の
　価値増殖過程（福祉労働過程では、使用価値が形成される）での剰余労働によって増殖した部分の価値を剰余
　価値と言う。こうして剰余価値は増殖されるのであるが、社会福祉法人等の組織体も他の企業や福祉事業体等
　との競争に負けない為に、地方自治体からの委託事業や独自の直接サービスの福祉事業を増やし、剰余価値を
　高めていく熾烈な競争が予測できる。
　　このように社会福祉労働は、福祉利用者にとっては使用価値であり、総資本及び国家にとっては価値・剰余
　価値であると言う二つの要因が矛盾対の統一一体として存在している。拙稿「社会福祉の本質の体系的試論」
　（社会福祉研究センター編『草の根福祉』第23号、1995年10月、24-47頁）。
3) 岡村重夫著『社会福祉原論』（全国社会福祉協議会、1983年7月）、アマルティア・セン（鈴村興太郎訳）『福
　祉の経済学』（岩波書店、1988年9月）を参考にする。
4) 岡村、前掲書、71頁。
5) 岡村、前掲書、79-82頁。
6) 岡村、前掲書、83頁。

7) 岡村、前掲書、91頁。

8) セン、前掲書、21-22頁。

9) United Nations Development Programmed, Human Development Report, 1990, P.10

10) 介護保険法第4条第1項では、「国民は、自ら要介護状態となる事を予防するため、加齢に伴って生じる心身の変化を自覚して常に健康の保持増進に努めるとともに、要介護状態となった場合においても、進んでリハビリテーションその他の適切な保健医療サービス及び福祉サービスを利用することにより、その有する能力の維持向上に努めるものとする。」（ミネルヴァ書房編集部編『社会福祉小六法』ミネルヴァ書房、2000年11月、311頁）と福祉利用者の主体的なケイパビリティの向上について規定しているが、寧ろ福祉利用者の主体的なケイパビリティの発揮を阻害しているのは矛盾である。

11) 介護保険制度そのものの問題点及び課題については、伊藤周平著『介護保険と社会福祉』（ミネルヴァ書房、2000年7月）を参考にする。

12) 特別徴収の基準は、年額18万円（月額1万5,000円）の年金額とされており、第1号被保険者全体の約8割が特別徴収となる見込みである。

13) 第1階は、生活保護受給者や老齢福祉年金受給者の場合で、保険料は基準額の5割の減となる。第2段階は、世帯全員が住民税非課税の場合で、保険料は基準額の2.5割の減となる。第3段階は、被保険者本人が住民税非課税の場合で、基準額となる。第4段階は、住民税課税で年所得額が250万円以上の場合で、基準額の1.25割の増となる。第5段階は、住民税課税の人で年所得額が250万円以上の場合で、基準額の1.5割の増なる。

14) 鹿児島市では、国民健康保険の滞納率が2.7％なので、介護保険の滞納率を2.7％見込んでいる。

15) 伊藤、前掲書、67頁。

16) 伊藤、前掲書、78頁。

17) 伊藤、前掲書、82頁。

18) 実際、厚生労働省は、現在ホームヘルプサービスを利用している人の内で約4万人が「自立」と判定され、介護保険実施後は、ホームヘルプサービスが利用できなくなると推計されている。また、デイサービスの利用者も身体的な自立度が高い人が多く、現在、利用している人の約3割が「自立」と判定され介護保険制度実施後は、サービスが利用できなくなっている。伊藤、前掲書、84頁。

19) 伊藤、前掲書、85頁。

20) 南日本新聞社では、利用者及びサービス事業所を対象に、介護保険制度実施後にアンケート調査を行い、その結果が発表された。南日本新聞（日刊）、2000年10月15日（日曜日）。

21) 南日本新聞（日刊）、2000年10月15日（日曜日）。

22) 「社会福祉基礎構造改革について（中間まとめ）」（厚生省・援護局企画課監修『社会福祉の動向』中央法規出版株式会社、1998年11月、26-47頁）。

23) 谷口明広「福祉教育におけるエンパワーメントの実践技法」（小田兼三・その他編『エンパワーメント―実践の理論と技法』中央法規出版株式会社、1999年5月、137-150頁）。

24) 日本地域福祉学会編『地域福祉事典』（中央法規出版株式会社、1997年12月、217頁）。

25) ここでは、援助と支援の意味の違いを考慮して、支援の言葉を使用する。つまり、援助という概念には、利用者（当事者）をもの事の中心に据えたとき、援助者側からの一方的で上から利用者を見下す上下関係としての「たすけ（援け・助け）」の構造がある。一方、支援という概念には、利用者の意思を尊重し支える、その上で協力を行うという、利用者主体の考え方が内在しているからである。ビル・ウォーレル（河東田博・その他訳）『ピープル・ファースト：支援者のための手引き』（現代書館、1996年4月、92頁）。

26) 日本地域福祉学会編、前掲書、217頁。

27) 全国社会福祉協議会地域福祉部は、「これからの地域福祉の推進と社会福祉事業法改正に関する意見」として、①利用者の選択による福祉サービスの提供や成年後見制度の改正など新たな福祉課題に対応した包括的な生活支援を行う事を示している。」また、「市区町村社会福祉協議会の組織、区域、事業に関する社会福祉事業法上に関する意見」として、「①総合的な生活・福祉相談事業を社会福祉協議会事業として新たに位置付けること、②要援護者の権利擁護を目的とした事業を社会福祉協議会の事業として位置付けること等を示しており」、市区町村社会福祉協議会の方が、利用者のケイパビリティの発揮の機会の阻害に対して、日常的に即応かつ綿密に対応できると思われる（『月刊福祉』1998年11月号）。そして、懇切丁寧に相談援助に応じ、利用者の自己決定を支援しながら、求めと必要に応じたサービスが適切に責任を持って提供する事が、権利擁護の第一歩であり、最重要点である事も看

過してはならない。このように考えるならば、日常的に地域住民の生活実態を把握できる福祉活動専門員の数が適切に市区町村社会福祉協議会に配置されているかが重要な問題となる。勿論、福祉活動専門員以外のケアマネージャー、ソーシャルワーカー、保健師、ホームヘルパー等の日常的なモニタリングやきめの細かい相談活動の重要性は言うまでもない。

28）南日本新聞のアンケート調査では、「現在受けているサービス量を『十分でない』と感じている人は全体の4分の1を占めた。これを介護別でみると、要介護4が最も多く37.9％、次いで要介護2が29.9％」である。「あるいは地域によって施設や訪問入浴、リハビリなどサービスが不十分で提供したくてもできない、というケアマネージャーの悩みが透けて見える。」そして、直接的な介護や相談業務、それを担う人材の育成や確保などの整備は大幅に立ち遅れており、しかもヘルパーの労働条件は劣悪で、ヘルパーのケイパビリティの発達を阻害していると言う人権問題が存在している。

29）一定の基準は、介護サービスの利用者の心身の状況だけでなく、その人が置かれている家族状況や住宅状況などの生活環境を総合的に判断できるものとする。例えば、現在、それなりに定着しつつある「障害老人の日常生活自立度（寝たきり度）」と「痴呆性老人の日常生活自立度判定基準」等を参考にすれば、一定の基準を設けることは可能である。そして、要介護者の個別の事情や具体的なサービスの量や種類の判定は、ケアマネージャーと福祉利用者の共同で行っていくものとする。

30）伊藤、前掲書、67-68頁。

31）社会福祉労働者等が福祉利用者にサービスを対象化・共同化していく過程においてのコミュニケーションの重要性については、尾関周二著『言語的コミュニケーションと労働の弁証法』（大月書店、1989年7月）を参考にする。また、社会福祉労働者等が福祉利用者の主体的なケイパビリティの形成及び発展への実践にあたっては、社会福祉労働者等の態度（①福祉利用者にラベルもしくは診断をつけるのではなく、対応する福祉利用者について考え、交流する、②福祉利用者の自己決定に対する権利を尊重する、③福祉利用者の生活の質と環境面の要因を考慮に入れながら、「福祉利用者その人全体」に責任を果たす、④福祉利用者の生活問題のアセスメントと実践の為に、欠損モデルよりもむしろストレングス視点に焦点を合わせる、⑤福祉利用者達が関係に持ち込んでくる多様な技能や知識を尊重する、⑥福祉利用者が内面にもっている自分の生活を学び、方向づけようとする意欲を使用する、⑦福祉利用者が社会福祉労働者等に対し、他の福祉利用者に対し、機関や地域社会に対し貢献する能力と権利を持っている事を尊重する、⑧福祉利用者の個性を認め、利用者個々の独自な特性、価値、ニードを尊重する）、社会福祉労働者等と利用者の関係（①パートナシップモデルに従って実践する。福祉利用者との関係において、支配あるいは管理するというよりも寧ろ、共有・共存していくあり方を発展させる、②社会福祉労働者等と福祉利用者の両者の関係を確立し、福祉利用者が成長していく過程の為の時間を認める。関係は時間に限定されるものでなく、進行していくものとみなす、③社会福祉労働者等は誠実で、自然体で、真正で福祉利用者に対応していく、④社会福祉労働者等と福祉利用者が積極的に参加して取り組んでいく、⑤指導力を共有する。福祉利用者が関係に持ち込む指導力を尊重する）、社会福祉労働者等の役割（①福祉利用者が抱いている目標と価値に焦点をおいたケアに関するクライエント主導モデルを発展させる、②福祉利用者の失われた文化、歴史、アイデンティティを取り戻す為、役割、積極的参加、コミュニティを通して連携を築き上げる事を重視する、③福祉利用者の技能、知識、柔軟な思考を確立する為に役立つような意味のある活動の為の機会を発展させる、④福祉利用者が環境に順応するというよりも寧ろ、自分自身の環境を変えていく能力を高める、⑤福祉利用者が危険を冒し、決断を下し、そこから学んでいくようにさせる、⑥福祉利用者の自己効力感を増強させる情報、教育、技能形成を重視する、⑦福祉利用者と家族員の関係において、また組織体の中で福祉利用者の意志決定を行う役割をとらせるようにする）に留意する事が重要である（小松源助監訳『ソーシャルワーク実践におけるエンパワーメント』相川書房、2000年6月、139-141頁）。

32）徳永幸生・その他編『コミュニケーションの構造』（NTT出版、1993年6月、207頁）。

33）二宮厚美著『発達保障と教育・福祉労働』（全国障害者問題研究会、2005年、32-40頁）。

第13章　福祉の文化

1. はじめに

　社会保障制度審議会は、1991 年以降 4 年間にわたり、「社会保障の各制度の具体的見直し等」と共に、その前提として「社会保障の理念、21 世紀に向けての社会保障の基本的在り方」について審議し、その社会保障将来像委員会は第 1 次報告（1993 年 2 月）、第 2 次報告（1994 年 7 月）を取り纏め、1995 年 7 月、社会保障制度審議会 1995 年勧告（「社会保障制度の再構築［勧告］―安心して暮らせる 21 世紀の社会を目指して―」）を発表した。1980 年以降、臨調「行革」により推進された社会福祉政策（福祉手段）の「見直し」政策は、国家による社会福祉政策（福祉手段）の公的責任を後退させ、国民の相互扶助の社会福祉政策（福祉手段）を推進し、特に貧困者や低所得者が安心して暮らせる社会福祉政策（福祉手段）になっていない。

　こうした社会福祉政策（福祉手段）の状況下で、こうした社会福祉政策（福祉手段）の状況下と関連して、ややもすると思弁的（思弁的というのは、経験による事なく、ただ純粋な思考によって経験を越えた真理の認識に到達しようとすることである）になりがちな福祉の文化を研究していく事は全く無意味ではないと確信している。と言うのは、社会的に実践し形成していく為の社会福祉政策（福祉手段）においても、超高齢社会を目前に、その普遍化が要望されてきている。つまり、一番ケ瀬康子氏が指摘されているように、「従来の貧しく家族のないものにのみに社会福祉政策（福祉手段－挿入、筆者）で対応するという選別性の方策から、誰でも、何時でも、何処でも、必要な時に対応できる普遍性をもった方策へと、転換しつつあるのである。その中で、社会福祉政策（福祉手段－挿入、筆者）は、国民的課題となるに従って、従来の暗いみじめなイメージあるいは偏見と差別をはらんだ対応から、明るい当然の方策あるいは誰でもその人権を保障するものへと変化してきたのである。その過程で福祉（well-being）の質の高まりへの要求はより強まり、福祉の文化化が望まれているのである [1]。」（傍点、筆者）しかも、一番ケ瀬康子氏も「福祉文化という言葉は、必ずしも一般化している言葉ではない [2]。」（傍点、筆者）と指摘されているように、研究発展途上の分

378

野でもある。それ故筆者は、福祉の文化について研究を積み重ねていく事が、21世紀の社会福祉の在り方を考えていく上で、むしろ礎石にもなりうると考えるし、また、筆者は福祉の文化の享受によって社会福祉の使用価値を高めていくものであると考えている。

本章では、以上のような研究課題の視点の下に、まず福祉の文化の二側面を分析し、次に使用価値としての福祉の文化と剰余価値としての福祉の文化の矛盾を考察し、最後に社会福祉の使用価値を高めていく為の福祉の文化の課題について考察する。

2. 福祉の文化の二側面

一番ケ瀬康子氏が指摘されているように、「〝福祉文化〟という用語は、〝福祉〟と〝文化〟が合わさった合成語である[3]。」とするならば、福祉の文化という用語も福祉と文化が合わさった合成語である。そして、そもそも文化とは何かその意味を考えていく事が重要である。ラテン語の語源から見て、文化は自然における人間の居住、自然に対する人間の耕作、人間による動物の馴育、植物の栽培、さらに精神の練成を指し、労働と生活を核心とする概念である。つまり、「それは、歴史の経過のうちで人間社会によってつくりだされたものであり、たんに自然からあたえられたものではないということである。文化は、このように社会によってつくられた物質的および精神的に価値のあるものをいい、またこれらをつくりだすために使われる手段、さらにそれらを伝えるための手段をも、すべてふくんで総称される[4]。」とするならば、福祉の文化の諸特徴は岩崎允胤氏が文化について指摘されている点を福祉文化に置き換えて整理すると、次のように整理する事ができる。

「第1に、福祉の文化はまず、ある総体概念である。一つひとつの福祉施設、措置制度、在宅福祉サービス等、個々の福祉事物がそれだけで福祉の文化なのではなく、それらはある総体としての福祉の文化のエレメントとしてその福祉の文化を表示している。第2に、それでは、福祉の文化はどのような総体概念であろうか。それは、まず福祉体系である。つまり、福祉全体をつくりあげているところの複合体である。したがって、例えば、在宅福祉すなわち福祉の文化であるというものではない。在宅福祉を中心とし、根幹としながら、どのような福祉体系が形成されたか、これが重要なのである。第3に、福祉の文化は、さらに福祉様

式である。福祉様式といっても、スタイルを意味するものではない。福祉様式は生産様式を含み、それを基礎としている。福祉様式は福祉体系を含むのである。第4に、福祉の文化を福祉体系ないし福祉様式と捉えるにしても、これを単に既成のスタティックなもの、あるできあがった外的な現存形態としてのみ理解してはならない。第5に、文化が農耕を意味するその語源から察せられるように、福祉の文化を福祉活動・福祉労働・福祉運動、つまり特に核心的にいえば、創造の行為（活動・労働）・運動であり、福祉活動・福祉労働・福祉運動の連続として、それ自身また過程である。言い換えれば、福祉の文化は、社会福祉労働者等が福祉利用者に働きかけ、自己をそこに対象化・共同化し、こうして福祉利用者の人間らしい健康で文化的な生活を成就していくところの福祉活動・福祉労働・福祉運動であり、同時にまたその成果でもある。しかも、そういう福祉活動・福祉労働・福祉運動と成果とを含む過程である。第6に、福祉の文化は全一的な福祉活動・福祉労働・福祉運動であるが、福祉利用者の存在の物質性（客観的実在性－挿入、筆者）に照応して、その福祉活動・福祉労働・福祉運動自体が物質的である。と言うのは、福祉の文化の物質性（客観的実在性－挿入、筆者）は、歴史における福祉利用者の存在の性格のあり方の直接的な結果であるからである。物質的福祉の文化と精神的福祉の文化との区分が相対的であるのも、この為である。第7に、福祉の文化は、諸価値、その総体である。福祉活動・福祉労働・福祉運動とその成果は、福祉利用者の人間らしい健康で文化的な生活保障の観点からみて、福祉の文化として評価される。福祉の文化は、さらに、このような福祉（well-being）的価値を越えて人間・人類の平等、自由、平和という理念に本質的に関わるものであり、その点でそれは、いっそう高く豊かに価値的である[5]。」

　こうした諸特徴を踏まえて福祉の文化とは何かという事を定義するならば、福祉の文化とは、福祉利用者が人間らしい健康で文化的な生活をしていく為に、福祉活動・福祉労働・福祉運動によって歴史的に形成されたあるいはされる物質的・精神的かつ総体的な福祉体系化の過程であると言える。

　とするならば、福祉の文化は第1に、外的対象であり、その特性（使用価値）によって福祉利用者の何らかの種類の欲望を満足させるものである（福祉の文化を享受し、人間らしい健康で文化的な生活［人間らしい健康で文化的な生活活動の機能の基盤である多様な個人及び共同の潜在能力［抽象的人間生活力＝生活力・抽象的人間労働力＝労働力］の維持・再生産・発達・発揮＝機能の成就］を成就

する事）。この欲望（要求）の性質が、物質的福祉の文化（福祉施設、居住福祉、福祉機器等）で生じようと、精神的福祉の文化（福祉思想等）で生じようと、あるいは物質的福祉の文化と精神的福祉の文化の併合で生じようと、少しも福祉の文化の事柄を変えるものではない。重要なのは、福祉の文化が福祉活動・福祉労働・福祉運動を通して福祉利用者に対象化・共同化される事によって、福祉利用者の人間らしい健康で文化的な生活の享受に部分的あるいは全体的に関係しているという事実である。そして、その有用性は福祉利用者にとって使用価値であるが、これが使用価値の福祉の文化である。しかも福祉の文化は空中に浮いているものではない。この福祉の文化は、福祉の実体（実態）の特性（使用価値）に制約されているので、その福祉の実体（実態）の特性（使用価値）なしには存在しない。それ故、福祉そのものの量的かつ質的な規定性が前提とされ、また、実際の活用によってのみ享受される。そして、この側面は、福祉の文化の素材的な内容をなしている。

　一方、他の一つの側面は、歴史的規定（資本主義社会の生産様式の下における）における剰余価値としての福祉の文化である。この剰余価値としての福祉の文化の生成の背景には次のような点がある。

　現代資本主義社会の生産様式の下における福祉の文化は、「土台である生産関係（経済的生活過程）に規定された国家が管理・統制している。国家は基本的に経済的に支配する階級の国家[6]」であるので、国家の福祉の文化においても現代資本主義社会の生産様式（土台）を維持及び発展に関係するものである。その関係が、次のような総資本の剰余価値を奨励し取得の福祉の文化（上部構造）を意味する。

　つまり、「使用価値は、なによりもまず、多様に異なった質でありその有用性であるが、その使用価値を捨象するならば、社会福祉労働に残っているものは、無差別に抽象的人間労働力の、すなわちその支出の形態（人的サービス提供形態の社会福祉労働、貨幣支給形態の社会福祉労働等）にはかかわりのない抽象的人間労働の支出の、ただの凝固物の社会関係にほかにはなにもない。これらの事が意味しているのは、ただ、その社会福祉労働の対象（福祉利用者）に抽象的人間労働力・労働力（社会福祉労働者の抽象的人間労働力・労働力）が支出されており、抽象的人間労働が積み上げられているという事だけである（福祉利用者の体内に抽象的人間労働力・労働力が形成される）。このようなそれらに共通な社会実体

の結晶として、これらのものを価値（価値の実体は抽象的人間労働である）と言う。つまり、抽象的人間労働が価値になるのは、人間の生存の根本的要素である自然素材と抽象的人間労働とが結合し、凝固状態の社会関係にあるからである。とするならば、社会福祉労働の対象者（人間［福祉利用者］）と雖も自然素材と同次元にあり（人間も自然的存在であり自然の一部であるという意味）、しかも福祉利用者（社会福祉労働の対象者）に対して抽象的人間労働（社会福祉労働者の抽象的人間労働が社会福祉労働手段と伴に）が対象化・共同化（結合し凝固される事）されるのである。だから、ある使用価値が価値を持つのは、ただ抽象的人間労働がそれに対象化・共同化されているからでしかない。こうして社会福祉労働には、社会福祉労働の対象者（福祉利用者）にとっては使用価値であり、総資本及び国家にとっては価値であるという、二つの要因が存在している[7]。」そして、「単に価値を形成するだけでなく、剰余価値を取得する。なぜならば、国家は、購入した価値が、社会福祉労働のために必要な労働力商品の価値総額よりも高い事を欲するからである。国家は、社会福祉労働者に労働力の価値（賃金）を支払うが、社会福祉労働者が一労働日（1日の労働時間）中に福祉経済の利用者に対象化・共同化した価値は、労働力の価値とこれを超過する部分とを含む。すなわち一労働日は、必要労働＝支払い労働と剰余労働＝不払い労働との二つの部分から成るのである。このように社会福祉労働の過程で剰余労働によってつくりだされた部分の価値を剰余価値という。これは、社会福祉労働者の労働力の使用権を買い入れた福祉事業者及び総資本・国家（地方自治体も含む）のものとなる[8]。」

こうした価値・剰余価値を動因として生成してくるのが剰余価値としての福祉の文化である。そして、剰余価値の取得を強化していけばいくほど、剰余価値としての福祉の文化は拡大され矛盾が深刻化していく。

このように福祉の文化には、福祉利用者にとっての使用価値としての福祉の文化であり、福祉事業者及び総資本・国家にとっては剰余価値としての福祉の文化が存在している。つまり、現代資本主義社会においての福祉の文化は、二つの側面が矛盾（矛盾は、福祉の文化の発展の原動力である）対の統一体として存在しているのである。

(1) 使用価値としての福祉の文化

使用価値としての福祉の文化は、歴史的過程においてその量的かつ質的に相違

があるとはいえ、どのような社会体制（原始共産制社会、奴隷制社会、封建制社会、資本主義社会、社会主義社会）にも存在しているものである。と言うのは、使用価値としての福祉の文化のように、福祉利用者の人間らしい健康で文化的な生活の享受あるいは人間らしい健康で文化的な生活活動（機能）の基盤である多様な個人及び共同の潜在能力（抽象的人間生活力＝生活力）の維持・再生産・発達・発揮の成就に部分的あるいは全体的に関係していく支援行為は、血縁及び地縁の相互扶助の福祉の文化、慈善活動の福祉の文化、救貧法の福祉の文化、現在の社会福祉等にも見られる。

　最初に血縁及び地縁の相互扶助の使用価値としての福祉の文化を見て見よう。「無階級社会の原始共同体における相互扶助の福祉の文化が当時の低生産力水準に規制された共同体内部における所有・生産・生活等の共同に基づいたものであったかもしれないが、しかし同時に、無階級社会における他人の生活困難を援助するもっとも端緒的かつ自然発生的及び主体的な行為[9]」の使用価値としての福祉の文化であった事は言うまでもない。とするならば、福祉利用者の生活への部分的あるいは全体的な支援行為の文化の始まりは、私的（個人）としてではなく、公的な性質の可能性を帯びた共同体（集団）で行われていたと言っても過言ではない。また、階級社会における救貧法の使用価値としての福祉の文化においても、労働意欲のない労働可能者に対する処罰は厳しかったとはいえ、労働無能力者として見られがちな福祉利用者は、「公共的な管理のもとに再建された救治院や救貧院に収容されるか院外救済が与えられ[10]」ていた。さらに、「慈善活動の福祉経済の文化は行為者の心情的動機による実践であり、行為者の自律を前提とするとはいえ[11]」、福祉利用者の生活に部分的あるいは全体的に関係している。それゆえ、使用価値としての福祉の文化は第1にどんな特定の社会体制にも関わりのなく考察しなければならない。

　とするならば、使用価値としての福祉の文化は、第1に支援行為者と支援対象者との間の支援関係の一過程である。この支援関係の過程で支援行為者は支援対象者に対して支援行為者自身の行為によって媒介し、規制し、制御するのである。支援行為者は支援対象者の生活に部分的あるいは全体的に関係する為に、支援行為者の肉体に備わる自然力、腕や脚、頭や手を動かす。支援行為者は、この運動によって支援対象者（福祉利用者）の生活に部分的あるいは全体的に関係し、そうする事によって、同時に支援行為者自身の福祉の文化も変化及び発展させる。

支援行為者は、自分自身の自然の内に眠っている潜勢力を発現させ、その諸力の営みを自分自身の統御に従わせる。それ故、支援行為は福祉の文化の形成の合目的的な活動と言う事ができる。と言うのは、支援行為者は支援対象者を対象として、支援行為者の目的を実現するのである。その目的は、支援行為者の頭脳の中に存在している。

　また、使用価値としての福祉の文化形成の過程の単純な諸契機は、合目的的な活動または支援行為そのものとその対象とその手段である。そして、支援行為の対象は、生活困難な状況下にいる支援対象者である。さらに、支援行為の手段は、支援行為者によって、支援行為者と支援対象者との間に入れられて、被支援者への支援行為者の働きかけの導体として、支援行為者の為に役立つ物またはいろいろな物の複合体である。それゆえ、支援行為者は、いろいろな物的、物理的、化学的、栄養的、医学的、教育的、社会科学的等の性質を利用して、支援対象者に対して、その力手段として作用させる。要するに、使用価値としての福祉の文化の形成過程では、支援行為者が支援行為の手段を使用して、支援対象者の生活に部分的あるいは全体的に関係していく事になる。

　このように筆者は、使用価値としての福祉の文化を過程として捉える。と言うのは、岩崎允胤氏が指摘されている点を置き換えて述べるならば、「支援行為の前には所与としての福祉の文化があり、支援行為者はこれに関係し、これに付加あるいはこれを変革して支援行為を行う。ここに支援行為としての福祉の文化が成り立つ。勿論、この事がなければ福祉の文化の創造という事はないし、福祉の文化の発展という事もありえない。支援行為を通してのみ福祉の文化の発展があるからである。その際、所与としての福祉の文化は、支援行為としての福祉の文化の前提である[12]。」

　ところで、「支援行為者は、支援行為によって一定の成果を生む。ここに成果としての福祉の文化が成り立つ。これは、その意味で措定されたものである。従って、ここでの連関の環は、前提（所与）としての福祉の文化→支援行為としての福祉の文化→被措定（所産）としての福祉の文化という事になる。もっとも、ここで、所産としての福祉の文化はまた、一つの所与として定在する事になり、それは新たな支援行為者の為の前提となりうる。このように、支援行為を媒介として、所与から所産にいたる、あるいはいま述べた意味では前提から前提にいたるのであるが、この過程自身がまた福祉の文化にほかならない。すなわちこれが過

程としての福祉の文化である [13)]。」

　これまで筆者がその単純な諸契機について述べてきた支援行為の使用価値としての福祉の文化の過程は、支援対象者（福祉利用者）にとっての福祉の文化（使用価値）形成の合目的的な支援行為であり、また、支援対象者（福祉利用者）の人間らしい健康で文化的な生活の享受あるいは人間らしい健康で文化的な生活活動（機能）の基盤である多様な個人及び共同の潜在能力（抽象的人間生活力）の維持・再生産・発達・発揮という欲望（要求）を満足させる為のものであり、さらに、支援行為者と支援対象者（福祉利用者）との一般的な条件である。従って、ある一定の歴史的形態（原始共産主義的社会、奴隷社会、封建社会、資本主義社会、社会主義社会）に存在している相互扶助の福祉の文化、慈善活動の福祉の文化、救貧法の福祉の文化、現在の社会福祉の文化等に等しく共通なものである。それだから、筆者は、どんな歴史的条件の下での福祉の文化なのかという点を捨象したのである。

(2) 剰余価値としての福祉の文化

　前述においては、歴史的規定の入り込まない使用価値としての福祉の文化の過程での考察であった。以下では、現代資本主義社会における剰余価値としての福祉の文化の過程に帰る事にしよう。現代資本主義社会の土台である生産様式（経済的生活過程）に規定された国家は、社会福祉における剰余価値を高めていく為に剰余価値としての福祉の文化の生成に関係せざるをえない。それは次のような意味である。

　剰余価値としての福祉の文化は、官僚組織等を通して行われ、また、現代資本主義社会の秩序の維持・発展に関係するものである。と言うのは、もともと資本主義社会は物質的生産等における剰余価値の取得・支配が行われる経済秩序である事をもってその歴史的特質とするものであるから、現代資本主義社会において剰余価値としての福祉の文化もまた、このような福祉の文化の再生産の秩序を維持しその福祉の文化を推進せしめる事と部分的あるいは全体的に関係するものでなければならない。所謂、現代資本主義社会における剰余価値としての福祉の文化においては、物質的生産における価値増殖過程が、「ただ使用価値を生産しようとするだけでなく、商品を、ただ使用価値だけでなく価値を、そしてただ価値だけでなく剰余価値をも生産しようとするものである [14)]」と言われているように、

剰余価値としての福祉の文化の形成過程においても、ただ使用価値としての福祉の文化だけでなく、剰余価値としての福祉の文化も形成しようとするのである。それ故、剰余価値としての福祉の文化は、富裕者と低所得・貧困者の分裂を深刻化させ、人間的自然を開発しつつも、同時に人間的自然を破壊させ（たとえば、生活保護行政における「適正」化等のように、生活保護の申請拒否や生活保護支給の打ち切りが各地で行われ、申請者のプライバシー侵害や人権侵害も日常化した）、腐敗した人間的自然（例えば、水戸アカス及び白河育成園等で知的障害のある人を虐待した人等）をつくりだし、所得サービスと対人サービスを対立させ、ともに脆弱させ、福祉の必要性の多様化、福祉サービスの自己選択及び自己決定、福祉への当事者及び住民参加等を認めつつ、多方では、血縁的かつ地縁的相互扶助に過度に依存させ、剰余価値を高めていく応益者負担の強化と市場福祉を育成し、公的責任における福祉政策等の形骸化等となって生成せざるをえない。そして、この剰余価値としての福祉の文化に規定されて使用価値としての福祉の文化もまた疎外され、一面化されてしまう。また、このような疎外された剰余価値としての福祉の文化が存在するからこそ、次のようなそれらをイデオロギー的に反映する論も生まれてくる。

　「今日にいたるまで、社会福祉に関する公的制度として中心的な役割を担ってきたのは『措置制度』を基本とする福祉制度である。……しかし今日では、福祉利用者を『措置する』、『措置される』といった言葉そのものに対して違和感が覚えられるように、福祉利用者をめぐる状況が大きく変化する中で措置制度を巡り種々の問題点が生じている。福祉利用者にとっては、自らの意思によってサービスを選択できないほか、所得調査や家族関係などの調査を伴うといった問題がある。福祉利用者がサービスを積極的に受ける権利をもつ契約制度に比べると、福祉利用者のサービス受給に関する権利性について大きな違いがある。さらに、その財源は基本的に租税を財源とする一般会計に依存しているため、財政的なコントロールが強くなりがちで、結果として予算の伸びは抑制される傾向が強い[15]。」という理由で、租税を財源とした公的な措置制度が解体された。

　しかし、措置制度に代わる契約関係が本当に「選択の自由」を保障する事になるのであろうか。筆者は、成瀬龍夫氏が指摘されているように、「サービス請求者の権利性を欠いた契約方式は、サービスを必要とする者が必ず契約関係に入りうる保障はないし、サービスの対価を支払う能力のない者は自ら申し込みをあき

らめるか、施設側がそうした者の引き受けを拒否する可能性がありうる[16]」事を懸念している。それゆえ筆者は寧ろ、福祉利用者の使用価値としての福祉文化においてとりわけ重要なのは、制度的な最低基準の確保であると考えている。「なぜならば、社会福祉は、すべての国民に保障される生存的権利に根ざしているとはいえ、国民のなかでもとりわけ障害者や病人、老人、子供、低所得者や失業者といった社会的差別を受けやすく、抵抗力の弱い人たちが優先的に対象となるからである。したがって、こうした人たちの権利保障をまずその具体的なニーズ（必要性－挿入、筆者）に即していつでも、どこでも最低限おこなうことができる、いいかえれば社会福祉におけるミニマム保障が具体的な給付や施設の確保あるいはサービスの処遇内容として制度的[17]」に担ってきたのが措置制度であった。それ故、使用価値としての福祉の文化の一つのエレメントである措置制度を解体していくのではなく、寧ろ保存し、その財源は公費負担原則としていく事が重要である。つまり、公費負担原則は、財政制度総体から見るならば、次の３つの内容から成り立つ。「①共同サービスとしての福祉の必要性は、その福祉の必要性の発生の原因が基本的には社会的なものであるため、その財源は法人企業を含め社会全体から集められる必要があり、その主な財源は租税となること、②租税財源の調達は、累進的な所得税により社会の富の集中する独占企業や金持ちに重課し、最低生活費非課税、勤労所得税軽課などの原則により貧困者や低所得者の負担を軽減する、という応能負担原則に基づく税制度となっていること、③福祉サービス提供に必要な福祉施設の建設費や労働者の人件費といった基本的経費部分は、以上の方法によって徴収された租税によって公費負担として賄われる[18]。」そして、社会福祉のミニマム以上の保障については、市町村が福祉利用者の多様な個人及び共同の潜在能力に適合した社会的・公的責任及び具体的権利（社会権としての生存権平等）による社会福祉の必要充足（何故ならば、福祉利用者の多様な個人及び共同の潜在能力の維持・再生産・発達・発揮の阻害状態によって社会福祉［福祉手段］の必要性の内容・種類・必要度が異なっているので、福祉利用者の多様な個人及び共同の潜在能力の維持・再生産・発達・発揮の阻害状態に適合した社会福祉［福祉手段］の必要性の内容・種類・必要度が決定され充足される事が重要である）の原理に基づいた人間らしい健康で文化的な福祉手段の保障と福祉利用者の多様な個人及び共同の潜在能力の維持・再生産・発達・発揮（機能）の保障（福祉目的）の統一的保障を行っていく事が最も望ましい使用価値と

しての福祉の文化であると考える。

3. 福祉の文化の課題

　現代資本主義社会における福祉の文化には、対立的な側面、つまり、使用価値としての福祉の文化と剰余価値としての福祉の文化の側面が存在している。そしてこの対立的な側面は、「一方では、お互いに他を予想しあい、制約しあっているが、しかも同時に他を否定しあい、排斥しあっているという関係にある[19]」という矛盾対として統一されている。これが福祉の文化に内在している発展の原動力である。そして、この矛盾を克服し使用価値としての福祉の文化を発展させていく為には、現代資本主義社会の土台である生産関係そのものを根本的に変革していく必要があるが、その段階的取り組みの過程としては、誰もが人間らしく生きていけるような諸条件を整備していく福祉活動・福祉労働・福祉運動を発展させていく事である。そして、誰もが人間らしい健康で文化的な生活を享受していけるような諸条件を整備していく為には、芝田進午氏が指摘されているように、次のような諸権利を体系的に位置づけ、具体化していく社会活動・社会運動が重要である。
（1）現実の生命（抽象的人間生活力・労働力）の維持・再生産・発達・発揮に関わる権利
　①疎外されざる労働の権利（科学・技術の研究等の自由な精神的労働の権利、伝達・情報労働の権利等を含む）②民主的教育への権利（知育と体育の結合、総合技能・技術教育、教育と生産的労働の結合、職業選択の自由・変更を可能にする教育、全面発達の教育、差別のない単一学校制度、学園の自治、社会教育等への権利）③生命の生産の権利（愛情と結婚の自由の権利、子供を生む権利、子供の権利等）④平等の生活の権利（人間らしい消費生活及び文化生活、健康を享受する権利、休息権、環境権、生活点での自治と友愛と連帯の権利等）
（2）生産諸関係（＝分配＝消費諸関係）に関わる権利
　①労働する者による労働生産物の共同所有権
　②搾取・収奪・疎外に反対する権利
　③団結権、団体行動権、スト権、生産管理・労働者統制・人民統制への権利
　④社会保障・社会福祉への権利
（3）政治的・市民的自由の権利
　①政治的自由、国政・自治体への参加、集会・示威・結社・表現・出版の自由、

政党支持の自由、通信の秘密・プライバシ保護の権利等

　②身体の自由を束縛されない権利、法の下での平等と自由の権利、公正な裁判を受ける権利、弁護人選任の権利等

　③学問・思想・芸術・良心・信教・討論・批判の自由の権利等

(4) 以上の諸権利が侵害された場合の抵抗権・抵抗義務、変革権・変革義務

(5) 民族の生きる権利、自由、幸福を追求する権利[20]」

これらの諸権利の全面的な保障と実現こそが使用価値の福祉の文化にほかならないと筆者は考えているが、我が国の福祉の文化の矛盾を克服していくには、当面、どのような課題が考えられるだろうか。

　第1点は、現在の社会福祉・社会保障の「構造改革」に反対していく福祉活動・福祉労働・福祉運動そのものが、今日、すぐれて使用価値としての福祉の文化発展の為の福祉活動・福祉労働・福祉運動であるとともに、それ自体、すぐれて使用価値としての福祉の文化そのものである。と言うのは、現在、行われている「社会保障『構造改革』の内容と目指すものは、ありのままに示せば国民の利益に反する社会保障にしていくものであり、社会保障を社会保障でないものにしていくものである[21]。」また、「『95年勧告』が描き、かつ60年代には一定の現実性をも帯びたところの『社会保障の三層システム（公的扶助、社会福祉、社会保険の三層システム－筆者挿入)』を全面的に解体し、これを『強制加入の私的保険』と『再版救貧法』へと再編することが社会保障『構造改革』の目指すゴールではなかろうかということである[22]。」つまり、誰もが人間らしい健康で文化的な生活をしていく諸条件を破壊しようとしている剰余価値としての福祉の文化なのである。誰もが人間らしい健康で文化的な生活をしていく諸条件がかってない規模でしかも急速に脅かされようとする危機に対する福祉活動・福祉労働・福祉運動であり、優れて人間の基本的権利の為の使用価値としての福祉の文化の福祉活動・福祉労働・福祉運動でもある（憲法第12条において「この憲法が国民に保障する自由および権利は、国民の不断の努力によって、これを保持しなければならない」と規定されているように、人間の基本的権利の為の使用価値としての福祉の文化の福祉活動・福祉労働・福祉運動が重要である）。そして、使用価値としての福祉の文化の福祉活動・福祉労働・福祉運動は、「①平等（徹底的な所得再分配策による平等等)、②自由（思想・表現の自由や集会・結社の自由等)、③機会均等（男女間の機会均等主義の徹底等)、④平和（[平和にまさる福祉なし]とい

う考えの下に、非同盟・武装・中立主義と国連主義外交等）、⑤安全（雇用安定法等による市民生活の安全装置等）、⑥安心感（安心感のもてる収入の確保等）、⑦連帯感（隣人が直面している問題は明日の自分の問題でもあるという認識のもとで連帯すること等）、⑧公正（公正度が高く、民意が反映される政治制度と倫理感の高い政治家等）等の主導的価値観に基づいて展開されていくことが必要である [23]。」勿論、社会保障『構造改革』に反対し、人間らしい健康で文化的な生活を成就していく諸条件をつくっていくのは容易ではない。しかしそれ故に、剰余価値としての福祉の文化に対する国家とそのイデオローグよりも、使用価値としての福祉の文化の困難な諸課題を使用価値としての福祉の文化の統一戦線側がよりよく解決できる能力をもっている事を実証し、大衆を説得する事ができなければ、決して多数派になる事はできない。つまり、使用価値としての福祉の文化の知的・道徳的ヘゲモニーの確立なしには、誰もが人間らしい健康で文化的な生活を成就していく諸条件の整備は容易ではないのである。

　第2点は、今日の我が国において、剰余価値としての福祉の文化の変革を行い、使用価値としての福祉の文化の知的・道徳的ヘゲモニーを確立するとは、具体的にはどのような事であろうか。剰余価値としての福祉の文化の変革の具体的内容についていえば、現代資本主義社会における剰余価値としての福祉の文化の諸問題、すなわち「現実という書物」を主体的に読める能力である。つまり、現実の福祉の文化（金儲けの市場福祉と言う福祉の文化−挿入、筆者）という書物を読めないという意味での文盲を克服する事、その事によって国家に対して使用価値としての福祉の文化の知的・道徳的ヘゲモニーを確立する事が、剰余価値としての福祉の文化の変革の具体的内容にほかならない。では、そのような多様な個人及び共同の潜在能力（抽象的人間生活力・生活力）はどのようにして取得できるのであろうか。

　「われわれには棒暗記は必要ではないが、基本的な諸事実にかんする知識によってあらゆる学習者の記憶を発達させ完成させることが必要である。……諸君は、これらの知識をただ取得するというだけでなく、それにたいして批判的な態度をとり、無用ながらくたを頭に詰め込むのでなく、現代の教養ある人間としてなくてはならない一切の事実についての知識で自分の頭をゆたかにするようなやり方で、それを取得しなければならない [24]。」と言われているように、剰余価値としての福祉の文化も含めた福祉の文化の事実の知識の総和を取り入れる能力、しか

も主体的・批判的に作り替える全面的発達の能力、一言で言えば「使用価値としての福祉の文化の教養」を身につける事が必要なのであって、このような「使用価値としての福祉の文化の教養」を獲得する事こそ、剰余価値としての福祉の文化の変革の具体的内容にほかならない。そして、このような「使用価値としての福祉の文化の教養」を獲得した全面発達の国民が無数に形成される時、初めて、剰余価値としての福祉の文化の変革が徹底的に遂行され、全ての剰余価値としての福祉の文化の諸形態が止揚されるだろう。

　こうして、福祉の文化の問題は、単なる狭い「教養主義」の問題や「文化問題」に過ぎないのでは決してなく、また、政治問題、経済問題と羅列的に把握される一つの領域に過ぎないものと矮小化されてはならない。それは、正に、全ての疎外、取り分けあらゆる剰余価値としての福祉の文化の変革を行っていく福祉活動・福祉労働・福祉運動であり、全人類の存続、さらに全人類の全ての生活の刷新、人類の前史から本史への移行に関わる問題でもあると思われる。

【注】
1）　一番ケ瀬康子「福祉文化とは何か」（一番ケ瀬康子・その他編『福祉文化論』有斐閣、1997年、2頁）。
2）　一番ケ瀬、前掲書、「はしがき」。
3）　一番ケ瀬、前掲書、1頁。
4）　森宏一編『哲学辞典』（青木書店、1971年、418頁）。
5）　岩崎允胤「文化と創造」（唯物論編集委員会編『唯物論』第9号、汐文社、1978年、33-39頁）を参考にする。
6）　カール・マルクス（杉本俊朗訳）『経済学批判』（大月書店、1953年、15頁）。
7）　拙稿「社会福祉の本質の体系的試論」（社会福祉研究センター編『草の根福祉』第22号、1995年、24-47頁）。
8）　前掲拙稿。
9）　岡村重夫著『社会福祉原論』（全国社会福祉協議会、1983年、6頁）。
10）　右田紀久恵・その他編『社会福祉の歴史』（有斐閣、1982年、24頁）。
11）　池田敬正著『日本社会福祉史』（法律文化社、1986年、45-430頁）。
12）　岩崎、前掲論文、41-42頁。
13）　岩崎、前掲論文、41-42頁。
14）　カール・マルクス（大内兵衛・その他監訳）『資本論』第1巻第2（大月書店、1968年、245頁）。
15）　炭谷茂編著『社会福祉基礎構造改革の視座』（ぎょうせい、2003年、107-113頁）。
16）　成瀬龍夫・その他著『福祉改革と福祉補助金』（ミネルヴァ書房、1989年、262-263頁）。
17）　成瀬、前掲書、261-262頁。
18）　成瀬、前掲書、246頁。
19）　宮川実著『マルクス経済学辞典』（青木書店、1965年、299頁）。
20）　芝田進午「現代文化論の課題」（唯物論編集委員会編『唯物論』第9号、1978年、11-12頁）を参考にする）。
21）　真田是「社会保障『構造改革』とは何か」（総合社会福祉研究所編『総合社会福祉研究』第12号、1997年、8頁）。
22）　西岡幸泰「社会保障の『構造改革』」（総合社会福祉研究所編『総合社会福祉研究』第12号、1997年、22頁）。
23）　岡沢憲夫著『スウェーデンの挑戦』（岩波書店、1991年、84-96頁）。
24）　大月書店編集部編『弁証法の問題について』（大月書店、1970年、18頁）。

●著者紹介　　　　　　　　福祉学者　1950年鹿児島県生まれ
竹原　健二（たけはら　けんじ）　専門分野　社会福祉学

著書　『障害者福祉の基礎知識』（筒井書房、単著）、『障害者の労働保障論』（擢歌書房、単著）、『障害者福祉の理論的展開』（小林出版、単著）、『社会福祉の基本問題』（相川書房、単著）、『現代福祉学の展開』（草文社、単著）、『障害者問題と社会保障論』（法律文化社、単著）、『社会福祉の基本問題』（相川書房、単著）、『障害のある人の社会福祉学』（学文社、単著）、『保育原理』（法律文化社、編著）、『福祉実践の理論』（小林出版、編著）、『現代の社会福祉学』（小林出版、編著）、『現代地域福祉学』（学文社、編著）、『現代の障害者福祉学』（小林出版、編著）、『現代の社会福祉学』（小林出版、編著）、『現代障害者福祉学』（学文社、編著）、『介護と福祉システムの転換』（未来社、共著）、『現代社会福祉学』（学文社、編著）、『障害のある人の社会福祉学原論』（メディア・ケアプラス、単著）、『社会福祉学の探求』（小林出版、単著）、『社会福祉学の科学方法論』、『障害のある人の開発と自立（自律）のための社会福祉 竹原健二・人間開発シリーズⅠ』、『子どもの開発と子どもの貧困 竹原健二・人間開発シリーズⅡ』、『高齢者の開発と介護福祉 竹原健二・人間開発シリーズⅢ』、『福祉利用者の開発と社会福祉　竹原健二・人間開発シリーズⅣ』、『福祉利用者の生活問題と福祉労働・福祉専門職論』、『科学の福祉観と社会福祉学』、『社会福祉とは何か？』、『社会及び公的責任・具体的権利・社会福祉の必要充足の原理・科学的な社会福祉学の構築』（以上、本の泉社、単著）

訳書　スーザン・キャンドラー『社会政策とアメリカの福祉国家』（西日本短期大学法学会編　大窓論叢　第33巻合併号上・下）、"Devine.Edward T Social Work"（社会福祉研究センター編『草の根福祉』第42号、第43号、第44号、第45号、第46号、序文、目次、第1–第19章、雅号：Roman BRIL-LIANT）

独創的・科学的な社会福祉学の構築
（どくそうてき・かがくてきなしゃかいふくしがくのこうちく）

2021年7月21日　初版 第1刷 発行

著　者　竹原　健二
発行者　新舩　海三郎
発行所　株式会社 本の泉社
〒113-0033　東京都文京区本郷 2-25-6
TEL：03-5800-8494　FAX：03-5800-5353
印刷／製本　新日本印刷株式会社
イラスト提供：えびみそ / PIXTA

Ⓒ 2021 , Kenji TAKEHARA　Printed in Japan
ISBN 978-4-7807-1818-8　C 0036

※定価はカバーに表示してあります。本書を無断で複写複製することはご遠慮ください。